# 資本主義の原理的分析
経済学史的アプローチ

奥山忠信 ── 著

## The Fundamental Analysis of Capitalism
### A History of Economic Thought Approach
OKUYAMA Tadanobu

埼玉学園大学研究叢書 ◆第19巻◆

社会評論社

資本主義の原理的分析　——経済学史的アプローチ
＊目次＊

序　章 …………………………………………………………………………… *5*

# 第1部　資本主義における市場

　第1章　交換過程の原理 ………………………………………………… *20*
　第2章　商品の「流通」(Zirkulation)と貨幣の「通流」(Umlauf) …… *36*
　第3章　労働価値論の思想と論理 ……………………………………… *50*
　第4章　価値論の正統性 ………………………………………………… *66*
　第5章　貨幣から資本への転化の論理 ——宇野派の問題提起 …… *86*

# 第2部　貨幣数量説の形成と批判

　第1章　貨幣数量説の展開 ……………………………………………… *102*
　　第1節　ヒューム対スミス　*102*
　　第2節　ロックの貨幣数量説　*112*
　　第3節　ヒュームの貨幣論　*127*
　第2章　古典派貨幣数量説の虚構 ……………………………………… *138*
　　第1節　リカードウにおける労働価値論と貨幣数量説　*138*
　　第2節　J.S.ミルの貨幣理論　*166*
　第3章　貨幣数量説批判の系譜 ………………………………………… *188*
　　第1節　ジェームズ・ステュアートの貨幣論　*188*
　　第2節　貨幣数量説とアダム・スミス　*207*
　第4章　マルクス貨幣論と貨幣数量説 ………………………………… *218*
　第5章　交換方程式 ……………………………………………………… *250*

## 第3部　物神崇拝による階級の隠蔽

　第1章　物神性論の形成 ……………………………………… 266
　第2章　物神性論による古典派経済学批判 ………………… 281
　第3章　三位一体的定式 ……………………………………… 289

## 結　章 ……………………………………………………… 304

補論 1. 労働と労働時間 ………………………………………… 310
補論 2. Value of Money and Money as Wealth :
　　　　An extension of the Theory of Value-Form ………… 326

　参考文献　343
　あとがき　351

# 序　章

　資本主義経済では、生産者と消費者の関係、資本家と資本家の関係、資本家と労働者の関係、これらのすべてが商品と貨幣によって成り立っている。商品も、貨幣も、そして資本も、流通を担う形態である。資本主義は、経済の全体が流通に覆われた経済システムである。

　はじめに本書で論じている資本主義経済の基本的な概念を考察しておこう。とりわけ価値論の形成史に関しては、あらかじめ要点をまとめておきたい。

## Ⅰ．資本と労働

### 1．資本

　本書では、資本の所有者を資本家と呼ぶ。今日の株式会社の多くは、資本の所有者と経営者とが一致するとは限らない。しかし、資本の担い手を資本家として擬制し、理論の展開においてこれを想定することで、原理論的な分析に、今日の資本主義分析の基本的な問題を組み込むことができる。

　資本家は貨幣を投下してより多くの貨幣を回収し、これを繰り返す。商人であれば、貨幣を投下して商品を購入し、同じ商品を販売してより多くの貨幣を得る。すなわち、安く買って高く売る。この差額が貨幣の増殖分であり、一般に利潤と呼ばれる。

　同様に、古くから存在する金貸しは、貨幣を貸して利子を得る。貸借契約期間の満期に元金と利子を取得し、より多くの貨幣を回収する。

　産業資本家であれば、貨幣を投下して生産手段を購入し、労働者を雇って生産活動を行う。生産された生産物は商品として販売され、利潤をもたらす。産業資本もまた、最初に投下した貨幣以上の貨幣を最終的に回収し、この運動を繰り返す。

　貨幣の投下と回収は運動の形を取っている。投下と回収の動きの全体が資本である。貨幣や商品、生産手段や労働力を単独に取り出しても、資本の構成要素ではあるが、資本の本質ではない。また、資本の要素である貨幣や商品は、購買と販売ごとに持ち手を替えるが、運動態としての資本は持ち手を替えない。資本は経済学的に把握された概念であり、資本家の手元で、貨幣

や商品や機械などの形を取って、運動を繰り返す。資本が持ち手を替える、と言うのは、会社そのものの「売買」やM&Aなどのケースである。

資本は、貨幣の投下と回収を繰り返す運動態であり、その目的は貨幣を増やすことにある。これを貨幣増殖態と呼ぶ。これが本書の資本概念である。こうした考え方は、テュルゴー（Anne-Robert-Jacque Turgo, Baron de Laune,1727-1781）、マルクス（Karl Marx, 1818-1883）の系譜に立つものである。テュルゴーは、運動態としての資本概念を把握し、マルクスはこれを価値増殖態と定義した。

本書が資本を貨幣増殖態と定義するのは、運動態としての資本の目的を資本の概念の中で明示するためである。また、価値概念は経済学の最も大きな係争問題であり、資本の概念規定の中に価値が入ることは、その先の議論について共通理解を得ることが難しくなる、と考えるからである。

## 2．労働と労働力

資本主義経済の最大の特徴は、労働の担い手が賃金労働者であるということである。賃金労働者は、資本主義以前の社会にも部分的には存在するが、社会の支配的な労働者の存在形態となるのは、資本主義社会になってからのことである。

賃金労働者は、資本家と雇用契約を結んで労働時間と賃金を決め、資本の下で生産に従事する。

労働時間によって賃金が決まる契約が、古典派経済学の躓きの石となった。いわゆる「労働の価値」の問題である。「労働の価値」とは、労働者が持っている能力に対する価値評価を意味するのか、労働者の行う労働時間を指すのか、この2つは量的に異なるため、混乱を招いたのである。

問題を簡単にするために、基本的に米だけを生活資料と想定する。例えば、江戸時代の農民は、四公六民や五公五民という比率で年貢を収めていた。公が年貢、民が農民の自家消費用の米である。すなわち農民は、日々の労働によって自分の生活に必要な生産物以上の生産物を生産している。

農民の作り出した生産物、そのうちの6割とか5割が自分の生活のために作り出した生産物である。農民は、自分が必要とする全産物を越えて、全体の4割、あるいは5割の生産物を作り出すことができる。

この年貢と自家消費の関係を、資本家と労働者の関係に置き換えて、労働者が自らの生産物を賃金によって買い戻す関係とみなせば、資本主義の下での階級関係が導かれる。

1日10時間労働で10000円の賃金契約が結ばれた時に、10000円は10時

間労働の成果に対する対価と考えると、「労働の価値」の問題が生じる。この10000円は、労働者の10時間の労働に対して支払われるのではなく、1日10時間労働することのできる労働者の能力、すなわち労働力に対する対価である。これが賃金ということである。

労働者が、5時間労働の生産物を消費して、10時間労働をすることができるのであれば、賃金は5時間労働の生産物の購入に対応して支払われる。これが賃金である。労働者の10時間労働の対価は10時間労働の生産物ではなく、5時間労働の生活資料である。

労働力は、資本が生産するものではなく、家庭の中で再生産される。その価値は、生活に必要な生産物の価値によって決まる。つまり労働者は、1万円の賃金をもらって10時間働き、5時間労働の生産物を買い戻す。残りの5時間労働は剰余を生む。これが資本家の利潤となる。

すなわち、労働者は10000円分の価値を生産しているのだが、自分が入手するのは5000円分の生産物である。残りの5000円は資本家の剰余価値、すなわち利潤となる。

スミス（Adam Smith, 1723-1790）の場合は、これを投下労働と支配労働の関係として説明する。5時間労働を投下して生産された生産物を消費して労働者が10時間働いたとすれば、5時間の投下労働で作られた生産物が労働者の10時間労働を支配したことになる。アダム・スミスの難解な投下労働と支配労働の問題も、剰余理論のスミス的な解答と考えられる（本書、第3章、参照）。

マルクスは、労働者の労働と労働力を明確に区別し、賃金は労働者の労働時間ではなく、労働力に対して支払われると考える。労働者は賃金によって生活資料を買い戻す。生活資料の生産に必要な労働時間が5時間だとすると、残りの5時間が剰余の労働時間である。これが、剰余の生産物とそれに含まれる剰余価値を生みだす。労働者の労働時間は、労働者の生活資料を生産するのに必要な必要労働時間と、1日の労働時間のうちの必要労働時間を超える剰余労働時間とに区別されるのである。江戸時代の四公六民や五公五民の強制的な配分が、資本主義社会では賃金を媒介に商品経済的に処理されているのである。

労働力の商品化という概念は、擬制である。人間の身体から労働力だけを取り出すことはできない。実際には、雇用契約が結ばれるだけである。しかし、労働力の価値を生活資料の価値によって規定すれば、賃金との間に等価交換を基礎とする交換関係が成立する。これを商品交換になぞらえれば、労働力の「商品化」という概念が成立する。労働力は、人間の体に備わってい

るので、商品として売りに出すことはできない。雇用契約をもって商品交換に類推して、「商品化」という概念を当てはめたのである。

## II．古典派価値論の問題提起

### 1．価値論におけるアダム・スミス問題

　スミスの価値論は、正当な解釈を得られていない。スミスのいわゆる投下労働と支配労働の問題である。リカードウ（David Ricardo, 1772-1823）は、スミスの支配労働は誤りであり、投下労働が正しいとする。しかし、マルサス（Thomas Robert Malthus, 1766-1834）は、投下労働を否定して支配労働を継承する。

　投下労働は toil and trouble（労苦）なので、価値を投下労働にもとづくものとする限りでは、絶対的価値の理論である。これが2商品の交換関係に入ると、スミスの場合、投下労働にもとづく商品の価値が、他の商品の生産に必要な労働や労働者の労働時間で評価されることになる。これが支配労働である。

支配労働の概念は2つに分かれる。この区分は、馬渡尚憲の区別を受けたものである（馬渡 [1997a]）。

　第1に、1商品の投下労働による価値が他の商品の投下労働による価値によって評価される場合を、馬渡尚憲は「省く労働」と呼び、次のように定義する。

　「その商品が交換によってその人に『節約』ないし『省く』ことを可能にする獲得する財の所要労働量」（同前、71頁）。

　支配労働の第2は、先にも示したように、一商品の生産に投下された労働が労働者の労働時間との関係として定義される。5時間の投下労働の生産物を消費して労働者が10時間働けば、支配労働は10時間となる。一般的には、これが支配労働と考えられている。

　本書は、馬渡のスミス解釈を受け、スミスの支配労働に2つの意味が含まれていると見なす。この2つの支配労働は、そもそも意味が違う。第1の支配労働は、商品の交換比率の問題である。5時間労働のA商品が、5時間労働のB商品と交換された場合、A商品の所有者は、B商品を得る場合の自分の5時間労働を省いたことになる。また、5時間労働のA商品が6時間労働のB商品と交換された場合には、5時間労働のA商品の支配労働はB商品の6時間労働であり、富裕の尺度としては、投下労働よりも支配労働が正しい。

リカードウが絶対的価値に踏み込めなかったのは、B商品の6時間労働が5時間労働のA商品の尺度である、というスミスの理解を受け継いでいたためと考えられる。労働時間の相対比としての、すなわち相対的価値としての労働価値論は、スミスの「省く」労働にあったと言える。

## 2．相対的価値と絶対的価値 ——リカードウの労働価値論

リカードウはスミスの労働価値論の中の投下労働を継承していた（『経済学および課税の原理』、Ricardo [1951a]）。投下労働はマルクスの『資本論』が継承したものである。マルクスは一定の社会関係の中での絶対的な労働価値論を打ち立てており、したがって、リカードウもまた、絶対的な労働価値論の論者とみられる傾向にある。

しかし、リカードウ自身は自らが相対的な労働価値論の論者であることを明確にしている。

「私が読者の関心を引きたいと望んでいる研究は、諸商品の相対的価値の変動に関するものであってその絶対的価値のそれに関するものではない。」（Ibid.,p.21, 訳 25 頁）

とは言え、晩年の草稿「絶対価値と交換価値」（Ricardo[1951h]）では次のように言う。

「一つの完璧な絶対価値の尺度がなければならない。これは経済学の大いなる悲願である。」（Ibid.,396, 訳 442 頁）

サミュエル・ベイリー（Samuel Bailey,1791-1870）が批判するように（A Critical Dissertation on the Nature, Measure and Causes of Value, 1825, Bailey[1967]）、リカードウには2つの魂がある。リカードウは、労働時間の相対比を価値と唱えつつ、暗黙に絶対的価値を想定していた。

リカードウ価値論が集約されているのは、リカードウの『経済学および課税の原理』（Ricardo,[1951a]）第1章第1節のタイトルである。

「一商品の価値、すなわち、この商品と交換される何か他の商品の分量は、労働の相対比に依存するのであって、その労働に対して支払われる報酬の多少には依存しない。」（Ibid., p.11, 訳、同前 13 頁）

リカードウにとっての価値は、基本的には、あくまでも交換によって獲得される他の商品の分量であって、自分の商品の生産に投下された労働量ではない。それが労働時間の相対比によって決まるというのは、あくまでも他の商品に含まれる労働と等しい労働であって、これは馬渡の解釈したスミスの「省く労働」である。

つまり、一商品の価値は、自分の商品との等価性を持つ他の商品の分量、

ということになる。あくまでも自分の商品で得られる他の商品の分量が価値なのである。省く労働としての支配労働に根拠を持つ他商品の分量が、一商品の価値の定義なのである。

リカードウの労働価値論は、スミスの省く労働の系譜に立つ相対的な労働価値論であったと言える。

これに対して、商品の価値は賃金の多少には依存しない、という規定は、スミスの価値分解説からきている。

スミスは、資本の蓄積と土地の占有に先立つ社会、資本家も地主もいない労働者だけの社会を想定する。いわゆるスミスの初期未開の社会である。そしてここでは、投下労働と支配労働は一致する。しかし、商業社会では、投下労働は支配労働とは一致しない、と説く。賃金以外に利潤や地代の部分があるからである。

ここから、スミスの価値分解説と価値構成説の問題が生じる。ここでは便宜的に地代を除いて、商品価値が賃金と利潤からなることを想定する。賃金が上がった場合、商品の価値はどうなるか。価値分解説では、商品の価値に変化はない。価値は労働によって決まるのだから、賃金が上がった場合、利潤が下がるだけである。これが、リカードウのいわゆる賃金・利潤相反説である。価値が交換の前提として労働によって決定されているという考えは、絶対的価値に属する考え方である。

また、スミスは価値構成説と呼ばれる考え方も示しており、価値は賃金と利潤の合計で決まると考える。この場合には、賃金の上昇した分だけ商品価値は上昇する。利潤は変わらない。この考え方は、スミスの自然価格論の基礎となる考え方である。リカードウは、スミスの価値構成説は採用しない。

リカードウの第1章第1節のタイトルは、スミスの「省く労働」の意味での支配労働を、リカードウは労働の相対的価値論として継承し、同時にスミスの絶対的価値としての投下労働は、賃金・利潤相反説として受け入れたことを意味している。

なお、リカードウを批判したベイリーは、価値の概念を人間の心に反映する主観的概念として、価値を人の心に受け止められた2つの商品の関係概念とする。その上で、価値の性質、すなわち価値概念とは区別した「価値の原因」を展開し、労働や稀少性、緊急性などの複数原因説を唱える。

さらに、価値の尺度を価値の概念から導く。それぞれの商品が第3の商品と価値関係に入ることで、それぞれの商品が、比較可能になることを説く。この第3の商品が貨幣である。

マルクスは、リカードウに対しては、絶対的価値の概念が不十分であるこ

とを批判し、ベイリーに対しては、価値を価格に解消してしまったことを批判する。『経済学批判（1861-1863年草稿）』時点でのことである。

### 3．マルクス『経済学批判』の価値論

ベイリーのリカードウ批判は、マルクスに大きな問題を投げかける。絶対的価値と相対的価値の問題をどのように解決するかである。

マルクス価値論もまた、絶対的価値と相対的価値の関係の狭間にあった。この点もまた、前掲拙著(奥山[1990])から概要を紹介しておく。『経済学批判』(Marx[1961a]，以下、『批判』と略記)では、商品の2要因は、一方は使用価値、他方は『資本論』で使われている価値ではなく交換価値であった。リカードウの影響下にあったと言える。

交換価値は、2つの商品の交換関係に共通なものとして説明され、抽象的人間労働の対象化されたものとして規定される。しかし、交換価値はあくまでも交換関係の中に置かれている。

『批判』には、『資本論』の価値形態論に類似の分析が含まれている。しかし、その位置づけは、「交換価値を労働時間に帰着させることから生じる2、3のもっと詳細な規定」(Marx,[1961a],S.24, 訳27頁)、ということにある。価値形態論として論じられている訳ではない。

ただし、交換価値は、自分の商品の使用価値には現れず、他の商品の使用価値に現れる、という基本的な認識の下に展開されている。

ここで論じられているのは、価値表現と労働時間の確認との関係である。すなわち、個々の商品が、連鎖的に交換価値の表現形態を結び、交換過程を媒介に特定の1商品が一般的等価物になれば、この商品の労働時間が一般的労働時間となる。逆に個々の商品の生産に必要な労働時間は個別的な労働時間に過ぎないことになる。スミスの省く労働としての支配労働の考えである。個々的には個別的な労働時間に過ぎないものが、貨幣と関係することで、一般的労働時間としての表現を得る。これによって、商品どうしの社会的な関係が成立する。『批判』では、一般的等価物、すなわち貨幣の導出は、拡大された価値形態に相当する表現形態から交換過程を媒介にした一般的価値形態に相当する表現形態へのいわゆる転倒の論理によって導かれている。

『批判』のマルクスは、価値表現の分析という新しい領域に踏み込みつつも、スミス、リカードウの影響下にあったと言える。現行『資本論』では、商品の価値がその現象形態である交換価値、そして完成形態である価格形態を取ることの必然性、合理性を説くことが課題である。

同じ価値表現を扱っても、『批判』は量の分析を軸にして、一般的等価物、

あるいは金貨幣の個別的労働時間を一般的社会的労働時間として導出し、一般商品の個別的労働時間の社会的表現形態を導いている。この論理は量の視点から一商品の投下労働を他商品の投下労働で評価しているので、スミスの「省く労働」としての支配労働の論理の枠内にいたことになる。

## III　マルクス価値論の成立

### 1．価値概念への模索

　この点が解消されるのは、『経済学批判（1861-1863年草稿）』（『剰余価値学説史』）におけるベイリーとリカードウの両面批判を経てのことである。

　前掲の拙著（奥山 [1990]）で論じたように、マルクスはリカードウとベイリーの批判を通して、相対的価値の領域から古典派の絶対的価値を継承する価値の領域を抽出し、さらにリカードウ的な労働価値論を相対的価値の量的分析、他方でベイリー的な相対価値論を相対的価値の質的分析として価値論体系を組み立てる構想を作りつつあった。ただし、マルクスの価値概念は、歴史的社会的な条件の下で通用する概念であり、マルクス自身は「絶対的価値」の用語は、用いていない。

　マルクスにとっても、価値と交換価値の区別が、どれほどやっかいな問題であったのかを示すために、以下の2つの文を引用する。

　初版『資本論』の中には次のような脚注がある。

　「われわれが今後『価値』という言葉をそれ以上の規定なしに用いる場合には、それは常に<u>交換価値</u>のことである。」（下線、マルクス。Marx[1959a], S.4, 訳24頁）

　また現行『資本論』の価値形態論には次のような説明がある。

　「この章（『資本論』第I部第1章商品、を指す。…奥山）のはじめでは、普通の流儀にしたがって、商品は使用価値および交換価値であると言ったが、厳密に言えば誤りであった。商品は、使用価値または使用対象、および『価値』なのである。」（Marx[1962],S75, 訳103-104頁）

　初版『資本論』と現行『資本論』は、価値の概念について、逆のことを言っているのである。

　現行『資本論』においては、価値形態論が完成している。したがって、交換価値は価値形態の意味に使われている。価値形態は、価値が他の商品の商品体（使用価値）で表現されたものである。金を素材とする貨幣で表現されれば、価格となる。交換価値の完成形態は、価格である。

　価値概念の導出も、初版『資本論』は、労働価値論の論証は、2商品の交

換関係の中に第3の共通物がある、と説くだけである。基本的には『批判』とおなじである。これでは価値は、労働時間の相対比になりかねない。

初版『資本論』には、いわゆる蒸留法はない。蒸留法と呼ばれる論理は、現行『資本論』にみられる論理で、一商品から使用価値を捨象すると、使用価値を形成する有用労働も捨象され、抽象的人間労働と、その幻のような対象性である価値とが残る、とする論理である。蒸留法には大きな問題があるが（奥山[1990],「補注 転形論争の前史」363-368頁、参照）、マルクス価値論の形成にとっては大きな意味を持つ。

蒸留法によって、価値を形成する実体は抽象的人間労働であることが導かれる。「抽象的人間労働」を簡略化して言う場合には、たんに「労働」と呼ぶ。価値と労働とは異なる。価値は、商品に内在する性格であり、労働の対象化されたものである。価値は商品という物体の要因であり、労働は人間の活動であり、両者は別の領域のものである。この点に関して言えば、価値は労働であるという表現は、マルクス労働価値論の厳密な定義からすると間違いである。

初版『資本論』では、相対的価値形態の量的分析と質的分析が並立しており、現行『資本論』の価値形態論に相当するのは、質的分析である。量的分析とは、2つの商品の間の労働時間の変動問題であり、現行『資本論』では、相対的価値形態の量的規定性として、価値形態論の中に吸収された問題である。初版『資本論』では,現行『資本論』の相対的価値形態の量的規定性が、価値形態論そのものと並ぶ位置に置かれていたのである。

初版『資本論』における相対的価値形態の質的分析は、現行『資本論』の価値形態論に相当するが、この理論は貨幣形態の成立を見ることなく、形態Ⅳで終わっている。形態Ⅳは、すべての商品が拡大された価値形態を持つので、これを逆にすると一般的等価物が多数現れることを示す。

初版『資本論』の価値形態論においては、貨幣形態は成立せず、価値形態論の課題は、価格と価値形態と関係をつけることにとどまっている。

初版『資本論』には、これまで検討してきた本文の中にある価値形態論の他に、「付録 価値形態論」が付されている。

再版『資本論』の価値形態論は、「付録 価値形態論」に従って、大幅に変更され、現行『資本論』に至っている。

こうした変更は、価値概念の進展と連動している。すなわち現行『資本論』は、2商品の交換関係から共通の第三者を導くだけでなく、1つの商品を取り出して、ここから使用価値を捨象すると、使用価値と具体的有用労働が捨象され、抽象的人間労働とその幻のような対象性である価値が残る、と

する。抽象的人間労働が価値を作り出す実体であり、その対象性が価値である。価値は商品に内在する労働対象性であるが、他の商品との関係を結ぶことによって、価値形態を取り、目に見えるようになる。

蒸留法の登場によって、価値が個々の商品に内在するものであることが明確になる。マルクスの場合には、物神性論で示されるように、価値を生み出す労働は、歴史的性格を持った労働である。したがって、労働はすべて価値を生む、という意味での絶対的な価値ではない。しかし、個々の商品に内在するものとしての価値であり、この点では、絶対的価値の系譜に属する。

同時に、マルクス価値論は三層構造を持つものとして確立する。価値の実体としての労働、これが商品の中に対象化されたものとしての価値、価値の目に見える姿を取ったものとしての価値形態、すなわち価格、である。

## 2．価値の概念

財が交換に提供される時には、財には交換可能性があると所有者に認識されていることが必要である。価値の量がどのように決まるかは、場合による。『資本論』におけるマルクスの説明には説得力がある。第1部「第2章 交換過程」の中で、マルクスは交換が共同体と共同体の間に始まることを説き、交換の比率については、最初は偶然的であること、しかし、財どうしの交換比率は次第に固定化され、「他人の使用対象に対する欲求は、次第に固まってくる」(S.103, 151頁)、と言う。欲求が交換比率を決めているのである。しかし、交換の繰り返しの中で、一部の生産物が交換のために作られるようになり、それが広がっていく。ここに、使用価値と交換価値の分離がはじまり、交換比率の決定は、使用価値とは区別された価値に移ってくる。

マルクスは、有用性を持つ財を使用価値と呼び、この場合には相互の財の使用価値に対する相互の欲望が交換比率を決める、と言う。マルクスの労働価値論は、ここには適用されない。

本書では、交換関係も資本主義的な生産様式の交換過程を担うものとして扱う。すなわち、商品は価値と使用価値の2要因を持つ。使用価値に関しては、マルクスは二重の規定である。有用性と生産物である。本書では、使用価値は、スミスに戻って有用性と規定する。マルクスは、使用価値の中でも有用性ではなく生産物そのものを強調する時は、「商品体」という用語を使用しているので、本書ではこの用語を継承する。

先に論じたように、価値に関しては、『資本論』では、いわゆる蒸留法の成立によって、労働の対象物、あるいは凝固物、と定義している。価値の実体である労働（抽象的人間労働）が、商品という物体の中に対象化されたも

の、と定義しているのである。

しかし、交換の局面に即して言えば、価値の実体が労働であることを前提に価値の概念を定義する必要はない。この点では、『資本論』の1次草稿とも言われ、『批判』の前提となる『1857-58年の経済学草稿』における「量的に規定された交換可能性（Marx[1976],S.75, 訳112頁）の方が、ふさわしい。

労働量が一般的に交換比率を規制するという理論は、資本の有機的構成や回転が同じであることなどを想定し、労働価値論によって資本主義の階級関係を定義する、という明確な目的を持った場合に有効になる理論である。

これに対し、「量的に規定された交換可能性」という価値概念は、実体がなんであるかを問題にしない概念である。ここに階級関係を定義するための理論的な道具として、価値の実体としての労働と想定しても、理論的にはより現実的な生産価格を想定しても、価値概念としては一貫している（奥山[1990]、第Ⅲ部第3章、参照）。

### 3．価値形態

マルクスの価値形態論は、『資本論』「第Ⅰ部 資本の生産過程 第1編 商品と貨幣 第1章 商品 第3節 価値形態または交換価値」、で説かれる。『資本論』の展開は継承しつつも、本書は労働価値論を前提とせず、かつ価格と貨幣の生成の論理としてこれを示す。

本書で展開している価値形態論は、『資本論』とは異なり、宇野弘蔵（宇野[1970]）の方法にならって商品所有者を想定している。マルクスの方法については後述する（本書、第1部第1章、参照）。

資本主義的な生産を前提にして、物々交換を考えてみる。すべての商品から、価格を外した状態である。この物々交換で自分の欲するものを獲得しようとする場合は、自分の欲する生産物の所有者を自ら探さなければならない。これに要する手間暇は大変なものとなる。自分の欲する生産物の所有者を見つけたとしても、まず相対取引の交渉から始まる。これも一般には長引くことが多い。

これに対し、商品交換の前提は、相手が不特定多数であることである。相手が1人の場合には、初めから物々交換しかあり得ないからである。相手が不特定多数であることを想定して、価値表現による交換形式が可能になる。すなわち自らは、自分の欲する商品の所有者を探さず、1人ではなく不特定多数に呼びかける方法である。

布の所有者が上着を欲する場合、布20メートル＝1着の上着、と呼びかける。上着の布も種類は1つと想定する。基本的には、紙に書いてそのまま

陳列する。相手は特定されない。上着を持っている人ならだれでもいいのである。この点が物々交換よりも優れた点である。

布は商品としての価値を所有している。交換可能性があり、一定量の交換力を持つ。布の所有者は、上着1着の価値は布20メートルの価値と等価であると判断する。これはあくまでも布の所有者の主観的な判断である。その上で、布の所有者は、自分の主観的な判断を不特定多数の上着の所有者に対して公表する。

その表現形式が布20メートル＝1着の上着、布20メートルは1着の上着に値する、である。

これは布の価値表現の形式であり、上着の価値は何ら表現されていない。布の中に内在する目に見えない価値は、この形式では、上着の商品体の形を取って現れる。布の価値は上着の価値ではなく、マルクスのいう商品体の意味での使用価値で表される。

マルクスの価値形態論の方法とは異なるが、商品所有者を想定すれば、布の所有者は、交換の意思と交換条件を、価値表現を通して情報提供している。

布は上着を価値形態とすることで、交換を申し込んでいることになる。価値形態は、一方的な価値表現による交換の申し込みである。この取引では、相互に交渉する必要はない。上着の所有者は、布20メートル＝上着1着という交換条件に納得するなら、上着を手放して布を得ればいい。場合によっては値引き交渉があるかもしれないが、この取引の本質ではない。

布の所有者が、上着で価値表現することによって、上着は布に対する直接的な交換可能性を持つ。すなわち、自らは布に対して交換を申し込む必要はない。布の所有者の条件を認めるなら、交換すればよいのである。

布の所有者は、上着だけを欲するわけではない。一般的に、すべての商品所有者が複数の商品を欲する。その中から多くの人に共通に欲せられる商品が登場する。

米やパンなどの生活必需品は、多くの所有者が欲する。しかし、生活資料は保存期間に限界がある。すべての人が望むこと、それは保存性に限界のある自分の財をいったん保存性のある物に交換することである。それを徐々に交換に提供して、生活を行う。

最も保存性のある物であること、金や銀が一般的等価物として選ばれる理由はここにある。金や銀は、装飾品としても財宝としても、旧い歴史を持つ。不滅の富である金や銀は、その保存性のゆえに、一般的な等価物、すなわち、すべての商品所有者から交換を求められ、それゆえにすべての商品に対して直接的な交換可能性を持つ。すなわち貨幣となる。

貨幣は一般的な直接的交換可能性、すなわち商品に対する購買力を持つ。また、購買力を持つ根拠が金や銀の保存性にあったことから、貨幣は富として蓄積の対象になる。もともと財宝として崇められていた金銀が、資本主義的な富として蓄積の対象となるのである。現在の紙幣は金とは兌換できない不換紙幣である。中央銀行が発行主体であり、国家が滅んだり、市場がマヒしてハイパーインフレーションが生じれば、富としての蓄積の対象とはならない。

## IV　商品交換の歴史的前提

　労働力が商品化することで、商品経済が社会を覆う経済が成立する。これが資本主義経済である。資本主義経済は社会全体が商品と貨幣を媒体とする経済システムである。

　資本主義の経済主体は、個人であっても組織であっても、自立して経済活動を行う。利己心にもとづいて自分のために経済活動を行う。利己心にもとづいて自立した行動をする個人や組織は、互いの経済活動を商品と貨幣によって取り結ぶ。

　家族の間の分配に商品や貨幣は不要である。家族の絆が分配を決定する。商品と貨幣は、互いに疎遠な人間関係を取り結ぶ。人間関係からすれば、互いに他人なのである。競争関係にある同じ業種の企業どうしも、取引関係にある異業種の企業も、それぞれが営利を目的に経済活動を行っている。その精神的な基礎は利己心であり、目的は利潤である。労働者もまた、個人的な利害を第一に考えて、雇用者を選択し、雇用契約を結ぶ。

　本書では、互いに疎遠で、利己心を基礎に行動する個人や団体を「私的な個人」として一括して擬制する。私的な個人は、資本主義の中で経済活動を行う経済主体から抽象化されたものである。

　資本主義経済は、相互に無関心な私的な個人の集合体である。他人の持っている物を欲しいと思った場合、相手からの贈与を期待しても実現の可能性は低い。それよりも利己心がベースとなるこの社会では、相手の利己心に訴えたほうがいい。これをやるからそれをくれ、である。相手の利己心に基づく欲望を引き出せれば、交換によって自分の欲望を充足させることができる。これはアダム・スミスの論じた交換の理論的な根拠である。

　アリストテレスが指摘し、マルクスが同意したように、共同体と共同体の出会いの場は、交換の発生の場でもある。共同体の内部には、分配に際しての共同体のルールがあったとしても、共同体と共同体の間には、分配のルー

ルはない。1つの共同体の欲するものを別の共同体が欲する場合、戦争は可能性の1つではあるが、平和的に処理するのであれば交換である。この時の共同体は、共同体を1つの単位として、互いに無関心な私的個人に擬制できる。

第 1 部

# 資本主義における市場

# 第1章　交換過程の原理

## 序　言

　本章の課題は、マルクスの『資本論』における交換過程論の意義を考察することにある。『資本論』、特に現行版『資本論』における交換過程論の理論的な意義は、価値形態論との関係では必ずしも明確ではない。

　『資本論』における価値論論証問題と価値形態論、および交換過程論の理論形成のプロセスに関しては、既に別の機会に考察した。特に、『1957-58 年の経済学草稿』(Marx[1976])、『経済学批判』(1859)、『経済学批判 (1861-1863 年草稿)』(Marx[1978]、この大部分は『剰余価値学説史』([Marx1965])、初版『資本論』(1867, Marx[1959a])、再版『資本論』(1872, Marx[1972])、第 4 版（現行版）『資本論』(1890, Marx[1963], [1964], [1965]) におけるマルクスの価値論と貨幣論の理論的な進展は、この問題に深くかかわっている。拙著『貨幣理論の形成と展開』(奥山 [1990]) では、その第 2 部において、マルクスにおける価値形態論を中心とした貨幣生成論の生成過程を扱っている。

　貨幣生成論という観点からすれば、初版『資本論』はいわゆる形態Ⅳによって、一般的等価物が複数でき、言い換えれば一般的価値形態が崩壊し、交換過程論において貨幣形態と価格が完成するという点で、理論構成はわかりやすかった。

　しかし、現行版『資本論』では、価値形態において貨幣形態すなわち価格が成立する。貨幣生成論、すなわち貨幣本質論における交換過程論の役割が、現行版『資本論』の方が改めて問われることになる。とは言え交換過程論は、交換の理論的な考察としては独自の意義を持っており、価値および使用価値の実現と実証の問題と交換に関する歴史的な記述は、それに当たる。

　なお、拙著（奥山 [1990]）における価値形態論と交換過程論に関する論点は、以下のとおりである。

　①価値形態論の萌芽となる価値表現の分析は、『1857-58 年の経済学草稿』(Marx[1971]) においては、貨幣生成論ではなく貨幣の価値尺度機能の中に登場する。

　②『経済学批判』(Marx[1961a]) においては、商品論と交換過程論の章立

ての区別はないが、内容的にも方法的にも、商品論と交換過程論とは区別されている。
③『批判』では、この区別はいわゆる移行規定によってなされている。「移行規定」では、商品論から交換過程論に移行する際に、第1に、商品分析の領域（商品論）においては、商品の2要因である使用価値と交換価値（現行版で言う「価値」）をそれぞれ一面的に考察したが、交換過程論では、商品を2要因の統一体として論じること、第2に、商品論では分析対象は商品だけであったが、交換過程は商品の現実的な関係であり、商品の意識的な担い手である商品所有者によって担われる、と説かれている。
④『批判』における貨幣生成論は、交換過程論が担っている。すなわち、交換過程以前の商品分析論における商品の交換価値は、対象化された労働時間であっても個人的労働時間であるにすぎず、妥当な価値量として社会的に認められてはいない。交換過程によって交換価値として実現され、これから一般的社会的労働時間になるべき存在である。ここでは、価値表現の問題関心は、質ではなく量であり、スミスの投下労働と省く労働としての支配労働の関係である。商品分析論において、商品の交換価値が他のすべての商品の使用価値で表現されたとしても、これは一般的労働時間として考えられているだけに過ぎない。交換過程だけが1つの商品を選びだして、現実的な一般的等価物、すなわち貨幣とし、これを一般的社会的労働時間の対象化とみなすことになる。
⑤『批判』には、交換価値の表現論はあるが、交換価値を価値の形態としてとらえる価値形態論の視点はない。
⑥交換価値から価値を抽象する視点は、『経済学批判（1861-1863年の経済学草稿）』（『剰余価値学説史』, Marx[1962]）におけるベイリーとリカードウとの相対的価値論に対する両面批判から生じる。すなわち、リカードウは労働時間をベースにした相対的価値論を論じたが、相対的価値の前提となる価値の概念を明確にすることができなかった。ベイリーは相対的価値を価値表現として扱ったが、その価値は2つの商品の交換比率に還元されてしまうものになってしまった。
⑦初版『資本論』（Marx[1867]）において、マルクスは相対的価値から区別された価値の概念を抽象するが、用語問題としては、交換価値と価値との区別は整理されていない。用語問題が解決するのは、各版での修正の後の現行版『資本論』においてである。
⑧初版『資本論』においては、2つの商品に共通に存在し、それぞれの商

品に内在する価値の存在は説かれている。しかし、1つの商品を取り出して使用価値を捨象すると具体的有用労働も捨象され、抽象的人間労働という価値実体とその対象性としての価値が残留する、という価値論論証におけるいわゆる蒸留法は存在しない。

⑨ 初版『資本論』においては、価値形態論は、相対的価値の質的分析として論じられ、相対的価値の変動を論じる相対的価値の量的分析と理論構成上の対をなしている。これと対応して価値形態の諸類型もまた、「相対的価値」の形態と命名されている。「価値形態」の諸類型とはなっていない。

⑩ 初版『資本論』の価値形態論には「形態Ⅳ」が存在する。拡大された価値形態では、すべての商品が、自分の商品の価値を他のすべての商品で表現する。マルクスはこれを逆にすれば、すべての商品が1つの特定の商品を一般的等価物（貨幣）とし、これによって共通に価値を表現する一般的な価値形態が理論的には生まれると言う。しかし、初版本文では、すべての商品が拡大された価値形態を展開しているので、これを逆にしても無数の一般的等価物（貨幣）が生まれるだけで、等価物が1つに収束することはないと論じ、価値形態論では貨幣形態の成立は否定される。

⑪ 初版『資本論』本文の価値形態論では、貨幣形態が導かれないため、価値形態論の意義は、価値形態が価値概念から出ていることを論証することに限定される。

⑫ 初版『資本論』では、価値形態論の後で物神性論が説かれ、物神性論につづいて『批判』と類似の「移行規定」がおかれ、交換過程論が説かれる。交換過程論においては、交換において1つの商品が貨幣として生成することが説かれる。

⑬ 初版『資本論』本文の価値形態論では、形態Ⅳにおいて貨幣形態の成立を否定する構成を取っているために、貨幣生成論としての交換過程論の意義は明確になっている。貨幣の生成は交換過程論が担う。

⑭ 初版『資本論』では、付録においてもう1つの価値形態論が詳細に展開されている。この付録の価値形態論においては形態Ⅳが消え、価値形態論の最後は「貨幣形態」となる。貨幣形態とはこの場合「価格」のことであるが、価格は貨幣での商品の価値表現であり、貨幣の存在を前提とする。

⑮ 現行版『資本論』（Marx[1962]）では、価値論論証としての「蒸留法」が明確に登場する。交換価値は価値の形態として位置づけられ、初版の相対的価値の量的分析の理論は、簡単な価値形態における相対的価値形

態の量的規定性の理論として吸収される。

⑯初版『資本論』、再版『資本論』（Marx[1972]）、現行版『資本論』の経緯を経て、価値と交換価値の用語上の区別が明確となる。

⑰現行版『資本論』においては、抽象的人間労働を価値実体とし、抽象的人間労働の対象性（凝固物）として価値概念を規定し、交換価値を内在的な価値の現象形態、すなわち価値形態とする。価値論を価値実体―価値―価値形態に三層化する構造が整備される。

⑱現行版『資本論』の価値形態論は、初版『資本論』本文ではなく、付録の価値形態論を継承する。すなわち、理論の帰結は形態Ⅳではなく貨幣形態となる。

⑲『批判』と初版『資本論』に置かれていた商品論と交換過程論との間の「移行規定」は、再版『資本論』以降に省かれる。

⑳しかしながら、現行版『資本論』の価値形態論において貨幣形態が説かれたにもかかわらず、交換過程論は消極化することはなく、「第1章 商品」に続く「第2章 商品の交換過程」として明確な位置を得る。

以上である。

## Ⅰ　商品論と交換過程論の方法

　交換過程論は価値形態論と同様、論理は難解である。その冒頭は次のように始まる。

　「商品は、自分で市場に行くこともできず、自ら交換することもできない。したがって、われわれは、商品の保護者、すなわち商品所有者たちを探さなければならない。」（Marx[1962], Bd.23, S.99, 第1分冊 99 頁）

　商品は自ら市場に歩いて行けないなどという問題は、本来は存在しない。商品に所有者がいて、店頭に陳列されているのは当然だからである。これは、マルクスの方法論の下で生じる問題である。この一文を解読する鍵は、再版『資本論』以降に削除された商品論から交換過程論へのいわゆる「移行規定」にある。

　初版『資本論』の移行規定は、物神性論の内容を論じた後に置かれている。以下のようである。

　「商品は、使用価値と交換価値との、したがって2つの対立物の、直接的な統一体である。だから、商品は直接的な矛盾である。この矛盾は、商品が、これまでのように、分析的に、ある時は使用価値の観点の下で、ある時は交換価値の観点の下で、観察されるのではなくて、1つの全体として、現

実に、他の商品に関係させられるや否や、発展せざるを得なくなる。諸商品の相互の現実の関係は、諸商品の交換過程なのである。」(Marx[1959a], S.44, 訳、同前69頁)

　移行規定は、商品論と交換過程論の分析方法の違いを明確に述べている。すなわち、商品論では、商品の2要因はそれぞればらばらに考察される。これに対し交換過程論では、商品は2要因の統一体として考察される。言うまでもないが現実の商品は、商品の2要因の統一体として以外には存在しない。

　マルクスは、商品論では明確に分析者の立場に立って商品を考察することで、2要因とりわけ価値の性質を明確にすることができると考えている。商品所有者は、本来、価値の実体を知る必要はないし、価値の性質を理解する必要もない。これは商品所有者の視点から出てくることではなく、研究者の視点である。

　労働の対象性としての価値は、交換行為によって作られるわけではない。商品所有者は、労働によって作られた価値に規制されるだけである。『資本論』の第3部に入れば、資本家すら労働価値論に関心を持つことはないことが説かれる。資本家にとって生産費がすべての関心事であり、生産価格が交換の基準であることが示される。

　この視点は、現行版『資本論』でも維持される。初版から現行版へと、商品論における労働価値論の論証は、蒸留法の登場によって、一層積極的な形で展開されるようになる。したがって、商品論と交換過程論の方法的な違いが、『資本論』の中では変更されたわけではない。それにもかかわらず、移行規定は再版『資本論』以降に削除される。

　その理由は、第1には、後に述べるように交換過程が使用価値の実証、価値の実現、使用価値の実現、という一連のプロセスを持っていること。また第2に、商品所有者を登場させることで、使用価値に対する欲望という独自の要因が論理に含まれること。第3に、価値形態論の形成と密接に関連すると見るべきであろう。

　価値形態論は明確な形では、初版『資本論』本文に登場する。しかし、それはすでに紹介したように、相対的価値の量的分析に対する質的な分析として位置づけられたものであり、価値形態論の結論は「貨幣形態」の成立にあるのではなく、形態Ⅳすなわち無数の一般的等価物の出現に終わる論理であった。その意義は価値と価値形態の関係をつけること、価値形態が価値概念から生じていることを明らかにすることに置かれており、貨幣生成の理論としては消極的にしか位置づけられていなかった。

　しかし、価値形態論は一商品の価値が他の商品の商品体としての使用価値

で表されること、他商品の使用価値（商品体）が一商品の価値の現象形態、価値形態となることを基本的な理論とする。

　ここで若干付言すれば、マルクスは「使用価値」という用語を財の有用性の意味と、財あるいは生産物そのものの意味と、二重に使用している。価値形態論において、表現材料となる使用価値は有用性ではなく、財あるいは生産物、別の用語で「商品体」と呼ばれるものである。この意味で、マルクスにおいては、一商品の価値は他商品の「商品体」の意味での「使用価値」を価値形態とする。この点は後述する。

　価値形態論の論理は、価値表現における価値と使用価値の関係を取り入れたものであり、移行規定における商品論の方法、すなわち商品の2要因をそれぞれ一面的に見るという方法とは、基本的にそぐわない。再版『資本論』以降、価値形態論を完成させ、これを貨幣本質論の基本理論としたことが、移行規定の削除につながったものと見ることが妥当であろう。同時に、交換過程論そのものは、2要因の実現問題、使用価値に対する商品所有者の欲望、そして貨幣が金に固定する論理を説くためには必要な論理として残されたと考えられる。

　マルクスの価値形態論は、貨幣生成の論理としては、金という素材（使用価値）が商品所有者によって選ばれたことを説くには不十分であった。交換における人間の存在を抜きに特定の素材が貨幣となることを説くのは困難である。交換の当事者が労働価値論を知ることに無理があるように、交換過程なしに貨幣の生成を説くことにも無理がある。交換過程論は、移行規定が削除され、たとえ貨幣生成論における役割が後退したとしても、独自の役割を持っていたのである。

## II　商品所有者の役割

　交換過程論の冒頭は、商品は物であるため、商品所有者には無抵抗である、という奇妙な言い回しによって、交換過程は商品所有者によって担われることが説かれる。

　交換過程において、商品所有者は彼らの意志が商品に属している人格として互いに関係する。商品所有者は、商品の人格化（Personifikation）としてとらえられるのである。貨幣所有者は貨幣の人格化であり、資本家は資本の人格化である。経済的な対象物の属性が、その所有者を規制する。

　商品所有者が交換を行う場合には、互いに相手が商品の所有者、私的な所有者であることを認めることが必要となる。交換が私有制度を作るわけでは

ないが、互いの所有権を認めない限り、交換行為は行われない。契約などの法的な関係も、マルクスによれば、たとえ法律的に発展していない場合でも、経済関係の反映としての法的関係である。

『経済学批判』の序言の中で定式化された唯物史観の命題の1つは、存在が意識を規定する、ということにある。また経済的な関係が社会の土台であり、これに対応した法律的な関係が上部構造であるという命題もある。このいずれの命題も、商品と商品所有者および商品の交換関係の説明の中に入り込んでいる。

以上の限りでは、商品所有者は商品の人格化としてとらえられる。しかし、商品所有者の存在は、商品の存在を超えている。マルクスによれば、「商品にとっては他のどの商品体もそれ自身の価値の現象形態としてしか意味を持たない」（[Marx1962], S.100, 同前45頁）が、「商品所有者は…商品には欠けている、商品体の具体的性質に対する感覚を、彼自身の五感およびそれ以上の感覚でもって補う」（*Ibid.*, S. 100, 訳、同前146頁）。商品所有者は商品とは異なって、個々人が「欲求（bedürfnis）」を持っているのである。「欲求」が商品と商品所有者を区別する重要な要素となる。

マルクスは、『資本論』の第1部「第1章 商品」「第1節 商品の2要因―使用価値と価値（価値の実体、価値の大きさ）」において使用価値を定義する。

① 「ある物の有用性（Nützlichkeit）は、その物を使用価値（Gebrauchswert）にする。この有用性は空中に浮かんでいるのではない。この有用性は、商品体の諸属性によって制約されており、商品体なしには実存しない。それゆえ、鉄、小麦、ダイヤモンドなどのような商品体そのものが、使用価値または財である。」（*Ibid.*, S.50, 訳、同前60頁）

② 「使用価値は使用または消費においてのみ、実現される（verwirklichen）。使用価値は富の社会的形態がどのようなものであろうと、富の素材的な内容をなしている。われわれが考察しようとする社会形態においては、それは同時に交換価値の素材的な担い手をなしている。」（*Ibid.*, S.50, 訳、同前61頁）

マルクスの使用価値の定義は難解である。有用性と生産物あるいは商品体そのものを使用価値の範疇で統一しているのである。古典派経済学の伝統では、使用価値の定義は混乱していない。有用性あるいは効用である。アリストテレスが『政治学』（BC350, Aristotle [1969]）において、靴の2つの用途を定義し、靴を履くという本来の用途、他方、交換品として用いる用途を定義して以来、使用価値に関しては、混乱はなかったように思われる。

むしろ、マルクスだけが異質な世界に入り込んでいる。引用①に見られる

ように、使用価値の定義は、第一義的には商品体そのものであり、たんなる財である。商品体や財あるいは生産物そのものは自然物である。価値形態論にとっては有用性よりも商品体としての使用価値が重要である。

マルクスの価値形態論は、商品に内在する社会的性格である価値が、他商品の使用価値（商品体）を価値形態として現象することを説いた理論である。商品体を「使用価値」と呼ぶことで、商品の2要因の関係を展開する中で貨幣形態が導かれる。確かにこの場合には、商品体（財あるいは生産物）を使用価値と呼ぶことで、自然物（使用価値）と社会的性格（価値）との弁証法的な展開が整除されることになる。

とは言え、マルクスの使用価値の定義は、二重規定の批判を免れることはできない。使用価値の定義を古典派の伝統に戻すなら、価値の現象形態となるのは他商品の使用価値ではなく、他商品の商品体、あるいは自然物ということになる。金が貨幣となるのは、金の有用性ではなく金の現物そのものが、他の一般的商品の価値の現象形態となるのである。

使用価値を商品体、財そのものとすることで、②の引用が生まれる。使用価値は交換価値の素材的な担い手なのである。有用性は、使用価値の前提ではあっても、交換価値の素材的な担い手にはならない。以上は、商品論の範囲、すなわち所有者も交換も想定されていない理論領域での分析である。

使用価値は、交換過程論ではその意味を大きく変える。また、商品もその意義を大きく変える。

決定的な違いは、商品所有者の「欲求」である。マルクス的な言い回しをするならば、商品は人格を持たないので、商品分析の領域で欲求を問題にすることはできない。交換過程論で初めて欲求を問題にすることができるのである。この違いは、最初に使用価値に現れる。マルクスは次のように言う。

「彼の商品は彼にとっては何らの直接的使用価値も持たない。さもなければ彼はそれを市場に持っていきはしなかった。それが持っているのは他人にとっての使用価値（Gebrauchswert für andre）である。」（Marx[1962], S.100, 訳、同前146頁）

ここでの使用価値は、商品体よりも有用性の方が強く出ている。商品論での言い回しのように、使用価値が価値形態であると表現する場合には、使用価値は商品体を意味する。有用性は、価値表現の素材になることはできないからである。しかし、この文言のように、使用価値が所有者にとっては非使用価値であるという場合には、自分の商品は自分にとっては有用性を持たないから交換に出す、という意味での使用価値である。したがって、商品の使用価値が他人のために使用価値であるという時は、他人にとって有用性を持

つという意味になる。もちろん、有用性が物としての商品に依存する以上、物と有用性は切り離せない。しかし、交換過程論での人間の欲望の対象として、交換の動機となる使用価値は、その財の有用性を抜きには語ることはできない。

## III　商品形態と2要因の実現論の意義

交換過程論の分析で最も重要な意味を持つのは、価値と使用価値の実現論である。商品を過程的な形態とみなす視点が、交換過程論の最大の論点である。

「商品は、自らを使用価値として実現する（realisieren, realise）前に、価値として実現（realisieren, realise）しなければならない。」（Ibid., 同前）

「他面では、商品は自らを価値として実現する前に、自らが使用価値であることを実証（bewähen, show）しなければならない。」（Ibid.,147頁,Marx[1954],p.179）

日本語訳は、「実現」と「実証」という区別を用いており、価値と使用価値の実現に関して相互前提の矛盾が提起されているように思われるが、ドイツ語版は realisieren と bewähen が使い分けられており、エンゲルス編の英訳『資本論』を継承した英訳（Marx[1954]）では、bewähen に対応する訳語に show を用いている。また、Ernest Mandel が Introduction を執筆している Ben Forwkes 訳では stand the test as use-value（Marx[1990],p.179）、と訳している。

そうであるとすると、先の2つの引用文は相互前提という奇妙な事態を指しているわけではない。使用価値の実現（realisieren）は、交換の後の消費を指す。消費によって使用価値（有用性）が実現されると考えている。商品の価値は交換の時点で実現される。商品の価値が実現された後で、商品の使用価値（有用性）が実現される。交換過程の後の消費過程である。

後半の引用における「実証」は、使用価値として相手に認めさせることを指す。相手によっての使用価値であることを証明する（bewähen）、あるいは示す（show）ことができれば、交換が可能となる。

交換を一方の当事者に即して見れば、まず何よりも自分の商品を相手にとっての使用価値として実証する必要があり、使用価値として認められれば、交換されて価値として実現し、その後で消費過程に入ることで使用価値として実現されることになる。

使用価値に関しては、交換以前の「実証」と、交換以後の「実現」との2つのプロセスがあり、価値に関しては、交換による実現のプロセスがある。

# 第1章 交換過程の原理

　これが、交換過程論における2要因の実現論である。

　2要因の実現論は、商品形態の特性からきている。マルクスは次のように言う。

　「商品に支出された人間労働が、それと認められるのは、この労働が他人にとっての有用な形態で支出された場合に限られるからである。ところがその労働が他人にとって有用であるかどうか、それゆえその生産物が他人の欲求を満足させるかどうかは、ただ商品の交換だけが証明できることである。」
（*Ibid.*, 同前）

　引用文における「支出された人間労働」とは、価値の実体、あるいは価値を形成する実体である「抽象的人間労働」のことである。抽象的人間労働は、労働における精神的肉体的エネルギーの支出の側面であり、あらゆる労働に共通する側面であり、その量は時間で測られる。マルクスは、この抽象的人間労働をしばしば「人間労働の支出」と言い表す。

　社会は、需要に見合った生産、生産に見合った労働配分が行われている場合が、経済的に最も無駄のない状態となる。マルクスの考える社会主義は、この状態を計画経済に期待している。個別の労働が、社会的に必要な労働であることが、事前に保証されているからである。しかし、資本主義経済では事情は異なる。商品が売れなければ、その労働、上着や小麦を生産する労働が社会にとって有用な労働ではなく、したがって、その商品の使用価値は他人のための使用価値として認められなかったことになる。

　個々の労働が社会的に有用な労働であるかどうかは、商品の有用性（使用価値）が認められるかどうか、すなわち商品が売れるかどうかにかかっているのである。資本主義経済の下では、商品交換を通して事後的に社会的な労働編成が行われるのである。マルクスはここに資本主義経済の限界を見ている。

　ここでのマルクスは、商品は価値を基準にして交換されることを前提に説いている。この価値は労働時間によって量的に規定される。しかしながらマルクスは、『資本論』第3部においては、商品の交換の基準が価値ではなく生産価格（生産費＋平均利潤）であることを示している。

　『資本論』初版第Ⅰ部の出版が1867年、第Ⅲ部がエンゲルスによって出版されたのが1894年であるが、エンゲルスは第Ⅲ部の刊行に際して、草稿は基本的には1867年には書かれていたと記している（Marx[1965], Bd.25, S.11, 第8分冊、8頁）。理論的にも交換の基準は労働によって規定された価値ではなく、生産価格であることを踏まえた上で、「第Ⅰ部 資本の生産過程」と「第Ⅱ部 資本の流通過程」においては、交換の基準を「価値」と想定して、資

本主義経済を分析している。これは価値概念を用いることによって、資本主義経済の本質を分析することが可能になるというマルクスの考えに基づく。

資本主義経済の下では、生産価格や利潤を基準にして社会的な労働編成が行われるが、マルクスは価値の概念を使って、商品の交換と社会的な労働編成の関係を直接的に説いたのである。

商品経済の不安定さは、交換過程における商品に体現されている。商品は、交換によってしか価値として実現されることはなく、使用価値として実証され、その後で価値として実現されるのである。交換されなければ、それを生産するための労働は社会的に有用な労働ではなかったことになる。

やや敷衍すれば、交換されれば商品は商品ではなくなる。物が商品という形態を取るのは、交換に登場して売れるか廃棄されるかまでの期間である。交換過程論における実現論は、商品の交換における過程的な性格を示している。

また、消費は使用価値の実現であり、それは交換による価値の実現の後の行為である。消費によって、財としての商品がその有用性を実現するのである。今日の経済学において需要曲線の基礎となっている限界効用理論は、消費における限界効用逓減を交換の場に適用している。しかし、消費は、交換の後に行われるのであり、交換において使用価値として実証（認められること）される局面での理論とは区別されるべきである。商品が消費される時は、既に商品は財であって商品ではない。消費以前の交換の場面で限界効用が逓減するという理論が、価値論に妥当するかどうか疑問と言わざるを得ない。

## IV 貨幣の生成

マルクスの貨幣生成論にとって交換過程が持つ意味は、次のように展開される。まず、初版『資本論』本文の価値形態論に登場していた形態IVが交換過程論で示される。

「立ち入ってみると、どの商品所有者にとっても、他人の商品はどれも自分の商品の特殊的等価物としての意義を持ち、自分の商品は他のすべての商品の一般的等価物としての意義を持つ。しかし、すべての商品が同じことを行うのだから、どの商品も一般的等価物ではなく・・・。」([Marx[1962] S.101, 訳、147-148頁)

マルクスは、ある特定の1商品が、他のすべての商品の使用価値（商品体）で自らの価値を表現する形態を「拡大された価値形態」と呼び、すべての商品が特定の1商品の使用価値（商品体）で価値を表現する関係を「一般的価

値形態」と呼ぶ。一般的価値形態で共通の価値表現の素材になっている1商品が、一般的等価物である。

　マルクスは、拡大された価値形態から一般的価値形態を導くには、等式を逆にすればいい、と言う。仮にそうであるとすれば、拡大された価値形態はすべての商品がそれぞれに展開する形態なので、すべての等式を逆にすれば、無数の一般的等価物が現れる。これが初版『資本論』本文の価値形態論の形態Ⅳである。この形態Ⅳは現行版『資本論』の交換過程論に挿入される。

　「わが商品所有者は当惑してファウストのように考え込む。はじめに行為ありき。それゆえ、彼らは考える前にすでに行動していたのである。商品本性の法則は、商品所有者の自然本能において確認されたのである。」([Marx,1962], S.101, 訳、148頁)

　「彼らは、彼らの商品を一般的等価物として他の何らかの商品に対立的に関連させることによってしか、彼らの商品を価値として、商品として互いに関連させることはできない。このことは、商品の分析が明らかにした。しかし、ただ社会的行為だけが、ある特定の商品を一般的等価物にすることができる。・・・一般的等価物であるということは、社会的過程によって、この排除された商品の独特な社会的な機能となる。こうしてこの商品は──貨幣となる。」(*Ibid.*, 同前)

　初めの引用文と次の引用文とは対応関係にある。最初の引用文の中の「商品本性の法則」とは、2番目の引用文で言う商品分析が明らかにした一般的等価物の排出による問題の解決であり、最初の引用における商品所有者の「自然本能」とは、2番目の引用における「社会的行為」、あるいは「社会的過程」である。商品の分析で明らかにしたことを、交換過程論では商品所有者が行うと言うのである。

　初版『資本論』本文の形態Ⅳの困難は、交換過程論で解決されることになる。この点では、初版『資本論』の貨幣生成論における価値形態論と交換過程論の役割分担は、明確である。しかし、再版『資本論』以降、マルクスは初版『資本論』付録の価値形態論にそって価値形態論を修正し、形態Ⅳを削除し、その内容を拡大された価値形態（第Ⅱ形態）の欠陥の中に吸収する。このことによって価値形態論において金を貨幣とする貨幣形態の生成が説かれるのである。

　それでもなお、交換過程論の先の引用部分は変更されてはいない。したがって、初版『資本論』では、価値形態論においては貨幣の成立を説くことができないことが示され、交換過程論が貨幣の生成を担っている。これに対し、再版以降では、価値形態論の結論を、交換過程における商品所有者の社会的

行為によって確認することになる。

　商品所有者という人格が、特定の素材を貨幣として選ぶのである。この点で貨幣の生成にとって、理論的にも歴史的な経緯としても、商品所有者の存在は不可欠である。

　しかしながら、引用におけるマルクスの記述は、宇野弘蔵（宇野 [1964]）が展開したように、価値形態論に商品所有者を想定するならば、価値形態論の中で貨幣の生成を説くことを妨げるものではない。所有者を想定すれば形態Ⅳの状態から、多くの商品所有者によって欲せられて、等価形態に置かれる商品が一般的等価物となり貨幣となる（奥山 [1990]）。

## Ⅴ　交換の発生

　交換過程論の後半では、交換の発生が説かれる。最後に、その主要な論点を整理しておく。

　マルクスは、労働生産物が商品に変わるプロセスと貨幣が生成するプロセスが同じ度合いで進展すると言う。すなわち、直接的な生産物の交換は、商品の交換とは異なって、交換を通して生産物が商品になるプロセスであると説く。この生産物は、労働によって規定された価値を持たない物々交換である。したがって、双方が自分の商品の価値を実現するという交換の動機を持たない。この場合の交換の動機は次のように説かれる。

　「ある使用対象が可能性から見て交換価値である最初の様式は、非使用値としての、その所有者の直接的欲望を超える分量の使用価値としての、その定在である。」（Marx[1962], S.102, 同前 150 頁）

　労働が交換の基準とならない物々交換においては、使用価値（この場合は有用性）の量が交換価値を規制すると説いている。

　また、マルクスは交換の発生を共同体の外部に求める。交換は共同と共同体の接触する地点で始まり、共同体の内部に反作用する、と考える。

　「商品交換は共同体の終わるところで、共同体が共同体とまたは他の共同体の構成員と接触する点で始まる。しかし、物がひとたび対外的共同生活で商品になれば、それらの物は反作用的に、内部的共同生活においても商品になる。」（Marx[1962], S.102, 150 頁）

　交換当事者が商品の私的な所有者となって交換を行うような関係は、共同体の内部では始まらない。家族がそうであるように、資本主義以前の共同体には、共同体の慣習的な分配のルールがあり、分配が交換に依存する必要はない、と考えているのである。

ところで、アダム・スミスは共同体内の分業を前提に、分業は交換を必要とし、物々交換の不便は貨幣による解決を必要とすると説く（Smith[1981]）。こうした説明は、今日でも一般的である。貨幣論におけるアダム・スミスの呪縛は強い。経済学者の間にも、分業は必ず交換を必要とするという思い込みがある。

　しかし、分業はどの社会にもあるが、生産物の分配のために交換をする社会は限られている。マルクスも重視しているように、アリストテレスは、『政治学』（Aristotle [1969]）において、家族共同体では交換は生じることはなく、貨幣は国家間の交換で生じると述べている。

　J.S. ミル（John Stuart Mill, 1806-1873）は、資本主義以外の経済では慣習が分配を決め、交換を規制する価値が中心の経済にはならないことを詳細に述べている（Mill[1965]）。マルクスの考えは、貨幣生成論としてはむしろ異端の系譜であるが、スミス的な常識に対する反論として有効であり、交換過程論の大きな成果の1つと言える。

　また、スミスのように、交換が利己心という人間の本性にもとづき、その基礎に分業があると考えるなら、貨幣は人間社会から切り離すことはできない。しかし、貨幣が共同体の外部から発生するならば、このことはマルクスにとっては、貨幣に依存しない未来社会の可能性を開くものとなる。

　マルクスによれば、交換は、最初は偶然に始まるが、交換の反復によって、生産物の一部は交換のために作られるようになり、直接的な消費のための有用性と交換のための有用性が分離し、使用価値は交換価値から分離し、交換の比率は生産に依存するようになる。

　多数の商品が交換されるようになると、様々な商品と交換される商品が「第三の商品」（Marx[1962], S.103, 第1分冊151頁）として価値の比較に用いられるようになり、さまざまな商品の等価物となる。この商品群は狭い範囲であったとしても、一般的な等価形態を持つようになる。この一般的等価物は発生しては消滅し、いろいろな商品に帰属するが、商品交換の発展につれて「貨幣形態に結晶する」（*Ibid.*, 同前）。

　一般的等価物と貨幣とは同じ機能を果たすが、マルクスの区別は広がりと継続性にある。この点で金や銀だけを貨幣として扱っているのである。

　そして、商品価値が人間労働の物質化になるのと歩調を合わせて、貨幣形態は貴金属に移行する。商品の生成と貨幣の生成が歩調を合わせるのである。価値概念の同質性が、貴金属の均質性と分割合成の可能性とが符合するからである、と言う。金は金歯などの商品としての使用価値と同時に貨幣としても使用されるようになる。なお付言すれば、貨幣蓄蔵の動機は、金の不滅な

第1章　交換過程の原理

物的性格によって満たされる。人間の無限の欲望の対象として金や銀は最もふさわしい。

　価値形態論の分析と交換過程論の説明が示すように、金や銀を貨幣にしたのは商品所有者の価値表現による交換という社会的な行為である。しかし、マルクスによれば、金や銀が貨幣であると、このプロセスは消え、金や銀が生まれながらにして貨幣であったかのように受け止められる。これが貨幣の謎、貨幣物神である。物神性論、価値形態論および交換過程論がこの謎を解き明かしているのである。

## 結　語

以上の考察により、マルクス解釈として主要な論点は以下のとおりである。
①再版『資本論』以降の移行規定の削除は、価値形態論の理論的な発展による。
②移行規定の削除にもかかわらず、商品論に含まれる労働価値論の論証は交換過程にはそぐわないものであることから、所有者を排除した商品分析論の方法は必要であると考えられていた。
③他方、貨幣生成の実現の場は交換過程以外あり得ず、移行規定は削除しても交換過程論そのものを削除することはなかった。
④貨幣生成論における価値形態論は、初版『資本論』では、価値と価値形態の関連をつける論理にとどまり、一般的等価物と貨幣の生成は交換過程論が担う。
⑤再版『資本論』以降は、交換過程論は価値形態論で分析された論理を交換の場で商品所有者が担う論理となる。一般的等価物や貨幣の具体的な素材が商品所有者の交換欲求にもとづいて説かれる。
⑥『資本論』の使用価値の規定は、商品体（財、生産物）と有用性との二重規定となっており、使用価値を有用性とする古典派の伝統とは異なる。価値形態論において、一商品の価値が他商品の使用価値で表現されるという場合の使用価値は、商品体としての使用価値である。これによって社会的なもの（価値）と自然的なもの（使用価値）の関係が統一的に示される。
⑦交換過程論における商品の2要因の実現論は、商品が交換における過程的な形態であることを明確にするものである。交換においては、商品は他人のための使用価値として実証され、交換によって価値が実現され、交換後の消費によって使用価値が実現する。消費は交換後の商品がたん

⑧価値の実現と使用価値の実証、貨幣の生成のいずれの問題も、資本主義の生産編成のあり方に対応している問題である。
⑨マルクスは、スミスのように、分業が交換をもたらし、交換が貨幣をもたらすという見解は取っていない。分業があっても交換のない分配は存在しており、可能であると考えている。この見解は、交換は共同体の間で発生し、共同体の内部に反作用的に浸透した、という見解と対応している。
⑩商品経済の発展の過程で様々なものが一般的等価物になってきたが、最終的には価値概念との対応から金や銀の貴金属が貨幣となった。金は、商品所有者によって排出されたのだが、そのプロセスは人々の認識から消え、生まれながらにして貨幣であったかのような貨幣物神が成立している。マルクスは金本位制の最盛期に経済学を研究している。この課題は、重商主義と古典派とを貫く、重要な課題であった。マルクスは、価値形態論と交換過程論、そして物神性論によって、この問題に解答を与えたのである。

　古典派経済学にとって、価値論は交換の原理であった。しかしマルクスは、交換関係は生産関係を反映すると考える。生産関係とは資本家と労働者の関係であるが、この関係そのものは、商品論や交換過程論にはなじまない。このため、商品や交換の領域から想定される生産関係として、私的労働と社会的労働の関係を設定し、この関係を反映するものとして、価値の概念を導いた。労働はいつでも価値を作るわけではないが、私的労働という特殊な社会的性格を持つ時に、価値を形成すると見なしたのである。
　マルクスの価値形態論と交換過程論は多くの論点を解き明かしているが、こうした体系編成は、貨幣の本質の解明をわかりにくくしている。宇野弘蔵は、価値形態論に商品所有者を想定し、価値論論証を商品論から生産論に移行させた。宇野の価値論論証はなお成功しているとは言いがたいが、労働価値論の問題と貨幣本質論とは区別して論じる必要がある。

# 第2章　商品の「流通」(Zirkulation) と貨幣の「通流」(Umlauf)

## 序　言

　本章の課題は、マルクスの『資本論』で説かれている貨幣の機能の1つである流通手段としての貨幣の問題を、商品のZirkulationと貨幣のUmlaufの訳語問題に焦点を当てて考察することにある。

　流通手段論は、『資本論』「第1部 資本の生産過程 第1編 商品と貨幣 第3章 貨幣または商品流通 第2節 流通手段」、として位置づけられている。

　商品のZirkulationと貨幣のUmlaufの問題に関しては、日高普『経済原論』([1964]、30頁、[1983]、34頁) の中で提起されている。Zirkulationを「流通」、Umlaufを「通流」と訳し、商品の「流通」、貨幣の「通流」と使い分けるべきだ、ということである。商品は持ち手の転換によっていずれは消費過程に入るのに対して、貨幣は持ち手を変えながらも流通の中にとどまる。この相違をマルクスは、『資本論』では、ZirkulationとUmlaufの用語上の区別として明確に使い分けている。貨幣と商品とでは、流通の中での「流れ」が異なるのである。

　新日本出版社刊行の邦訳『資本論』(社会科学研究所監修資本論翻訳委員会訳、1982、以下、翻訳委員会訳、と略記する) は、Umlaufに日高『経済原論』と同様に「通流」の語を当てている。「通流」という日本語は存在するが、「流通」との区別はつけにくい。敢えて区別する意味があるかどうかという疑問も生じる。本章の課題は、この訳語問題にある。

　ZirkulationとUmlaufの相違にどれだけの意味があったのか、またこの相違を邦訳に反映させる意味はあるのかどうか、これが本章の課題である。文献考証によって、この問題を考察していきたい。

　なお、参考資料として、本章の末尾に、『資本論』第Ⅰ部第1章から第3章までの目次の細目と第4章のタイトルを、日本語、ドイツ語、英語、フランス語の順に紹介してある。ドイツ語は、マルクス＝エンゲルス全集第23巻、いわゆる現行版のものである。

第1部 資本主義における市場

第2章 商品の「流通」と貨幣の「通流」

## I 英訳『資本論』の意義

　ZirkulationとUmlaufの訳語問題に関しては、英訳が最も重要な役割を果たしている。英訳『資本論』（1887, Marx[1990]）には、その「序文」の中でエンゲルスが紹介しているように複数の訳者が関わっており（Marx[1990], pp.11-12, 英語版序文のドイツ語訳は[1971a], S.37）、エンゲルスも深く関わった訳書である。エンゲルスの関与というよりも、英訳の編者はエンゲルス自身である。エンゲルスの語学力は定評がある。若き日にはイングランドのマンチェスターで父親のビジネスにかかわっている。英語については言うまでもない。英訳『資本論』（1887）はエンゲルスのこだわりの訳書とも言える。

　1887年の英訳『資本論』のタイトルは以下のようである。

CAPITAL: A CRITICAL ANALYSIS OF CAPITALIST PRODUCTION BY KARL MARX

TRANSLATED FROM THE THIRD GERMAN EDITION, BY SAMUEL MOORE AND EDWARD AVELANG AND EDITED BY FREDERICK ENGELS

VOL. I.

LONDON: SWAN SONNENSCHE IN, LOWREY, & C.O., PATERNOSTER SQUARE. 1887.

　『資本論』のサブタイトルは、現在の英訳本のA Critique of Political Economy（ドイツ語のKritik der politischen Ökonomie、日本語訳「経済学批判」）ではなく、A Critical Analysis of Capitalist Productionとなっている。「資本主義的生産の批判的分析」である（CAPITALIST PRODUCTIONを「資本家」的生産ではなく、「資本主義的」生産と訳したのは、邦訳の慣行に従ったものである）。

　また、編者はFREDERICK ENGELSとなっているが、これはFriedrich Engelsのことであり、エンゲルスは、序文の最後にも'FREDERICK ENGELS. November 5, 1886.' と記している。

　英訳『資本論』でのサブタイトルの変更は、マルクス死後のことであり、あくまでも私見だが、エンゲルスの独自の判断であると推測される。

　ドイツ語版『資本論』のサブタイトルのKritik der politischen Ökonomie（経済学批判）は、マルクスにとっては特別の意味を持っている。すなわち、マルクスにとっての『資本論』の課題は、資本主義経済の分析であると同時に、スミス、リカードウをはじめとする古典派経済学、あるいは先行学説に対す

37

る批判でもあった。

　古典派経済学に対する批判は、学説批判としての意味を超えている。学説の内容に対する批判もあるが、より重要なことは、商品経済と資本主義の経済システムが、搾取関係を隠ぺいする仕組を持っており、古典派経済学はこの仕組を暴くことなく、資本主義そのもののシステムの持つ思想に迎合しているという批判である。

　マルクスは、唯物史観にもとづいて、資本主義を歴史的に特定の一時代として相対化し、経済学によって、資本主義のシステムが持つ隠ぺいのメカニズムを解明しようとしている。市場は常に自由であり平等である。売り手と買い手は対等である。しかし、マルクスの経済学批判の目的は、自由平等の市場の中で、剰余価値が形成され、搾取が行われ、それが古典派も含む人々の目に見えなくなるシステムを資本主義が持っているということである。批判の意図は、経済システムとしての資本主義的なイデオロギーに対する批判を含んでいるのである。

　マルクスにとっての資本主義経済システムに対する批判は、同時に、資本主義が特定の時代に始まり、終わりを迎える社会であること、を認識しなかった古典派への批判、すなわち、資本主義を歴史的に相対化できなかった古典派経済学への批判でもある。これが『資本論』のサブタイトルに用いられた「経済学批判」の趣旨である。したがって、マルクスにとっては、欠かすことのできない重要な主題である。

　エンゲルスは、自ら編集責任を負う1887年の英訳で、このサブタイトルを捨てている。マルクスの没年は1883年である。英訳には、エンゲルスの意思が強く反映されていたと言える。

　また、Progress社刊の英訳『資本論』(Marx[1996]) では、*Critique of political oeconomy*（経済学批判）に変更されている。この変更は、1887年の英訳のサブタイトル、*A Critical Analysis of Capitalist Production* が、マルクスの指示ではなかったことの傍証になるのではないかと考える。

　英訳『資本論』第1部（1887, Marx[1889]）は、現行版の7編25章の構成とは異なり、全体で33章の構成である。これは、フランス語版『資本論』(Marx[1989]) に従ったものである。

　変更の理由は2点ある。第1に、ドイツ語の現行版の「第4章 貨幣から資本への転化」の3つの節（「第1節 資本の一般的定式」、「第2節 一般的定式の矛盾」、「第3節 労働力の売買」）がそれぞれ章として独立していることである。第2に、現行版の第7編第24章に含まれている「いわゆる本源的蓄積」が、第8編（PART VIII – THE SO-CALLED PRIMITIVE

ACCUMULATION）として独立し、ドイツ語版と重複する章も含めて、全体が8章で構成されたことである。この違いが、ドイツ語版の7編25章編成と英語版およびフランス語版の8編33章編成との違いの理由である[1]。

また、英語版は、もともとは2分冊に分けて出版されている。CHAPTER I.—Commodities（第1章商品）から CHAPTER XIV.—Division of Labour and Manufacture（第16章分業とマニュファクテュア）が VOL.Ⅰ（第1分冊）であり、CHAPTER XV.—Machinery and Modern Industry（第15章 機械と近代的産業）からが VOL.2（第2分冊）である。なお、英訳第15章に対応するドイツ語第13章のタイトルは Maschinerie und grosse Industrie（機械と大工業）であり、英訳と字句通りには対応しない。

ところで、フランス語版は再版『資本論』とほぼ同時期の訳で、マルクスが翻訳に関与しており、1872-1875にかけて分冊で刊行されている。フランス語版『資本論』のタイトルの下には、TRADUCTION DE M. J. ROY, ENTIÈREMENT REVISÉE PAR L'AUTEUR、と記されている。この記述は、翻訳は Roy によるが、著者すなわちマルクスによってすべて確認されたものであることを意味している。フランス語版はマルクス自身の校閲した『資本論』の重要な版と言える。

また、『資本論』は、「第1版　序文」の冒頭に記されているように、『経済学批判』（Marx[1961a]）の続きとして出版されたものであり、『資本論』の第1章から第3章までは、主題が重複している。このうち、『資本論』の第1章と第2章は『批判』の第1章と対応しているが、大幅に変更されている。しかし、本章のテーマである流通手段論を含む『資本論』の第3章は、記述は異なっているが、内容的には大きな違いはない。したがって、用語問題の検討には、重要な文献と言える。

## Ⅱ 流通手段論の位置づけ

『資本論』「第Ⅰ部資本の生産過程　第1編　商品と貨幣　第3章　貨幣または商品流通　第2節　流通手段」が、『資本論』の編成の中での流通手段論の位置づけである。

貨幣の流通手段機能は、経済学にとっては何の変哲もない機能であり、一般には「交換手段」と呼ばれている機能である。アダム・スミスが『国富論』の中で交換の道具とみなした貨幣の機能である（Smith[1981],p.33, 訳48頁、

---

1　Marx[1993]のフランス語版『資本論』は、ドイツ語版と同じ、25章構成である。

参照)。この機能が『資本論』では「貨幣または商品流通」の中心的な課題として論じられている。

『資本論』の論理は、抽象度の違いに応じて3つの層をなしている。第1に、資本の存在を前提としない商品と貨幣との織り成す流通の領域である。資本の存在を前提にしない範囲での商品流通、いわゆる「単純流通」の領域である[2]。『資本論』の第1部第3章のタイトルは、「貨幣または商品流通」(Das Geld oder die Warenzirkulation, Marx[1962], S.109) であるが、『資本論』の前身である『批判』では、「第2章 貨幣または単純流通」(Das Geld oder die einfache Zirkulation, Marx[1961a], S.49) である[3]。『経済学批判』の「単純流通」が『資本論』の「商品流通」に対応している。

第2に、価値の概念を軸に資本主義の基幹となる産業資本を分析する領域である。『資本論』「第Ⅰ部 資本の生産過程」の第5章以下と「第Ⅱ部 資本の流通過程」がこれに当たる。そして第3に、産業資本によって生み出された価値が利潤、利子、地代として分配される仕組みの分析である。『資本論』「第Ⅲ部 資本主義的生産の総過程」がここに当たる。

『資本論』の編別構成からすると、第Ⅰ部 資本の生産過程の「第1編 商品と貨幣」が単純流通の領域であり、「第2編 貨幣から資本への転化」を単純流通から生産の領域への移行の理論として、第2の資本主義的生産の研究領域に移る。

第1編が研究対象とする領域は、資本を前提とせずに、商品経済を分析する領域である。商品経済は資本がなくても発生し得る。『資本論』にも、『批判』から引用しつつ、「商品生産と商品流通は、その範囲や影響力が異なるにしても、きわめて多様な生産様式に属する現象である」(Marx[1962], S.128, 訳194頁)、という指摘がある。

単純流通の領域を研究対象として設定する理由は、商品経済の方が、資本主義よりも歴史的にも社会的にもより普遍的に見られる経済事象であり、かつ、資本主義経済においても、資本主義の生産や分配の関係とは区別された領域であることにある。

---

2 「単純流通」の範囲内でも、貨幣の支払手段機能では、掛売りと掛買いを事例に支払手段としての貨幣機能を説く。ここには手形の転々流通まで説かれている。したがって、暗黙には資本の存在が想定されていると言える。

3 『資本論』の第2章「交換過程」の内容は、『批判』においては第1章に含まれているが、章としては独立していない。したがって、『資本論』では、『批判』の第2章「貨幣または単純流通」が「貨幣または商品流通」に名称を変更されて第3章となる。

第1部 資本主義における市場

商品は、資本主義的な生産の結果の産物であり、貨幣は生産と消費をつなぐ市場の媒介物である。そして、マルクスにとって生産と消費は人間社会の基本であるが、資本主義社会では商品と貨幣によって媒介される。これが「第1編 商品と貨幣」の主題となる。

第1編には主要な論題が3つある。第1に、価値と労働との関係を解明すること、第2に、商品と貨幣の概念を生成論によって解明すること、そして第3に、商品経済の社会的な役割を解明することである。

本章が課題とする流通手段論は、この中の第3の課題の中心をなす。もちろん、エンゲルスとマルクスとが『資本論』に関して同じ理解を持っている訳ではないことは、これまでもさまざまな点で指摘されてきたことである。しかし、結論からすると、本章の問題に関しては、両者に違いはない。

## III 商品の流通と貨幣の通流 ——訳語問題の意義

単純流通は、市場の分析ではあるが、需要と供給の分析ではなく、等価交換、すなわち価値どおりの交換が前提とされている。商品と貨幣との概念の把握が主たる目的となる。

マルクスは、「第1章 商品」において、まず商品の2要因を説き、これを前提に商品と貨幣の合理性を論理的に解き明かす。その上で、「第2章 交換過程」において、交換における価値の実現と使用価値の実証の問題を指摘し、形態としての商品と貨幣がこの問題に関する解決の形式をもたらすことを論じる。

第1章に含まれる価値論や価値形態論は、マルクス経済学研究の中心テーマであるが、「単純流通論」として見れば、単純流通の世界を解明するための理論的な準備段階に当たる。また、第2章第1節「価値尺度」は、マルクスの場合、貨幣が商品の価値表現の素材となる機能である。商品の目に見えない存在である価値が、金という貨幣素材で表現されることによって、価格という目に見える社会的な形を取る。商品は、価格をつけてから流通の領域に入るので、『批判』によれば、「価値尺度」は単純流通を分析するための「理論的な準備過程」（Marx[1961a], S.49, 訳、同前77頁）となる。

また、「第3節 貨幣」は、3つの節すべてで貨幣の機能を扱っているので、第3節について「貨幣」というタイトルを付すのは奇妙である。しかし、マルクスは、流通に対して自立性を持った貨幣を「貨幣としての貨幣」と呼ぶ。マルクスの生前の刊行であるフランス語訳では、この「貨幣としての貨幣」(La monnaie ou l'argent) が第3節のタイトルとして使用されている。

この第3節の「貨幣」の最初のテーマは、新日本出版刊行の邦訳では、「a 蓄蔵貨幣の形成」となっているが、原典のドイツ語は Schatzbildung、財宝の蓄積であり、邦訳とはやや語感が違う。英語訳は Hoarding、貯蔵や貯金、フランス語で Thésaurisation、蓄財である。ドイツ語、英語、フランス語の用法からすると、宇野弘蔵がいわゆる新『原論』において、蓄蔵貨幣に一般性を持たせて「貯蓄」と呼んだことは（宇野 [1970a]、45 頁）、マルクスの趣旨から離れたものではない。

　また、「貨幣」の最後の「世界貨幣」は、国際間で使用される貨幣機能であり、貨幣の新たな機能ではない。国内の単純流通に対しては、国家間で使用されるという意味では国際通貨である。

　とは言え、国と国との間で使われる貨幣とは言っても、現在の国際通貨とは異なる。訳語は、ドイツ語では Weltgeld であり、文字通り日本語訳の「世界貨幣」である。国家間でも各国内でも使われる、と言う意味である。しかし、英語訳は Universal Money である。universe は地球を超えて宇宙まで含む語なので、金貨幣の持つ普遍性の語感は強くなる。この英訳は、フランス語訳 La monnaie universelle にもとづいたものである。

　金本位制の時代の金貨幣は、国際的に使われる貨幣ではあっても、国内的にも用いられていたので、今日われわれが使っている「国際通貨」とは異なる。より普遍性を持った貨幣である。国内貨幣が鋳貨の刻印を捨てて、地金としての意味を持てば、Weltgelt、すなわち世界貨幣となる。

　ところで、本章の課題ではないが、流通界から相対的に自立した「貨幣としての貨幣」は、資本として流通に投げ入れられることによって、資本へと変身する。したがって、貨幣としての貨幣は、『資本論』にとっては、貨幣から資本への転化の移行論の前段をなす論理と言える。したがって、単純流通論の中核部分は、「第 2 節 流通手段」になる。

　「第 3 章第 2 節 流通手段（Zirkulationsmittel）」は、「a 商品の変態」（Die Metamorphose der Waren）、「b 貨幣の通流」（Der Umlauf des Geldes）、「c 鋳貨。価値章標」（Die Münze. Das Wertzeichen）、からなる。

　マルクスは、「流通」を言い表す Zirkukation と Umlauf を用語上区別しているのである。用語上の区別は、概念上の区別を反映したものである。すなわち、商品に関しては Zirkulation、貨幣に関しては Umlauf を用いているのである。商品流通は Warenzirkulation、貨幣流通は Umlauf des Geldes、あるいは Geltumlauf である。『批判』は Geltumlauf が一般的に使用されているが、『資本論』では基本的に Umlauf des Geldes が用いられ、Geltumlauf も使用されている。

また、『批判』では、流通手段を意味するドイツ語として、Zirkulationsmittel と並んで Umlaufsmittel が用いられている。しかし、『資本論』では、Umlaufsmittel は用いられていない。流通手段を意味する語は、『資本論』では Zirkulationsmittel だけになっている。

なお、『批判』の前提となっているマルクスの『1857—58年の経済学草稿』では、「貨幣の流通（Circulation）または通流（Umlauf）」（Marx[1976],S.117, 邦訳185頁）、と表現されており、この時点では Zirkulation と Umlauf は同じ意味で用いられていたと思われる。

Zirkulation と Umlauf を「流通」と「通流」と訳し分け、商品に関しては「流通」、貨幣に関しては「通流」と訳すべきだとする主張は、日高普『経済原論』（時潮社、1964、30頁、有斐閣1983、34頁）が提唱していたことである。貨幣の「通流」という訳語は、翻訳委員会訳『資本論』[1982] の訳に取り入れられている。商品の「流通」（Zirkulation）と貨幣の「通流」（Umlauf）とが訳し分けられているのである。

「流通」と「通流」とはどこが違うのか。国語辞典レベルでは判別できない。Zirkulation も Umlauf も、もともとドイツ語としても、どちらも商品や貨幣の「流通」と日本語に訳して問題はない語である。

しかし、ドイツ語版『資本論』は、Warenzirkulation と Geltumlauf、あるいは Umlauf des Geldes とを用語上明確に区別している。かつ、次のような表現がある。

Die dem Geld durch die **Warenzirkulation** unmittelbar erteilte Bewegungsform ist daher seine beständige Entfernung vom Ausgangspunkt, sein Lauf aus der Hand eines Warenbesitzers in die eines andren, oder **sein Umlauf** (currency, cours de la monnaie) .

「商品流通によって貨幣に直接与えられる運動形態は、貨幣が絶えずその出発点から遠ざかること、ある商品所有者の手から別の商品所有者の手に移っていくこと、すなわち貨幣の通流である。」（Marx[1962], S.129、邦訳195頁）

本章にとって重要なのは、引用中の sein Umlauf すなわち日本語訳の「貨幣の通流」である。このドイツ語の Umlauf には英語とフランス語で currency, cours de la monnaie との置き換えがある。新日本出版社刊行の邦訳は、このカッコ内の部分を訳していない。

岡崎次郎訳『資本論』（大月書店）は、Umlauf を「流通」と訳している。その上で『資本論』の本文中の括弧書きの部分も「(currency, cours de la monnaie)」と英語とフランス語の用語をドイツ語の原典通りにそのまま挿入

している。(岡崎訳 [1968]、159 頁)

向坂逸郎訳(岩波書店)は、Umlauf を「流通」と訳し、タイトルに「ウムラウフ」と添え字を付けている (向坂訳 [1967]、149 頁)。また、カッコ内は原書通り訳している。

フランス語版は、貨幣の流通を le cours de la monnaie (currency) (Marx[1989], p.90)、と訳している。

ドイツ語版も英語版も対応する英語として currency を当てている。

逆に英語版は This course constitutes its currency (cours de la monnaie) として、curency に対応する語としてフランス語の cours de la monnaie を指示している (Marx[1996],p.77)。

Umlauf の訳に関して、英語版は重要な注を付している。

*Translator's note.* — This word is here used in its original signification of the course or track pursued by money as it changes from hand to hand, a course which essentially differs from circulation (Marx[1990],p.99).

英語版は、エンゲルスも共同責任を負った版である。引用した部分は、ドイツ語の Umlauf は英語の course や track の意味を含んでいるという趣旨である。この含意を生かすために、currency が Umlauf に対応する語として使用されたということである。また、英語版で Translator's note が付けられているのは、Umlauf に関する説明の箇所だけである。なお、新日本出版刊行の邦訳は、英語版の *Translator's note* の日本語訳を収録している。

フランス語の cours は水などの「流れ」である。血液の「循環」や天体の「運行」の意味もある。cours de la monnaie は、そのままドイツ語に対応している。ドイツ語版の der Umlauf des Geldes は、フランス語版では Cours de la monnaie (Marx[1989], p.90) である。

しかし、英語版の the currency of money は、der Umlauf des Geldes に対応するのだろうか。英語の currency は、通常はそのまま「通貨」を指す用語であり、「普及」の意味もあるが、ドイツ語の Umlauf やフランス語の cours には対応しない。英語で対応する用語は、course である。course であれば、「進路」や「経路」の意味も、血液の「流れ」の意味もある。しかし、『資本論』では、ドイツ語の Umlauf に対応する英語としては currency を指示している。currency には、「流通」の意味があったとしても、「通貨」としての基本的な意味がある。

英語版には、この問題に関して重要な指示がある。

エンゲルスは、Umlauf に対応する英語として course と track をあげながら、Umlauf des Geldes を currency of money と英訳したのである。英訳に固有の

Translator's note は、エンゲルスの責任でもある。とは言え、これはエンゲルスの独自の判断ではない。先にも示したように、フランス語版は、le cours de la monnaie（currency）と表記する。ドイツ語の Umlauf をフランス語で le cours と訳し、対応する英語としてカッコ書きで英語の currency を挿入している（Marx[1990], p.90）。フランス語版は、マルクス生前のものであり、その翻訳はマルクスによって完全にチェックされていることを明記された翻訳書である。エンゲルスは Umlauf の訳語として、英語版『資本論』では、マルクスの意図を汲んで currency と訳したのである[4]。

とは言え、currency という訳語が一般になじめないと考えて、*Translator's note* を付記したものと思われる。邦訳の「通流」がなじめないのと同じ問題を英語版『資本論』も抱えたのである。

エンゲルスの意図を解くカギは、エンゲルスによる「序文」Preface to the English Edition（Engels, 1886）の中にある。

There is, however, one difficulty we could not spare the reader: the use of certain terms in a sense different from what they have, not only in common life, but in ordinary Political Economy. But this was unavoidable. Every new aspect of a science involves a revolution in the technical terms of that science（Marx[1990],p.12, 英語版序文のドイツ語訳は [1963],S.37, 参照）.

要するに『資本論』の英語訳では、日常的にも通常の経済学でも使わない用語を使わざるを得なかった、ということである。そしてエンゲルスは、その理由を引用の中で「科学の新しい局面には、その科学における専門用語の革命が伴うのである」、と説明している。

Umlauf の訳語としての currency は、日常的には「通貨」であるが、『資本論』においては、商品の流通を意味する circulation とは違った意味を持つ貨幣の「流通」、日高原論でいう「通流」という概念として使用するということである。エンゲルスは、Umlauf の訳語としての currency が一般的には受け入れにくいと判断して、序文の中で、科学の発展の一環として日常的な使用法とは違った新しい用法を用いていることを釈明し、本文中においてカッコ書きの解説を加え、さらに translator's note によって説明したものと考えられる。translator's not が付けられているのは、Umlauf の説明の箇所だけであり、「科学の新しい局面」に対応するために使用された用語が currency であった可能

---

4 別のフランス語版では、parcours（currency, cours de la monnaie）と表記しているものもある（Marx[1993], p.130）。「経路」の意味がより強く打ち出したものであろう。

性は高い。

## 結　語

　これまでの検討によって、貨幣と商品の流通の違いを示す Zirlukation と Umlauf の区別は、マルクスにとっても妥協のできないものであった、と言える。エンゲルスは、英訳本において、この用法に関するマルクスの意図を正確に受け継いだものと推測される。

　この問題は、わが国では日高普の問題提起をうけて、商品の「流通」と貨幣の「通流」の問題となって提起された。新日本出版訳では、貨幣の「通流」の訳語を採用している。「通流」の訳語は、一般にはなじみの薄いものである。しかし、英語版でのエンゲルスの currency 問題を考えると、用語として訳し分け、読者に定着させるのが、マルクスの意図を汲むことになると言える。本章における考証の結論として、日高『経済原論』の用語問題の提起は、正当なものであったと言うことになる。

〔参考資料〕

『資本論』の第1章から第3章までの各項目について、目次のタイトルを、日本語、ドイツ語、英語、フランス語の順で示したものである。

第Ⅰ部　資本の生産過程
　Erstes Buch　Der Produktionsprozeß des Kapitals
　Volume I Book One: The Process of Production of Capital
　LIVRE PREMIER DEVELOPPEMENT DE LA PRODUCTION CAPITALISTE

第1編　商品と貨幣
　Erster Abschnitt　Ware und Geld
　Part 1: Commodities and Money
　PREMIÈRE SECTION MARCHANDISE ET MONNAIE

第1章　商品
　Ersteskapitel　Die Ware
　Chapter1：Commodities
　Chapitre I LA MARCHANDISE

第1節　商品の2要因―使用価値と価値（価値の実体、価値の大きさ）
　1. Die zwei Faktoren der Ware: Gebrauchswert und Wert（Wertsubstanz, Wertgröße）
　Section 1: The Two Factors of a Commodity: Use-Value and Value（The Substance of Value and the Magnitude of Value）.
　Ⅰ Les deux facteurs de la marchandise : Valeur d'usage et valeur d'échange ou valeur proprement dite（Substance de la valeur. Grandeur de la valeur）

第2節　商品に表される労働の二重性
　2. Doppelcharakter der in den Waren dargestellten Arbeit
　Section 2: The Two-fold Character of the Labour Embodied in Commodities
　Ⅱ Double caractère du travail présenté par la marchandise

第3節　価値形態または交換価値
　3. Die Wertform oder der Tauschwert
　Section 3: The Form of Value or Exchange-Value
　Ⅲ Forme de la Valeur

*47*

第4節　商品の物神的性格とその秘密
4. Der Fetischcharakter der Ware und sein Geheimnis
Section 4: The Fetishism of Commodities and the Secret Thereof
IV Le caractère fétiche de la marchandise et son secret

第2章　交換過程
Zweiteskapitel Der Austauschprozeß
Chapter 2:Exchange
Chapitre Ⅱ DES ÉCHANGES

第3章　貨幣または商品流通
Dritteskapitel Das Geld oder die Warenzirkulation
Chapter 3: Money, Or the Circulation of Commodities
Chapitre Ⅲ　LA MONNAIE OU LA CIRCULATION　DES MARCHANDISES

第1節　価値の尺度
1. Maß der Werte
Section 1: The Measure of Values
Mesure des valeur

第2節　流通手段
2. Zirkulationsmittel
Section 2: The Medium of Circulation
Ⅱ Moyen de circulation.

a 商品の変態
　a）Die Metamorphose der Waren
　A. The Metamorphosis of Commodities
　a）La métamorphose des marchandises.

b 貨幣の通流
　b）Der Umlauf des Geldes
　B. The currency of money
　b）Cours de la monnaie.

c 鋳貨。価値章標
　c）Die Münze. Das Wertzeichen
　C. Coin and symbols of value
　c）Le numéraire ou les espèces - Le signe de valeur

第2章　商品の「流通」と貨幣の「通流」

第3節　貨幣
3. Geld
Section 3: Money
3. La monnaie ou l'argent

a 蓄蔵貨幣の形成
　a）Schatzbildung
　A .Hoarding
　a）Thésaurisation

b 支払手段
　b）Zahlungsmittel
　B. Means of payment
　b）Moyen de payement.

c 世界貨幣
　c）Weltgeld
　C. Universal Money
　c）La monnaie universelle.

第2編　貨幣から資本への転化　第4章　貨幣から資本への転化
Zweiter Abschnitt Die Verwandlung von Geld in Kapital
Vierteskapitel Verwandlung von Geld in Kapital
Part 2: Transformation of Money into Capital
Chapter 4: The General Formula for Capital
DEUXIÈME SECTION -LA TRANSFORMATION DE L'ARGENT EN CAPITAL

# 第3章　労働価値論の思想と論理

## 序　言

　本章の課題は、アダム・スミスの労働価値論の思想と論理を考察することにある。労働価値論は、現在の経済学においては異端派である。しかし、本章は労働価値論の価値論としての正統性を論じたものである。1870年代のいわゆる限界効用理論の登場によって、現在の経済学においては、需要曲線も供給曲線も、限界理論に適合するように作られている。しかし、実体経済を考慮すると、むしろ、労働価値論や生産費説をベースとした古典派の価値論の方が現実性を持っているのではないか、ということである。

　主流派の経済学は、通常の数学とは逆に、伝統的に縦軸に価格、横軸に需要量および供給量を取り、一般的な商品については、需要曲線を右下がりに、供給曲線を右上がりに描く。限界理論では、縦軸に限界効用を取る限界効用逓減の法則が需要曲線の右下がりの根拠となり、他方、限界生産費が下に凸（U字型）を描き、操業停止点より右側の費用逓増部分が供給曲線の右上がりの根拠となる。

　仮に限界効用の逓減が正しいと仮定しても、これは消費の場面での議論であり、10本の缶ビールを買って、これを連続的に休みなく消費した場合を理論化したものである。消費者は休まずに消費を続けるという連続的消費の仮定は、あまり指摘されていないが限界理論の重要な仮定であり、この仮定の非現実性が限界理論の不自然さの大きな原因となっている。

　ビールを1杯飲んだら一休み、味覚が回復してから2杯目を飲む。これなら限界効用は逓減しないのである。途中で塩を振った枝豆を食べれば、味覚も回復する。ビールの限界効用は逓増する。消費の領域は、消費者の勝手である。消費の領域まで経済人としての行動を想定できるのであろうか。連続的消費の仮定を消費者に課す必要はない。

　序数的な効用理論において、無差別曲線が無限に右上がりにシフトし続けるという想定は、消費財に関する「胃の腑の制限」を説くマルクスとは明らかに異なる。ラーメンを無限に食べるという想定に現実性はあるのだろうか。

　貨幣所有者はさまざまである。同じように10本の缶ビールを買ったとし

ても、これを家族や仲間10人で1本ずつ飲む場合や、自分1人で1日に1本ずつ10日間飲む場合もある。あるいは1本しか買わない場合には、限界効用逓減の法則は関係がない。プロ野球の優勝祝賀会のように、ビールかけに使う場合には、効用の意味も違ってくる。

同じ本やCDを複数枚買うことに意味はないし、握手券などのケースを別とすれば、個人が同じCDを何枚も買うことはない。また企業が事務用に大量に買うPCの限界効用が逓減するとも考えられない。

仮に購買者が購入に際して頭の中で連続的消費をイメージしたとしても、購買の際にイメージの中だけで限界効用逓減の法則が本当に作用するのであろうか。消費する前に限界効用が逓減するのは不自然である。消費の局面と購買の局面とは別である、と考えるのが妥当ではなかろうか。

また、供給曲線は、右上がりのなだらかな曲線で描かれ、この基礎となっているのが、限界費用の考え方である。限界費用は下に凸のU字型で描かれる。固定資本の存在によって、まず限界費用が逓減し、生産の最適規模を超えると逓増すると考える。この逓増局面の内の操業停止点より右側が、供給曲線の右上がりに対応すると説かれる。

一般に完全競争の想定では、価格は所与と前提される。しかし、現実の企業は、常に競争の中に置かれ、企業は他社との差別化を図るために、価格が同じならば品質で、品質が同じならば価格で勝負をかける。

特に価格は、完全競争の下でも企業の重要な戦略である。この競争状態を前提に、固定資本は導入されるので、固定資本の非効率的な使用法は、企業は採用しない。一粒の小麦に広大な土地を準備して、限界理論を試す農業資本家はいない。生産規模を決めてから固定資本も含めた生産手段と労働力を準備するのが常態ではないか。

マルクスの『資本論』(Marx[1962], 初版1867) に登場する資本家の行動は、限界理論とは異なる。固定資本、つまり機械の価値は減価計算的に少しずつ商品に移転され、価格形成に参加する。固定資本の耐用期間と予定された生産量に依存して計算され、個々の商品の価値の中に入り込む。適正規模を超えて作り続けて限界費用を無限に逓増させることは想定されてない。生産は基本的に適正規模で行われ、固定資本も含めて適正規模を維持するように拡大される。言うまでもないが、原料や労働力などの可変費用は、単位商品当たり同一である。1個目と2個目で限界費用が変わることはない。したがって、一定の技術の下では一定の生産費が計上され、供給価格は一定となる。

限界費用が増大しても機械を購入しないという想定は、経済学者が作り出した想定である。ここには、短期においては固定資本を追加投入しないとい

うルールがある。これは企業家のルールというよりも、経済学者の作り出したルールである。短期か長期かは期間の長さの問題ではなく、固定資本を追加するかどうかの問題である。固定資本を追加するかどうかで、1年は長期にも短期にもなる。資本家がこのような分析をする理由は見当たらない。

固定資本の問題は、減価償却的にも処理できるし、土地や建物やコピー機などのようにリースの可能な固定資本もあり、固定資本の処理の仕方は多様にある。しかし、経済学の費用関数はこうした想定を認めないことで成り立つ。そして、固定資本の存在が描き出す曲線は、微分に適しているように描かれる。

一定の固定資本に対して最も効率的な生産規模に関する計算は、工場内では行われるであろう。その場合に限界費用曲線を描くことも考えられる。しかし、それは企業の供給曲線とは別である。企業は常に固定資本の増加も含めた最も有利な技術的組合わせで生産を継続し拡大する。固定資本を追加しないという短期のルールで限界費用曲線を描き、ここから企業の供給曲線を導くことの不自然さは否めない。

古典派経済学の供給曲線は、市場価格は需給関係で変動するが、自然価格に関して言えば、供給量に関わらず価格は一定である。需要量によって変化することはない。需要曲線がどのようにシフトしても、生産費によって自然価格は規定される。

資本は、価格が上がったから供給量を増やすのではなく、利潤量や利潤率を基準に供給量を増やしたり、破綻したり、他部門に移動したりする。このシンプルな理論が、最も現実に適合しているのではなかろうか。以上の点については奥山 [2016a] に論じたことである。

後に見るように、生産費説を労働価値論から導いた経済学者が、アダム・スミスである。労働価値論の基本的な考え方のほとんどが『国富論』(*An Inquiry into the Nature and Causes of the Wealth of Nations*, 1776, Smith[1981]) に含まれており、今日の価値論を再考する上での貴重な遺産となっている。

特に、本章は、スミス価値論の混乱を示すと言われている投下労働と支配労働の関係、および価値分解説と価値構成説の関係を労働価値論との関係で考察する。

## I　アダム・スミスの労働価値論

### 1．分業と価値

アダム・スミスの労働価値論の最も基本的な問題は、投下労働と支配労働

の問題にある。経済学説史上の論争は、この問題をめぐって行われている（渡辺 [2010]、参照）。この問題を顕在化させたのは、リカードウである。

　リカードウは、アダム・スミスを支配労働と投下労働の2つの基準の下に価値論・価値尺度論を展開して、混乱をもたらしたと批判する。結論として、リカードウは、アダム・スミスの投下労働を堅持し、支配労働を捨てることになる。こうしたスミス解釈は、リカードウだけではなく、マルサスも J.S. ミルも同様の解釈を行っている。マルサスとミルは、リカードウとは逆の道を取り、支配労働を継承する。

　経済学の父アダム・スミスの価値論が、その後継者たちを二分したこともまた、スミス価値論の混乱を深く印象づける。しかし、スミス価値論は混乱していた訳ではない（馬渡 [1997a]、島 [1980]、参照）。そもそも、支配労働は投下労働を前提としなければ成り立たない概念であった。

　スミス価値論は、分業論と密接に関わっている。スミスは『国富論』の「第2章 分業を生む原理について」の中で、分業の本質を利己心から説く。すなわち、分業と交換の行われている商業社会では、人々は多かれ少なかれ商人的な性格を帯びること、慈愛による贈与によって欲しいものを得るよりも、相互の利己心を刺激して互いに自分の欲するものを獲得する点で、交換は人間の本性に根差していること、分業も交換も人間の英知の産物ではなく、人間の本性の顕現であること、である。

　「第4章 貨幣の起源と使用について」では物々交換には相互需要の不一致という困難が伴うこと、自分が欲しいと思っている商品の所有者が、自分が持っている商品を欲するとは限らないことを説く。この困難を解決するために、人々に広く受け入れられる商品をいったん手元に保有しておく必要がある。これが貨幣である。

　スミスの場合、手元に置く貨幣は富として蓄えられる訳ではないが、購買手段として用いるために、一時的に手元で価値を保存することになる。この点では、スミスの場合、貨幣を交換の道具とみなすとしても、価値の保蔵の機能を無視している訳ではない。重商主義のように、富としての価値保存機能を説いている訳ではないが、貨幣が交換の道具として機能するためには、一定期間は手元に置いておく必要があると考えている。その限りでは、スミスの場合、価値保蔵手段の機能は貨幣の機能に含まれていると考えられる。

　ともあれ、たとえ自分が欲する商品ではなくとも、広く多くの人に受容される商品と交換し、その後でこの市場性を持つ商品によって自分の欲する商品を購入するという回り道が、結果的に交換を容易にするのである。このような一般的な受容性を持つ商品が貨幣である。

貨幣は、スミスにとっては、商業社会あるいは文明国の普遍的な「商業の道具」（Smith[1981], p.44, 訳60頁）として定義される。このスミスの貨幣＝道具説には、ヒューム（David Hume, 1711-1776）同様に、貨幣を「富」とする重商主義に対する批判の意味が込められている。

　スミスにとっての富は、貨幣ではなく労働生産物であり、この見解もヒュームと共通する。しかし、ヒュームとスミスの貨幣論の類似はここまでであり、ヒュームが完成させたと言われる貨幣数量説は、スミスにとっては批判の対象である。この点で、スミスを貨幣数量説と考える初期のリカードウなどの見解は、誤読である（本書、第2部第1章第1節、奥山[2011a,b]参照）。

　貨幣を論じた『国富論』第4章の最後に、スミスは、第5章以降での価値論を展望する。労働生産物の交換には自然に守られるルールがあり、このルールが商品の相対的価値あるいは交換価値を決定すると言う。そして、この法則の研究が『国富論』の価値論の課題であると言う。

　スミスが労働価値論の中に見た自然のルールとは何か。まず、スミスは価値を2つの意味に分ける。第1に使用価値（value in use）であり、第2に交換価値（value in exchange）である。使用価値は、使用に際しての有用性（utility）であり、交換価値は、財の所有を譲渡して他の財を購入する力である（Smith[1981],p.44, 訳60頁）。

　財を購入する力とは、商品の購買力である。商品の購買力はどこから来るか。スミスは、いわゆる水とダイヤモンド問題に言及する。水ほど有用なものはないのに交換価値を持たず、ダイヤモンドは使用価値を持たないのに高い交換価値を持つ。これがいわゆる水とダイヤモンド問題である。

　スミスの説明には、ダイヤモンドに高い使用価値を認める人がたくさんいるではないか、という批判がある（例えば、Mill[1965]）。しかし、使用価値が大きいことと労働価値論は、スミスにとっては矛盾しない。ダイヤモンドの稀少性や美しさは、スミスにとっては、その使用価値が価値を持つのではなく、この特殊な使用価値のゆえに、人々が獲得するための困難を厭わない、と言うことに裏づけられているのである。稀少性や審美性は、より多くの労働に裏づけられて、高い価値を持つのである。

　この説明は『国富論』第1編第11章の地代論の中に含まれている。以下のようである。

　「宝石に対する需要は、すべてその美しさから生じる。宝石は装飾品としてのほかは何の役にも立たない。またその美しさと言う値打ちはその稀少性によって、つまり鉱山から取得する時の困難さと費用によって、大いに高められる。」（*Ibid.*, p.191, 訳、同前302頁）

ダイヤモンドが使用価値を持たない、ということの意味は、装飾品としてしか役に立たない、言い換えれば、衣食住のレベルの人間生活には役に立たない、という意味である。美しさの持つ使用価値を否定していた訳ではない。

その上で、稀少性は稀少であるがゆえに価値を持つ訳ではない、と考えている。財宝のような稀少な財については、どんなに労働を追加しても獲得したいということが価値を決定すると考えているのである。すなわち、稀少財は稀少であるが故により多くの労働に値する、という意味で、労働価値論の適用例となっていたのである。

## 2．尺度論としての価値論

スミスは、第5章のタイトルを「商品の真の価格と名目価格について、すなわちその労働による価格と貨幣による価格について（Of the real and nominal Price of Commodities, or of their Price in Labour, and their Price in Money）」（*Ibid.*,p.47, 訳、同前63頁）と付す。このタイトルの中に、スミスの答えは表現されている。つまり、真の価格は労働によって表現された価格であり、名目的な価格が貨幣によって表現された価格である。

また、不変尺度論争は、当時の大きな論争であり、商品の価値にも長さや重さや角度のような不変の価値尺度が求められていた。不変尺度論争に対するスミスの回答が、「労働」と言うことになる。

とは言え、労働は人間によって担われる。スミスが考察しているように、1時間の辛い労働と2時間の楽な労働では、本当は1時間の辛い労働の方が多くの労働を含んでいるかもしれない。また、創意工夫や訓練の期間も単純には評価できない。しかし、スミスはこうした問題も、正確ではないが、「市場での交渉や取引（the higgling and bargaining of the market）」（*Ibid.*,p.49, 訳、同前65頁）によって調整され、通常のビジネスにおいては問題ない、と言う。市場が異質な労働の問題を大まかに調整するということである。

そして、「等しい労働の量は、いつでもどこでも労働者にとっては等しい価値であろう」（*Ibid.*,p.50, 訳、同前68頁）と言い、健康と体力と気力、そして熟練度が普通であれば、という条件を付ける。こうした労働の平均化は、分業の進展による労働の単純化が根拠になっていたものと考えられる。労働は互いに同質なものに還元可能であり、労働量と価値との比例関係を保つ状況にあると考えられていたものと思われる。

## 3．投下労働と支配労働

投下労働は商品を生産するのに必要な労働を指し、分かりやすい概念であ

るが、支配労働の概念は単純ではない。スミスの支配労働は、分業と交換の社会において特別な意味を持つ概念である。

スミスによれば、自給自足的な社会であれば、自分の労働で自分の必要なものを生産し消費する。その人が豊かか貧しいかはその人の労働に依存する。しかし、分業と交換の支配的な社会では、自分に必要な生産物のほとんどを他人が生産する。本来自分がなすべき労働を他人が行う。このことが交換のルールとしての労働価値論に結びつく。

スミスは、分業と交換の社会では、自分がどれだけの労働を行ったかが、どれだけの生産物を獲得するかを決めるわけではない、と考える。投下労働は交換経済においては富裕の尺度ではない。自分の労働そのものではなく、自分の労働が他人によってどのように評価されるかが重要である。これが支配労働である。スミスは次のように言う。

「すべての商品の価値は、・・・これを他の商品と交換しようとしている人にとっては、彼が購買（purchase）あるいは支配（command）することのできる労働の量に等しい。」（*Ibid.*,p.47, 訳、同前 63 頁）

交換される商品の中には、一般的な商品もあるが労働力も入っている。このことは、「すべての商品は、労働とよりも他の商品と交換され、比較されることの方が多い」（*Ibid.*,p.49, 訳、同前 64 頁）、という文言からも明らかである。

投下労働の概念は次のように登場する。

「あらゆるものの実質価格、すなわちあらゆるものがそれを獲得したいと思う人に真に負担させるのは、それを獲得するための労苦（toil and trouble）である。」（*Ibid.*,p.47, 訳、同前 63 頁）

toil は骨を折って働くことを意味し、toiler は賃金労働者である。また trouble も労苦をさすので、2 語まとめて「労苦」と訳す。いずれにしても、労働の負担（cost）が「実質価格（real price）」なのである。これが投下労働である。

他方、支配労働は、本書の序章で論じたように、二重の意味を持っている。既に自分の労働によって物を獲得し、他の物と交換しようとする人にとっての真に価値あるもの（really worth）、それは「彼自身の労働を節約でき、また他人に課すことができる労苦（toil and trouble）」（*Ibid.*, 同前）、として説明されている。

自分の労働を節約できるものとは、交換する相手方の商品の生産に必要な労働である。序章でも述べたように、これを「省く労働」、または「節約労働」と考える。これに対し他人に課す（支配する）ことのできる労働とは、

労働者の労働時間そのものである。いずれも他者との関係を示す概念であるが、省く労働は、相手の商品に含まれる労働時間を省くのであり、支配労働は、労働者の生きた労働の支配である。省く労働は、古典派の絶対的価値と相対的価値の問題に重要な役割を果たす。支配労働は、富裕の尺度論として、スミスの労働価値論に一貫したものである。

　後に見るように、資本家と地主のいない初期未開の社会では、投下労働と支配労働は一致する。したがって、節約された労働と支配できる労働時間そのものも一致する。

　こうした説明の後で、スミスは労働を「本源的な購買貨幣（original purchase-money）」（*Ibid.*,p.48, 訳、同前 64 頁）である、と言う。労働によってしか何物も得られないという趣旨である。

　貨幣や自分の持っている商品で他の商品を得る場合は、それらのものは一定量の価値を含んでおり、互いに他の商品を作るための労働を節約したことになるので、「等しい量の価値を含んでいる（contain）と思われるもの」（*Ibid.*,p.48, 訳、同前 64 頁）に対して交換を求めることになる、と考えられている。

　等労働量交換の根拠は、交換によって互いに自分の労働を節約することにあると言える。商品と商品の間の等労働量交換は、自分が行った場合の労働を節約するのである。これが、スミスが第 4 章で予告していた交換の自然のルールであろう。

　「世界のすべての富がもともと購買されたのは、金や銀によってではなく、労働によってであり、したがってその価値はそれを所有し、それによって何か新しいものと交換する人にとっては、それらが購買あるいは支配することができる労働量と正確に等しいのである。」（*Ibid.*,p.48, 訳、同前 64 頁）

　先に述べたように、労働はさまざまであり、単純に比較できない労働も数多くある。しかし、これらの相違は市場で大まかに調整され、日常的な活動には問題は生じない、とスミスは考える。

　投下労働と支配労働の現実的な関係については、スミスは貴金属を事例に説明している。すなわち、16 世紀の価格革命、スミスによればヨーロッパの金銀の価値が 3 分の 1 に引き下げられた経済的な事件は、南米の豊かな鉱山の発見による。すなわち、新大陸の金山や銀山は豊度が高いために、より少ない労働で鉱山から市場に運ぶことができ、それゆえにより少ない労働しか購買あるいは支配することができなくなった、と言うのである（*Ibid.*,p.49, 訳 67 頁、参照）。新鉱山の投下労働の減少が支配労働の減少につながって、ヨーロッパの物価を 3 倍に押し上げる大事件が起きた、と言うことである。

言うまでもなく、ロック（John Locke, 1632-1704）、モンテスキュー（Charles de Secondat, Baron de Montesquieu, 1689-1755）、ヒューム（David Hume, 1711-1776）に代表される貨幣数量説は、貨幣の内在的な価値を否定し、中南米から流入する金銀の量そのものの増加が金や銀の貨幣価値を下げた、と説く。貨幣数量説は貨幣量の増加が物価を上げたと説くが、スミスは支配労働の下落による貨幣価値の下落が物価を上げた、と説くのである。スミスの労働価値論は、明確な貨幣数量説批判となっている。労働価値論が、スミスと貨幣数量説を分けたのである。

　ところで、あらかじめ示しておいたように、第5章は、商品の実質価格と名目価格を論じる章である。それは、実質価格が労働による価格（price in labour）であり、名目価格が貨幣による価格（price in money）であることを示すものであった。

　金や銀の貨幣のように、それ自体の価値が絶えず変動している貨幣は、正確な尺度とはなり得ない。これに対し、体力と気力と熟練度が普通であれば、等しい量の労働は、いつでもどこでも労働者にとっては等しい価値と言ってよいであろう（*Ibid.*, p.50, 訳68頁）、と言う。労働は互いに同質のものに還元可能であり、相互に比較可能になっていると考えられているのである。

　そして、労働者の労働はいつも同じであるが、労働者の入手する商品は変動する。しかし、それは商品の価値が変動するのであって、労働の価値が変動するわけではないことを確認した上で次のように言う。

　「いつでもどこでも、手に入れるのが困難なもの、多くの労働を要する物は値段が高く、容易に非常に少ない労働で獲得できるものは、値段が安い。」（Smith [1981] pp.50-51, 訳68頁）

　労働と商品の価値とは比例関係にある、と考えられているのである。この見解は、投下労働価値説の見解であり、これを前提に支配労働が尺度単位として選ばれるのである。

　また、労働は同じ量の「安楽（ease）、自由（liberty）、幸福（happiness）」（*Ibid.*, p.50, 訳、同前68頁）の放棄である、と考えられている。労働が苦痛であることが、労働が価値を生み、賃金が支払われる理由となっている。

　支配労働という真実尺度があるにもかかわらず、貨幣という名目尺度が必要となる理由をスミスは次のように説明する。

　第1に、実際には「異なる労働の比を尺度するのは困難である」（*Ibid.*, p.46, 訳65頁）こと、第2に、商品は労働と交換されるよりは、商品と交換されることが多いこと、を指摘する（*Ibid.*, 同前）。

　このために、労働の量よりも他の特定の商品の量で交換価値を評価する方

が自然であり、大多数の人にとっても理解しやすい、と言う。

「一方（商品や貨幣・・・奥山）は、手でつかめるわかりやすい対象物であり、他方（労働・・・奥山）は抽象的概念（abstract notion）であって、十分に理解できるとしても自然で明白だとは言えないのである。」(*Ibid.*,p.49, 訳、同前 66 頁)

スミスにとっての労働価値論は、不変の真実の尺度で理論的に理解可能なものではあっても、現実的な尺度財ではなかったのである。

以上の意味で、スミスは、支配労働を真実の尺度、貨幣による尺度を名目的尺度とする。

## II　労働価値論と自然価格論

### 1．問題の所在

アダム・スミスの労働価値論のもう 1 つの問題は、いわゆる価値分解説と価値構成説の問題である。価値分解説とは、商品の価値は労働によって作られ、労働によって作られた価値が、賃金、利潤、地代に分解される、とする見解である。これに対し価値構成説とは、商品価値は、賃金、利潤、地代の合計によって成り立つ、とする見解である。

この 2 つの見解が対立関係に入るのは、リカードウの賃金・利潤相反説による。リカードウは、労働価値論を投下労働価値説に統一することによって、賃金と利潤の相関関係を導く。価値構成説のように、商品の価値が賃金と利潤と地代とを合計したものであるとすると、賃金が上がれば、商品の価格が上がることになる。商品価値は労働によって作られ、これが賃金と利潤と地代に分解される、とする分解説を取るならば、賃金・利潤相反説が導かれることになる。スミスは、この 2 つの理論を『国富論』の中で併存させているのではないか、という問題である。そして、仮に価値構成説の方に重心があったとすれば、スミスは労働価値論から離れていたのではないか、という問題にもつながる。

リカードウの『経済学および課税の原理』（初版 1817、第 3 版 1821、Ricardo[1951a]、以下、本章では、『原理』、と略記）の「第 1 章 価値について」の第 1 節のタイトルは、次のようなものである。

「1 商品の価値、すなわち、この商品と交換される何か他の商品の分量は、その生産に必要な労働の相対量に依存するのであって、その労働に対して支払われる報酬の多少には依存しない。」(*Ibid*, p.11, 訳 13 頁)

ここには、スミスの異なる労働価値論の概念が混入されている。1 つは「省

く労働」としての支配労働の系譜である。つまりリカードウの価値概念は労働時間の相対比としての価値概念であって、個々の商品の労働にもとづく価値を認める絶対的価値ではない。スミスの「省く労働」が、一商品の価値をそれと交換される商品に含まれる労働を省くもの、と考えるのと同様である。相対的な労働価値論である。

もう1つは、スミスの投下労働の系譜に立つ価値分解説、である。商品の価値が労働によって決まる以上、賃金と利潤は、労働によって決定された価値を前提にした分配の問題であり、賃金や利潤の変化が商品の価値を変えることはない、と考えているのである。

スミスの「省く労働」としての支配労働と投下労働にもとづく価値分解説の両方が、リカードウの価値概念の定義に含まれているのである。

リカードウは、労働時間の相対比を取る労働価値論を主張するが、サミュエル・ベイリー(Samuel Bailey,1791-1870) がこれを批判する。ベイリー(Bailey[1967])によれば、リカードウの相対価値論は、商品の物的な交換比率としての交換価値を指すのではなく、労働量の相対比としての交換価値である。しかしそれは、それぞれの商品の生産に必要な投下労働時間としての絶対的価値を前提にした相対的価値論である、と言うのである。

したがって、単純化すれば、パン1個が100円なのは、例えばそれが1時間労働の生産物であることによる。この内、賃金部分が70円、利潤部分が30円であったとする。賃金部分が労働に対する需給関係や生活資料の価格の変化により、60円から70円に騰貴したとすれば、価値分解説では、利潤は40円から30円に減少する。逆に、賃金部分が60円から50円に下落したとすれば、利潤部分は40円から50円に上昇する。労働価値論からの必然的な帰結として、賃金・利潤相反説が導かれる、とリカードウは考える。

もちろん、リカードウはこの見解に条件を付けている。リカードウの『原理』第4章「自然価格と市場価格」の冒頭では、現実の市場価格は労働価値論をそのまま反映するものではないこと、古典派の均衡価格は自然価格であることを明記している。

また、マルクスが指摘するように、利潤率は、現実には一定の期間に対する利潤率である。単一商品当たりの利潤率は、企業にとっても経済学にとっても分析の対象ではあるが、現実的には期間利潤率が問題となる。この期間利潤率の立場に立てば、仮に賃金が上がって商品あたりの利潤率が下がったとしても、商品の販売量が増え、資本の回転が早まれば、利潤量も利潤率も上がる。労働価値論を採用したとしても、賃金・利潤相反説は傾向法則であり、常に成立するとは限らない。

## 2．スミス労働価値論の構造

　この問題は、投下労働と支配労働の問題と密接に重なっている。「第6章商品の価格の構成部分について」においては、資本と土地の占有に先立つ初期未開の社会、すなわち資本家も地主もいない社会が想定され、ここにおいては投下労働と支配労働が一致することが説かれる。ビーバーと鹿の交換事例において、ビーバーを捕獲するのに鹿を捕獲する際の2倍の労働が費やされるとすれば、1頭のビーバーは2頭の鹿と交換されると説く。物の獲得に必要な労働量だけが、交換の基準としての唯一の事情だからである（Smith[1981], p.65, 訳 92 頁）。

　資本が登場すると事情は大きく異なる。資本家は、利潤を得るために原料を買い、労働者を雇うようになる。この結果「労働者が原料に付け加えた価値は、この場合（資本家と労働者だけの場合・・・奥山）には2つの部分に分解（resolve）される。一方は労働者の賃金支払いに、他方は雇い主が前払いした原料の資財と賃金の全体に対する利潤の支払いに充てられる。」（*Ibid.*,p.66, 訳 92 頁）

　つまり、労働者が新たに作り出した価値は、賃金と利潤に分解されるのである。この見解は、明らかに、価値は労働によって作られ、それが賃金と利潤に分解されるとする点で、労働価値論に即したものである。

　利潤の登場は、交換の基準を変える。労働だけが唯一の交換の事情ではなくなる。それは、資本家の監督（inspection）や指揮（direction）は、労働者の労働とは全く異なるからである。したがって、利潤は労働の量には比例しないのである（*Ibid.*,p.66, 93 頁）。監督労働や指揮労働は、利潤がどれだけ違っていても、実際には同じようなものである、とスミスは言う（*Ibid.*,p.66, 訳、同前 94 頁）。資本の所有者が投下資本に期待するものは、一定の比率の利潤である。商品の価格の内、利潤は賃金とは全く別の原理を持っているのである。

　同様に、土地の私有が行われるようになると、土地の生産物には地代が要求されるようになる。地代は地主の労働ではなく、土地の豊度や位置による。これが賃金と利潤に続く第3の構成要素となる。

　商品の価格が3つの構成要素からなるということは、労働価値論の放棄ではない。スミスは、このことを次のように確認する。

　「認識しておかなければならないことは、価格のさまざまな構成要素のすべての実質的な価値は、それらがおのおの購買あるいは支配することのできる労働量によって測られるということである。労働は、価格の中の労働に分

解する部分を測るだけではなく、土地に分解する部分、利潤に分解する部分も測る。」（*Ibid.*,p.68, 95 頁）

　スミスの場合、商品の構成部分としての賃金も利潤も地代も、それぞれが支配労働によって測られる、ということによって、労働価値論が維持されているのである。

　この場合、留意すべき点がある。まず、価格の構成部分としての道具や原料が、スミスの場合、構成要素から落ちていることである。しかし、スミスはこれらの要素も遡及すれば賃金と利潤と地代に分解される、と考える（*Ibid.*,p.68, 訳 96 頁）。

　マルクスはこれを、$v + m$ のドグマと呼ぶ（『資本論』、第 2 部第 3 篇第 19 章第 2 節「アダム・スミス」、Marx[1964], S.362-S.388, 訳、第 7 分冊、574-623 頁、参照）。生産手段部分が消えて、賃金部分（可変資本 $v$）と剰余価値（$m$）だけが商品価格になってしまう、ということである。これは生産手段部分も、過去には労働者の生きた労働によって作られたものであり、賃金や利潤のように、新たに付加された価値とは同じ労働の産物であることを論じたものである。

　もちろん、資本家が資本として投下するものが労働者の賃金だけになってしまうだけではない。もしそうであるとすれば、価格は労働者の労働に比例することになる。資本の求める利潤が労働と比例しないということの意味は、先の引用部でスミスが説明しているように、資本家が投下資本に対する均等の利潤率を求めるため、すなわち、生産手段と賃金も含めての資本に対する均等利潤率を求めることから生じることである。この点では、生産手段の存在はスミスにとって重要な意味を持っており、看過されている訳ではない。

　また、地代と利潤が価格の中に含まれるようになると、投下労働と支配労働の間に乖離が生じる。利潤や地代が価格の構成要素になると、「年々の労働の生産物は、その労働の生産物を栽培し、作り、市場に運ぶよりもはるかに多くの労働量を購買あるいは支配するのに十分になるだろう（*Ibid.*,p.71, 訳、同前 201 頁）」、と言う。

　単純化された事例で、生活資料をパンだけと考える。例えば、労働者が 1 日に 10 時間労働して、10 個のパンを作ったとする。この内、労働者は 8 個のパンを消費すれば 1 日の生活が成り立つとしよう。8 個のパンの投下労働時間は、8 時間である。資本家は、8 時間労働のパンで、労働者の 10 時間の労働を支配したことになる。10 時間から 8 時間を引いた 2 時間部分が余剰であり、これが利潤の源泉となる。労働者の 10 時間労働は、10 時間の等価労働を持つ商品を生産するので、生きた労働に対する支配を媒介にして、8

時間の労働生産物のパンが10時間の労働生産物を支配したことにもなる。マルクスとは別のスミスの余剰論である。

そして、この関係が成立するならば、余剰分の2個のパンは、資本家の得る実物の利潤であり、2時間の労働の成果である。この2時間の投下労働は、2個のパンなので、これを労働者の実物賃金とすれば、労働者の労働時間としては、2.5時間の労働を支配することができる。地代が入ってきても事態は同じである。

この事例は、単一の企業を考察しているために、賃金も利潤も支配労働と比例関係を持っているが、企業が用いる生産手段と労働者の構成は、企業によって異なるので、一般的には、比例関係はない。ただし、社会全体としてみれば、投下労働と生み出された生産物の量とその支配労働の量は、比例関係におかれる。投下労働とその生産物の支配労働の差が、余剰として利潤と地代の根拠になる。

### 3．生産費説としての自然価格論

『国富論』の「第7章 商品の自然価格と市場価格」の章は、市場価格による商品価格の現実的な動きと、それが収斂する重心としての自然価格が説明されている。

スミスは、賃金、利潤、地代のそれぞれに、需給の均衡状態を示す自然率があることを説く。そして、この自然率の合計を商品の自然価格（natural price）と呼ぶ（*Ibid.*,p.72, 訳、同前104頁）。「商品が通常売られる際の現実的な価格は市場価格と呼ばれ、これは自然価格以上にも、以下にも、全く同じにもなる」（*Ibid.*,p.73, 訳、同前105頁）、と言う。市場価格は、供給量と有効需要の割合によって決まり、日々変動することが説かれる。

ここでは、賃金と利潤と地代のそれぞれの自然率の合計としての自然価格は、労働価値論とどのような関係があるのかが問題となる。スミスは、商品の自然価格を「地代と労働と利潤の全体の価値（whole value of the rent, labour, and profit）」（*Ibid.*,p.73, 訳、同前105頁）、としている。それぞれの要素の価値は、それぞれに労働者が行う現実の労働時間である支配労働によって測られる。この点で、スミスの自然価格論においても、自然価格を賃金と利潤と地代の自然率の合計とすることと労働価値論とは矛盾していない、と考えられていた。

資本家と地主のいない労働者だけの経済である初期未開の社会では、投下労働と支配労働は一致する。投下労働が交換の基準となる点で、交換のルールは分かりやすい。しかし、資本家と地主が登場し、利潤と地代が登場する

と、投下労働は交換を規制するルールではなくなる。資本家の要求する利潤は、資本に対する平均利潤であって、労働とは比例しない。地代もまた土地の豊度や位置に基づくのであって、労働には比例しない。

　文明社会では、利潤と賃金と地代の自然率の合計が、交換のルールとなる。スミスの場合、原料や道具などの生産手段の価値は、賃金、利潤、地代に遡及的に解消されるので、この3要素の合計としての自然価格は、費用価格に利潤を加えた生産価格である。

　この自然価格論は、いわゆる生産費説であり、ビーバーと鹿の交換事例のような労働価値論とは異なるが、スミスは、この要素のそれぞれが支配労働を尺度にすると理解することで、労働価値論を維持していたと言える。

　自然価格と市場価格が乖離した時は、どのように調整が取られるか。例えばスミスは、供給量が有効需要に達しない場合には、市場価格は競争によって自然価格を上回り、逆の場合は逆になり、供給量は有効需要に適合するようになる、と言う。

　ただし、この調整プロセスには注意を要する。スミスは、供給量が有効需要を超え、市場価格が自然価格以上となった時、賃金と利潤と地代のうちのどれかが、自然率以下になる、と言う。そして、自然率以下になった要素が市場から引き揚げられることによって、市場価格が自然価格に調整される、と考えるのである（*Ibid.*,p.74, 訳、同前107頁）。

　つまり、3つの構成要素のいずれかにおける自然率からの乖離が、商品の市場価格からの自然価格の乖離と対応していると考えられている。リカードウは、労働価値に基づいて賃金・利潤相反説を説いているが、スミスが賃金・利潤相反説を説く場合は、資本の増加は、資本家間の競争を激化させることによって利潤を下げ、労働者への支払いの元本を増やすことによって賃金を上昇させるという説明であり（*Ibid.*,p.105, 訳、同前157頁）、逆に賃金や利潤の上昇が、商品価格を上昇させる例も取り上げている（*Ibid.*,p.113, 訳、同前174頁）。

## 結　語

　以上、見てきたように、アダム・スミスの労働価値論の思想と論理は、次のように整理できる。

　第1に、スミスにとって最も重要な概念は支配労働にある。分業と交換の社会では、自分の行った労働そのものではなく、支配労働が価値の尺度になる。それは、自分が行うべき労働を他人にさせる経済システムである。この

ことが労働価値論、すなわち等労働量交換の基礎になる。この意味で、富裕の尺度あるいは商品の交換価値の尺度は支配労働になる。

　第2に、支配労働は、投下労働を前提とした概念である。それはスミスの表現としては、投下労働こそが本源的な購買貨幣であり、労働なくして何物も得られない、ということに基づいている。

　第3に、支配労働は価値の真実の尺度であるが、抽象的な概念で、いわば経済学上の概念であり、現実の尺度財にはなり得ない。金銀貨幣はそれ自身の価値が変動するので、貨幣の価値尺度は真実尺度ではなく名目尺度であるが、しかし、多くの人々にとって馴染みやすい自然な尺度である。

　第4に、資本と土地所有者の登場によって、資本家は資本量に比例した利潤を求め、土地所有者は土地の豊度や位置に対する地代を求める。この2つは労働と比例しない要素であるが、価格の構成要素となる。商業社会は一般的にはこの状態にある。この問題には、リカードウの価値修正問題やマルクスの転形問題も含まれている。

　第5に、こうした社会では、労働は唯一の交換の基準ではなくなる。労働者の付加した価値は、賃金と利潤と地代に分解され、3つの構成要素はそれぞれに自然率を持ち、それぞれに支配労働によって評価される。例えば8時間労働の生産物が労働者の10時間労働を支配することになる。このため、支配労働は投下労働よりも大きくなる。

　第6に、スミスにあっては、原料や道具も遡及的に賃金と利潤と地代に分解されるので、賃金と利潤と地代の3つの構成要素の合計としての自然価格は、いわゆる生産費説（価格＝費用価格＋平均利潤）になる。自然価格論は投下労働＝支配労働という意味での労働価値論からの修正である。しかし、それぞれの要素が支配労働によって評価される点で、労働価値論は維持されている。

　第7に、市場価格は自然価格から乖離するが、それは価格の3つの構成要素が自然率から乖離することになり、自然率から乖離した構成要素の需給関係が調整されることによって、市場価格は自然価格に向かって調整される。

# 第4章　価値論の正統性

## 序　言

　本章の課題は、近代社会の階級分析の手法として価値論が確立していくプロセスをテュルゴーからスミスへの転換の中に見ることにある。
　古典派にとっても、マルクスにとっても、生産費説は現実のものであった。しかし、価値論は、特有の使命を帯びて登場する。
　スミスやリカードウは、労働価値論を採用することで、日常経験からは直接には把握できない領域を作り出していった。マルクスはこれを受け継ぐ。
　テュルゴーからスミスへの転換過程を考察することで、価値論が必要とされる意義も浮かび上がってくる。それは余剰の問題である。

## I　テュルゴーにおける価値と貨幣の理論

　マルクスの価値論は、資本主義を前提とした価値論である。したがって、商品生産の技術的な基礎が大工業によって確立していることを前提とする。この前提のない交換比率については、『資本論』の交換過程論の中で言及されているように、使用価値に対する欲望が交換比率を決める。資本主義以前の交換行為である。
　すなわち、マルクスは、資本主義以前の交換は、使用価値の交換であり、欲望を基準に交換が行われることを指摘する。価値の基準が欲望から労働に移るのは、資本主義のシステムが出来上がってからのことになる。機械制大工業を土台とした資本主義の生産システムが労働価値論を支えるのである。
　労働価値論は、アダム・スミスによって体系性を持った形で提起される。しばしばスミスの価値論は、二重、三重の混乱した価値論と言われる。しかし、基本的には投下労働と支配労働の問題である。内容としては第1に、価値の形成と評価の問題であり、第2に、資本主義における余剰の問題である。他方、価値分解説と価値構成説の問題は、研究者の分析手法としての価値論と資本家の意識に即した価格論との違いとなる。いずれも、資本主義の下での市場のシステムに伴う問題である。

第1部　資本主義における市場

スミスの経済学が抱えていた価値と評価の問題、および余剰の起源の問題は、テュルゴー（Anne-Robert-Jacques Turgot, Baron de Laune, 1727 – 1781）によって提起されていた問題であった。

## 1．テュルゴーの経済学体系における価値論

テュルゴーの主著は『富の形成と分配に関する省察』（Turgot [1972a]、*Réflexions sur la formation et la distribution des richesses*, 1766、以下、本章では、『省察』と略記）である。

『省察』は、土地の生産性を基礎に社会的な余剰の発生を農業に求め、これを前提にして、農業以外の製造業や商業も含めた資本の一般的な増殖の合理性を説く。

テュルゴーにとっては、資本とは動産の富であり、節約によって蓄積することが可能な富である。この資本を増殖のために使用して回収するのが資本家の目的であり、したがって資本とは、資本家の手元での貨幣の循環である。

テュルゴーの資本概念は、スミスよりもはるかにマルクスに近い。マルクスは資本について自己増殖する価値の運動態として、やや難解な定義を行っている。価値の定義自体に統一的な見解を求めることが困難だからである。これに対しテュルゴーは、貨幣の循環的な増殖運動として理解している。テュルゴーの方がむしろわかりやすい。

この資本概念の下に、テュルゴーは、形成されつつある近代社会の階級編成と階級間の富の分配の理論を展開する。とりわけ、典型的な不労所得である貸付利子の取得が、資本の需給関係によって成立することを重視することで、自由市場のメカニズムを擁護するのが『省察』の主眼の一つでもあった。

## 2．交換論の系譜

テュルゴーの交換論は、経済学の歴史の中では特異である。交換に関する理解は、一般的には分業と一体となっており、スミスの『国富論』（Smith[1981]）がこの典型となっている。

すなわち、交換は欲しいものを得るために暴力に訴えるのでもなく、仁徳によって贈与されるのを待つわけでもなく、「それをくれればこれを渡す」、という交渉で始まる。欲しいものを獲得するためのこの形式は、人間の利己心に訴えて自分の欲しいものを獲得する方法である。利己心が人間の本性の領域に属している以上、交換もまた人間の本性の領域に属する。

スミスの理解に代表されるように、一般には、分業は交換を前提に成り立ち、したがって、分業も交換も人間社会からは切り離せないものと考えられ

第4章　価値論の正統性

ている。そして、物々交換の不便が貨幣による交換を作り出すと説かれ、交換の道具としての貨幣が導入される。

交換の問題は、他方では交換の基準を求めて価値論へとつながる。価値論も貨幣論も、多かれ少なかれ経済学のハードコアであり、その論争は、しばしば実証性を伴わないことから信念の領域の闘いに見える。

ロビンソン・クルーソー物語のようなケースは別として、人間は社会の中で生産している。したがって、分業は常に存在し、人間社会は交換からも商品からも貨幣からも逃れることは出来ないことになる。

この見解に一矢報いているのが、マルクスの評価するアリストテレスの『政治学』(Aristotle [1969])である。そこで指摘されているのは、家族共同体の中には交換はない、ということである。家族共同体を広げれば、社会と考えてもいいような大家族の中にも交換はないということになる。分業と交換は社会にとっては一体ではない。分業のある社会でも分配はできる。慣習的な分配でも、計画的な分配でも、神託による分配でも、分配は交換という形式を通さなくても可能である。

J.S. ミルの『経済学原理』(Mill[1965])は、生産と分配を経済学の2大領域とし、交換論を第3編に置き、そこに含まれる価値論の位置づけを低くしている。リカードウなどへの批判の意味も込めての体系編成である。

ミルは、多くの事例によって、分配は交換を通さずに慣習によって行われることは、歴史的に見られることを指摘する。さらに J.S. ミルの同時代にも少なからず見られる、と言う。交換なき分配に関する事例の紹介や分析は、ミルが圧倒的である。その帰結が、経済学の基本は生産と分配であり、交換や価値ではない、という体系編成になる。

この系譜は、今となっては異端であり、一般的には顧みられることはない。しかし、マルクスはこの系譜に属する。『資本論』の商品論から直接にこの論理を導くことはできないが、第1部第2章「交換過程」でのアリストテレスに対する高い評価と、交換は共同体の間に発生するという指摘は重要である。

『1847-48年の経済学草稿』の中のいわゆる人類史3段階説（Marx[1976], S.90-91）や『資本論』の物神性論（第1部第1章第4節）では、人類史を商品と貨幣に依存した生産（基本的には資本主義）を中心に、その前後の社会と比較して考察している。

商品や貨幣という物に依存した生産システムは、生産が事前に計画的に編成されず、事後的に修正される物的依存の社会であり、それ以前は、古いタイプの共同体的な生産編成の社会であり、資本主義の後に来るのが計画的に

生産を編成する未来の社会主義となる。商品経済的な生産システムは、前後の生産システムと比較することで、その特徴が明確になる。

## 3．テュルゴーによる分業と交換

交換論をこのように正統と異端に分けると、テュルゴーの交換論はどこにも属さない。テュルゴーの交換論は、土地の産み出す剰余の理論、すなわち重農主義で言う生産的労働としての農業から導かれる。意表を突く論理展開である。

『省察』の冒頭の第1節は、交換のない農業社会が想定される。すなわち、各人が生活するのに十分な土地を持っている平等な社会である。この場合には、自分の必要なものを生産して消費するので、余剰も交換もない。すべての人が自分の欲望を満足させるという意味で、平等な社会である。

この想定は、テュルゴーにとっては、理想社会のモデルでもなければ、歴史の出発点としても意味を持たない。否定するために持ち出されたようなもので、このことは第2節で直ちに説明される。

テュルゴーは、ロック（John Locke, 1632-1704,『政府二論』*Two Treatises of Government*,1690, Locke[1963]）の労働所有権論を継承していたようである。ロックは、人間が自分の体を所有していることは否定できず、したがって自分の体で作ったものは自分のものであると主張する。土地の所有も耕作労働によって根拠づけていた。

このロックの理論は、テュルゴーによっては所有の前に耕作がある、という主張として継承される。テュルゴーは、耕作こそが所有を保証する法律の唯一の動因であると述べ、これによって、平等な土地所有の社会という想定は否定される。

重農主義はケネー（François Quesnay, 1694-1774）によって確立する。ケネーは土地が富の唯一の源泉であり、富を増加するのは農業であると宣言していた（Quesnay[1972]）。この重農主義の考え方は、テュルゴーの剰余理論に受けつがれる。テュルゴーは、農業だけが、生活に必要な生産物を越えた余剰を生み出すと考える。社会的な余剰生産物の全部を農業生産物が担っていると考えるのである。

テュルゴーの重農主義的な剰余理論は、マルクスの剰余理論とも対応する。農業はマルクスのいう生活資料生産部門であり、人間は1日働けば1日の生活資料以上のものを作り出すことができる、ということである。テュルゴーは次のように言う。

「最初に耕作した人々はおそらくかれらの力の許す限り、した

がってかれらの生存に必要な土地以上の土地を耕作したであろう。」
(Turgot[1971a],p.534, 英訳 ,p.43, 邦訳 71 頁)

　これが余剰の最初の起源である。人間はもともと余剰を生産する能力を持っていたということである。

　マルクスの必要労働と剰余労働の関係が、人間社会の普遍的な公理であるとすれば、テェルゴーはこれを農業で説明しているのである。時代背景を考慮すれば、理解可能な想定である。

　利潤の根拠を明らかにすることは、経済学にとっては重要な問題であった。マルクスの答えは、もともと余剰はあったということにある。人間が 1 日働けば、1 日に必要な生活資料以上を得ることができるということである。これは、『資本論』の剰余価値論の前提である。宇野弘蔵は、この趣旨を生かして、剰余労働を労働生産過程の中に移す（宇野 [1970a]）。剰余労働はどの社会にも普遍的にあることであり、証明の問題ではないということである。

　余剰論は、分業論とつながる。テュルゴーにとっては、分業は農業から始まる（Turgot [1972a]、第 3 節）。1 人の農民が、食料だけではなく、衣と住を満たすことに合理性はない。なぜなら、土地がどのような作物の耕作に適しているかは多様だからである。綿には適しているが穀物には適していない土地もある。したがって、人々は適している土地に応じて作物を作り、交換するようになる。結果的に最も適した作物だけを作り、他のすべての作物の耕作は放棄するようになるだろうとテュルゴーは言う。分業の始まりは、個人の資質の違いによってではなく、土地の適性によって生じるのである。

　生産には消費量に応じた適正な規模が必要である。1 人の農民が自分のために長期間に渡る皮の加工の労働を行うことはできないし、自分の靴のために木を一本切ることにも意味はない。ここに、農民と加工業者の分業が成立する。この分業によって誰もが利益を得る。

　しかし、農業と製造業との分業は、あくまでも農業が基本となる。農業労働者が自分の生活資料以上の農作物を生産できるということが、農業労働者が製造業者との交換を可能にするからである。製造業者同士もまた分業と交換を行う（Turgot [1972a]、第 4 節）。しかし、いずれも農業労働者が剰余を生産することを前提としている。これによって、互いに他人のために労働する社会が出来上がる。分業と交換の社会である。

　衣服も食料と同等ではないかという批判は当然あり得る。しかしテュルゴーによれば、農業労働者の食料生産物が社会の最も重要な消費財なのである。農業労働者は、いざとなったら他の種類の労働に依存しないで済ますことができる。しかし、農業労働に依存しないで済ますことのできる人はいな

い。この点で農業労働だけが他産業に対して優位性を持っている、とテュルゴーは言う（Turgot [1972a]、第5、7節）。これがテュルゴーの余剰と交換の理論である。

土地がどの作物にふさわしいかが、土地によって異なることから分業の効果を説くテュルゴーの分業論から見ると、人間の能力の多様性に基づいて機会費用から分業の利益を説く今日の経済学の説明は、ずいぶんと異なる。

## 4．テュルゴーにおける資本と階級

テュルゴーの余剰と交換の理論は、テュルゴーの資本概念の把握と土地所有者も含めた資本を運用する階級の理論につながる。そのベースとなっているのは、テュルゴーの場合、農業労働だけが1日の生活資料である賃金部分を超えて剰余を生産することが明らかな唯一の部門であるということである。農業の余剰がすべての階級の基礎となる。

分業の社会は、最初は農業者と製造業者に分かれるが、農業労働者は、余剰を生むために生産階級と呼ばれ、製造業者は、自らは余剰を生まず、農業労働者の余剰に依存するために、不生産階級と呼ばれる。加工を担当する製造労働は、自らの生産物を余剰農産物と交換するだけなのである。

しかし、農産物の余剰は、農業労働者と製造業者の区別を超えて、社会の中に階級を作り出す。まず最初は農業である。土地の所有者と耕作者は、初めは同一であったが、土地の産み出す余剰によって、自らは働かずに他人に賃金を払って生活する階級を作り出す。

この階級分化はさまざまなプロセスで進行する。テュルゴーは、とりわけ勤勉な者と怠惰な者の差は、階級分化の大きな要因であると指摘する。土地所有者は、自らは働かずに地代収入によって生活する階級となる。農業労働は、最初は、自ら賃金部分と利潤部分の両方を得る階級として土地所有者から分離される。この時点で、社会階級は、生産的階級（農業従事者）、不生産的階級（製造業従事者）、地主階級、となる。

不生産階級は交換によって賃金部分を得るが、生産階級である農業者は、自らの生活費以上の利潤も得ていると想定されている。他方、土地所有は、人間の慣習と市民的法律によって守られた存在とされる。

テュルゴーは、土地所有者が収入を得る方法を奴隷労働も含めてさまざまに考察している。しかし、テュルゴーの時代のフランスでは、分益小作農の存在が大きい。これは、土地所有者が必要な前払い（資本投下）を行い、土地所有者と農業者が収穫を二分する方法であり、フランスの大部分の地方で行われていた。そして、これより進んだ方法として、借地農による大農経営

を論じる。農業資本家が地代を払って土地を借り、農業経営の全前払い（資本）を投下する方法である（Turgot [1972a]，第 8-28 節）。

　土地所有者が労働せずに不労所得者として富裕になるのと同じように、土地も所有せずに富裕になる方法があるとして、テュルゴーは、貨幣貸付による利子収入を取り上げる。マルクスの『資本論』第Ⅲ部では、機能資本家と貨幣資本家を区別するが、ここでのテュルゴーのイメージは、マルクスの貨幣資本家に対応する。テュルゴーの貨幣論は貸付資本家の生成と正当性の議論の中に挿入される形を取っている。貨幣論も価値論も、経済学体系の中に自立した位置を持っていない。

　テュルゴーによれば、貨幣論の問題は次のようなものである。すなわち、金や銀は他の商品と同じ商品であるが、生活必需品として役には立たない。生活にとって重要でない物がなぜ富の代表となったのか、ということである。同時に、貨幣が経済にもたらした影響もまた貨幣論の課題となる（Turgot [1972a]，第 30 節、第 39-46 節）。

　結論からすれば、テュルゴーはロックの『政府二論』の貨幣論、すなわち貨幣は腐らない、それゆえに貧富の差の原因となったとする議論を継承している。しかし、その論理は興味深い。

　テュルゴーは物々交換を想定する（Turgot [1972a]，第 31-37 節）。物々交換が孤立的に行われる場合は、小麦と葡萄酒がどのような比率で行われようと、2 人の当事者にとっては等価交換であると指摘する。孤立的交換という意味は、他の交換当事者たちの情報がない場合を指す。交換当事者たちが他の交換の結果についての情報がなければ、欲望の満足の度合いだけが問題であり、欲望以外の尺度がない場合は、交換したということは双方が同程度に満足した、ということになる。交換が複数組行われても、互いの情報がなく孤立的で、しかもそれぞれの組の交換比率がバラバラでも、それぞれの交換は、すべてが欲望に対する満足度が等しいという意味で等価交換なのである。

　これに対し、小麦と葡萄酒の交換が多数行われ、相互に情報を共有する状態になると、交換比率は全体としての欲望と能力に依存する、と言う。この時の複数の交換比率の中間の価格を、テュルゴーは「流通（courante, current）価格」（Turgot[1972a], p.553, 英訳 p.58, 邦訳 86 頁）、と呼ぶ。

　この流通価格は、一物一価を意味するが、一物一価は必ずしも古典派の自然価格とは一致しない。一物一価は、同一市場、同一時点で、同一商品が同一価格を持つ傾向を指すだけであって、自然価格から乖離した市場価格もまた、一物一価の法則にしたがう。また、テュルゴーは、『省察』では価値と価格を区別していないので、流通価値は流通価格とも表記される。

テュルゴーは、これ以上価値論には関心を示していない。『省察』でのテュルゴーの関心事は、金銀貨幣の秘密にある（Turgot [1972a]，第38-40節）。

　テュルゴーは、ジョン・ローの体制が崩壊した後に生まれている。テュルゴーが財務総監になったのも、ローが失脚してから50年以上後のことである。しかし、ローの事件は強烈だったようである。ローは、財務総監として荒廃したフランス経済をたちどころに立ち直らせ、そしてバブルの崩壊によって壊滅的な打撃を与えた。ローの政策は紙幣発行の増大による信用の拡大であり、貨幣＝協定説とみなされた。この理解は、スミスの『国富論』の中にも登場しており、ロー自身の貨幣理論とは別に、政策に対する評価としては、当時の共通の理解であったものと思われる。

　ローに対する批判は、テュルゴーの貨幣＝商品説につながる。金銀あるいは金銀の裏づけのある貨幣のみが貨幣であると考えたのである。この主張は、商品世界から貨幣が生成することを論理的に再現することで成り立つ。テュルゴーの推論は以下のようである。

　ある商品、例えば麦は、葡萄酒とだけではなく、木材や皮などあらゆる財と交換される。すべての財がすべての財と交換されるなら、小麦を持っていて葡萄酒を欲している人は、いったん羊と交換してから、獲得した羊と自分の欲する葡萄酒を交換してもいいことになる。

　テュルゴーはこれを価値表現、すなわち価値尺度機能と関連づけて論じる。すべての商品がすべての商品の共通の尺度になることができると指摘するのである。現実には貨幣だけが商品の価値を尺度し、相互に比較可能にしている。テュルゴーは、この機能を本質的にはすべての商品が持っていると説いているのである。

　ただし、物々交換から貨幣を導く場合は、通常はスミスのように、価値尺度よりも交換手段としての貨幣機能を貨幣の本質とする。すなわち、貨幣の本質は交換の不便を解決するために、一般的に受容される商品が貨幣になったと考える。これに対してテュルゴーは、物々交換を想定しながら、価値表現を重視し、ここから共通尺度としての貨幣を導く（Turgot [1972a]，第33-35節）のである。

　この想定は、マルクスの初版『資本論』（Marx[1867]）本文の価値形態論のいわゆる「形態Ⅳ」に相当する。初版『資本論』では、価値形態論は2通りに説かれている。付録に収められている価値形態論は、現行版『資本論』の価値形態論とほぼ同じである。一般的価値形態と一般的等価物の成立によって、価値形態論は論理的にはいったん終了し、最後に一般的等価物の立場に金が来ることで貨幣形態が完成する。

しかし、初版『資本論』本文で展開されている価値形態論は、拡大された価値形態を逆にして一般的な価値形態を導いた後で、この関係がすべての商品に成り立つことを指摘する。
　すなわち、初版本文の価値形態論の最後は、すべての商品が一般的な価値形態の等価形態に立つことを指摘し、一般的等価物が複数、あるいは無数に生じる形態で終わるのである。したがって、貨幣形態（金価格）の成立は、金貨幣の成立とともに交換過程論にゆだねられるのである。テュルゴーの展開はマルクスのこの展開と似ている。
　テュルゴーにとって貨幣はどのように成立するか。貨幣の共通尺度と並ぶもう１つの本質は、普遍的担保という点にある。普遍的担保の意味は、他の商品を獲得する手段という意味である。一般的な購買手段の意味ではあるが、内容からすれば、テュルゴーにとっては蓄積の可能な価値の保蔵手段の方が重要な意味を持つ。いずれにせよ、貨幣の本質は共通の尺度であり、普遍的な担保である。金と銀の貨幣は、貨幣の２つの機能に対する素材的な適性から導かれる。
　共通尺度としては、何よりも尺度となる素材の均質性が問題となる。素材の均質性が保たれない場合には、貨幣の観念化が生じる、と言う。羊という実体から貨幣としての羊が乖離する状況である。これはテュルゴーの独特の視点である。例えば、羊の売り買いにとっては、売買される羊の品質は重要だが、羊が貨幣となる場合には、羊の品質はバラバラであっても、平均的な羊が貨幣の単位となる、とテュルゴーは言う。羊についての抽象的な価値が共通尺度として用いられると言うのである。
　この観念化は、さらに進行する。多くの羊が死んで、羊と他の商品との交換比率が２倍になったとしても、人々が以前の羊の価値に慣れ親しんでいるならば、羊１頭は羊２頭に値する、と表現すると言うのである。商品としての羊と共通尺度としての羊とが乖離することもある、と言うのである。テュルゴーによれば、このような擬制的評価、観念的評価は、どの国においても見られることである。
　観念貨幣の例として、テュルゴーは、原始貨幣マキュートやオランダのフロリン紙幣を示す。これは、ジェームズ・ステュアート（James Steuart1713-1780）が観念的貨幣論を展開する時に用いたものである（Steuart[1998]）。テュルゴー以前には、モンテスキューが『法の精神』((Montesquieu [1900]）で使用している。
　とは言え、現実には価値の変化する商品は、共通尺度としての材料にはなじまない。ここでテュルゴーは、すべての商品が貨幣であり、すべての貨幣

が商品であるという自らの貨幣本質論の主張を変更する。あるいはすべての商品が、ある程度貨幣であるという表現も使われる。貨幣としての適性から見れば一般的商品は完全ではないと言うのである。

結果として、質的に均質で、普遍の価値を持つ金属、とりわけ金と銀が貨幣となるのである。分割と合成の可能性、小さな体積で大きな価値を持つことなど、貴金属の優れた点が指摘される。

貨幣の登場によって、一般的な購買手段を手に入れるだけでなく、人々は当面日用品の必要がない場合は、いったん貨幣と交換するという行動をとるようになる。欲望の充足のための交換ではなく、価値の保蔵のための交換である。金銀はこの適正を満たしている。以上の推論は、金や銀が法律によって貨幣となったのではなく、必然性を持って貨幣となった（Turgot [1972a], 第42、43節）ことを示している。

もちろん、金や銀の価値は変動するし、金と銀の交換比率も変動する。しかし、貨幣としての適性は最もすぐれているのである。

普遍的な担保としての貨幣は、別の用途を見出す。資本としての使用である。これまでの展開で、地主は、すでに土地を所有するだけで収入を得ることが明らかになった。そして、働かずに生産物を自由に処分できる階級となっていた。いわゆる不労所得者である。資本もまた不労所得の階級を生み出す。貸付利子で収入を得る階級である。その原因は、すべて貨幣の性質から生じている。

何よりも貨幣の登場によって売りと買いが分離し、貨幣の登場が分業を促進する。自分の生産物をいったん貨幣に換えることができるようになると、自分にふさわしい仕事に安心して特化できるからである。貨幣の進歩が分業の進歩を促し、社会を進歩させる（Turgot [1972a], 第48節）。

さらに金や銀の貨幣の価値が保存性に優れたものであることから、例えば土地所有者のように、余分な年収を貨幣として保蔵する人々が現れる。貨幣は最適の動産の富であり、富を蓄積したいと思うものは、みな貨幣によって富を蓄える（Turgot [1972a], 第50節）。製造業者も、本来は自分の生活費を得るだけなのだが、勤勉や節約によって余剰を蓄えるようになる。どのような職業においても、労働者であっても、蓄えを持つようになる。

貨幣は富としての蓄積にふさわしい。この「蓄積された価値が資本 (capital)」（第58節、97頁）である。そして、資本の投下である前払いと投下した資本の回収という貨幣の循環が資本家に利益をもたらす。

資本は5つの用途を持つ。第1に、資本の所有者は、土地を購入して地主になってもよい。第2に、資本の所有者は、製造業に前払いして原料や道具

を購入し、労働者を雇って働かせ、利潤を含む報酬を得ることができる。製造業を担う資本家に利潤が保証される理由は、利潤が同じでなければ、土地の購入を選ぶはずだからである。ここで製造業者は、資本家と労働者に階級分化する。第3に、農業労働もまた借地農によって経営されれば、資本家と労働者に階級分化する。土地所有者を加えれば、農業は3大階級に分化する。第4に、商業もまた生産者と消費者を速やかにつなぐ役割を果たすことで利益を得る。貿易商人の場合は、安い所で買い、高い所で売って利益を得る。

資本の前払いと資本の継続的回収による貨幣の循環、これが社会を成り立たせる基礎になっている。そして最後に、生産に従事する資本家とこうした資本家に資金を貸し付ける資本家に2分される。マルクスの機能資本家と貨幣資本家の分離である。そして後者、すなわち利子付きの貸付けが、資本の第5の方法となる（Turgot [1972a], 第71-82節）。

テュルゴーは、利子は資金に対する需要と供給によって決まると言う。そして、利子を道義的に批判するスコラ哲学を批判して、貸付は当事者間の自由な相互契約であり、双方にとって有利だから行われるものである、と説く（Turgot [1972a], 第74節）。借り手が利潤を得ることが貸付けの根拠ではなく、貨幣が自分の所有物であることが根拠である。また、貨幣数量説を肯定しつつ、貨幣量の変化によって貨幣価値が変化した場合でも、利子の変化とは別であると考える。

テュルゴーの普遍的担保としての貨幣の機能は、一般的な購買手段としての機能を超えて、実質的には貨幣による価値の保存機能に着目したものである。この貨幣論をベースに、利潤を伴った投下と回収をもたらす資本が導かれたのである。そして市場の自由を認めるならば、貸付利子による収入は正当であることが主張されたのである。

テュルゴーは、分益小作農をはじめとして、3大階級以外の階級に言及しているが、資本の用途からとらえられた階級は、資本家と労働者、そして地主の3大階級である。テュルゴーにとっては、地代と利潤と利子の社会的な根拠は、農業の産み出す余剰にある。とは言え、余剰の根拠は違っても、古典派やマルクスの階級と分配の理論はテュルゴーの射程に入っている。

## 5．価値論

テュルゴーの草稿『価値と貨幣』（Turgot[1972b]）は、価値論と貨幣論の領域では、『省察』よりも立ち入った考察が加えられている。とりわけスミスとマルクスの関係では、極めて興味深い。

冒頭、テュルゴーは言語論から考察を開始し、さまざまな言語は共通の概

念を表現するものであることを指摘する。同様に、貨幣はさまざまな国で異なった名称を持つが、対象物の価値という共通のものを表現している、と言う。貨幣の重量と貨幣の称号は、異なる貨幣を換算することを可能にする。テュルゴーは、計算貨幣、紙幣、銀行券も、貴金属貨幣を前提に存在しており、貴金属貨幣は法的な刻印を押される以前から貨幣であったとする。この主張は貨幣＝協定説に対する批判である。

『省察』が普遍的な担保としての貨幣機能を中心に全体の論理が組み立てられていたとすると、『価値と貨幣』で論じられているのは、価値尺度としての貨幣機能である。

その論理は、まず価値の分析から始まる。価値は欲望の充足をもたらす財の適性であり、これは他人とかかわりを持たない孤立人にも生じる。財が1つしかない場合には、比較も評価もされない絶対的な価値となる（Turgot[1972b]p.84, 英訳 p.137, 訳 153 頁）。しかし、孤立人が複数財を比較する場合には、1人であったとしても、複数の財に対する価値評価が行われる。

こうした評価は、固定したものではないが、保存でき蓄積できる財を価値評価する場合には、目先の欲求以外のさまざまなものが評価の際に考慮されてくる。しかし、効用だけが価値を決めるわけではない。『価値と貨幣』におけるテュルゴーは、その財を獲得する際の困難が価値に大きく影響することを論じる。スミスに先んじて、水は有用ではあるが、容易に手に入るために貴重ではないことを指摘する。

稀少性もまた評価の要素になると指摘する。しかし、稀少性そのものが価値を高めるというのではなく、稀少なものはそれを獲得するのに多くの努力を要するという意味である。スミスの財宝論の先駆と言える。効用と獲得の困難と稀少性が、価値評価に際して考慮されることになる。

しかし、人間は欲望を持ったとしても、それを獲得するための能力は限定されている。人間は自然に対して、注意や労働や時間を費やす。これを獲得の能力とすれば、欲しいものを獲得するための能力の使用こそが、対象物の価値となる。人間の能力の総量は限られており、その一定部分が欲する財の獲得に使われるのである。テュルゴーはこれを、人間は自然と最初の取引をしていると表現する（Turgot[1972b],p.87, 英訳 p.139, 訳 155 頁）。スミスは『国富論』の中で、労働は本源的な購買貨幣であると述べているが、この認識と同じである。

この論理を能力説と呼ぶことは可能だが、労働価値論に極めて近い。労働価値論は獲得の困難が労働時間に還元されたものである。しかし、テュルゴー

の場合は、能力の内容はあいまいなままである。そして、あいまいであることが、商品の価値表現を必要とする。

『価値と貨幣』によれば、2人の交換の当事者は、それぞれに「尊重価値（valeur estimative）」（Turgot[1972b],p.90, 英訳 p.143, 訳 158 頁）を計算し、2人の利益が等しいところで交換価値が成立する。

評価価値と交換価値はこの点で異なっており、評価価値は、各人の一方的な価値評価であり、交換価値は交渉の結果であり、それは平均尊重価値であり、「評価価値（valeur apprésiative）」（Turgot[1972b],p.92, 英訳 p.143, 訳 159 頁）であると言う。

そして、評価価値は、2つの財の間の関係ではなく、その前提にある等しい価値の問題であると指摘する。こうしてテュルゴーは、交換関係そのものの前提となる価値の概念を導く。価値は獲得のための能力の一部分であるが、その全体はあいまいであり、したがって、「価値をそれ自体として表現することは不可能」（Turgot[1972b],p.94, 英訳 p.145, 訳 160 頁）である。人間にできることは、ある財の価値が他の財に等しいと表現するだけである。

この点で価値と価格とは本質的に異なっており、価格は価値の表明なのである。ただし、テュルゴーの場合、財と財との交換の場合は、価値表現はマルクスとは逆になる。自分の欲する財の一定量の価値を、自分が与える財の一定量で表明する。自分の商品の方が尺度財なのである。

マルクスが価値形態論の中で、アンリ4世を登場させ、「パリはミサに値する」（Marx [1971],Bd23,S.67, 訳第1分冊、90 頁）と記している。マルクスの簡単な価値形態であれば、「ミサはパリに値する」が正しい。しかし、物々交換の交渉においては、価値表現は逆になるのであろう（本書、第2部第4章、参照）。

テュルゴーとマルクスとは、価値と価格の関係についての理解に基本的に差はない。また、こうした理解は、スミスが本当は支配労働が価値の尺度であるが、労働を量的に測ることは現実には不可能なので、貨幣は便宜的に価値尺度となる、と説いたことにもつながる。『価値と貨幣』の論理は、スミスとマルクスの双方の先駆となっている。

テュルゴーは、『省察』によって富の形成と分配の理論を体系的に解き明かした。近代社会の基本的な階級の基盤と諸階級への富の分配の理論は、ほぼ完成に近い域に達していた。しかし、分配される富は、農業の余剰である。製造業の産み出す余剰は、テュルゴーの分配の原資には明確には入っていない。テュルゴーは、投下された資本はどの部門に投下されても利潤を生むことは説き明かしたが、その利潤は農業生産物の余剰を基礎とした分配である。

テュルゴーは『価値と貨幣』において、価格と区別され、価格の前提となる価値を、生産物の獲得の困難に対応する能力に求めた。価値＝能力説は、労働価値論に近い。しかし、この価値論をベースに分配の論理は説かれていない。

## II　スミス価値論の役割

### 1．水とダイヤモンド　——リカードウの思い込み

　スミスの水とダイヤモンドの問題、とりわけダイヤモンド問題は、スミスの労働価値論の試金石となっている。水ほど有用なものはないのに水は交換価値を持たず、ダイヤモンドは使用価値を持たないのに高い交換価値を持つ。なぜか。喉の乾いた時の一杯の水の有用性や満足度としての効用の高さは、誰もが否定はできない。この理解の上に立って、スミスは使用価値を交換価値の決定問題から外す。

　ダイヤモンドに使用価値がないという理解は、もちろん多くの異論を招いている。ダイヤモンドに使用価値、つまり高い効用を認める人がたくさんいるではないか、という J.S. ミルのような批判がある（Mill[1965]）。しかし、これはスミスのテュルゴー的表現であり、水と対比したレトリックである。

　『国富論』（Smith [1981]）第 1 編第 11 章の地代論では、宝石の価値が考察され、美しさが稀少性を伴う時、宝石に対する需要は高まることが論じられる。リカードウは、地金論争期の論考の 1 つ「地金の高い価格（1810）」の中で、スミス価値論を次のように解読する。

　「スミス博士は述べている。『効用（utility）、美しさ（beauty）、および稀少性（scarcity）という性質は、それらの金属の高い価格の、すなわちこれらのものがどこにおいても多量の財と交換されるということの本来的な基礎である。この価値はこれらの貴金属が鋳貨として用いられる以前から存在し、また鋳貨として用いられることから独立しているのであって、このような性質があったからこそ、それらはそのような使用に適しているのである』。」（Ricardo[1951b], pp.52-53, 訳 65 頁）

　この時期のリカードウは労働価値論を確立していない。労働価値論を前提にしないことで貨幣数量説を受け入れている。貴金属の価値が稀少性によって決まるのであれば、貨幣数量説は正しいことになる。

　しかし、『国富論』の時期のスミスは、このような学説を述べてはいない。

　「彼ら（金持ち・・・奥山）の目からすれば、有用であったり美しかったりするものの値打ち（merit）は、その稀少性によって、つまりそれをかな

り多量に集めるのに必要な多量の労働、つまり彼ら以外誰も支払うことのできない労働によって高められる。」（Smith[1981],p.190, 訳 301 頁）

「宝石に対する需要は、すべてその美しさから生じる。宝石は装飾品としてのほかは何の役にも立たない。またその美しさという値打ちはその稀少性によって、つまり鉱山から取得する時の困難さと費用によって、大いに高められる。」（Smith[1981], p.191, 訳 302 頁）

リカードウの理解とは異なって、稀少なものは、それを獲得するのに多くの困難を必要とするので価値が高いのである。稀少性と労働価値論は、スミスにあっては矛盾しない。

スミスの場合は、水とダイヤモンド問題は、労働価値論によって矛盾することなく説明されていたのである。

## 2．労働価値論と貨幣価値の決定

貨幣数量説は、ヒュームによって基本的に完成された学説である（奥山[2013]）。モンテスキュー、ロック（Locke [1963]）などの時代を代表する知性がこの学説を支持していた。この学説はしばしば古典派の学説と言われているが、これは必ずしも正しくはない。

スミスは、初期のリカードウやフィッシャー（Fisher [1916]）によって貨幣数量説に数えられているが、貨幣数量説の明確な批判者である。また、リカードウは貨幣数量説を代表しているが、それは初期のリカードウであり、主著『経済学および課税の原理』（Ricardo[1951a]）は、貨幣数量説とは逆の、そしてスミスやマルクスと同じ必要流通手段量説を取っている。ただし、紙幣については貨幣数量説であり、また鋳貨の摩損部分については貨幣数量説的である。ミルは貨幣数量説を公言しているが、その内容は貨幣量による価値の決定ではなく、事後的な等式としての貨幣量と物価の比例関係であり、実質的な意味はなくなっている。

ここで貨幣数量説を問題にするのは、貨幣数量説と労働価値論とが理論的に共存できないからである。労働価値論を採用するかどうかと貨幣数量説から離れるかどうかは密接に関係しているのである。

マルクスが言うように、ロックが貨幣数量説を採用するには、内在的な価値を否定して貨幣の価値を「想像的（imaginary）価値」（Locke[1963],p.22, 訳 31 頁）と規定することが重要であった。ヒュームにとっても貨幣の価値は「擬制的（fictitious）価値」（Hume, Hume[1955],p.48 訳 70 頁）であった。貨幣の価値について、内在的価値あるいは固有の価値を否定して、貨幣の価値を需要と供給にだけ依存させることで、貨幣量の増大が、これと比例した

貨幣価値の低下をもたらし、物価を上昇させるとする貨幣数量説が主張できるのである。

また、貨幣数量説が普及したのは、アメリカ大陸「発見」以降、スペインやポルトガルの手によって、中南米の金銀がヨーロッパにもたらされたことによる物価の上昇にある。ヨーロッパの物価が 2.5 〜 3 倍になったと言われる 16 世紀のいわゆる「価格革命」である。したがって、貨幣数量説は、紙幣よりもまず金銀貨幣に関する貨幣量と物価の関係を説明する理論として成立したものである。

貨幣数量説の創始者の 1 人であるロックは、貨幣数量説と重商主義の基本的政策である貿易差額主義を併存させていた。「貨幣の不足」と呼ばれる当時の経済問題の解決を貿易差額主義に期待していたのである。

しかし、ヒュームに至って貨幣数量説は重商主義批判の学説となる。貨幣量の増大が貨幣価値の低下を招くとすれば、貨幣を富と見る重商主義の経済思想は否定される。また、貿易差額の拡大によって金銀の国内への流入を図る重商主義の貿易差額主義も、ヒュームの金銀の国際的な自動調節機構の理論によって政策的な意味を持たなくなる。これによって、貨幣を交換の道具と見る貨幣＝道具説が確立する。なお、ヒュームはいわゆる連続的影響説によって、貨幣の増加が物価の上昇をとおして経済を活性化させる効果を持つことを説いている。しかし、この問題は本章の課題ではない。

アダム・スミスは、ヒュームの貨幣＝道具説は採用するが、貨幣数量説は否定する。スミスは次のように言う。重要な個所なのでそのまま引用する。

「金銀は、他のすべての商品と同じように、その価値が変動し、時によって安価だったり、高価だったりする。つまり時によって購買しやすかったり、しにくかったりする。ある特定の金銀が購買または支配しうる労働の量、つまりそれと交換される他の商品の量は、そうした交換が行われる時にたまたま知られている鉱山の豊度が高いか低いか (the fertility or barrenness of the mines) に依存している。アメリカ大陸の鉱山の発見は、16 世紀に、ヨーロッパの金銀の価値をそれ以前の 3 分の 1 に引き下げた。それらの金属を市場に運ぶのにより少ない労働しかかからなかったからそれらが市場に運ばれた時、より少ない労働しか購買または支配できなかった。」(Smith[1981],p.49-50, 訳 第 1 分冊 67 頁、ただし、邦訳には従っていない)

スミスにとって物価の上昇の原因は、金銀の流入量の増加ではない。物価上昇の原因は、中南米の鉱山の豊度が高かったことによる。このために採掘と運搬の投下労働が少なくなり、その結果として支配労働が低下したのである。貨幣数量説とは逆の考えである。同様の説明は、『国富論』の中に繰り

第 4 章 価値論の正統性

返し登場する。

その上で、スミスはマルクスと同じ必要流通手段量説の立場を鮮明にする。

「一国で年々売買される財の価値は、その財を流通させ、本来の消費者に配分するために一定量の貨幣を必要とするが、それ以上の貨幣を必要とすることはできない。流通の水路（channel of circulation）は、それを満たすにたりる額の貨幣を必然的に引き寄せはするが、それ以上はけっして受け容れない。」(Smith[1981],p.441, 訳、第 2 分冊 279 頁)

貨幣量の方が市場によって決定され、不要な貨幣は、物価を上昇させるのではなく市場から出ていく。そして、ただの金や銀に戻るのである。

リカードウは貨幣説の代表者に数えられる。地金論争期のリカードウが貨幣数量説を支持していたことは、初期の論稿やノートから明らかである。しかし、主著『経済学および課税の原理』のリカードウは異なる。第 27 章では次のように言う。

「通貨はけっしてあふれるほど豊富になることはありえない、というのはその価値を減少させれば、それと同じ割合でその数量が増加するし、その価値を増加させれば、その数量が減少するからである。(A circulation can never be so abundant as to overflow; for by diminishing its value, in the same proportion you will increase its quantity, and by increasing its value, diminish its quantity.」(Ricardo[1951a],p.352, 404 頁)

貨幣の価値が貨幣の量を決めているのである。言うまでもなく、貨幣数量説では、貨幣の量が貨幣の価値を決める。リカードウもまた、『経済学および課税の原理』においては、金銀貨幣について明確に必要流通手段量説を取ったのである。

金属貨幣については、貨幣数量説は取られていないのである。とは言え、紙幣については貨幣数量説を採用し、ステュアート (James Steuart,1713-1780) の観念的貨幣を連想しつつ、貨幣数量説による貨幣価値の管理を期待し、晩年の国立銀行設立試案につなげている (Ricardo[1951e])。

いずれにせよ、労働価値論の採用が、貨幣数量説の転換につながったのである。

## 3．支配労働と投下労働

スミスの労働価値論をめぐる混乱は、投下労働と支配労働の関係にあると言われている。スミスは、分業と交換の商業社会であることを前提に、富の尺度としては、投下労働ではなく支配労働を採用する。

リカードウは、『経済学および課税の原理』の中で、スミスの投下労働と

支配労働をダブルスタンダードであるとして批判し、自らは投下労働を採用する。マルクスは、価値概念に歴史的社会的要因を組み込んだ点が古典派とは異なっているが、投下労働と支配労働の二者択一で考えれば、投下労働を採用している。

このため、スミスの支配労働は労働価値論の異端、あるいは労働価値論からの逸脱と見られやすい。また、支配労働を真の価値尺度としているところから、投下労働を本来の労働価値論とする立場からは、リカードウのようなスミス批判が付きまとう。

しかし、スミスにとって、投下労働が価値論の前提となっていたことは言うまでもない。何よりも人間の自然に対する労働を本源的な購買貨幣とし、toil and trouble を価値の形成要因としている。

支配労働が重要なのは、分業と交換の社会だからである。投下労働5時間の生産物の価値を社会がどのように評価するかは、投下労働からは分からないからである。5時間労働の生産物であっても、それがどれだけのものと交換できるかが富裕になるかどうかの決め手なのである。

支配労働は2つの意味を持つ（馬渡 [1977]）。マルクスの用法を使えば、死んだ労働の支配と生きた労働の支配である。どちらも市場に登場している商品である。死んだ労働は対象化された労働であり、交換される相手側の商品に体化された投下労働である。生きた労働は、労働者が現実に行う労働である。

5時間労働の小麦が、6時間労働の茶と交換されるならば、投下労働5時間の小麦の支配労働は茶の6時間労働になる。5時間労働の小麦を消費して労働者が8時間働けば、投下労働5時間が支配する生きた労働は8時間ということになる。前者は不等価交換であるが、市場には常に存在する事態である。後者はスミスの剰余論であり、階級社会に伴う問題である。

スミスは、資本家と地主のいない初期未開の社会において、投下労働と支配労働が一致すると説いている。この社会には剰余を誰が取得するかという問題がなく、市場が等価交換を導く機能を持てば、投下労働と支配労働は一致するのである。

資本家と労働者と地主の3大階級の社会では、投下労働と支配労働は一致しない。資本家の利潤は資本家の労働に比例するのではなく、資本の量に比例する。地主は働かない。社会的な余剰が分配の基礎となる。テュルゴーはこれを農業の余剰と考えたが、スミスにとっては投下労働と支配労働の差である。

「労働者が原料に付け加えた価値は、この場合には2つの部分に分

解(resolve)される。一方は労働者の賃金支払いに、他方は雇い主が前払いした原料の資財と賃金の全体に対する利潤の支払いに充てられる。」(Smith[1981],p.66, 訳92頁)

剰余論が価値論によって説明されているのである。また、スミスの自然価格論は、商品の自然価格を賃金と利潤と地代の自然率の合算されたもの(いわゆる価値＝構成説)によって説かれている。この理解は労働価値論からの逸脱ではなく、スミス的な価値＝生産費説の表明である。価値構成説を取った場合でも、スミスは繰り返し、真の価値尺度が支配労働であると述べており、労働価値論が堅持されていることを表明しているのである。スミス価値論は、分業と交換の社会の特性を明らかにし、かつ3大階級の基礎を明らかにするものとして確立していたと言える。

## 結　語

商品の交換比率と労働価値論の問題と格闘したのは、リカードウである。リカードウはスミスの価値論を投下労働に一元化した。しかし、テュルゴーが提起したように、資本は常に等しい利潤率を要求するし、これが実現できないのであれば、より高い利潤率を求めて移動する。資本移動は現実には困難だが、理論的には可能と想定される。

ここにリカードウの価値修正問題、マルクスの転形問題が発生する。資本の回転期間や有機的構成の差異によって、労働で作られた価値と生産価格とでは交換の基準が異なるのである。リカードウは、この乖離は利潤率の範囲内なので、労働価値論は概ね正しいとした。マルクスは、商品の交換比率は価値ではなく生産価格によって行われることを明言し、総価値＝総生産価格、総剰余価値＝総利潤の総計2命題をもって労働価値論は維持されるとした。

総計2命題が一般的には成り立たないこと、また、生産価格の体系は労働価値論を前提にしなくても導かれることは、論争の過程で明らかになっている。

しかし、価値論の領域で説かれた剰余価値の総額は、必要労働時間と剰余労働時間という普遍的な労働過程論的な基礎をベースとするものであり、価値の生産価格への転形によっても維持される。テュルゴーからスミスへの余剰に関する理論の転換と、スミスからマルクスへと連なる価値論の意義は、階級分析にあったと言える。

ただし、マルクスの場合には、物神性論や労働過程論に見られるように、労働が価値の実体となるのは資本主義においてである、と考えている。逆に

言えば、『資本論』によって解明された労働生産過程論的な生産編成が社会主義経済にも共通するものとして意味を持っている。

# 第5章　貨幣から資本への転化の論理
## ——宇野派の問題提起

### 序　言

　貨幣から資本への転化の論理は、宇野学派の中に大きな論争をもたらした。いわゆる純粋資本主義と世界資本主義の対立である(論争の経緯については、宇野 [1967]、193-216頁、318-331頁、参照)。この論争は久しく行われていないが、他の経済学の諸問題同様、解決したわけではない。宇野弘蔵の理論的系譜に属する研究者の間には、今なお潜伏している問題である。

　宇野弘蔵における資本主義像は、形態が実体を包摂したものとして理解される。この場合、形態とは流通形態であり、資本を流通形態として把握した点が、宇野弘蔵の特徴となる。「実体」とは、あらゆる社会に共通なものという意味での「実体」であり、この場合は労働生産過程を指す。

　流通形態が実体を包摂することで資本主義が成立する、というイメージは、貿易商人の活躍した重商主義から産業資本主義の確立に至る近代的な資本主義の生成の歴史的なイメージと重なる。

　宇野は、経済学原理の研究対象をいわゆる「純粋資本主義」としながらも、貨幣の資本への転化の論理には、歴史模写的な論理の構成を取り入れたのである。同時に、地球規模で活躍した重商主義の商人は、東南アジアのコショウの例を出すまでもなく、地域間の価格差を膨大な利潤の源としていた。

　商人は、資本主義ではない共同体をも含めて、共同体と共同体の間を活躍の場としていた。産業資本を基軸とする資本主義は、これを前提に確立する。宇野は、いわゆる純粋資本主義を原理論の対象として抽象し、段階論、現状分析のいわゆる宇野三段階論の経済学体系を作る。しかし、宇野の貨幣から資本への転化の論理の前提となる資本主義生成のイメージは、宇野の意図を超えて、いわゆる世界資本主義論の登場につながる (岩田弘 [1964]、鈴木鴻一郎 [1960])。

　この論争は、資本主義そのものの像をどのように描くか、という根本的な問題を含んだものである。特に、この論争の中で、商人資本あるいは金貸資本の社会的な存在根拠が極めて薄弱であること、場合によっては、商品経済

の基本的なあり方から見て反社会的な性格を持っていることが、論争の当事者にとっては、陣営の違いを超えて共通の理解となっている。

本稿は、労働生産過程論の中に剰余生産物の存在を認め、これを貨幣の資本への転化論の前提とすることで、商人資本もまた共同体の内部に合理的な存在根拠を有するものであることを論じたものである。

## I 貨幣から資本への転化

### 1. 資本とは

貨幣から資本への転化という問題は、資本の概念を貨幣の投下と利潤をともなった回収の視点で捉えた時に生じる問題である。資本の概念が生産手段や機械そのものでイメージされた時には生じない。本書もまた資本を運動態としてとらえる。資本とは、貨幣を増殖目的で繰り返し使用する運動である。したがって、貨幣から資本への転化の問題は、原理論的に見て重要な問題である。

マルクスの『資本論』第1部第2編および第2編第4章のタイトルは「貨幣の資本への転化」である。

その冒頭は次のように始まる。

「商品流通は資本の出発点である。商品生産、および発達した商品流通―商業―は、資本が成立する歴史的前提をなす。世界商業および世界市場は、16世紀に資本の近代的生活史を開く。」(Marx[1962],Bd.23, S.161,訳、第2分冊、249頁)

いわゆる重商主義 (mercantilism) が近代資本主義の始まりであると言っている。重商主義は、一般的には産業革命の前、機械制大工業の成立以前の時期の資本主義である。生産力としては、問屋制家内工業やマニュファクチュアの時代である。引用文におけるマルクスの目も、商品生産の発展を前提としつつも、その焦点は世界商業と世界市場という流通の領域に向いている。

とは言え、言うまでもなく、マルクスが重商主義期の生産力、とりわけマニュファクチュアは、機械制大工業の基礎として、『資本論』の中で詳しく論じられている。しかし、資本の概念は、生産力の問題とは区別されているのである。

アダム・スミスは重商主義に Mercantile System という用語を充てる (Smith[1981]、第4編第1章のタイトル、『国富論』の目次参照)。これも重商主義と訳されるが、商業あるいは商人のシステムである。

マルクスの中では、地中海を躍り出て地球上の海を渡る貿易商人が近代資

本主義の開拓者であった。その理由は、「貨幣から資本への転化」の章の「第1節　資本の一般的定式」で説かれる資本のイメージが、資本の近代的生活史の開拓者たちに重なるからである。

「歴史的には、資本は最初に、貨幣財産、高利貸資本や商人資本として、貨幣の形態で土地所有に相対する。」([Marx1962],S.161, 訳、同前250頁、引用中の訳語は邦訳には従っていない)

問題の所在は、資本主義は産業資本の確立によって成立する。そうであるとすると、産業資本が剰余価値を含む商品を作り出した段階で、初めて貨幣が資本に転化した、と言うことになる。この理解からすれば、資本は流通形態ではなく、生産に密着した形態となる。資本の本質を巡る問題である。

第4章冒頭の一文とこの引用箇所からすれば、『資本論』では、流通の領域においていたことを示している、と受け止めるしかない。引用中の高利貸や商人は、歴史的には産業資本に先行する資本形式である。したがって、商人が資本の近代史を形成したという認識を生かすならば、貨幣から資本への転化の論理を、商人資本から産業資本への移行として説くことは、マルクスにとっても十分に可能であったと考えられる。こうした叙述の体系は、貿易商人の時代としての重商主義から、資本主義が一時代を画する産業資本主義の到来を説くものとして、歴史模写型の論理となる。

しかし、マルクスはこの叙述の体系を取らない。

「同じ歴史が、日々、われわれの目の前で繰り広げられている。」(*Ibid.*,S.161, 訳、同前250頁)

貨幣から資本への転化は現に行われており、その考察には歴史を回顧する必要はない、と言うのである。

「新たな資本は、いずれも、まずもって、今なお貨幣——一定の諸過程を経て自ら資本に転化すべき貨幣——として、舞台に、すなわち商品市場、労働市場、または貨幣市場という市場に登場する。」(*Ibid.*,S.165, 訳、同前256頁)

引用部の解釈のために、やや結論を先取りする。マルクスにとって資本は運動形態であり、貨幣や商品、あるいは労働力や生産手段、という個々の要素をとっても、それは資本の構成要素、あるいは通過点に過ぎない。引用中の「新たな資本」は、資本活動の最初の資本としての貨幣の投下であり、資本家が市場に登場した局面である。商人であれば商品市場で商品を購買する。産業資本であれば、生産手段や労働力を購買する。この貨幣が利潤を伴って回収されるという運動を展開すれば、それが資本となる。この貨幣が「一定の諸過程を経て自ら資本に転化すべき貨幣」と呼ばれたのである。

『資本論』では、単純な交換のための流通形式は、W（商品）— G（貨幣）

―W（商品）、すなわち、自分の商品を売って、貨幣を得て、その貨幣で自分の欲する商品を獲得する形式、買うために売る形式として描かれる。

これに対して、資本の運動形式は、G（貨幣）―W（商品）―G（貨幣）と表現される。これは、売るために買う形式である。この形式の起点と終点は同じ貨幣なので、量的な相違がなければ意味をなさない。すなわち、最初に投げ込まれたG―Wよりも、流通から回収された貨幣W―Gがより多くなっていなければ意味をなさない。したがって、G―W―Gは、完全な形式ではG―W―G'となる。G'=G+ΔGであり、より多くの貨幣の獲得がこの運動の目的となる。

「流通のなかで自己を維持するだけでなく、流通のなかでその価値の大きさを変え、剰余価値を付け加える。すなわち自己を増殖する。そして、この運動がそれ（最初に前貸しされた価値）を資本に転化させる。」(*Ibid.*,S.165, 訳、同前256頁)

貨幣を資本として使用した貨幣所有者は、増殖のための運動の担い手として資本家となる。

### 2．資本形式の矛盾

貨幣の資本への転化の論理は、以上の内容で完結したかに見える。しかし、『資本論』第4章第2節は、「一般的定式の矛盾」と表されている。一般的定式のどこに問題があったのか。

「貨幣から資本への転化」の章においてマルクスは、W―G―WとG―W―G'を詳細に比較分析している。この2つの形式の基本的な相違は、次のように説明される。

「私は、単純な商品所有者としては商品をBに売り、次に商品をAから買うのであるが、資本家としては、商品をAから買い今度はそれをBに売る。取引仲間のAとBとにとってはこのような区別は実存しない。」(*Ibid.*,S.171, 訳、同前266頁)

この難解な一文は、結論を先取りした方がわかりやすい。W―G―Wの形式は売りと買いによって、商品も貨幣も持ち手を替える形式である。資本家もまた市場に登場する限りではこの形式に従う。市場では、資本家もまた売り手か買い手か、のいずれかである。

しかし、資本家としての「私」の立場からすると、G―W―G'の形式は持ち手を替えることに意味があるのではない。一定の価値が資本家としての私の手元で貨幣や商品に形を変えながら増殖運動を行うことが重要なのである。運動する価値の担い手としての資本の所有者は、商品の販売や貨幣での

購買によって、資本を手放してはいないのである。

　売りと買いの単純な商品流通の形式と資本の一般的定式は、この点で決定的に違うのである。しかし、資本家もまた単純な商品交換の形式に従うことは先に指摘した通りである。

　2人の商品所有者の交換のケースを考えると、まず「使用価値が問題となる限りでは、明らかに両方の交換者が得をすることができる」(*Ibid.*,S.171, 訳、同前268頁)、と言う。

　『資本論』における「使用価値」の規定は二重であり、「有用性」を指すことも「財」や「生産物」を指すこともある。この場合は、有用性としての「使用価値」である。物々交換と区別された商品交換の場合には、商品の所有者は販売者であり、販売者にとっての使用価値は、他人のための使用価値であり、販売者にとっては「非」使用価値である。販売者が自分の商品を消費することは商品経済では想定されていない。したがって、引用にあるように使用価値としては双方の交換当事者が得をする。

　しかし、「交換価値についてはそうではない」(*Ibid.*,S.172, 同前、268頁)。「商品交換は、その純粋な姿態においては、等価物どうしの交換であり、したがって価値を増やす手段ではない。」(*Ibid.*,S.173, 訳、同前270頁)

　そして、貨幣から資本への転化の最大の問題は次の点にある。

　「もし交換価値の等しい商品どうしが、または交換価値の等しい商品と貨幣とが、したがって等価物どうしが交換されるならば、明らかにだれも、自分が流通に投じるものよりも多くの価値を流通から引き出しはしない。」(*Ibid.*,S.172, 訳、同前273頁)

　さらに『資本論』では、ある資本家が価格を釣り上げても、他の資本家も価格を釣り上げれば、誰も剰余は得られないこと、ある資本家が詐欺的に剰余を得ても、それは他の資本家の損失であり、「一国の資本家階級の総体は自分で自分からだまし取ることはできない」(*Ibid.*,S.177, 訳、同前278頁)、と指摘する。

　この節の最後は次のように締めくくられる。

　「彼(資本家になろうとしている蛹の貨幣所有者…奥山)の蝶への成長は、流通部面の中で行われなければならず、しかも流通部面で行われてはならない。これが問題の条件である。ここがロドス島だ、ここで跳べ！」(*Ibid.*,S.181, 訳、同前284頁)

　マルクスは、資本家としてはまだ蛹の貨幣所有者に対し、蝶、すなわち資本家になれと言っている。答えは続く第3節のタイトルの中に入っている。「第3節　労働力の購買と販売」。

## 3．蛹から蝶へ

　『資本論』の中の資本家は、流通市場の中で、答えを見つけ出す。

　「わが貨幣所有者は、流通部面の内部で、すなわち市場において、一商品――その使用価値そのものが価値の源泉であるという独自な性質を持っている一商品を、したがってその現実的消費そのものが労働の対象化であり、それゆえ価値創造である一商品を発見する幸運に恵まれなければならないであろう。そして、貨幣所有者は、市場でこのような独特な商品を――労働能力または労働力を、見出すのである。」（Ibid., S.181, 訳、同前 286 頁）

　商品としての労働力は、奴隷とは異なる。労働力の所有者が限られた時間だけ労働力の買い手の処分に任せるのだが、「労働力を譲渡してもそれに対する自分の所有権は放棄しないという限りでのことである」（Ibid., S.182, 同前、287 頁）。

　労働力は、働くことができる、という能力であり、労働者に内在する。しかし、労働力が商品として市場に現れるには、労働力しか売ることのできない労働者の存在が前提となる。商品としての労働力は資本家が作り出したものではない。無産労働者は、エンクロージャーなどの歴史的な出来事によって形成される。これは資本主義発生の歴史的な前提という意味で、「資本の本源的蓄積」と呼ばれる。『資本論』第 1 部第 24 章がこれに充てられる。第 24 章を前提に第 4 章第 3 節が説かれているのである。

　商品としての労働力は工場で作られるわけではない。『資本論』は、労働力の価値が生活資料の価値によって賃金として決められること、その中には子供の養育費や修業費も含まれ、国ごとの歴史的文化的条件によって影響されることを説く。この関係が維持される限りでは、資本家と労働者は対等である。しかし、資本家による労働力の使用は、労働力の価値の決定の問題とは別である。

　「労働力の消費過程は、同時に、商品の生産過程であり剰余価値の生産過程である。」（Ibid., S.189, 同前、300 頁）

　つまり、労働力という特殊な商品によって、資本家は貨幣の資本への転化を可能にする。このような資本家は商品を作る資本家、すなわち産業資本家である。したがって、『資本論』の理解では、産業資本形式 G―W‥P‥W'―G' が完結された資本形式となる。この形式は、資本家が貨幣（G）を投下して労働力と生産手段（W）を購入し、生産（P）を行って、剰余価値を含む商品（W'）をつくり、これを販売してより多くの貨幣（G'）を得る資本形式である。

## Ⅱ　資本形式論の理論体系上の制約

　「貨幣の資本への転化」の章の第1節では、商人は資本の概念を象徴するものとして積極的にイメージされていた。しかし、第2節では、等価交換が行われる限り存立し得ない存在となる。存在するとすれば、流通の間に立って、売り手と買い手の双方からだまし取るしかないことになる。しかし、『資本論』の第Ⅲ部に登場する商業資本は、資本主義社会の中で重要な役割を果たし、剰余価値の分与に値する資本であり、詐欺師ではない。『資本論』第Ⅰ部第4章の商業資本に対する言い回しは、持って回ったものとなる。

　「商業資本の商品生産者にたいするたんなる詐欺によって説明すべきでないとすれば、そのためには一連の長い中間項が必要なのであるが、商品流通とその簡単な諸契機とが唯一の前提となっている今の場合には、それらの中間項はまだ全く欠けている。」(Ibid.,S.179, 同前、280頁)

　引用部は、商業資本の説明には剰余価値論（『資本論』第Ⅰ部）、資本の回転期間・流通期間（『資本論』第Ⅱ部）、利潤率（『資本論』第Ⅲ部）などの説明が必要となるため、『資本論』第Ⅰ部では説くことはできない、という趣旨である。

　金貸資本についても同様である。

　「商業資本に当てはまることは高利貸には一層よくあてはまる。・・・高利貸においては、形態 G―W―G' が、無媒介の両極 G―G' に、より多くの貨幣と交換される貨幣にされている。・・・・それは貨幣の本性と矛盾しており商品交換の立場からは説明しえない形態である。・・・われわれは研究が進むにつれて、商業資本と同じく利子生み資本もまた、派生的形態として見出されるであろう。それと同時に、なぜそれが歴史的に資本の近代的な基本形態よりも先に現れるかということも述べられるであろう。」(Ibid.,S.179, 同前、281-282頁)

　商人資本も金貸資本も、産業資本の確立以前に、すなわち資本主義経済の成立以前に登場する。しかし、理論体系の序列の制約から、これらの資本形式は、この段階では展開することはできない、と言うことである。

　宇野弘蔵は、商業資本や貸付資本の歴史的な先行形態を、商人資本および金貸資本と呼ぶ。本書でもこの区別を使うこととする。

　貨幣から資本への転化における問題は、次のように表現される。すなわち、産業資本を基軸に据えた経済システムにおける商業資本や貸付資本を資本形式論で分析するかどうかではなく、資本形式としての商人資本や金貸資

本の形式を貨幣から資本への転化の一環として説くことができるかどうかである。

マルクスは、これらの資本形式が社会的基礎を持たない理由として、商品交換が等価交換として行われれば、剰余は詐欺などによってしか生まれないことを指摘する。しかし、商品交換の中に剰余は含まれていないのであろうか。

一般的定式の矛盾を論じた部分には、次のような指摘もある。

「商品所有者は、彼の労働によって価値を形成することはできるが、しかし、自己を増殖する価値を形成することはできない。彼は新たな労働によって現存する価値に新たな価値を付け加えることによって、例えば皮で長靴を作ることによって、商品の価値を高めることはできる。同じ素材が今やより大きい労働量を含んでいるから、より多くの価値を持つ。それゆえ長靴は革よりも多くの価値を持つが、しかし、革の価値はもとのままである。革は自己を増殖はしなかったし、長靴製造中に剰余価値を生み出しはしなかった。」(*Ibid.*, S.180, 同前、283 頁)

引用文は、流通の中では剰余価値が生まれないことを論じたものである。しかし、違和感がある。商品製造者であり商品所有者でもある個人は、革を製造する。そして新たに付け加えられた条件によって長靴も製造する。この商品所有者が、革の製造により、1日に必要な生活資料を交換によって得ていたと仮定すれば、革に加えての長靴の製造は彼にとっての剰余である。同様に、革と長靴の平均化された単位商品は、両方の商品が剰余を含む商品となる。

剰余の生産を人間の本来的な能力として、労働生産過論に組み込み、これを商品流通の前提に置けば、貨幣の資本への転化の論理も異なってくる。

## III 資本形式論の展望

### 1. 転化論と労働生産過程

『資本論』の貨幣から資本への転化論の構成は、剰余価値の論証問題と密接にかかわっていると考えられる。『資本論』では「貨幣から資本への転化」に続いて、第5章に「労働過程と価値増殖過程」が置かれる。このうち、労働生産過程は、あらゆる社会に共通なものとして、資本主義の枠を超えて説かれるテーマである。

第5章の第1節「労働過程」がこれに当たる。人間の歴史と社会を経済的な基礎から説き起こすのが、マルクスの唯物史観の基礎であるとすると、『資

本論』では労働過程論がこの方法を体現している。

　最初に、労働が人間の自然に対する合目的的な活動として解き明かされる。すなわち、労働は、あらかじめ頭の中でイメージされたものを作り出す行為として説かれ、本能的な活動とは区別された目的意識的な活動であることが説かれる。労働が人間と自然との関係である以上、労働過程は、資本主義に限らず、どの社会にも存在する歴史貫通的なものとされる。

　そして、土地、労働手段、労働対象の労働の3要素が説明され、作られる生産物の観点から、労働対象と労働手段は生産手段として2つに括られる。

　第2節は「価値増殖過程」であり、生産過程を資本形式の中に含む産業資本家（G—W・・・P・・・W'—G'）が想定される。そして、労働過程が産業資本家によって担われた時に価値形成過程になることが説かれる。ただし、価値形成過程は、労働者が1日の生活に必要な生活資料、あるいはその等価（賃金部分）を生産するのに必要な労働時間が生み出す部分とされる。いわゆる「必要労働時間」に対応する部分が資本家によって担われると価値形成過程になるものとして説かれる。

　他方、価値増殖は、1日の労働時間のうちの必要労働時間を超えた労働時間の延長部分とされ、これが価値増殖過程と呼ばれる。資本家による剰余価値の取得はこの部分で行われる。

　『資本論』の体系構成は、資本家と労働者の関係を搾取関係として解き明かす点では、明快である。必要労働時間を超えた労働時間の延長として剰余労働時間を説き、剰余価値の源泉とすることは、剰余労働が資本家の目的であることを明確に示している。場合によっては、労働者の側には剰余労働の必然性が必ずしも存在しないことを暗示している。その含意としては、資本家のいない社会では、剰余労働をしないことも可能になる。あるいは、剰余労働が資本家のためではなく、社会全体のためになることも可能になる。

　『資本論』の貨幣から資本への転化も、商品としての労働力と産業資本家の出会いによって完結する。これが一般的定式の矛盾の解決の仕方である。市場は自由と平等のシステムであり、商品としての労働力と資本家の売買関係も、自由と平等の市場のシステムの中にある。しかし、資本主義の下では、流通は現象の領域である。本質は生産過程における資本家と労働者の関係に基づく価値増殖過程にある。これがマルクスの単純流通論と貨幣から資本への転化論、さらに剰余価値論を貫く論理構成であると考えられる。

　しかし、階級社会は資本主義社会だけではないし、階級社会でない社会でも剰余労働は常に生じる、と考えるべきであろう。そうであるとすると、社会的余剰が資本主義社会の範囲を超えて一般的に存在することを転化論の前

提におけば、貨幣から資本への転化の論理も異なってくる。

　商人は剰余価値を含む商品の販売に携わることによって、剰余価値を含む商品の価値を実現し、その分与を受ける。金貸資本は商人の資本家としての活動に資金を提供することによって剰余価値の分与を受けることになる。この点をテュルゴーの理論で考察してみよう。

## 2．テュルゴーの資本形式論

　テュルゴーの『省察』は、農業における余剰と分業の問題から説き起こされる。テュルゴーは、農業労働だけが明確に自分の生活資料を超えた余剰を生み出すと考える。

　「最初に耕作した人々はおそらくかれらの力の許す限り、したがってかれらの生存に必要な土地以上の土地を耕作したであろう。」(Turgot[1971a],p.534, 英訳 ,p.43, 邦訳 71 頁)

　これが余剰の最初の起源である。人間はもともと余剰を生産する能力を持っていたということである。ほとんどの人間が農業労働に従事していたことを考えれば、人間は初めから剰余を生み出す能力を持っていたと言っていることになる。

　テュルゴーは重農主義者である。基本的には農業だけが余剰を生むと考えている。しかし、ケネー（François Quesnay, 1694-1774）との違いは、農業以外の資本も利潤を生むと考えていることにある。テュルゴーが、重農主義の枠を超えて、古典派に近いと言われるゆえんである。

　農業のもたらす余剰を根拠として、社会の構成員は農業者と製造業者に分かれる。農業だけが余剰を生むという考えから、農業労働者のみが「生産的」労働と呼ばれる。製造業は、農業の余剰生産物との交換で成立すると考えられ、「不生産的」階級と呼ばれる。

　テュルゴーは、農業が余剰を生むことを根拠に、土地の所有者と耕作者の分化が生じ、最終的に土地所有者は、自らは働かずに地代収入を得る階級となる。階級分化の過程は、段階を追って説かれているが、農業部門に関しては、土地所有者、農業資本家としての借地農、賃金によって生活する農業労働者、に分かれる。製造業もまた、最終的には賃金労働者と資本家に分かれる。

　テュルゴーにとっての階級論における最も大きなテーマは、貸付資本の社会的な合理性を説明することである。テュルゴーの貨幣論は、むしろこのテーマの前提、あるいは準備段階として位置づけられている。

　テュルゴーの貨幣生成論は、物々交換を出発点としつつも、マルクスの価値形態論と似た展開を示し、貨幣の価値尺度機能を重視した貨幣生成論を展

開している。すべての商品が本来は貨幣となることが可能であることを説いているのである（奥山[2008]）。

しかし、貨幣は、現実には金や銀に集約されてくる。その理由をテュルゴーは、価値の保存手段機能に着目して展開する。商品は本来的にはすべて貨幣になる可能性を秘めているが、保蔵手段としての特性を主たる理由として、貨幣は金や銀に帰着する、と説くのである。

価値の保蔵に適した貨幣は、富としての蓄積に最もふさわしい。テュルゴーにとっては、「蓄積された価値が資本（capital）」（第58節）となる。貨幣の投下と回収という循環によって資本家は利益を得る。

前述のようにテュルゴーの資本概念は、極めてマルクスに近い。この資本概念に基づいて、テュルゴーは資本の5つの用途を指摘する。この展開は、資本形式論としては、マルクスよりも宇野弘蔵に近い。

第1に、資本の所有者が土地を購入して地主になることである。

第2に、製造業の資本家となることである。労働者を雇い、原料や道具を購入して生産に従事し、利潤を得ることである。重農主義の立場からして、製造業になぜ利潤が発生するか。テュルゴーは、利潤が保証されなければ製造業には投資せず、土地を買うはずだから、と説明する。農業の産み出す社会的な余剰が、製造業の資本家の利潤の根拠となっているのである。

第3に、農業資本家（借地農）による農業経営である。農業では、資本家と労働者と地主の3大階級が形成される。

第4に、商人は安く買い高く売ることで利潤を得るが、これは詐欺ではなく、商業もまた生産と消費をつなぐ役割を担うものとして利益を得る。農業の産み出す余剰の分与を受けるわけである。

第5に、資本家は生産に従事する資本家と、こうした資本家に資金を貸し付ける資本家に2分される。貸付資本家もまた、社会的な機能を果たすことによって社会的余剰の分与を受ける。

テュルゴーの場合は、農業の産み出す社会的余剰を根拠に、土地への投資も含めて5つの資本家活動が導かれているのである。農業の産み出す余剰を前提とすれば、商人も金貸も、商品と貨幣の織り成す市場を損なう存在ではないのである。

## 3．宇野弘蔵の転化論

『資本論』の貨幣の資本への転化の論理を大きく組み替えたのは宇野弘蔵である。宇野弘蔵は貨幣の資本への転化において、資本の一般的定式を導き、続いて資本の3形式を論じる。商人資本形式 G—W—G'、金貸資本形式 G⋯

G'、産業資本形式 G―W・・・P・・・W'―G である。

宇野弘蔵は、2つの『経済原論』を残しており、最初のものは通称『旧原論』と呼ばれ、1950年に上巻、1952年に下巻（いずれも岩波書店）が、その後、合併本が1977年に刊行されている。もう1つは通称『新原論』と呼ばれ、1964年に岩波書店（岩波全書）から刊行されている。『新原論』は、2016年1月に岩波文庫として復刊されている。

『新原論』では、商人資本が利潤を取得する根拠について、次のように説明している。

「それ（商人資本・・・奥山）は商品を安く買って高く売ることにその価値増殖の根拠を有するものである。多くの場合、場所的な、あるいは時間的な価格の相違を利用するか、あるいはまた相手の窮状乃至無知を悪用するか、いずれにしろかかる条件を前提とする商人の資本家的活動によるのであって、資本自身が価値を増殖するものとは言えない。」（宇野 [1970a], 41 頁）

商人資本は、同じ商品を安く買って高く売って差額を利潤として取得する。引用のように、場所的な価格差や時間的な価格差、あるいは取引相手の無知、などが利潤の根拠となることは否定できない。しかし、生産者が販売を商人に委ねるのは、その方が販売が順調に行われるからである。生活に必要な資料を超えた分については、自分で売るか商人に委ねるかの選択の問題であり、商人に委ねるのが有利と判断すれば、販売を商人に委ねる。販売者が詐欺師になっているわけではない。

また、2人の商人が、一方は小麦、他方はパンを安く買って、それぞれがそれぞれに高く売ったとしても、双方がパンと小麦の販売のそれぞれから利潤を得るだけであり、双方の儲けが相殺されてゼロになるわけではない。

『旧原論』では、『資本論』同様に、次のように指摘されている。

「G―W―G' の形式の資本の価値増殖は、直接的な流通過程における不等価交換によって行われるものであって、商品経済の原則に反する。いい換えれば商品経済が完全に行われている限り、資本は一般的にかかる形式にとどまることはできない。」（宇野 [1970b], 合本版 78 頁）

この理解は、『資本論』と同じである。

宇野原論の場合、労働生産過程の内容は『資本論』よりも広い。『資本論』では、冒頭の商品論で説かれている労働の二重性、いわゆる具体的有用労働と抽象的人間労働が説かれているだけでなく、必要労働と剰余労働も労働過程論で説かれている。労働過程論は、その位置づけからしてあらゆる社会に共通する内容が説かれる個所なので、剰余労働は、資本主義に特有のものではなく、どの社会にも存在することが、マルクスよりも一層明確に打ち出さ

れている。

そうであるとすれば、資本主義に先行して現れる商人もまた、生産と消費を効率的に結ぶ役割を果たす点で、社会に適合的な資本形式として扱われるべきであろう。

## 結　語

本稿は、貨幣の資本への転化の論理としては、『資本論』の「一般的定式の矛盾」を媒介とした産業資本形式の導入よりも、宇野の体系を支持する。資本の一般的定式として確立したものを否定すること自体、論理的に無理があると考えるからである。しかし、宇野『原論』が、商人資本と金貸資本が社会的な根拠を持たないとする点に関しては、理解を異にする。社会的な余剰を前提とする限り、商人も金貸も、社会的に意義のある資本家活動に対して利益を得るものと説くことが可能だからである。

また、宇野『原論』では『資本論』同様に、必要労働時間を軸に価値形成過程を説き、労働時間の延長による剰余価値の形成を価値増殖過程としている。しかし、労働生産過程を資本が担うことで資本主義経済が成立するのであれば、剰余労働時間を含む労働時間全体が、資本主義の下での価値形成過程であり、そのうちの剰余労働時間が剰余価値を形成するものとして論理が構成されるべきであると考える、

本稿は、言うまでもないことであるが、貨幣から資本への転化の前に剰余価値論を説くことを主張するわけではない。しかし、社会的な余剰の存在を転化の論理の前提とすれば、単純な商品流通の領域においても、商人資本も金貸資本も、反社会的な存在ではなくなるということである。その前提とは、労働生産過程論で明らかにされる内容であり、労働生産過程をあらゆる社会に共通に存在する生産の在り方として拡充すれば、単純流通との対応関係も図られることになる。

論理体系上の整合性の問題も次のように考えられる。すなわち、『資本論』でも宇野『原論』でも、貨幣から資本への転化の以前に貨幣の機能論を展開している。そこにおいては、一般には貨幣の交換手段機能と呼ばれる貨幣機能が、「流通手段機能」として説かれている。生産と消費をつなぐという貨幣の社会的な機能に焦点を当てた理解の仕方である。商人資本は、生産と消費をつなぐ専門家として流通論の中にも根拠を持つと言える。剰余価値を含む商品価値の実現を商人が効率よく実行しているのである。

また、貨幣の流通手段機能に続いて、貨幣蓄蔵が説かれ、貨幣蓄蔵を前提

に貨幣の支払い手段機能が説かれる。支払い手段機能は、掛け売りと掛け買いに基づく一定期間後の貨幣の決済機能として説かれる。一定期間後の支払いには利子がつく可能性が高い。そうであるとすると、貨幣機能論に続く、貨幣から資本への転化論において、金貸資本の形式が説かれても理論体系上の連関性は保たれる。

第 2 部

# 貨幣数量説の形成と批判

# 第1章　貨幣数量説の展開

　古典派と貨幣数量説の問題を論じる際に、大きな問題となるのは、古典派は貨幣は富であるとする重商主義を批判して、貨幣を交換の道具と見ていた点である。特にヒュームの場合には、貨幣＝道具説も貨幣数量説も、ともに重商主義批判の理論として主張していた。問題はスミスである。スミスは、貨幣＝道具説は採用しているが、貨幣数量説は採用していない。貨幣を富とみなす重商主義を強く批判しているが、貨幣数量説は取っていないのである。

　貨幣数量説を論じるに際して、問題の所在を確認するために、あらかじめヒュームからスミスへの経済理論の転換を検討しておく。

## 第1節　ヒューム対スミス

### 序　言

　古典派は貨幣数量説を採用していたという認識は、通説かもしれない（Laidler[1991]）。しかし、古典派経済学の誰が貨幣数量説の論者であったのかは、必ずしも確定しない。貨幣数量説の代表者と言われるリカードウは、初期の地金論争期には貨幣数量説の論陣も張った。しかし、本書で説くように（本書、第2部第2章第1節）、主著『経済学および課税の原理』（Ricardo[1951a]）のリカードウは貨幣数量説の論者ではない。

　また、J.S. ミルは貨幣数量説の論者であることを自認していたが、貨幣量を使用された貨幣に限っていた。したがって、貨幣数量説としての意味はない。

　貨幣数量説は、貨幣が増えれば物価が上がるという主張であり、日常的な意識になじみやすい。また古典派は貨幣を交換の道具とみなす点で共通しており、ヒュームの貨幣数量説もまた、古典派に共通するものとして受け止められた可能性もある。

## I　転換点に立つヒューム

　貨幣数量説の問題の所在を明確にするために、あらかじめヒュームとスミスの関係を見ておこう。重商主義と古典派の転換点に立つのがヒュームである。なお、ヒュームの貨幣数量説については本書第2部第1章第3節、スミスの貨幣数量説と価値論の関係については、第2部第2章第2節で立ち入って検討する。

　貨幣数量説は重商主義期に形成される。しかし、それは重商主義批判の学説として形成されたわけではない。重商主義と古典派とは、貨幣観を異にする。重商主義者にとっては、貨幣は富であり、古典派にとっては、貨幣は道具である。

　この2つの学説の転換点に立っているのがヒュームである。ヒュームによって、貨幣数量説は重商主義を批判する理論として完成する。貨幣量の増加が物価の上昇をもたらすだけだとすれば、貨幣を増加させることに意味はないからである。後に見るように（本書、第2部第1章第3節、参照）、ヒュームは、物価の上昇は計算単位が大きくなるだけ煩わしい、とさえ言う。

　ヒュームの貨幣論は、貨幣を富ではなく交換の道具とする見解を明確に打ち出す。重商主義の長期にわたる貨幣観が、ヒュームによって崩されたのである。貨幣は経済活動の目的ではなく手段となる。貨幣数量説は、ヒュームの場合、貨幣を交換の道具とする見方と一体をなしていた。貨幣の増加は、物価を上昇させるだけで経済活動にとっては無意味とする貨幣の中立性の考え方である。

　ヒュームは古典派の先駆者である。特にその自由主義的な経済思想が、古典派の経済学に多大な貢献をなしている。

　ヒュームの貨幣数量説が重商主義批判として持つ意味は、第1に、貨幣の内在的価値を否定したことによって、貨幣の増加が富の増加とはならなくなったこと、第2に、貨幣数量説にもとづいて金貨幣の自動調節機能を説き、古典派の貿易差額主義は無駄な試みであり、自由主義の政策の方が優位に立つ政策であるとしたことである。

　アダム・スミスも重商主義批判を展開する。しかし、そこには貨幣数量説は用いられていない。

　アダム・スミスの重商主義批判は、『国富論』（An Inquiry into the Nature and Causes of the Wealth of Nations, 1776, Smith,[1981]）の中で展開される。アダム・スミスは、『国富論』の第4編「政治経済学の諸体系について」（Of

Systems of Political Economies）において、先行する学説を「重商主義（mercantile system)」と命名し、詳細な批判を行う。その焦点は貨幣論にあり、スミスは、重商主義と古典派経済学との貨幣論を巡る対立の基本的な論点を指摘している。また、この第4編において、スミスは、自らが貨幣数量説を採用していないことを明確にしている。

スミスとヒュームとの関係からすれば、古典派経済学と貨幣数量説との相容れない関係が明らかになる。貨幣数量説と古典派の経済理論とは不可分の関係にあるという理解は、必ずしも正当なものではない。

## II　スミスの重商主義批判

重商主義に対するアダム・スミスの見解は、次の引用に示されている。

「私は、富は貨幣すなわち金銀であるというこの通念（this popular notion that wealth consists in money, or in gold and silver）を、冗漫になるおそれはあっても、十分に検討する必要があると考えた。貨幣は、既に述べておいたように、日常の用語（common language）では、しばしば、富を意味している。そしてこの表現上の曖昧さが、この通念をわれわれに親しみやすくしており、そのためこの通念のばかばかしさを確信している人々さえ（even they, who are convinced of its absurdity）、自分たちの原理を忘れ、自分たちの推論を進めていくうちに、この通念を確実で否定できない真理だと思い込みがちなのである。‥‥彼らの議論の調子は、しばしば、すべての富は金銀であり、それらの金属を増やすことが国の産業と商業の大目的なのだと想定するようになっている。」(Ibid.,vol.1,pp.449-450, 訳、第2分冊、294-295頁)

「しかし、富は金銀だとする原理と、それらの金属は、貿易差額によって、つまり輸入するよりも大きな価値を輸出することによってしか、鉱山のない国にはもたらされないとする原理との2つの原理（the two principles）が確立されたので、国内消費用の外国産の品物の輸入をできるだけ減らし、国際産業の生産物の輸出をできるだけ増やすことが、必然的に政治経済学の大目的になった。」(Ibid.,p.450, 訳、同前295頁)

スミスの重商主義に対する理解は明快である。重商主義は2つの特徴を持っており、第1に、富とは金銀貨幣であること、第2に、輸出の総額と輸入の総額の差額を大きくし、これによって差額の分が金銀貨幣として自国に流入するという政策、いわゆる貿易差額主義である。

貿易差額主義は、トーマス・マン（Thomas Mun, 1571-1641）などによって提唱された重商主義の基本的な政策である。貨幣の持ち出しを禁じる重金

主義との論争を経て確立した経済政策である。

重金主義は、金銀の外国への持ち出しを禁止する政策を取っていた。イングランドからの金銀の持ち出しを認めるかどうかが、重金主義と呼ばれる前期の重商主義と、貿易差額主義を取る重商主義との最も主要な対立点である。

具体的には、重金主義から見ると、東インド会社がイングランドの金銀を持ち出して対外的な交易を行うことは、イングランドの富を減らすことになるのである。しかし、貿易差額主義からすると、貨幣を持ち出しても、全体としてより多くの貨幣が流入すれば国の富である貨幣は増加する、ということになる。

『国富論』によれば、トーマス・マンなどは、「東インド貿易は、持ち出した銀よりもはるかに多量の銀を年々自国にもたらす」(*Ibid.*,p.449, 訳、同前293頁) ことを主張して重金主義に対峙した。これをスミスは次のように表現する。

「マン氏は、外国貿易のこういう作用を農業の種まきと収穫になぞらえている。」(*Ibid.*,p.431, 訳、同前263頁)

最終的に全体としての貿易差額の増大によって金銀貨幣の増加をめざす貿易差額主義が、重金主義に代わり重商主義の基本的な経済政策となったのである (1663年、正貨輸出禁止解除)。とは言え、重金主義も貿易差額主義を取る重商主義も、スミスの言う重商主義の第1の原理、すなわち貨幣を富と考える点では同じである。そのための政策が違うだけである。

スミスは、重商主義について、富を貨幣(金銀)とし、貿易差額によって貨幣を増加させる政策体系として認識する。

スミスは『国富論』第4編第1章「商業的あるいは商人の体系の原理について」(Of the Principle of the commercial, or mercantile System) において、貨幣論から論を起こす。それは次のように始まる。

「富とは貨幣であるということは、商業の用具としての機能と価値の尺度としての機能という貨幣の二重の機能から自然に生じてくる通念である。」(*Ibid.*, p.429, 訳、同前259頁)

貨幣を持っていれば、何でも買うことができるし、また、すべての商品の価値を貨幣の量で評価するので、「富と貨幣とは、日常用語ではあらゆる点で同義と考え」(*Ibid.*, 訳、同前) られる、と言う。

そして、「富者の場合と同様に、富国とは貨幣が豊富にあることだと考えられており、また、金銀をある国に蓄蔵することが、その国を富ませるもっとも容易な方法だと考えられている。」(*Ibid.*,p.429, 訳、同前260頁)

スミスによれば、重商主義の考えが、人々の日常意識における貨幣観と親

第2部 貨幣数量説の形成と批判

第1章 貨幣数量説の展開

近性を持っていることから広く受け容れられていると言うのである。しかし、スミスの重商主義批判の視点は次の箇所に明確に現れている。

「富は貨幣でも金銀でもなく、貨幣が購買するものであり、貨幣は購買についてだけ価値があるのだということを、証明しようとして真剣につとめるのはあまりにも滑稽な（ridiculous）ことである。」(*Ibid.*,p.438, 訳, 同前 274 頁)

貨幣を富とする見解は、なぜスミスにとって滑稽に見えるのか。スミスの場合、それは基本的には富に対する見解の違いにある。

「商品は、必ずしも貨幣が商品を引き寄せる（draw）ほどすぐに貨幣を引き寄せるとは限らないけれども、長期的には貨幣が商品を引き寄せるよりも一層必然的に貨幣を引き寄せるものである。商品は貨幣を購買する以外にも、他の多くの目的に役立つことができるが、貨幣は商品を購買する以外には、他のどんな目的にも役立たない。したがって貨幣は、必然的に品物のあとを追いかける（runs after）が、商品は必ずしも、あるいは必然的に貨幣のあとを追いかけるとは限らない。・・・・人が貨幣を求めるのは、貨幣そのもののためではなく、貨幣で購買できるもののためである。」(*Ibid.*,p.439, 訳, 同前 275-276 頁)

スミスが、重商主義の長い伝統と対峙したのは、富とは何かの点である。スミスによって、富は貨幣から商品に転換したのである。貨幣は商品があって初めて成立する。社会を支えているのは、貨幣ではなく商品である。これは重商主義とスミスとの経済思想上の対立である。

スミスのとらえる対立は、興味深い。引用では、貨幣と商品でどちらがどちらを引き付けるかという問題が焦点となっている。スミスは、一見貨幣が商品を引き付けているように見えるが、長期的には必然的に、商品が貨幣を引き付けている、と言うのである。貨幣は一時的で表面的な存在であり、商品こそが真の経済の主役だと考えているのである。

貨幣は商品がなければ意味を持たず、この点で貨幣は商業の道具に過ぎない。富ではないのである。ここがスミスの基本的な視点である。スミスは、重商主義を批判したこの第 4 編の中で次のように言う。

商品は「土地と労働の年々の生産物（The annual produce of its land and labour）」(*Ibid.*,p.439, 訳、同前 275 頁) である。スミスにとっては、労働生産物が増大することが国の富の増加であり、貨幣の増加は富の増加ではない。今日、われわれは、貨幣量の増加を富の増加とは考えていない。スミスの伝統が受け継がれているのである。外貨準備の増大をもって国力の繁栄を考えることも皆無ではないが、こうした経済政策は現在では批判にさらされる。この点では、われわれは重商主義ではなく、古典派の影響下にある。

スミスの視点からは、外国貿易のもつ意味も違ってくる。重商主義にとっては、貿易差額主義の政策による金銀貨幣の獲得が、外国貿易の最大の目的である。そして、スミスはこうした重商主義政策の現実的な根拠を重商主義期の度重なる戦争にあると考える。

　もちろん、重商主義にとって金銀貨幣が決定的な意味を持った理由については、さまざまに解釈される。人間は貨幣の前では合理性を失い、貨幣を無限の欲望の対象とし、倒錯した精神状態に陥るというのも正当な解釈の1つであろう。

　しかし、現実的な課題としては、重商主義の時代は戦争の多発した時代であり、それは莫大な費用を必要としていた。金銀貨幣を保有していれば、より多くの兵と軍備を整えることができる。重商主義の金銀貨幣への崇拝は、戦争の遂行のためであったという解釈は有力である。スミスはそのように解釈している。

　スミスは、戦争経済と重商主義との関係をさまざまな観点から分析する。しかし、スミスの辿り着いた結論は、以下のようである。

　「ある国が戦争を遂行し、陸海軍を維持することができるためには、金銀を蓄積することは必ずしも必要ではない。陸海軍は金銀ではなく、消費財によって維持される。その国民が、国内産業の年々の生産物から、つまり自国の土地、労働、消費可能な貯えから生じる年々の収入から、遠国でそれらの消費財を購入する手段を持っているならば、そこで戦争を続けさせることができる。」（*Ibid.*,pp.440-441, 訳、同前278頁）

　「そのことはやはりわれわれを、戦争の遂行を可能にした究極的財源として、諸商品すなわち国の土地と労働の年々の生産物に立ち返させる。」（*Ibid.*,p.444, 訳、同前284頁）

　戦争遂行の条件も、スミスにあっては貨幣から生産力に転換していたのである。スミスにとっては、戦力は貨幣量ではなく生産力であった。この点は、スミスと重商主義の対立の最も興味深い論点の1つである。ここに経済学の潮流の転換点があったと言える。

　重商主義における戦費の調達の問題から、スミスは当時問題とされていた貨幣の不足の問題を検討する。この問題は、必要貨幣量の問題とその延長である貨幣数量説批判へと展開していく。

　貨幣不足の問題は、その実態は明らかではない。スミスはこの問題自体を冷ややかに見ている。

　「しかし、貨幣の不足についての不平ほどよくある不平はない。貨幣はワインと同様、それを買うための手段もそれを借りるための信用もない人々に

とっては、常に不足しているに違いない。」(*Ibid.*,p.437, 訳、同前 272-273 頁)

「彼らは貨幣を借りるためにいたるところに走り回るが、誰も貸す貨幣はないという。貨幣の不足について、そうした一般的な不平さえも、必ずしも常に、通常数の金銀が国内に流通していないということを証明するものではなく、それが証明するのは、金銀と引きかえに与えるべきものを何も持たない多くの人々が、そうした貨幣片を欲しがっているということなのである。」(*Ibid.*, 訳、同前 273 頁)

「貨幣の不足について一般的な不平を引き起こすのは、金銀の不足ではなく、そのような人々が借り入れをしたり、彼らの債権者が支払いを受けたりする際に当面する困難なのである。」(*Ibid.*,p.438, 訳、同前 274 頁)

貨幣の不足は、スミスにとってはある意味で虚構だということになる。すなわち、貨幣の不足は、社会的な不足の問題ではなく、個人の問題だ、と言うのがスミスの理解である。辛辣な批判である。結局、個人の所得が足りないか、信用がなくて貨幣が借りられないかであり、個人の責任だ、と言うのである。貨幣の不足の問題を解決するというのが、後に見るようにロックの経済学の最大の問題であった。しかし、スミスは、それはあり得ない話だと考えるのである。

## III　必要流通手段量説

スミスによれば、金銀の所在は次のようになる。

「第 1 は流通している貨幣、第 2 は私人の家庭の金銀食器、そして最後に多年の節約によって集積され、国庫に蓄えられているかもしれない貨幣である。」(*Ibid.*,p.441, 訳、同前 279 頁)

「その国の流通貨幣から多くの貨幣を節約できるということは滅多におこり得ない。流通貨幣の中に多くの余分なものがあると言うことは、滅多にあり得ないからである。年々売買される品物の価値は、その品物を流通させ、本来の消費者に配分するために、一定量の貨幣を必要とするが、それ以上の貨幣を使用することはできない。流通の水路は、それを満たすにたり得る額の貨幣を必然的に引き寄せはするけれども、それ以上には決して受け入れない。」(*Ibid.*, 訳、同前)

スミスは、流通手段としての貨幣の周りに、蓄蔵貨幣の存在を想定している。流通手段としての貨幣は、必要に応じて蓄蔵貨幣との関係で調整される、と考えられているのである。マルクスがスミスの必要流通手段と蓄蔵貨幣の関係を継承していると思われる。

流通市場には一定の貨幣が必要であり、それ以上の貨幣もそれ以下の貨幣も「流通の水路」によって調整される。家庭の金銀食器に象徴される地金などの鋳貨以外の金銀が、貯水池の役割を果たしていると考えているのである。マルクスがまとめ上げた必要流通手段量説の考え方と同じである。貨幣は市場から独立して造られて市場に投げ込まれるのではなく、市場の方が貨幣を呼び込むと考えるのである。この点では内生説である。内生説は、カルドアなどのように、信用貨幣が主流となった経済システムに根拠を求めることが多いが、必要流通手段量説は、金属貨幣の時代の内生説と言える（奥山[2013a]、参照）。

必要流通手段量説は、貨幣数量説と対立する。貨幣数量説は貨幣量の増加が物価を上昇させ、貨幣量の減少が物価を低下させると説く。貨幣量の変化が原因であり、物価の変化が結果である。スミスの見解では、貨幣が足りなければ流通水路から貨幣が流れ込み、多ければ流れ出る。地金や食器との関係で調整するシステムが機能すると考えているのである。

重商主義を批判した第4編では、貿易差額主義を広めたマンも、貨幣数量説の創始者の1人ロックも、金銀を財宝とする議論の脈絡の中で登場する。マンは、重商主義理論の完成者であり、ここで取り上げられるのは当然である。ロックは、マンの貿易差額説を継承しつつも貨幣数量説も唱える。したがって、ロックを重商主義の中に含めることは問題ない。

しかし、貨幣数量説を完成させたヒュームも登場する。ヒュームは貨幣を富とは見ていない。貨幣を道具と考えるのは、ヒュームの方がスミスの先駆者である。しかし、スミスとヒュームとは貨幣数量説をめぐって対立関係にあった。

スミスは言う。

「ヒューム氏は、イングランドの昔の国王たちが長期にわたる対外戦争を、中断せずには遂行できなかったことに、しばしば注意を払っている。」（*Ibid.*, p.445, 訳、同前286頁）

これに対してスミスは答える。

「当時のイングランド人は、・・・・外国にいる自国の軍隊の給与と食料品の購入手段をまったく持っていなかった。このように長期戦を遂行できなかったことは、貨幣の不足のためではなく、精巧で改良された製造品がなかったためである。」（*Ibid.*, 訳、同前287頁）

ヒュームの貨幣数量説は、国内経済に関しては、貨幣量の増加が物価の上昇を招くことを唱える。そして、国際的には金銀の自動調節機構を説く。貨幣の増加 → 物価の上昇 → 輸出の減退 → 貨幣量の減少 → 物価の低下 → 輸

出の増加→貨幣の増加、の循環が作動すると考えている。これがヒュームの理論である。しかし、ヒュームの現実認識はまた別にある。国際的には、とりわけ戦争においては、貨幣の多いか少ないかが決定的であると考えている。いざとなれば、増加した貨幣を国庫に凍結し、不胎化することすら考えているのである。(第2部第1第3節、参照)

商品が貨幣に引き寄せられるのではない。長期的には商品が貨幣を引き寄せているのである。優れた商品を生産できることが戦争においても優劣を決める、貨幣の多少ではない、とヒュームを批判しているのである。

貨幣の不足は、もう1つの論拠からあり得ないことになる。紙幣である。スミスは言う。

もし戦時に戦費が足りなくなれば、「イングランド銀行の大蔵省証券、海軍手形金庫受けのような、あれこれの種類の異常な量の紙幣が滑降されるのが一般的で、そうした貨幣が流通する金銀に取って代わることによってより多くの金銀を国外に送られるようにする」(*Ibid.*,p.441, 訳、同前280頁)、と。

スミスにとって金銀貨幣は社会的な空費であった。金銀貨幣を生産するための費用が他に振り向けられることが望ましいことであった。この視点から、スミスは『国富論』「第2編 貯えの性質と蓄積と用途について」、「第2章 社会の貯え全体の一特定部門と考えられる貨幣について、すなわち国民資本の維持について」では、手形による決済を貨幣の節約になるとして認めている。貨幣の節約分が生産的に使用されることで、国富の増大になると考えていたからである。

この点も、ヒュームとは対立する。ヒュームは、紙幣の流通を好意的に考えていない。紙幣が金銀貨幣を代替することで、金銀貨幣の国外への流出を招く。そして、非常時には紙幣は対外的な取引では役に立たないので、金銀貨幣を国内に滞留させた方がいいと考えるのである。

## IV　スミスの貨幣数量説批判

スミスとヒュームの対立は、貨幣数量説において決定的となる。この問題については後述するが、スミスにとっては、アメリカ大陸からヨーロッパへの金銀の流入がヨーロッパの価格を上昇させたのは、貨幣量が増えたからではなく、採掘のための労働あるいは費用が少ない豊富な鉱山が開発されたからなのである。貨幣量が増えたのは、採掘費の減少によって貨幣の価値が下がった結果なのである。これがそのまま、第4編における重商主義批判につながる。同じ文言は、重商主義批判においても取り上げられている。

「アメリカの発見がヨーロッパを富ませたのは、金銀の輸入によってではない。アメリカの鉱山の豊富さによって、それらの金属は以前よりも安くなった。」(Ibid.,p.447, 訳、同前 290 頁)

　もちろん、戦時問題と言う観点からすれば、こうした論点は、スミスの主要な論点ではない。スミスは、あくまでも製品の質や生産力が国力の決定的な要因と考えていたのである。

　このスミスの視点からは、外国貿易の意味も異なってくる。

「金銀の輸入は、国民が外国貿易から引き出す主要な利益ではなく、まして唯一の利益ではない。」(Ibid., p.446, 訳、同前 289)

　すなわち、外国貿易の利益は、金銀貨幣の獲得にあるのではない。外国貿易の効用も、貿易差額による金銀の流入ではなく、それぞれの国が外国貿易によって生産を刺激させることにある。スミスは、外国貿易が実体経済に与える効果を重視する。

「しかしながら、アメリカの発見は、確かにきわめて本質的な変化をもたらした。ヨーロッパのすべての商品に対して無尽蔵の新市場を開くことによって、それは新しい分業と技術改良を引き起こしたのである。・・・労働の生産力は改善され、労働の生産物はヨーロッパのさまざまな国のすべてで増加し、またそれとともに住民の実質的な収入と富も増加した。」(Ibid.,p.448, 訳、同前 291 頁)

　外国貿易による各国の経済への刺激効果、これによる生産の改良、これこそがスミスの説く自由貿易体制であった。貨幣観の転換をベースにスミスは重商主義の対極にある経済理論を作っていたのである。


## 結　語

　ロックは、後に見るように、貨幣数量説を唱えながら貿易差額主義も唱える。金銀貨幣が国の富であるという考えを維持している。そして、貨幣量の増加が利子を下げ経済を繁栄させる、と考えていたのである。

　ヒュームはロックなどの貨幣数量説を継承し、貨幣＝道具説を唱えて貨幣数量説を確立する。貨幣数量説によって、貨幣量の増加が貨幣価値を低下させるのであれば、重商主義者のように貨幣を富と見る理由はない。貨幣数量説は、ヒュームによって重商主義批判の学説となる。スミスはヒュームの貨幣＝道具説を受け入れる。富は貨幣から労働生産物に転換される。しかし、スミスは貨幣数量説については受け入れない。むしろ積極的な貨幣数量説批判の学者として登場する。

ヒュームとスミスを分けるもの、それは労働価値論である。特に金銀に関する労働価値論である。ヒュームも労働価値論を受け入れる方向にあったが、貨幣については固有の価値はないとして、拒否していた。しかし、スミスは金銀に関しても、投下労働と支配労働、そして生産費による価値規定を認めていた。スミス価値論は貨幣数量説を受け入れるものではなかったのである。貨幣数量説の代わりに、スミスは必要流通手段量説を確立していった。

　以上の論点からすれば、スミスにとっては、ヒュームは重商主義者に見えた可能性はある。そして、貨幣数量説は、需給論だけを価値論と見なし、自然価格を持たない重商主義者の作り出した理論として受け止められていた可能性もある。いずれにしても、価値論をベースにして2人は決定的な違いを見せていたのである。


## 第2節　ロックの貨幣数量説

### 序　言

　貨幣数量説の考え方は、本来、物価の上昇の原因を貨幣量の増加に求めるものであり、その起源についてブラウグ（Mark Blaug）は、既に16世紀の文献に見受けられる、と語っている[1]。いわゆる価格革命と呼ばれる時期であり、コロンブスの「アメリカ発見」以降、中南米から金銀がヨーロッパに流入したことがその原因と考えられていた。本節で考察するのは、貨幣数量説の創始者の1人、ジョン・ロックの理論である。ロックは、哲学者として著名な学者であるが、当時の鋳貨論争と利子論争に関わり、自ら経済政策の提言を行うとともに、この過程で貨幣数量説を確立している。ロックは以後200年にわたるイギリス通貨安定のための基礎を作った人物と評される[2]。なお、本節は、ロックの貨幣数量説を検討するものであり、彼の鋳貨論と利子論は本節の直接の検討対象ではなく、貨幣数量説と関係する限りで言及することとする。

---

1　ブラウグはサラマンカ学派に起源を求めている（Mark Blaug, etc [1996],p.1, 参照）。また、堀塚文吉郎『貨幣数量説の研究』、第1章においても貨幣数量説の起源が紹介されている（堀塚[1988]）。

2　Mark Blaug, etc [1996],p.4, 参照。

ロックの貨幣数量説が含まれている著作「利子の引下げと貨幣価値の引上げの結果に関する考察」(*Some Considerations of the Consequences of the Lowering of Interest and the Raising the Value of Money*, 1691, 以下「考察」と略記)の刊行は、コロンブスの渡航から200年が経ち、価格革命を経験した重商主義の時代であった。

アダム・スミスは、『国富論』の中で重商主義を次のように紹介する。

「富者の場合と同様に、富国とは貨幣が豊富にある国のことだと考えられており、また金銀をある国に蓄蔵することが、その国を富ませるもっとも容易な方法だと考えられている。」(Smith[1981],p.430,訳、第2分冊,260頁)

重商主義は、金や銀の貨幣を富として重視し、その国内への蓄積を政策課題とする[3]。ロックの貨幣数量説をめぐる問題はここに生じる。ロックは、後に検討するように、明確な重商主義政策の支持者であった。すなわち、金や銀の貨幣がイングランド国内に流入することを目的とする政策を唱えていた。アダム・スミスはロックについて次のように語っている。

「金と銀とは彼(ロックを指す。・・・奥山)によれば、国民の動産的な富のうちでもっとも堅実で実質的な部分であり、その理由から、それらの金属を増加させることは、彼の考えるところでは、その国民の経済政策の大目的とされるべきものである。」(Smith[1981], Ⅰ,p.430,訳、同前、261頁)

ここに1つの問題が生じる。重商主義と貨幣数量説は両立し得るのか、という問題である。ヒュームによって定式化された貨幣数量説は、貨幣量の増大は物価を上昇させるだけで、経済には何の効果ももたらさないとする学説である。ここで物価の上昇とは貨幣価値の下落と同じであるから、貨幣量の増大は、国内の貨幣価値の下落を意味し、その蓄積は富の増大にはならないということになる。それだけでなく、ヒュームは貨幣数量説を一歩踏み込んで重商主義批判の学説として確立している。ヒュームの観点からすると、貨幣数量説と重商主義の政策とは、根本的に矛盾することになる。

このことは、理論のベースとなる貨幣観ともかかわってくる。ヒュームは貨幣数量説を背景に、貨幣を「富」ではなく「交換の道具」であるとみなす。数量が増えれば価値が下がるものは、増加させる意味がないからである。また、ヒュームの親友であったスミスは、貨幣数量説を採用したわけではないが、ヒュームの貨幣=道具説は採用している。貨幣=道具説も貨幣数量説も、19世紀の主流学説となる。レイドラー(David Laidler)によれば、「今日貨幣経済学が最も重視している貨幣の機能は価値の貯蔵であるが、1870年代

---

3 重商主義の定義をめぐる諸説については、馬渡[1997],12-15頁、参照。

にはそうではなかった」(Laidler[1991],p.8,7 頁)。ヒュームの貨幣＝道具説は19世紀をとおして、経済学の主流派の受け入れるところとなる。この見解は、現在でも最も影響力の強い考え方である。そして、貨幣数量説は、1980年代以降、主流学説としての地位に復帰している。

　ところが、ロックについては事情は異なる。彼は貨幣数量説に基づいて重商主義の経済政策を唱えている。ロックは貨幣数量説の理論的創成期に位置しているために混乱していたのであろうか。あるいはロックの時代には、貨幣数量説と重商主義が共存し得たのであろうか[4]。また、場合によっては、むしろヒュームによって定式化された重商主義批判としての貨幣数量説に無理があったのであろうか。以上の問題関心を踏まえ、ロックの貨幣数量説を考察したい。

## I　重商主義と貨幣

　スペインやポルトガルが中南米を支配するようになると、そこから金や銀が大量にヨーロッパに流れ込み、重商主義の時代が地球規模で開花する。金や銀がスペインを経由してヨーロッパに浸透することで、重商主義が発展すると同時に、貨幣としての金銀はよりいっそう普遍的な富となった。金と銀という素材は、高い審美性を持つだけではなく、限りなく不滅で、それが貨幣となることによって、これさえ持っていれば、その保存可能性と普遍的な購買力によって、その所有者は、遠い将来までいつでもなんでも手に入れることができることとなった。このため、金と銀の貨幣は、貨幣として使用され、商品経済の下での最も一般的な富となった。

　ロックは『政府二論』(*Two Treatises of Government*,1690) の後篇第5章の中で、所有の根拠を自己労働に基づく自己所有とする労働所有権論を説くとともに、貨幣が社会にもたらした深刻な影響について分析する。すなわち、ヨーロッパの封建社会の中に貨幣が登場し、浸透することによって、社会の中に貧富の差が拡大し、大きな混乱がもたらされたと言うのである。

　その原因をロックは貨幣（金や銀）が素材的に腐らないからだ、と説明している。腐らない貨幣は無限に蓄蔵することが可能で、このことが社会に

---

[4] 田中正司氏はロック『利子・貨幣論』の解説の中で次のように言う。「ロックが展開した、流通必要貨幣量説、その確保のための貿易差額説は、貨幣がその数量によらない本来的・内在的価値を持つことを前提としている点で、貨幣数量説と基本的に矛盾するものであった」(『利子・貨幣論』,365 頁)。

貧富の差をもたらしたと言うのである。貨幣が、金や銀のような不滅の素材でなければ、貨幣自体が消耗してしまうので蓄蔵には限界があり、このため大きな貧富の差は生まれなかったことになる。ロックは「貨幣の価値の引上げに関する再考察」、(*Further Considerations Concerning Raising the Value of Money*, 1695, 以下、「再考察」と略記) の中で次のように言う。

「金は銀と同様に財宝である。なぜならそれは保蔵しても腐食せず、またその価値が決して大幅に下落しないからである。」(Locke[1963],p.152, 訳 246 頁)

「他の諸金属は財宝ではない。なぜなら、それらは保蔵すると腐食するし、・・・。」(*Ibid.*,p.152, 訳、同前 246 頁)

金と銀の貨幣としての適格性は、それだけではない。金と銀は、素材が均質であることから正確な価値表現の手段となり、貨幣の価値尺度機能を正確に果たす。そして品質が変化しないことから、購買手段として、また契約の手段として、また価値の保蔵手段として機能する。そして、体積に対して価値が大きいことから、持ち運びに便利であり、交換手段として転々と持ち手を替え、商品流通の中を循環する。すなわち、金と銀は貨幣にふさわしい性質を持つことから貨幣になったのである。

そして、ロックは次のように言う。

「金と銀とは、ほとんど役立たないけれども、それは生活のあらゆる便宜品を支配する。したがって富は金銀の豊富さに存するのである。」(*Ibid.*,p.12, 訳、同前 15-16 頁)

しかしながら、貨幣の登場は物々交換の不便を解消し、商品交換を便利にするだけにはとどまらなかった。貨幣によって消費するための商品を買うのではなく、貨幣を増殖のために使用する職業の担い手、すなわち商人が生まれる。貨幣を増やすことを目的に貨幣を使用するのである。トレードが商人の貨幣増殖願望を満たす手段となる。貨幣の増殖は価格差によってもたらされるため、交易は珍しいものを求めて遠隔地に向けて広がっていく。重商主義の時代、商人の活躍の舞台は、地中海を越えて世界へと広がる。

しかし、金山や銀山の支配は、金銀の増加を直接的に達成する方法であった。スペインは、アメリカ大陸の金や銀の鉱山を支配した。これに対し、金や銀の鉱山を持たないオランダやイギリスやフランスは、外国貿易によって重商主義の覇権争いに参入する。ロックは言う。「われわれは鉱山を持たず、トレードによる以外に、金銀を国内に保持する手段がない」(*Ibid.*,p.12, 訳、同前 14 頁)、と。そして、「スペインでは貨幣を輸出すると死刑になる。にもかかわらず、世界中に金銀を供給する彼らは、国内にほとんど金銀を残

していない。・・・金銀は厳格な法律に逆らってトレードに従い、外国商品に対する彼らの欲求は公然と真昼間に金銀を持ち出させる」（*Ibid.*,p.112, 訳、同前 72 頁)、と言う。外国貿易、すなわち貿易差額を利用することによって、富（金や銀の貨幣）はスペインから合法的にオランダそしてイギリスへと流れてくる、金銀の流出を規制しても無駄である、と。

　もともと重商主義の前期は、重金主義（bullionism）と呼ばれ、貨幣（金銀）の海外への持ち出しを認めなかった。しかし、ミッセルデン（Edward Misselden, 1608-1654）そして、東インド会社の重役であったマン（Thomas Mun, 1571-1641）らの提言によって、貿易差額主義が基本的な政策になる。すなわちマンは、イングランドの貨幣を海外へ持ち出しても、より多くの貨幣を持ち帰ればよいとして貿易差額主義を唱え、これが重商主義の合理的な政策となったのである。

　重商主義の代表的な教科書であったと言われるマンの『外国貿易によるイングランドの財宝』（*England's Treasure by Forreaign Trade*, 1664、以下、『財宝』と略記）は、次のように言う。

　「わが国の富と財宝を増加するための通常の手段は、外国貿易によるのである。その場合にわれわれが常に守らなければならない原則がある。すなわち、年々、われわれが消費する外国商品の価値額よりもより多くを外国人に販売しなければならない、ということである。」（Mun[1986],p.5, 訳 17 頁）

　そして、220 万ポンドを輸出して 200 万ポンドを輸入するならば、毎年 20 万ポンドずつ、金銀の貨幣がイングランドに入り込むので国は豊かになる、と説かれている。

　マンの『財宝』は、金銀貨幣を富とみなし、貿易差額によってこれを増やそうとする重商主義の「国富」論であった。重商主義は国力を貨幣量の多寡で見ており、貿易差額はその手段であった。

　ロックもマンを継承して、「富は、金銀をより多量に所持することに存するのではなく、世界の他の国々、あるいは近隣の国々に比べてより多量に所持することに存する」（Locke[1963]p.12, 訳 16 頁）と説き、「外国貿易（trade）は富を生み出すために必要であり、貨幣は外国貿易を行うために必要である」（*Ibid.*,p.14, 訳、同前 18 頁）、と言うのである。

　ところで、貨幣を多く持つことの利点は何か。「再考察」の中でロックはこの問題を次のように整理している。

　「貨幣はまた隣邦諸国の貨幣の豊富さにある程度比例を保ってわが国に存在することが必要である。というのはわが国のいずれかの隣邦がわが国よりはるかに豊富に貨幣を持っているとすると、われわれは彼らからさまざまな

形で危害を受けやすいからである。第1に、彼らはより強大な軍事力を維持しうる。第2に、彼らはより高い賃金でわが国の人民を誘い出し、彼らに陸上か海上で何らかの労働を提供することができる。第3に、彼らは市場を支配し、それによってわが国のトレードを破壊させ、われわれを貧乏にすることができる。第4に、彼らはいかなる時機にも陸海軍需品を買占め、それによってわが国を危機に陥らすことができる。」(Locke[1963],p.148, 訳239頁)

　第1と第4の点は、軍事力に焦点を置いた説明であり、重商主義の金銀への渇望の特徴の1つである。ここに重商主義者としてのロックが表わされている。第2の点は、「考察」でも指摘されていることで、高賃金に魅かれて人材が動くことが指摘されている。第3の点については、説明が必要である。まず貨幣の欠乏が国内の産業を破壊することは、ロックの最も基本的な考えであり、この点は後に考察する。また、「考察」の中では、貨幣が豊富にあって価格が高い国の利点を次のように言う。すなわち、貿易商人は、金と銀の分量を尺度にして商品を販売するので、貨幣が少なく物価の低い国よりも、貨幣が豊富にあって物価の高い国の方に商品を売ることになると言うのである。

　そして、貨幣としての金銀の増加は、国家的な政策として不可欠であり、「外国からいっそう多くの貨幣を持ち込むことは、王国が富に関していだく唯一の関心事」(*Ibid*.,p.62, 訳、同前96頁)と主張する。貨幣をより多く持った国が繁栄した強国であり、貨幣量の増大のために必要な手段として外国貿易と貿易差額主義を明確に支持するのである。本書「序言」においてスミスからの引用で見たように、ロックは、明確な重商主義者であったと言える。

　しかし、補足すれば、貨幣は自己目的として無限に求められているのではなく、ロックにあっては、相対的に近隣諸国の中で一番多ければ問題はないと考えられていた。すなわち、ロックは、「富は、金銀をより多量に所持することに存するのではなく、世界の自余の国々あるいは隣邦諸国に比してより多量に所持することに存する」(*Ibid*.,p.13, 訳、同前16頁)」と述べているのである。

　つづいてロックの貨幣数量説を見てみよう。


## II　貨幣価値論と貨幣数量説

　ロックは貨幣の機能について次のように言う。
　「貨幣はこれらすべての人にとって計算用具（counters）および保証物（pledges）の両方に役立つものとして必要である。・・・このうち前者は、

刻印（stamp）と呼称（denomination）によってなされ、後者はその内在的価値（intrinsic value）、すなわち貨幣の分量（its quantity）によってなされる。」（*Ibid.*, p.22, 訳、同前 31 頁）

　ここで、貨幣の機能は、価値の計算用具と保証物の 2 大機能として考えられている。価値の「計算用具」と言うのは、通常「価値尺度」と呼ばれる機能である。すなわち、円やユーロといった貨幣の単位がテレビ 1 台 10 万円というように、価格表現の単位として使われる機能である。保証物とは購買や契約やその決済のための支払手段となる貨幣機能を指す。

　また、貨幣機能を 2 つにまとめる見解は、当時の通説と言える。価格表現の材料となる貨幣は観念的に存在して計算上役立てばいいのであるが、鋳貨としての貨幣は現実に存在し、購買手段や支払手段として機能する必要がある。すなわち、貨幣の機能を観念的な存在と鋳貨としての現実的な存在とによって 2 分しているのである。ジェームズ・ステュアートも貨幣機能を計算貨幣と鋳貨に分けている。

　ここで問題なのは、「内在的価値」という用語である。ここでの内在的価値は労働価値論や生産費説などに裏づけられた貨幣の購買力を指しているのではない。貨幣としての銀の量そのものを指している。貨幣の分量そのものが「内在的（intrinsic）」と呼ばれる理由は、「貨幣の呼称（denomination）」、すなわち 100 円とか 10000 円という呼称に対して「内在的」、すなわち銀の重さそのもの、という意味である。こうした扱いは、当時の鋳貨論争を受けたものである。すなわち、ロックが批判しようとしていた論者たちは、通貨価値の安定のために、摩損したり削り取られたりして銀量が減ってしまった鋳貨に対して、鋳貨単位を引上げることによって、問題を解決しようとしていた。これに対して、ロックは価格の単位の変更（denomination）には何の意味もないことを主張していたのである。

　価格の単位の変更（denomination）や純度の引下げ（debasement）などの技術的な操作が、貨幣価値にとってどのような意味を持つかは、もちろん、それ自体が別途の検討を必要とする。特に不換紙幣の場合には、デノミネーションに対してさまざまな経済的な、あるいは心理的な効果が期待されている。しかし、ロックの時代のように、金や銀が貨幣の場合には、こうした政策の効果には限度があると見るべきであろう。ロックは言う。

「貨幣の内在的価値を形成する銀は、それ自身と比較される場合、その国あるいは別の諸国のいかなる刻印または呼称によっても引上げられることはない。」（*Ibid.*, p.82, 訳、同前 130 頁）

「銀はそれゆえ常に銀と同一の価値を持つので、銀貨と比較した銀鋳貨の

価値は、その中に含まれている銀が多いか少ないかあるいは等しいかに応じてのみ、大きくも小さくもなる。」（*Ibid.*,p.82, 訳、同前 130 頁）

商品は、銀鋳貨で価値を表現する場合でも、銀の分量を前提に価値を表現している。したがって、貨幣の購買力も銀の分量の持つ購買力がベースになる。鋳貨の呼称単位が、貨幣価値を決めているのではない、とロックは考えるのである。明確に金属主義の立場である。まして海外との関係では、国によって違う貨幣の呼称の単位は何の役にも立たない。これがロックの主張の要点であった。その意味で、貨幣の内在的価値は、鋳貨に含まれる銀の分量そのものを指す。

また、ロックは「自然的価値」という用語も使用している。以下のとおりである。

「あらゆるものの内在的自然的価値（intrinsic, natural worth of any thing）は、人間生活の必要をみたすか便益に役立つかするところの適性に存する。」（*Ibid.*,p.42, 訳、同前 64 頁）

ここでの「自然的内在的価値」は、古典派やマルクスの言う使用価値（value in use）のことである。マルクスも『資本論』（*Das Kapital*）において、ロックの「自然的内在的価値」を「使用価値」を意味するものとして引用している。

ロックの貨幣価値論の焦点となるのは次の一文である。

「すなわち人類は金銀に、その耐久性と稀少性、およびたやすく偽造されにくいと言う理由で、想像的価値（imaginary value）を与えることに同意し、一般的合意によって（by general consent）金銀を共通の保証物にした。」（*Ibid.*,p.22, 訳、同前 31 頁）

これがロックの貨幣価値論と言える。すなわち、貨幣の価値について、ロックは「想像的（imaginary）」価値と理解する。これによって、個々の貨幣片がそれぞれに固有の内在的価値を持つという考えは否定される。この表現によって、ロックの貨幣価値論は貨幣数量説にふさわしい貨幣価値論へと踏み込んでいく。

マルクスは、「ロックは、金銀に価値がないということと、量によるそれらの価値規定との連関を単刀直入に語っている」（Marx[1969],S.138, 訳 219 頁）と述べて、上記と同じ箇所を引用している。貨幣数量説が理論的に確立するには、こうした貨幣価値論が必要となる。ヒュームは、貨幣の価値を「犠牲的価値（fictitious value）」（Hume[1955],p.48, 訳 70 頁）と表現している。貨幣価値論としては、ロックとヒュームは同じであったと考えられる。

貨幣の価値が想像的価値であるとすると、それはどのように決まるか。ロックはこの問題にたびたび言及している。

「貨幣の価値の尺度は、その量（quantity）と捌け口（vent）だけであり・・・。」(Locke[1963],p.32, 訳 48 頁)

「あらゆる商品――貨幣もそのひとつである――におけるこの比率は、それらの数量の販路に対する比率のことである。」(Ibid.,p.43, 訳、同前 65 頁)

貨幣の価値は、需給関係によって決まるというのが、ロックの考えである。すなわち、貨幣の価値が、生産費説や労働に裏づけられた固有の内在的価値によって決まるという考えは、ロックにはない。また、この需給説は次のように補足される。

「しかし、貨幣に対する欲求は常時存在し、ほとんどどこでも同一不変であるから、・・・・その販路はめったに変化しない。それゆえ貨幣量の減少は、常にその価格を上昇させ、等量の貨幣をより多くの商品と交換させる」(Ibid.,p.40, 訳、同前 60 頁) と。貨幣は他の商品とは異なり需要はあまり変化しないので、もっぱら貨幣の存在量あるいは供給量の方が貨幣の価値を決定する、と言うのである。

この貨幣価値論にもとづくロックの貨幣数量説を象徴する一文は、次の通りである。

「現在、世界には、銀が当時の 10 倍存在するので（西インド諸島の発見が銀を豊富にした）銀は今では当時よりも 10 分の 9 価値が小さい。すなわち銀は、今では、販路に対して 200 年前と同じ比率を保っているどの商品とも、10 分の 9 少なく交換される。」(Ibid.,p.47, 訳、同前 71 頁)

この表現は、貨幣数量説の説明としては、わかりやすい説明である。しかし、貨幣数量説としては、いわば抽象化された理論モデルである。貨幣数量説に即しても、この説明が成り立つには、さまざまな条件が必要であり、銀が 10 倍になることはあっても、物価が現実に 10 倍になったわけではない。アダム・スミスは『国富論』の中で、物価は 3 倍になったとして、その影響を分析している。

ロックからの引用文の特徴は、金や銀の貨幣量の増加は、そのまま貨幣価値の減少を意味すると考えていることである。一般的に言えば、貨幣量の増大と物価との比例関係を認め、この 2 つの間の因果関係を貨幣量の増加が原因で物価の上昇が結果である、と考えることが貨幣数量説の主要な特徴である。この考え方の延長上に、一国に貨幣量（金銀）が増加すれば、貨幣価値が減少するのだから、物価が上昇するだけで何の意味もないという考えが導かれ、いわゆる貨幣の中立性や重商主義批判の見解が導かれる。貨幣が「富」ではなく「道具」であるとする見解の根拠ともされる。

しかし、重商主義が貨幣量の増加の中に富の増加を認めるならば、貨幣と

しての金銀には、個々の貨幣片に固有の内在的な価値があり、それは貨幣量によっては影響されないと考える必要がある。ロックが重商主義を取りながら貨幣数量説を唱えた意味が、問われざるを得ないのである。

## III 貨幣数量説の諸問題

　前節では、ロックにおける貨幣数量説の展開を見てきた。しかし、ロックの貨幣数量説は、より踏み込んだ内容を持っている。それは、「貨幣とトレードの間には一定の比率が存在しなければならない」(*Ibid.*,p.49, 訳, 同前 74 頁) と考えていることである。貨幣の需給関係だけで貨幣価値が決まるとは考えていないことである。すなわち、貨幣と商品との相対的な関係で貨幣価値が決定すると考えているのである。

　「任意の他の商品の多寡または販路に対する貨幣の多寡の比率以外に、貨幣の価値を引上げたり引下げたりし得るものはない。」(*Ibid.*,p.82, 訳 130 頁)

　「貨幣によって購買しうる任意の物品に対する貨幣の価値の尺度は、その物品の量とその販路とに比してわれわれが所有する現金の量によって定まる。」(*Ibid.*,p.31, 訳、同前 45 頁)

　流通する商品量と貨幣量の間には、一定の関係があることを指摘しているのである。

　要するに、貨幣量だけが貨幣価値を決定するのではなく、商品量との関係で貨幣価値が決定されると考えられているのである。貨幣量が増えても、取引される商品量が増えれば、物価は上がらないし、貨幣価値は下がらないことになる。また、物価の変動は、商品の側からも貨幣の側からも生じることになる。ロックの重商主義は、貨幣の増加を自己目的としているのではなく、商品流通量と貨幣量との関係を考慮に入れているのである。

　さらに、貨幣数量説における貨幣量の意味が問題となる。貨幣は一般的な富であるがゆえに退蔵されることもある。国家も個人も万が一の危機や遠い将来への保証など、さまざまな動機で貨幣を溜め込む。こうした貨幣が物価に影響するかどうかは、貨幣数量説の前提をなす問題として重要である。ロックは次のように言う。

　「貨幣の価値は一般的には全トレード [ 量 ] に比しての世界の全体の貨幣量のうちにあるが、ある一国における貨幣の価値は、その国の現在のトレード [ 量 ] に比しての現在の流通貨幣量であるからである。」(*Ibid.*,p.49, 訳、同前 74-75 頁)

　「貨幣の自然的価値は、王国の全トレード、全商品の一般的販路に比して

のその時点における流通貨幣量に依存している。しかし、ある一商品と交換される場合の貨幣の自然的価値は、その単一商品およびその販路に比してのその商品に向けられた王国の貨幣取引に依存している。」(Ibid.,p.46,訳、同前 70 頁)

「同一量の貨幣がトレードのため王国内を行き来している間は、貨幣は実際に他の物品の不変の価値尺度であって、価格の変化はまさしくそれらの物品の側だけのことである。しかし、ある地域において流通している貨幣量が増減する場合には、価値の変化は貨幣にも起こる。」(Ibid.,p.44,訳、同前 68 頁)

ロックは、存在する貨幣のすべてではなく、現に流通している貨幣量を問題にしているのである。

以上の点を考慮すれば、物価の変化は、貨幣量の増減だけで起こるのではない、と言うことになる。商品量が増えた場合には、貨幣の量もそれに見合って増えなければ、物価は上昇するのである。あるいは、200 年間で銀の量が 10 倍になったとしても、商品の量が 10 倍に増えていれば、貨幣価値が 10 分の 1 になることもなければ、物価が 10 倍になることもなく、価格は一定のままなのである。また、貨幣量の増加だけが物価にとっての問題なのではなく、流通している貨幣量が問題だと言うことになる。このことから、流通貨幣量を増やすためには退蔵貨幣を減らすことが政策的に重要な課題となる。

最後に、ロックは、貨幣の流通速度の問題を指摘する。すなわちロックは、トレードにはある一定の比率の貨幣が必要であるが、その割合を決定するのは難しいとして、その理由を「なぜならそのことは、貨幣の量のみならず、その流通速度にも依存している」(Ibid.,p.23,訳、同前 34 頁)からであるとして、「まったく同一のシリング貨でも、20 日間のうちに 20 人の手に渡る時もあれば、100 日間同一人の手にとどまる時もある」(Ibid.,p.23,訳、同前 34 頁)、と説明している。

また、賃金や地代などの支払いの慣習を詳細に分析している(Mark Blaug, etc [1996],pp.11-13)。言うまでもなく貨幣数量説が機械的に成立するためには、流通速度は一定となっている必要がある。ロックは、流通速度が安定的であることを記述しているが、その意味は貨幣数量説を補強するためではなく、貨幣の使用は慣習や制度に基づいており、このため社会には一定の貨幣量が必要で、この必要な貨幣量が確保されていなければ支障をきたすことを論じることにあった。

ロックは、中南米からの金や銀の流入によって物価が騰貴したことを論じていたが、これは貨幣価値の不安定性を語ったのものではない。実際には貨

幣価値は安定しているとして、次のように述べている。

「貨幣は少ししか消耗も増加もしない・・・貨幣は、その量と販路の比率が他のたいていの商品よりも緩慢にしか変化しないので、通常あらゆる物品の価値を判定する不変の価値尺度とみなされている。」(Locke[1963],p.44, 訳67頁)

むしろつづいて見るように、ロックは貨幣数量説と貿易差額説を両立させることによって、「貨幣の不足」の問題を解決し、経済を活性化させる方策を見出そうとしていたのである。

## Ⅳ ロックにおける貨幣数量説と重商主義

ロックの関心は、「貨幣の不足」問題を解決し、産業を活性化させることにあった。本書でもっぱら取り上げている「考察」の中で、ロックは、「第一に考察すべき主題は、貨幣の貸借の価格は法律によって規制できるのかどうかである」(Ibid.,p.4, 訳、同前3頁)、と述べている。

当時の利子の引下げをめぐる論争において、法による利子の引下げによって経済を活性化させることを主張した論者に反対し、ロックは、利子率の低下や経済の繁栄は貨幣量の増大の結果であることを説き、利子率の低下のための別の政策を唱えたのである。それは、貨幣の退蔵を避けることと、貿易差額によって貨幣を増加させることであった。

当時、声高に叫ばれていたのは、「貨幣の不足」であった。「貨幣の不足」という問題は、さまざまな内容を持っている。資本主義の生成期は、実物経済から貨幣経済の移行期でもあり、文字通りの意味での貨幣の不足の問題もあった。例えばロックが「借地農は労働者に支払う貨幣がないため、穀物で支払っているが・・・」(Ibid.,p.24, 訳、同前35頁)、と述べているように、現実的な問題として、貨幣そのものの不足の問題が重要であった。しかし、スミスはやや冷ややかに次のようなケースも指摘している。

「しかし、貨幣の不足についての不平ほどよくある不平はない。・・・貨幣の不足についてのそうした一般的な不平さえも、必ずしも常に、通常数の金銀貨が国内に流通していないことを証明するものではなく、それが証明するのは、金銀貨と引換えに与えるべきものを何ももたない多くの人々が、そうした貨幣片を欲しがっているということ・・・。」(Smith[1981], Ⅰ,p.437, 訳、第2分冊、273頁)

とは言え、「考察」でロックが主として問題にしているのは、資金として貸借の対象となる貨幣であった。ロックは、法律によって利子率を低下させ

ようとする主張に反対し、法律によって利子率を下げれば、「国内にはトレードに動かすための貨幣が少なくなるだろう。・・・銀行家は、そうした低利率になると、利率がずっと高い現在よりもいっそう多くの貨幣を手元に退蔵するからである」(Locke[1963],p.8, 訳、同前 8 頁) と反論したのである。ロックによれば法律による利子率の低下によって、「国の貨幣が退蔵され、その結果トレードに損害を与えることのないように」(*Ibid.*,p.12, 訳、同前 15 頁) することが、最も重要なことなのである。なぜなら、「いかなる国でも、この割合より現金が不足するだけ、それだけトレードは、貨幣の不足のために損なわれ、妨害されるに違いない」(*Ibid.*,p.28, 訳、同前 42 頁) し、製造業こそは最も潤沢な資金をもって活動すべき部門だからである。

　ロックによれば、発展過程にある製造業の貨幣不足は深刻な問題であった。「われわれはここでもまた、製造業がどれほど奨励に値するかと言うことに気づくであろう。と言うのは、製造部門のトレードは、もっとも重要であるにもかかわらず、最小の貨幣量で運営され・・・」(*Ibid.*,p.29, 訳 43 頁)、と言うのである。

　ロックは、利子率の低下を政策的に目指すこと自体が問題ではなく、法律によって利子率を低くすることが問題であると考える。法律による利子率の引下げではなく、繁栄の結果として利子率を引下げることが重要であった。それは、繁栄を続けるオランダの低い利子率に関する次の引用に現れている。

　「実際オランダでは、優良な担保さえあれば 3% および 3.5% で貨幣を借りることが最近あったかも知れないが、それはいかなる法律によるのでもなく、自然利子率（natural rate of interest）によるのである。」[5] (*Ibid.*,p.67, 訳、同前 104-105 頁)

　「オランダでは利子は低い。しかし、オランダの利子が最初に下落したのはトレードを発展させようとする法律や政府の政治的工作の結果ではなく、多量の現金の結果なのである。」(*Ibid.*,p.68, 訳 106 頁)

　「彼ら（オランダを指す・・・奥山）の豊富な貨幣と国債の支払いが、しばらく前から彼らの利子率を下げたのである。」(*Ibid.*,p.68, 訳、同前 106 頁)

　すなわち、利子率は法律で決めるべきではなく、貨幣の豊富さの結果として利子率は低くなる。「自然利子率」の概念がそれを表す。ロックの自然利子率は、利子の変動に中心点があるという意味ではない。市場に任せた利子率が自然利子率である。低い利子率が製造業に繁栄をもたらす。そのために

---

[5] 「私の意味する自然利子率というのは、貨幣が平等に配分される場合に、現在の貨幣の欠乏が自然に到達させる金利のことである」(*Ibid.*,p.9, 9 頁)

は貨幣が豊富になることが必要である、と考えるのである。

ロックは、「貨幣の価値の尺度はその量と捌け口だけであり、それらは利子の変化によって直接には影響を受けないからである。利子の変化は、それがトレードにおいて貨幣または商品を流出入させることに役立ち、・・・それらの比率を以前あったところから変化させることに役立つ限りにおいて、・・・商品に対する貨幣の価値を変化させるかもしれない」(*Ibid.*,p.32, 訳、同前48頁)、と言う。

貨幣の価値と利子率とは本来は別のことであるが、利子の変化が流通貨幣量、したがって貨幣価値の変化に影響することもあると指摘するのである。また、「貨幣の自然利子率が不断に引上げられるのは、一国におけるトレード[量]に比較して貨幣が少ない場合である」(*Ibid.*,p.10, 訳、同前12頁)として、貨幣量の不足が利子率を引上げていることを指摘する。

この場合、ロックの貨幣論は、いわゆる消費を目的とした貨幣の貸借を想定した利子論である。貨幣―利子論と呼ぶこともできる。ロックはその代表者である。これに対してマッシー（Joseph Massie.?-1784）やヒュームは、借手を消費者ではなく資本家に限定して考察する。資本―利子説である。マルクスが利子を利潤の範囲内で決まると説いたのは、マッシーやヒュームを継承してのことである。

ここに重商主義の貿易差額主義が関係してくる。ロックは、「考察」の最後のパラグラフで次のように言う。

「いかなる国においても貨幣を増加させるために考えうる方法は、次の2つだけである。すなわち、自国の鉱山で貨幣を採掘するか、あるいは隣邦諸国からそれを獲得するかのいずれかである。・・・外国人から獲得する方法は、武力か、借入か、トレードかのいずれかによる。」(*Ibid.*,p.78, 訳、同前122頁)」

ロックは、重商主義の政策である貿易差額主義は、金銀の貨幣をイングランドに流入させ、貨幣量を増加させることによって、利子率を低下させ、「貨幣不足」を解消して産業に発展をもたらす、と考える。ロックの貨幣数量説と貿易差額説は、ともに産業の活性化のために必要な理論であったと言える。ロックの貨幣数量説は、貨幣量そのものの増加の効果や利子率の低下による経済効果をもたらすための理論であったと言える。貨幣数量説の主要な内容の1つとして、貨幣量の変化が実体経済に対して何の影響も及ぼさないこと、少なくても長期的には何の影響も及ぼさないことがあげられているが、その創始者の一人のロックは、それとは逆の意図を持って貨幣数量説を創り出していったのである。

## 結　語

　ロックの重商主義は、その実践的な意図として、貨幣量の増加によって経済を活性化させることを構想していた。貨幣の不足の問題とその積極的な解決策が模索されていたのである。なぜならば、貨幣の不足は、貨幣量の不足そのものから経済を停滞させるし、高い利子率を誘導することによって、繁栄を阻害する。貨幣が豊富にある国は、経済が繁栄し国力も強まり、世界の交易を主導し、国家としても強力になる。貿易差額説による貨幣量の増加はその手段となった。

　ロックの貨幣数量説は、貨幣の価値を「想像的価値」とすることで、貨幣価値の可変性を明確にし、その決定を需給関係に依存するものとすることによって、貨幣量の増加が物価の上昇に帰結することを説明するものであった。貨幣数量説の基本的な姿はここにおいて出来上がっている。

　とは言え、ロックにあっては、貨幣量が増えたとしても、物価に影響するのは流通貨幣量だけであり、退蔵貨幣の存在は物価には直接には影響しないが、経済の繁栄のためには退蔵貨幣を減らすことが重要であると考えられていた。さらに、貨幣の使用頻度は支払いの慣習や制度にもよるため、社会には一定の貨幣量が必ず必要であり、必要な量の貨幣が不足すると経済活動に混乱が起こることが指摘されていた。経済が繁栄するには貨幣量の増大が必要だったのである。

　確かに、貨幣量の増加によって高い価格がもたらされるが、それはロックにとってはマイナスではない。すなわち、人材も賃金の高いところに集まり、貿易商人は価格の高い国に商品を売ろうとする。軍需品も買いやすくなる。貨幣が多く価格が高い国の方が市場をリードする立場に立つことができる、と考えられていた。

　また、特に貨幣量の増加による貨幣価値の低下は、結果的に利子率の低下につながり、このことが製造業をはじめとする産業に資金を供給し、経済の繁栄と強い国家につながる。利子率を法律によって引下げれば貨幣の退蔵を招くが、貨幣の増加から導かれた利子率の低下は、こうした問題を生じない。ロックにとっての貨幣数量説は、彼の重商主義理論と相補的な関係を保って経済問題を解決し、繁栄をもたらすための理論だったのである。

## 第3節　ヒュームの貨幣論

### 序　言

　ヒュームは、貨幣数量説の大成者である。貨幣数量説は、マルクスとケインズが優勢だった短かい時期には過去の学説だったが、経済学のほとんどの歴史を支配してきた。現在は、主流派の学説である。日常感覚に合いすぎるというのが本当の理由のような気もする。

　しかし、ヒュームは日常感覚に依拠するつもりはない。『政治論集』（*Political Discourses*, 1752）冒頭で、ヒュームは「コーヒー店の座談からでも学べるようなことしか教えてくれない著述家を評価する気にはなれない」（Hume[1955],p.3, 訳7頁）と挑発している。ヒュームにとっては学問的に本気である。貨幣数量説こそが、重商主義の永い歴史に決着をつける自由主義思想であり、正統な理論だったのである。批判の矛先は重商主義である。そして、ヒュームの自由主義経済学の狼煙の根拠が貨幣数量説であったと言える。重商主義の貨幣を富とみる思想も、貿易差額主義も、無駄な試みだ、ということである。

　ヒュームは、自由主義の経済思想を確立し、アダム・スミスの先駆としての役割を十二分に果たしている。ただし、決定的な違いは、既に指摘したことではあるが、アダム・スミスが親友ヒュームの有名な学説である貨幣数量説を否定していたことである。

　ヒュームとスミスの理論的な亀裂は、どこにあったのか。本書は価値論にあったと考える。後述するように、ヒュームは先駆的な形で労働価値論をとらえている。しかし、その価値論は平均労働の概念にまでたどり着いていない。すなわち、価値の法則的な展開を唱えるに至っていない。

　ヒュームの貨幣数量説は複雑である。矛盾する理論が平然と同居している。何よりもヒュームは、貨幣量の増加が物価を上昇させるだけで何の経済効果ももたらさないと、貨幣の中立性を主張する。いわゆる機械的貨幣数量説である。他方、貨幣の増加は、貨幣錯覚を媒介にして、経過的なプロセスでは経済を活性化させる効果を持つ、と主張する。いわゆる連続的影響説である。

　また、貨幣数量説と外国貿易との関係を組み合わせて金銀の国際的自動調節機構を説く際には、国内に貨幣をため込んでも、金銀の国際的な自動調節が機能するので意味はない、と説き、重商主義の主要な経済政策である貿易差額主義を批判する。しかし、その一方で、有事の際には国内に保有されて

いる金銀の量が重要な役割を果たすとして、紙幣の発行に反対する。
　さらには、貨幣数量説の弊害を防ぐために、金銀貨幣を金庫にしまい込むことさえ主張する。
　貨幣数量説のほとんどがヒューム自身の手で解体されていると言っても過言ではない。しかし、このことは、ヒュームが貨幣数量説の限界も知り尽くしたことによる。

## I　ヒュームの経済学

### 1．自然の経路（natural course）—自由主義の経済学

　ヒュームの経済学のキーワードは「自然の経路」である。これは社会のシステムの中に常に作動するものではなく、強権的な国家システムが自由な社会システムに転換した時に作動する。
　アダム・スミスは、分業と交換を人間の本性に基づくものと考えていたので、神の「見えざる手」の歴史的社会的条件は必ずしも明確ではない。しかし、ヒュームの場合には明確である。自由主義のシステムの下で作動する法則である。
　ヒュームは『政治論集』冒頭の「商業について（Of Commerce）」の中で、「古代の政策は乱暴であり、事物のより自然な通常の道筋（ natural and usual course of things）に反していた」（*Ibid*,p.10, 訳、同前 17 頁）、と言う。
　強権的で軍事的な体制の下では、自然の経路は機能しない、と言うのである。そして強権的な国家の最大の問題点は、国家の繁栄に国民の繁栄が伴わないことである。
　「個人を貧しくすることによって国家を強大にしようとする政策は乱暴である。」（*Ibid*. 同前）
　強権的な国家の対極にあるのが、商工業を基礎とする「自然の道筋」(natural course)に沿った新しいシステムである。ヒュームもまたステュアート（James Steuart,1713-1780) やスミスの先駆として、時代は封建的軍事的な時代から自由で商工業の栄える時代へと変化した、と考えている。時代の変化そのものが、自然の経路が有効性を持つようにした、と言うことである。
　ところでヒュームの言う「自然」の概念については注意を要する。
　ヒュームの言う自然は、字句通りの自然ではない。すなわち、フランス重農主義とは異なる。フランス重農主義は、農業を唯一の生産的な産業、剰余を生む産業と考えるが、ヒュームは農業重視の自然主義を唱えたわけではない。ヒュームは、社会システムの流れが自然かどうかを問題にしているので

あって、自然それ自体を問題にしているのではない。

ヒュームは産業としての農業には限界があると考えている。農業中心の産業構成は、確かに熟練と勤労（skill and industry）が増大し、重農主義者が言うように余剰（superfluity）が生産されるとしても、限界がある。

ヒュームは、需要の契機を重視している。欲望が刺激されるかどうかが経済の発展の鍵を握る。ヒュームからすれば、農業生産物は魅力に乏しいのである。このため、農業社会でも一定の繁栄は得られるが、人間の欲望を掻き立てるという点では限界があり、したがって、農業社会での成長にも限界がある、というのである（Ibid.,p.10, 訳、同前 17-18 頁、参照）。

こうした限界を打開するものが、「自然な通常の道筋（natural and usual course）」（Ibid.,p.8, 訳、同前 15 頁）であり、別の表現では「人間の共通の性向（the common bent of mankind）」を踏まえた政策である。

社会の発展の鍵は「技術と産業（skill and industry）」（Ibid.,p.10, 訳、同前 17 頁）あるいは「産業（industry）と技術（arts）と商業（trade）」（Ibid., p.10, 訳、同前 17 頁）の発展にある。技術と産業の発展は、「快楽（pleasure）や虚飾（vanity）」（Ibid.,p.10, 訳、同前 18 頁）を満たす対象を提供するからである。

人間の欲望を刺激するかどうか。これが経済発展の動力となる。同じ役割をヒュームは外国貿易にも求める。外国貿易によって「奢侈の快楽と商業の利益（pleasure of luxury and profits of commerce）」（Ibid., p.14, 訳、同前 22 頁）を知った人々は、「繊細さと勤労（delicacy and industry）」（Ibid.,p.14, 訳、同前 22 頁）により一層励むこととなる。この過程で改良も進む。その効果は、人間の欲望を刺激することにある。

ヒュームにとっての人間の欲望は、スミスの利己心に当たる。スミスは利己心を刺激することが交換が発展する、と考える。ヒュームとスミスは、同じ地平に立っていたと言える。

「人間の共通の性向」や「自然の道筋」は、人間の快楽や欲望をベースとした経済発展の道筋である。欲望があるからこそ、これを得るために人々は勤労（industry）を行う。それは強権的な国家ではなく、人々が自由に経済活動を行う国家の下で可能になる。その産業的基礎は、農業ではなく、魅力的な財を生み出し市場にもたらす商業と製造業の社会である。これがヒュームの自由主義の経済政策であった。

## 2．ヒュームの本源的購買貨幣としての労働

ヒュームは先駆的な形で労働価値論を唱えている。

「世界のあらゆるものは労働によって購買される。そして、労働の唯一の

原因はわれわれの諸欲望である。」（*Ibid.*, p.11, 訳、同前 18 頁）

世界のあらゆるものは労働によって購買されるという表現は、アダム・スミスの労働を本源的な購買貨幣と見る見解の先駆である（Smith[1981],p.48, 訳、第 1 分冊、64 頁）。

労働過程を労働と自然との交換関係と見ることは、アナロジーとしては成立するが、労働と交換とは別の行為であり、本来は成立しない。しかし、ヒュームは、労働と結果としての生産物を購買関係とみなすことによって、労働価値論の先駆的な視点を確立したのである。

さらに次のように言う。

「公共の穀物倉庫、毛織物倉庫、兵器庫、これらはすべていかなる国家にあっても、真実の富（real riches）であり、力であることが認められなければならない。商工業は、確かに、労働の貯え（stock of labour）以外の何物でもない。」（*Ibid.*, p.12, 訳、同前 20 頁）

ヒュームは、ここで労働対象物のすべてを富として受け入れる。過去の労働のすべてが富なのである。しかし、倉庫や兵器庫は、富ではあっても商品ではない。商品としての売買は終わっている。この点、スミスは、対象を年々（annual）の生産物に限定しており、したがって、スミスの労働価値論は商品に限定されている。

ヒュームの場合、商工業の成果は、労働の貯えとして認められているが、これは倉庫と同じ意味である。確かに、どちらも労働の成果ではあるが、商品の価値として共通してとらえることはできない。この点でヒュームの労働価値論は商品の価値に限定されていないという基本的な問題を抱えていたと言える。

とは言え、ヒュームは労働の結果としての富を増やすことが、国家の繁栄をもたらすと考えている。その政策的な手段が自然の経路にそった自由主義政策であり、産業的な基礎は商工業であった。

ヒュームは、「労働者に製造業と商品を与えよ、そうすれば彼は自らそうするであろう」（*Ibid.*,p.12, 訳、同前 20 頁）、と言う。欲望が勤労を導き、結果的に社会全体が発展するのである。

### 3．奢侈の経済効果

ヒュームにとっては、欲望への刺激は、経済成長にとって重要なことであった。農業中心の社会は、魅力的な財が少ないことから成長には限界がある。外国貿易は欲望を刺激する財をもたらすことで、勤労を刺激するし、こうした視点からは、ヒュームにとって奢侈は、道徳的に批判して済む問題ではな

かった。

『経済論集』の「技術における洗練について（Of Refinement in the Arts）」のタイトルは、「奢侈について（On Luxury）」とも付けられる（*Ibid.*, p.19, 訳、同前 30 頁参照）。

時代の風潮としては、「消費を軽蔑して質素や倹約を賞賛することはこの時代の一般的な教養であった」（Viner[1965],p.26, 訳 27 頁）。

ヒュームは、時代の道徳的価値観が経済成長にはそぐわないと批判する。奢侈は自然の経路に沿っていると言うのである。すなわち、奢侈は欲望を刺激し、欲望を満たすために、労働者は勤勉になって労働に励み、結果として社会の繁栄につながる。

しかし、奢侈は「よい意味にも悪い意味にもとれる」（Hume[1955],p.19, 訳 29 頁）し、「道徳的に無害にもなりうるし、非難されるべきものにもなりうる」（*Ibid.*, 訳、同前）。

奢侈の悪い点は、快楽が洗練されれば道徳的な意識も高まり、それだけ過度の快楽にふけることもなくなるという（*Ibid.*,p.23, 訳、同前 34 頁、参照）ことで軽減されることもある。また、奢侈に弊害があったとしても、「奢侈は、度を越せば多くの害悪の源となるが、しかし一般には不精や怠惰よりはましである」（*Ibid.*,p.32, 訳、同前 46 頁）、と反論する。奢侈の弊害は大したことではない、と言うのである。

奢侈の弊害よりも、国家と国民の繁栄の方が重要というのである。奢侈に問題があったとしても、奢侈がもたらす繁栄の方が重要だと考えていたと思われる。

## Ⅱ　ヒュームの貨幣論

### 1．貨幣＝道具説と貨幣数量説

ヒュームは貨幣の本質を道具と考える。いわゆる貨幣＝道具説は次のように語られる。

「商業の実体（subject）のひとつではなくて、財貨相互の交換を容易にするために人々が承認した道具（instrument）に過ぎない。それは交易の車輪のひとつではない。それはこの車輪の動きをより円滑にする油なのである。」（*Ibid.*,p.33, 訳、同前 48 頁）

重商主義批判に対する批判を象徴する一文である。言うまでもなく金銀貨幣を富とする重商主義に対して、ヒュームは、貨幣は富ではなく交換の道具である、と主張したのである。貨幣が目的から手段に降格したのである。

なぜ富としての貨幣が否定されるのか。それは、貨幣にはそれ自身の価値がないからである。

「利子について」の中でヒュームは次のように言う。

「貨幣は擬制的な価値（fictitious value）を持つものなので、その量が多いか少ないかは何の影響もない。」(Ibid.,p.48, 訳、同前70頁)

ヒュームは、貨幣の価値を fictitious、擬制的とみなす。ロックはこれを想像的（imaginary）と表現していた（Locke[1963],p.22, 訳31頁、参照）。

マルクスは、「ロックは、金銀に価値がないことと、量によるそれらの価値の規定との関係を、次のように単刀直入に述べている」(Marx[1963], S.138)として、ロックが貨幣の価値を「想像的価値」としていることを評価する。マルクス自身は、貨幣数量説は取らないが、ロックやヒュームの貨幣価値に関する理解は、貨幣数量説の形成にとって重要であったと評価したのである。

貨幣が固有の価値、あるいは内在的価値を持っているとすれば、貨幣量の増加は、国富の増加である。しかし、貨幣がこうした価値を持っていなければ、貨幣の価値は需給関係で決まることになる。貨幣量の増加は、他の条件が同じなら貨幣価値の減少、言い換えれば物価の上昇につながるだけである。

金銀貨幣について内在的で固有の価値を否定する価値概念が、貨幣数量説を形成させているのである。

「商品の価格は常に貨幣量に比例する」(Hume[1955],p.33, 訳、同前48頁)と、まとめられる。貨幣の価値は貨幣の量に反比例することを意味する。重商主義との関係で言えば、貨幣量の増加は富の増加ではなく、貨幣価値の減少と物価の上昇を意味する。貨幣量の増加に何の意味もないのである。

「われわれがある国だけをとって考察するならば、貨幣量の多少はなんら問題ないことは明らかである」(Ibid.,p.33, 訳、同前48頁)、と言うことになる。

ただし、これには前提がある。ロックは、金銀は200年間で10倍になったのだから、その価値は10分の1になった(Locke[1963],p.47, 訳71頁、参照)、と述べていた。しかし、これには、商品量が同じである場合、という条件が付いている。この点は、ヒュームにとっても同じである。

「あらゆるものの価格が商品と貨幣の比率に依存」(Hume[1955],p.41, 訳60頁) する。

あくまでも、貨幣量と商品量の相対比の問題である。貨幣量が増加しても商品量が増加すれば、物価は上昇しないのである。

## 2. 貨幣数量説の限界

ヒュームは次のように言う。

「物価が一国民における商品の絶対量と貨幣の絶対量に依存すると言うよりは、むしろ市場にもたらされる、あるいはもたらされうる商品の数量と流通する貨幣量とに依存する、と言うことも自明のことである」(*Ibid*.,p.42, 訳60 頁)、と言う。

この問題は、貨幣数量説にとっては極めて重要である。貨幣が増えてもそれが市場にもたらされるかどうか、すなわち、鋳貨が金庫に退蔵された場合、あるいは商品が倉庫に眠っているならば、価格には影響を及ぼさないのである。貨幣が需要と結びつくのならば、貨幣量の増加は価格を上昇させる。しかし、需要と結びつかないのであれば、価格を上昇させない。貨幣量の増加が、人々の貨幣錯覚を喚起しないのであれば、貨幣数量説は成立しない。今日のアベノミクスでは、貨幣を 2 年間で 2 倍にし、物価を 2 ％上げると主張したが、物価は上がらなかった。貨幣量の増加と需要の増加とが連動しなかったのである。

貨幣量の増加が需要の増加につながらず、保蔵貨幣の増加になるのであれば、貨幣量と価格形成とは結び付かない。貨幣数量説の否定につながる問題提起を、ヒューム自らがしているのである。

他方、フリードマン（Milton Friedman,1912-2006）は、次のように言う。

「けれども貨幣数量説はそのような恒等式ではなかった。貨幣数量説は何かそれ以上のものであった。それは物価の変動が・・・・貨幣ストックの変化によって引き起こされるという主張であった。」（フリードマン [1964],200 頁）

ヒュームの貨幣数量説は、先に述べた連続的影響説、すなわち貨幣錯覚による需要増につながる限りでは、貨幣量が原因で価格が結果、となる。また、16 世紀の価格革命という現実があった。

しかし、本来はヒュームのいわゆる機械的貨幣数量説は恒等式であり、価格の上昇が先にあって、その後で貨幣量の増加という結果があったとしても、貨幣数量説は成り立つと考えたであろう。

### 3．貨幣の経済刺激効果

ヒュームは、いわゆる貨幣量の増加と価格の上昇の比例関係を唱え、貨幣は経済活動に影響しないといういわゆる貨幣の中立性を説く一方で、次のように言う。

「財貨の高価格は、金銀の増加の必然的結果ではあるけれども、この増加に続いて直ちに生じるものではなくて、貨幣が国の全体にあまねく流通し、その効果が国民のすべての階層に及ぶまでには、ある時間の経過が必要なの

である。‥‥私の意見では、貴金属の増加が産業活動にとって有利なのは、貨幣の取得と物価の騰貴との間の間隙ないし中間状態においてだけである。」(Hume[1955],p.38, 訳 54 頁)

すなわち、貨幣の増加は、それが一般的な物価上昇をもたらすまでの中間の期間では、人々の貨幣錯覚によって、経済を活性化させる効果を持つという。

「為政者の優れた政策というのは、ただできることなら貨幣を絶えず増大させるようにしておくことである。‥‥貨幣が少しずつ減少している国民は、じっさいにはその時、その国民よりも多くの貨幣を持たなくともそれを増加させつつある他の国民より、弱くて貧弱である。」(*Ibid.*,pp.39-40, 訳、同前 57-58 頁)

すなわち、徐々に貨幣を増加させれば、貨幣の経済刺激効果は持続され、意味を持つと言うのである。この指摘は、具体的な説明に裏づけられたものではないが、その後の金融政策の柱として受け継がれていく。ただし、ヒュームの場合はあくまでも「少しずつ」の増加であり、近年のアベノミクスのような「2 年間で 2 倍」というようなレベルではない。

## III　金銀の国際的な自動調節機構

ヒュームは、貨幣数量説と外国貿易を組み合わせて、金銀の国際的な自動調節機構を説く。この問題の先駆者は、ヴァンダリント（Jacob Vanderlint,?-1740）である（Vanderlint[1914]）。

ヒュームは、「貨幣量の相対的な豊富さは、それを役立てる場合が限られており、時には外国人との商業上、国民にとって損失となることすらあるであろう」(Hume[1955],p.34, 訳、同前 50 頁)、と言う。

その理由をヒュームは、「今、仮に一夜のうちにグレイトブリトンの貨幣の 5 分の 4 が消滅したら」(*Ibid.*,p.62, 訳、同前 90 頁) いう仮定で始める。この場合、貨幣数量説に従えば、労働と財貨の価格が下落するので、外国貿易における競争力が増し、ごく短期間のうちに、失った貨幣を呼び戻す、と言う。しかし、この結果、労働と財貨との価格は、貿易関係にある国民の水準にまで再び上昇する。また、逆に貨幣が 5 倍に増えれば、国際的な競争力を失って、貨幣が流出するだろう、と指摘する（*Ibid.*,pp.62-3, 訳、同前 90-91 頁）。

ヒュームによる金銀の国際的な自動調節論がこれである。これによって、重商主義の基本政策である貿易差額主義は、無駄な努力ということになる。

貿易差額の決済は金や銀の貨幣で行われる。貿易が黒字であれば、貨幣が国内に流れ込み、富としての貨幣が増える。これが重商主義の国富増大の政策であった。ヒュームの言うように、国際的な自動調節機構が働くシステムであれば、重商主義の政策は全く無駄になる。結局、自由貿易に従うしかないことになる。

しかし、ヒュームの自動調節論はこれだけではない。ヒュームは国際的な資本移動の問題にも言及する。今日的な問題としては、むしろこちらのほうが刺激的である。

「製造業は、次第にその立地を変え、自らがすでに富ませた国や地方を離れて、食料と労働との安価によって誘われるところならどんな国や地方でも飛んでゆく。そして製造業は、これらの国や地方をも富まし、今度も同じ原因によって駆逐されることになる。したがって、一般に、貨幣の豊富にもとづくあらゆる物の高価は、基礎の確立した商業に伴う不利益であり、すべての海外市場において貧国が富国よりも安く売ることができるようにして、どんな国の商業にも制限を加える、と述べることができよう。」(*Ibid.*, p.34, 訳、同前 50-51 頁)

ここでの指摘は、貨幣量の少ない国が低価格と低賃金を誘因として、貨幣量が多くてかつ価格の高い国から商工業を受け入れる、ということである。国際的な資本移動による金銀の国際的な調節機構を説いている。金銀の国際的な自動調節機構の第2の論点である。

この論点が一国の繁栄が他国の繁栄をもたらす、という主張とつながる。

「ある一国民の富と商業の増大は、その近隣の諸国民すべての富と商業とを損なわないどころか、それらを促進するのが普通であり、一方近隣の国がすべて無知と怠惰と野蛮との状態に沈み込んでいる時には、一国がその商工業を大いに進歩させることはまずできない。」(*Ibid.*, p.78., 訳、同前 113 頁)

## Ⅳ 国家にとっての金と銀

ヒュームは、貨幣を富とする重商主義の経済思想を、国家的視点に立つ思想、とりわけ軍事的な動機によるものと考える。

「貨幣の相対的な豊富から何らかの利益を得るのは国家だけであり、外国と戦争や交渉をする時だけである。そしてこれこそが豊かで商業を営むすべての国々が、近隣の貧しい国民から雇い入れた軍隊を用いた理由なのである。」(*Ibid.*, p.33, 訳、同前 48 頁)

ヒュームは、軍事的な視点からするこの重商主義的見解を否定しない。こ

の論点は、ヒュームの紙幣批判から読み取ることができる。

ヒュームは、紙券の使用が国内の金銀貨幣を減らすと考える。

「わが国で広く行われている銀行・公債・紙券信用ほど、貨幣をその水準以下に下落させる方法を私はまず知らない。これらの制度は、紙券を貨幣に代わるものとみなし、それを全国にくまなく流通させて金銀に取って代わらせ、それに比例して労働と財貨の価格を騰貴させる。それによって右の貴金属の大部分を駆逐するか、そのいっそうの増加を妨げたりする」(*Ibid.*,pp.67-68, 訳、同前97頁)、と言うのである。そして、次のように言う。

「この不利益(貨幣の増加によって物価が上がることの不利益・・・奥山)は、これらの貴金属の所有からわれわれが得られる利益や、外国とのすべての戦争や交渉に際し貴金属が国民に与える力によって償われる。しかし、その不利益を模擬貨幣(counterfeit money)の使用で増大させてよい理由はどこにもないと思われる。この貨幣は、外国人がどんな支払いにおいても受け取らぬものであり、国の秩序が大きく乱れた時には無価値に帰すべきものである。」(*Ibid.*,p.35, 訳、同前51頁)

要するに有事を考えれば、金銀の存在は不可欠である。紙幣は世界貨幣として通用しない。また紙幣の使用は、国内での金銀貨幣を減らす。これが、ヒュームの考えである。

さらにヒュームは、意図的に金銀貨幣を退蔵する政策にさえ触れる。

「私の意見では、貨幣をその水準以上に騰貴させる唯一の急場しのぎの方法は、われわれのすべての大害をもたらすとして大いに非難するはずの破壊的な一方法、すなわち、莫大な金額を国庫に集めて錠を下ろし、その流通を完全に妨げることである。」(*Ibid.*,p.72, 訳、同前104頁)

これは金銀の国際的自動調節機構を阻害する政策である。ヒュームの自由貿易と自由主義ともそぐわない。これでは貨幣数量説すら機能しない。そして、貨幣増による物価上昇を抑え、さらにいっそう海外から金銀を流入させている国として、ジュネーブをあげている(*Ibid.*, 同前、参照)。

なお、ヒュームはロックと異なり、貨幣の借手を資本家に限定して考察しているので、ロックのように貨幣量を利子率と連動させる見解は取っていない。


## 結　語

以下、本章の結論を要約する。

①ヒュームの経済学は自然の経路に導かれた自由主義経済である。

②その基礎は、強権的な社会から商工業を基礎とする自由な社会への時代の変化にある。
③ヒュームは、商品として提供されている生産物だけでなく、倉庫や兵器庫など過去に生産され、商品としてではなく現在使用されている物についても労働が貯えられたものとして重視している。固定資本の価値移転が考慮されているわけでもなく、労働価値論として形はとっていない。
④経済の成長の鍵となるのは欲望の刺激であり、この点では農業は不十分であり、商工業、外国貿易、さらには奢侈が重要な役割を果たす。
⑤貨幣は交換の道具であり、その価値は擬制的なもので内在的な固有の価値はない。したがって、貨幣を増やすことに意味はない。
⑥貨幣の価値は需給関係できまり、貨幣量の増加と商品の価格とは比例する。同じことだが貨幣量の増加と貨幣の価値は反比例する。したがって貨幣量の変化は経済に影響しない。
⑦貨幣の増加はそれが社会の隅々までいきわたる中間期間においては、経済を活性化させる効果を持つ。
⑧したがって、貨幣量を少しずつ増加させる政策が良い政策である。
⑨貨幣を国内にため込んだとしても、金銀貨幣の自動調節機構によって元に戻るだけであり、重商主義の貿易差額説には意味はない。
⑩自動調節機構は、貨幣量の増減による輸出条件の変化によるものだけではなく、物価の高低を利用した資本移動による調整も含まれる。
⑪しかし、国家的な見地からは有事のために金銀の保有が重要な役割を果たす。
⑫国家による貨幣の退蔵は、貨幣数量説の弊害を防ぐ。
⑬しかし、この見解は、貨幣数量説そのものを否定しかねない政策である。

# 第2章　古典派貨幣数量説の虚構

## 第1節　リカードウにおける労働価値論と貨幣数量説

### 序　言

　本章の課題は、リカードウの価値論と貨幣数量説との関係を明らかにすることにある。リカードウは、周知のように、スミスの労働価値論の継承者であり、しかも、スミスの多義的な労働価値論を投下労働価値論に一元化して継承した論者である。他方、これと同時にリカードウは、貨幣数量説の代表的な人物と考えられている。本章では、リカードウに対するこの2つの評価そのものが問題点として提起される。貨幣数量説と労働価値論とが両立することは困難な論理と考えるからである。

　ロックやヒュームの貨幣数量説は、貨幣それ自身には価格変動の重心となるような「固有の価値」、あるいは「内在的な価値」と呼ぶようなものは存在しないと考える。古典派の用語を使えば、日々変動する市場価格の中心に位置する自然価格のような存在はないと考えるのである。

　そして、固有の内在的な価値がないと考えることで、貨幣の価値は、変動の重心点を持たず、貨幣の存在量に比例して変動する、と考えることが可能となる。貨幣に固有の価値があるとすれば、貨幣の購買力は、最終的に貨幣に内在する固有の価値によって決まることになり、貨幣の数量は貨幣の価値を決めるものとはならないからである。

　貨幣数量説の起源は、しばしば中世スペインのサラマンカ大学を拠点とするサラマンカ学派に求められている。サラマンカ学派は、商品価値を需給関係だけで決まると説いた。そして、商品の価値と同様に、貨幣の価値についても需給関係だけで決まるとみなし、貨幣数量説への道を開いたのである。

　貨幣数量説と労働価値論の関係も、この問題を継承している。労働価値論は、商品の価値は労働時間によって決められると考えるので、貨幣でありながらそれ自身も商品である金や銀の価値も、労働時間によって決められる。労働によって決められる価値が、固有の内在的な価値として存在すると考え

るのである。

　また、商品の価値を価格のタームで考え、費用価格＋平均利潤とみなす生産費説も同様である。市場価格の変動の中心に、費用価格＋平均利潤を考えるからである。すなわち、需給関係の一致したところには、労働時間や生産費のような均衡価格があり、需給関係はそのための調整機能と考えるのである。生産費としての価値も、同様の役割を果たす。

　この見解に立てば、価格革命の現象は、貨幣数量説とは別の説明がなされることになる。すなわち、豊度が高く採掘に生産費のかからない鉱山が開発されれば、金銀の価値は労働時間や生産費を基準にして下落し、貨幣の価値もこれに合わせて下落する。同じことであるが、物価は上昇する。貨幣の数量が増加するかどうかの問題よりも、労働時間や生産費の動きが重要な意味を持つのである。

　貨幣数量説は、もう１つの係争問題を抱えている。貨幣量と市場との関係についてである。すなわち、貨幣数量説では、貨幣は一般的な購買力を持つために、市場は無制限に貨幣を受け容れる。このため貨幣の価値は、貨幣の供給量の増加に応じてどこまでも下がる。同じことであるが、物価は貨幣量が増えればそれとともにどこまでも上がる。貨幣数量説では、市場は貨幣を無限に吸収すると考え、貨幣が市場から溢れ出ることはないと考えるのである。

　これに対し、商品価値と貨幣の価値に関して労働価値論や生産費説を取る場合には、商品の総量を市場で流通させるのに必要な貨幣量が存在し、これ以上の貨幣は市場から溢れ出る、と考える。溢れ出た貨幣は、地金にもどったり、金や銀の製品になったりして調整される、と考える。商品としての金と銀の価値は、貨幣としての金と銀の価値を規定するのである。前述した必要流通手段量説である。この見解は、アダム・スミスが労働価値論を確立するとともに明確にしたものである。スミスは、必要流通手段量説の立場に立ち、したがって貨幣数量説とは反対の立場であった[1]。

　ところで、古典派経済学は、おおむね労働価値論や生産費説を取っている。彼らが同時に貨幣数量説を主張するとすれば、古典派経済学自体が、その体系に大きな矛盾を抱えていたことになる。とりわけリカードウは、厳密な労

---

[1] Viner[1965]は、スミスの必要流通手段量説をもって、スミスは貨幣数量説と立場を異にしていることを説いている。スミスは、価格革命は中南米の金銀の支配労働、、投下労働、生産費が少ないことによって生じたことを明確にしており、むしろ価値論の相違から貨幣数量説の積極的な批判者であった（奥山[2011b]、参照）。

働価値論の論者と考えられているので、この問題は看過できない問題となる（Keleher[1991]、佐藤有史 [2003]、参照）。

　労働価値論と貨幣数量説は、本来、両立し得ない理論である。通説とは異なり、多くの解説者は、古典派におけるこの２つの理論の共存に躊躇している。シュンペーター（Joseph A. Schumpeter,1883-1950）は、労働価値論との関係では留保条件をつけつつも、リカードウを典型的な貨幣数量説の論者[2]と見なしている。また、ブラウグ（Braug[1985]）は、貴金属貨幣の場合は年々の生産に対するストックの量が圧倒的であることを指摘して、貴金属貨幣に対する労働価値論の影響は短期的には生じないと言う。貨幣数量説を短期理論および紙幣論に当てはまり、これに対して労働価値論や生産費説にもとづく貨幣価値の決定論は長期理論であるとして、リカードウ貨幣論の整合性をはかる解釈もある（*Ibid.*,vol.1.cf.Chap.4）。さらに、グレイスナー（Glasner[1985]）に見られるように、古典派経済学が兌換制度の下で貨幣数量説を取っていたと考えるのは決定的な間違いである、という議論もある[3]。

　いずれにせよ、古典派にとっての貨幣数量説は、経済学のテキスト[4]において解説されているほど自明のものではない、と言える。しかしながら、シュンペーターもブラウグもそしてグレイスナーも、リカードウの貨幣数量説に疑問を提起する論者は、リカードウの原典にしたがって議論を組み立てている訳ではない。貨幣数量説と労働価値論や生産費説は理論的に共存できないことを踏まえて、理論的な整合性を図っているのである。本章では、この問題をリカードウのテキストクリティークを通して明らかにしていきたい。特に、本章の問題関心は、労働価値論と貨幣数量説との関係をリカードウの理論形成過程に即して考察することに置かれる。

　そして、リカードウは、彼の主著『経済学および課税の原理』（*On the Principles of the Political Economy and Taxation* 1st 1817, 2nd 1819, 3rd 1823 以下、本節では『原理』と略記）において、労働価値論を完結させており、ここでは貨幣数量説と労働価値論とが本当に共存し得たのかどうかが大きな問題となる。

---

2　I maintain that Ricardo, before him Wheatley, after him James Mill and McCulloch held the quantity theory in the strict sense.（Schumpeter[1954], p.703, 訳、Ⅱ、1475頁）

3　Glasner[1985]、Keleher,R.E.[1991]、参照。

4　こうした説明は一般的に行われている。Galbraith[1994]、参照。

第２部　貨幣数量説の形成と批判

## I　貨幣数量説

　貨幣数量説の基本的な性格について、フリードマン（Milton Friedman, 1912 - 2006）は、ケンブリッジ方程式 $M = kPy$（$M$: 貨幣量、$k$: いわゆるマーシャルの $k$、$P$: 価格、$y$: 実質国民所得）を取り上げて、この方程式それ自体は「恒等式」であると指摘しつつ、次のように言う。

　「けれども貨幣数量説はそのような恒等式ではなかった。貨幣数量説は何かそれ以上のものであった。それは物価の変動が、事実上、流通速度の独立的変化によって引き起こされるよりも、むしろ貨幣ストックの変化によって引き起こされるという主張であった。」（Friedman[1964], 200 頁）

　貨幣数量説の解釈上の困難さは、この解説の中に現れている。すなわち、本来、恒等式であるものが、貨幣数量説では因果関係を表わす式として理解されている、と言うのである。この発言を敷衍すれば、ケンブリッジ方程式は、一見すると数式的には価格が独立変数で、貨幣量が従属変数のように見えるが、実際には恒等式であり、さらにその意味するところは、数式的表現とは逆に貨幣量が原因すなわち独立変数であり、価格が従属変数である、と言うことになる。いずれにしても、公式自体ではなく、公式に込められた意味、すなわち貨幣量の増加が物価騰貴の原因であるという意味の方が、貨幣数量説を成り立たせているのである。

　ところで、貨幣数量説と利子率は、ロックにとっては関係するが、ヒュームにとっては関係しない。ロックはいわゆる貨幣・利子説であり、貨幣の借り手は地主が贅沢のために借りてもよいし、資本家が投資のために借りてもよい。貨幣量の増加は、一般的には、利子率を下げる方向で影響すると考える。

　これに対してヒュームは、いわゆる貨幣・資本説である。資本主義の分析が課題であり、借り手は資本家であり、支払いは利潤から行われる。

　序言で述べたように、貨幣数量説は、16 世紀に始まる中南米からヨーロッパへの金銀の流入と、これに軌を一にした価格の上昇によって広められた理論である。このことを考えれば、貨幣数量説の第一義的な意味は、物価の上昇を金や銀あるいは貨幣数量の増加によって説明する理論だったと言える。したがって、フリードマンの貨幣数量説に対する理解は、貨幣数量説のもともとの意味に合致している。

　しかしながら、シュンペーター（Joseph Alois Schumpeter、1883-1950）は、貨幣数量説という用語で、多くの異なった内容が語られている（cf. Schumpeter[1954],p.704（734）, 訳Ⅳ 1474 頁）と言う。そして、このことに

注意を喚起しつつ、貨幣数量説を整理する。

シュンペーターは、『経済分析の歴史』の中で、貨幣数量説に関して2通りの整理を行っている。まず、第2編第6章「価値と貨幣」の中で、「貨幣数量説は、完成された貨幣論ではなく、貨幣の交換価値の関する命題（proposition）に過ぎないので、今後、数量説（the quantity theory）の代わりに数量命題(quantity theorem)と呼ぶことにする」(Schumpeter[1954], p.313, 訳、同前658頁）と述べた後で、次のように言う。

「貨幣命題は次の3つとなる。すなわち、第1に、貨幣の機能が貨幣として選ばれた商品価値に影響を及ぼし、金の交換価値の源泉から独立している訳ではないが論理的に区別される・・・、ということ。第2に、流通の中にある金の価値の決定のメカニズムは、産業用の金あるいは他の諸商品の価値の決定のメカニズムとは異なっているということ、第3に、それは単純ではないが非常に原始的（primitive）な特別の定式（specific schema）を提供したこと、である。」(Ibid.,p.313, 訳II 657-658頁）

シュンペーターの奇妙な言い回しは、彼自身が古典派における貨幣数量説と労働価値論や生産費説との間の整合性のとれた解釈を示し得ないでいることを意味している。そして、その解決を商品としての金の価値と貨幣としての金の価値を区別する、という方向に見出そうとしているのである。すなわち、貨幣としての金の価値と商品としての金の価値は論理的に区別され（第1の点）、その決定メカニズムは異なる（第2の点）と言うのである。この2つを区別した上で、貨幣価値の決定理論として貨幣数量説を位置づけようと言うのである。

しかし、言うまでもないことだが、貨幣数量説の創始者であるロックは、貨幣の価値と商品の価値の決定メカニズムの同一性を主張し、後述するようにリカードウもまた同様である。リカードウに即して、なおかつ、リカードウが貨幣としての金銀の価値と商品としての金銀の価値を論理的に区別し、その決定メカニズムを別途のものとして説いたという典拠をシュンペーターは示していない。また、それがどのような理論なのかも示していない。

むしろ、こうした解釈は、貨幣数量説と労働価値論を共存させるためのシュンペーターの苦汁の選択とも受け止められる。もともと共存できない理論を共存させることの無理と言える。そして、ここから貨幣数量説に対するシュンペーターの低い評価がもたらされる。

シュンペーターは、貨幣数量説は完成されたものではないとして、それは理論（theory）ではなく、命題（theorem）であると言う。そして、フィッシャーの交換方程式（MV=PT、M: 貨幣量、V: 貨幣の流通速度、P: 価格、T: 取引量）

を念頭に置きつつ、原始的である、と評したのである。

そして、第3編第7章「貨幣、信用、景気循環」では、次のように言う。

「現在のわれわれの目的からして貨幣数量説は次のように定義される。第1に、貨幣の数量は独立変数（an independent valuable）であり、とりわけ、価格や物的な取引量からは独立して（independent）変動する。第2に、流通速度は制度的な与件（datum）で緩慢に変化するかあるいは全く変化しない。しかし、どのような場合にも価格や取引量からは独立している。第3に、取引量—あるいは産出量と呼びたいのだが—貨幣量とは関係しない。この2つが一緒に動くのは偶然である。第4に、貨幣量の変化は、同一方向の産出量の変化によって吸収されない限りは、増加した貨幣がどのように使用されるか、そして経済のどの部門に最初に影響するか、とは関係なく機械的に影響する。貨幣が減少する場合も同様である。」（Ibid.,p.704, 訳Ⅳ 1474頁）

貨幣数量説は、たんに貨幣量と物価の比例関係を言うだけではなく、明確な因果関係がある。このことをシュンペーターは第1と第4の点としてあげている。すなわち貨幣数量が独立変数であって、この変化が機械的に物価に影響する、と言う。そして、第2、第3の点として、貨幣の流通速度は慣習的な与件であり、産出量は貨幣量とは直接の関係はない、とする。

なお、流通速度 V の解釈については、シュンペーターは、フィッシャー（Irving Fisher, 1867 - 1947）の交換方程式 MV=PT（M: 貨幣量、V：流通速度、P: 価格、T：取引量）を変形して、流通速度を V=PT/M と定義したとすれば、それは交換方程式そのものを同義反復（tautology）、すなわち恒等式 MV=PT にしてしまう（Ibid.,p. 315, 訳、Ⅱ 660頁、参照）、と指摘する。シュンペーターは、流通速度もまた独立に決まることによって、貨幣数量説が恒等式ではなく、因果関係を表わす式になると言うのである[5]。

また、貨幣数量説について、ブラウグは、次のように言う。

第1に、因果関係の方向性として、貨幣 M から価格 P、すなわち、貨幣量の変化が原因で価格の変化が結果であること。この際に、最初の変化は、

---

5　ブラウグはリカードウを貨幣数量説と見ているが、貨幣量の変化を外生的なものと見なすかどうかを貨幣数量説の基準とすると、ホランダーが言うように（Hollander[1979],p.476, 訳、下、451頁、参照）、リカードウは第一に規定を満たしていない、ということになる。リカードウは、金鋳貨の自由鋳造制度とイングランド銀行券の兌換制度によって、地金が鋳貨として供給されるシステムを構想しているからである。本章では貨幣数量説は貨幣価値決定に関する理論として捉えている。

貨幣量が外生的（exogenous）に変化することが想定されている。[6]

　第2に、貨幣の流通速度Vが一定であること、すなわちVの変化は、貨幣量Vの変化から独立している。

　第3に、取引量Tは、貨幣量や価格水準からは独立して決定される。（Blaug[1995], p.29, 参照）

　ブラウグもシュンペーターもフリードマンも共通に、貨幣数量説はその公式を貨幣量の変動を原因とし、価格の変動を結果として読み込むべきものとして解釈しているのである。

　恒等式でしかないものに因果関係を読み込むのは、貨幣数量説の持つ独特の主張であるが、逆に恒等式でしかないとすれば、貨幣数量説そのものの存在意義が難しくなる。価格の上昇が原因で、貨幣の増加が結果であると言うこともできるからである。後者は必要流通手段量説ということになる。スミスやマルクスはこの立場であり、本章では『経済学および課税の原理』におけるリカードウもまた、この立場にあったと考える。

## II　貨幣数量説におけるアダム・スミス問題

　リカードウは、彼の議論の正当性をしばしばスミスの『国富論』の中に求める。貨幣数量説についても同様である。

　リカードウは、地金論争期の彼の初期論稿の1つ、「地金の高い価格（1810）」の中で、次のように言う。

　①「スミス博士は述べている。『効用（utility）、美しさ（beauty）、および稀少性（scarcity）という性質は、それらの金属の高い価格の、すなわちこれらのものがどこにおいても多量の財と交換されるということの本来的な基礎である。この価値はこれらの貴金属が鋳貨として用いられる以前から存在し、また鋳貨として用いられることから独立しているのであって、このような性質があったからこそ、それらはそのような使用に適しているのである』。」（Ricardo[1970a], pp.52-53, 訳65頁）

　②「貨幣として使用される世界の金および銀の分量がはなはだ少なくても、

---

6　ホランダーは、リカードウの完全に機能している金本位制の下では、価格水準が所与と想定されているので、この第一命題は、成り立たないと言う。そこでは貨幣供給が従属変数（In this sense it is the money supply that is taken as the 'independent' variable.）だと言うのである。（Hollander[1979], p.476, 訳、『リカードウの経済学』菱山泉・山下博監訳、日本経済評論社、下、1998年、451頁）

もしあり余るほど多くても、そのことは、異なった国々にそれらが分配される比率に、少しも影響を及ぼさないであろう——すなわち、貴金属の分量における変動は、それらと交換される諸商品を相対的に高価もしくは安価にする以外の他の影響を、全く生み出さないであろう。より少ない貨幣の額はより大なる額のそれと同様に流通媒介物の機能を果たすであろう。その目的のためには、1000万は1億と同じほどの効果であろう。スミス博士は述べている。『貴金属が最も潤沢な鉱山であっても、世界の富にほとんど何も付け加えないであろう。その価値が主にその稀少性から生み出されるところの生産物は、潤沢になれば必ず価値が低下する』。」（*Ibid.*, p.53, 訳、同前 66 頁）

③「もしも、これらの国のいずれか金鉱山が発見されるならば、流通に投ぜられた貴金属の分量が増加するためにその国の通貨の価値が低下し、それゆえにそれは、もはや他の国々の通貨と等しい価値を持たなくなるであろう。金および銀は、鋳貨であるか地金であるかを問わず、他のあらゆる商品を支配する法則にしたがって、ただちに輸出商品となるであろう。・・・金と銀とがどこにおいてもひとつの価値に等しくなるまで、この状態は続くであろう。」（*Ibid.*, p.54, 訳、同前 67 頁）

　貨幣数量説は、ヒュームにおいて古典的な形で完成する。それには、理論の前提として貨幣の内在的価値、あるいは固有の価値を否定することが必要となる。この点では、ロックが貨幣の価値を「想像的（imaginary）」（Locke[1963],p.22, 訳 31 頁）としたことは、決定的に重要である。貨幣数量説を完成させたヒュームにあっても、貨幣の価値は「犠牲的（fictitious）」（Hume[1955],p.48, 訳 70 頁）なものであった。

　ヒュームによって整理された貨幣数量説は、次の3点である。

　第1に、貨幣量（金や銀など貴金属）の変動が比例的に物価を上昇（貨幣価値を下落）させること、第2に、貴金属貨幣には、一国における貨幣量の増加は貨幣価値の下落と物価の上昇を招くなど、貿易上の条件の悪化を招き、結果的に貨幣の流出につながるなどの国際的な自動調節機構が働くこと、第3に、貨幣の増加は、貨幣が万遍なくいきわたるまでの過渡的な中間期間では、生産を刺激し経済を活性化させる効果があること（いわゆる連続的影響説）、である（本書第2部第1章第3節参照）。

　リカードウ自身は、引用に見られるように、明確な貨幣数量説の支持者である。ヒュームの提起した3点のうち、連続的影響説を除いては、ヒューム

の貨幣数量説をほぼ継承している[7]。

　この時期のリカードウの目には、アダム・スミスは貨幣数量説の論者として映っている。スミスを貨幣数量説の論者と見たのは、リカードウだけではない。アーヴィング・フィッシャー（Irving Fisher,1867-1947）もまた、貨幣数量説の論者として、ロック、リカードウらと並んでスミスの名を上げる（Fisher[1916],p.14, 訳 18 頁）[8]。

　しかし、ヴァイナー（Jacob Viner,1892-1970,Viner,[1965],p.87, 訳 89 頁）、やシュンペーターはスミスの貨幣数量説を否定する（Schumpeter[1954],p.315, 訳 659 頁）。

　とは言え、ヴァイナーも指摘するように、スミスは『大学講義』ではヒュームの理論、貨幣量の増加と物価の上昇との関係、およびこれにもとづく国際的な金銀貨幣の自動調節機構を肯定的に紹介している（Viner[1965],p.87, 訳 89 頁、Smith[1978],p.507, 訳 315 頁）。

　『大学講義』とは異なり、『国富論』においては貨幣数量説に対する肯定的な説明は行わず、貨幣数量説とは対立する必要流通手段量説の立場を鮮明にし、必要以上の貨幣量は市場から溢れ出ることを説く。

　貨幣数量説に対するスミスの変化は、彼の労働価値論の確立と密接に関係する。例えば『大学講義』の中で、スミスはダイヤモンドの価格について次のように言う。

　「もし商品が稀少であれば、価格は上昇するが、もしその量が需要に供給するのに十分以上であれば、価格は下落する。こうして、ダイヤモンドやほかの宝石が高価であり、他方で鉄が、はるかに有用であるのに何倍か安いのは、このためなのである。」（Ibid.,p.496, 訳、同前 288 頁）

　『大学講義』においては、価格はもっぱら需給関係と稀少性によって決まると考えられていたのである（Ibid., 同前）。こうした価値論は、貨幣数量説

---

　7　リカードウは「ベンサム評注」の中で貨幣量の増大が生産を刺激するといういわゆる連続的影響説については、これに否定的な評価を下している。
　「貨幣は財貨を喚起することはできない。―しかし、財貨は貨幣を喚起することができる（money cannot call forth goods but goods can call forth money」（p.171）（Ricardo[1870b],p.301, 訳 56 頁）
　「私は、貨幣の増大は滅多に（seldom）財貨の増大を引き起こさない、そして、仮にそうなったとしても（If it did be it would）、それは物価が新しい水準を見つけ出す以前であろうという意見である。それは、労働の賃金の一部を短期間資本に換えることによって、引き起こされるであろう。」（Ibid., p.302, 訳、同前 357 頁）

　8　堂目 卓生 [2008] は、スミス理論の解説の中に貨幣数量説を含めている。

と共存できる。そして『大学講義』における見解は、『国富論』にも継承される。しかし、その内容は大きく異なる。『国富論』においては、宝石の価値の決定要因としても稀少性と労働とが共存しているのである。これはスミスに独特の価値論と言える。

「彼ら（金持ち…奥山）の目からすれば、いくらか有用であったり美しかったりするものの値打ち（merit）は、その稀少性によって、つまりそれをかなり多量に集めるのに必要な多量の労働、つまり彼ら以外誰も支払うことのできない労働によって高められる。」(*Ibid.*,p.190, 訳、第 1 分冊 301 頁)

「宝石に対する需要は、その美しさから生じる。・・・またその美しさという値打ちはその稀少性によって、つまり鉱山から取得する時の困難さと費用によって、大いに高められる。」(*Ibid.*,p.191, 訳、同前 302 頁)

宝石の高価さの根拠となる稀少性は、多くの労働を可能とする条件となるのである。

貨幣についても同様である。

「ある特定の金銀が購買または支配しうる労働の量、つまりそれと交換される他の商品の量は、そうした交換が行われる時にたまたま知られている鉱山の豊度が高いか低いか（the fertility or barrenness of the mines）[9] に依存している。アメリカ大陸の鉱山の発見は、16 世紀に、ヨーロッパの金銀の価値をそれ以前の 3 分の 1 に引き下げた。それらの金属を市場に運ぶのにより少ない労働しかかからなかったからそれらが市場に運ばれた時、より少ない労働しか購買または支配できなかった。」(*Ibid.*,pp.49-50, 訳、同前 67 頁)

---

9　the fertility or barrenness of the mines の部分を水田訳『国富論』は、「産出量の大小」(67 頁) と訳している。金や銀の支配労働すなわち価値が鉱山の「産出量」に依存するという訳は、訳者の意訳であり、スミスが貨幣数量説を取っていたかのような誤解を生む。産出量が多いかどうかではなく、産出から運搬までのコストが安いかどうかあるいは労働が少ないかどうかの生産性の問題であるため、この部分の訳を変更した。同様に、水田訳では、「貴金属の量はどの国でも 2 つの異なる原因によって増加しうる。すなわち第 1 には、貴金属を供給する鉱山の産出高（the increases abundance of mines）の増大・・・ある国の貴金属の産出高の増加（the increases abundance of mines）から生じる限り、この増加はその価値のいくらかの減少と結びついている」(Smith[1981],p.207, 訳 328-329 頁)、という訳も見られ、スミスが貨幣数量説を追認したように見られるが、abundance は、鉱山の「豊かさ」ではないかと考えられる。この前のパラグラフで、スミスは、銀の量の増加に応じて銀の価値が減少するという見解を popular notion と呼び、この見解は根拠がない（groundless）、としている。明確な貨幣数量説批判と考えられる。

貨幣の価値は、採掘と運搬に必要な労働量によって決まるのである[10]。貨幣数量説とは正反対の考えである。価格革命は、中南米の鉱山の採掘費用の安さにあるのである。

初期リカードウはスミスを貨幣数量説と見なした文言は、稀少性の背後の生産費用の増大を想定するものになっていたのである。稀少なものは多くの労働を費やしたとしても需要があり、稀少性にもとづく価値論と労働価値論とは、矛盾しないものとして確立していたのである。初期リカードウの目にスミスの『国富論』の理論が貨幣数量説と見えたのは、初期リカードウ自身が貨幣数量説だったがための誤読と言える。

そして、スミスは先にも指摘したように、貨幣数量説とは反対に、貨幣が市場から拒否される局面を指摘する。以下のようである。

「一国で年々売買される財の価値は、その財を流通させ、本来の消費者に配分するために一定量の貨幣を必要とするが、それ以上の貨幣を必要とすることはできない。流通の水路（channel of circulation）は、それを満たすにたりる額の貨幣を必然的に引き寄せはするが、それ以上はけっして受け容れない。」（*Ibid.*,p.441, 訳、第2分冊279頁）

これは貨幣数量説とは対極の立場となるいわゆる流通手段に関する必要流通手段量説である。

## Ⅲ　リカードウの貨幣数量説

### 1．地金論争とリカードウ

リカードウは地金論争において、論壇に登場する。地金論争は、ナポレオン戦争の際にイングランド銀行が取った銀行券の兌換停止策（1797年）以降の2度にわたる金価格高騰と、為替相場におけるポンド安をめぐって繰り広げられた論争である。この論争においてリカードウは、地金派の代表として論陣を張る。イギリス議会下院に設置された地金委員会の報告書（1810）には、リカードウの影響力が強かったと言える。

兌換停止前のイングランド銀行は、金1オンスについて、3ポンド17シリング10・1/2ペンスの自由鋳造制度を採っていた。リカードウが、金の

---

10　「どの種類の鉱山でも、豊鉱といわれるか貧鉱といわれるかは、一定量の労働によってそこからもたらされる鉱物の量が、同一量の労働によって同じ種類の他の大部分の鉱山からもたらされるものよりも、多いか少ないかによるだろう」（*Ibid.*,p.182, 訳、同前290-291頁）

価格を問題にする場合、金とポンドの関係は、これが基準である。そして、1797年、ナポレオン戦争の混乱の中で、イングランド銀行は、イングランド銀行券とポンドとの兌換を停止する。

この後の動きは錯綜している。兌換の停止は、ただちに経済混乱をもたらしたわけではなかった。不換紙幣となったポンドは、兌換停止以降2年間は、このポンドと金との旧来の交換比率を維持するのである。不換紙幣でありながら価値の安定性を持つことができたのである。その後、1801年1月に4ポンド6シリングに高騰した後、いったん旧水準に戻り、1809年に再度急騰し、7月4日に4ポンド12シリング10・1/2ペンスになる。

また、金の騰貴は、ポンドの為替相場の下落を伴う。地金論争はこの原因をめぐって争われる。リカードウの処女作「金の価格 (1809)」が、リカードウの基本的な認識を示している。リカードウの場合、金価格高騰の原因に関しての見解は、イングランド銀行の過剰発行に尽きる。

リカードウは、イングランド銀行券と金との兌換制度と、地金と鋳貨との間の自由鋳造制度が存在する限り、金価格の騰貴、すなわちイングランド銀行券の減価と物価の騰貴は生じないと考える。

「イングランド銀行が同行銀行券に対し正貨を支払う限り、金の鋳造価格と市場価格との間に大きな開きは少しも存在し得ない。」(Ricardo[1951b],vol.Ⅲ ,p.15, 訳 17 頁)

「イングランド銀行がどのように努力しても、銀行券をある額以上に流通させることはできなかったし、また仮に、その額が過剰になったとしても、それが金の価格に影響を及ぼし、そしてその銀行券の過剰部分は、常に正貨を求めてイングランド銀行に還流するであろう。このような諸規則の下では、金の市場価格がその鋳造価格を超えて騰貴することは決してありえない。」(*Ibid.*,p.16, 訳、同前 18 頁)

また、リカードウは、イングランド銀行券の下落と金価格の騰貴とは同じであると考えており、このことは金を基準として他国の通貨に対してイングランド銀行券が減価することを意味する、と考える。したがって「イングランド銀行の正貨支払い制限が、現在の為替下落の原因」(*Ibid.*, 訳、同前 21,24 頁)になるのである。

これに対し、金とイングランド銀行券との兌換制度が存在すれば、金の市場価格が騰貴すれば、地金取り扱い業者は、イングランド銀行券をもって金鋳貨と兌換する。イングランド銀行券はイングランド銀行に還流し、金鋳貨は流出する。金の市場価格が金鋳貨の額面価格よりも高いので、金鋳貨は地金にして販売され、市場に地金が供給される。

また、イングランドにおける金の高い価格は、金を基準とした場合、ポンドの為替レートの低下を意味する。このことは金での支払いが有利になることを意味し、金鋳貨は流出する。金鋳貨は、国際貿易においては通貨としての意味は持たず、地金価格として通用するからである。
　金の調節機構についてリカードウは、「ベンタム『物価論』評注」では、別の視点を提供する。
　「紙幣がその代表する鋳貨と同等の価値を保持しなければならないとすれば、紙幣は紙幣が存在しなかった場合の鋳貨の量をけっして超えることはできない、ということである。金の価値は紙幣の増加によって影響されうる。しかしそれは急速にその価値を回復するであろう。ただし鉱山は、利潤が減少するために従来の量を供給しなくなるからである。それゆえ紙券通貨は、それが真に代表する鋳貨よりも恒常的に価値が低い、ということはけっしてありえない」(Ricardo[1951e],vol. Ⅲ ,pp.269-270, 訳 317-118 頁)、と言う。
　紙幣が増加すれば物価は上昇する、とリカードウは考える。物価の上昇は貨幣の購買力の低下を意味するから、産金部門の利潤率は、購買力の低下と生産費の増加によって低下し、金の供給は低下する、とリカードウは考える。産金部門と流通手段との間の自動調節機構を指摘しているのである。
　この点は、コメントが必要である。金ストックの問題である。金は大量のストックを持っており、産金部門が例え生産を止めても、金のストックは減らないのである。逆は理論的には可能である。物価の低下は産金部門の利潤率を回復するので、産金量が増えることは理論的には可能である。産金部門との関係では、物価の上昇期と低下期では、自動調節機構は非対称性である。
　しかし、リカードウにとって産金部門との関係は大きな意味を持っていない。
　問題の焦点はあくまでも兌換性が維持されている限り、貨幣価値は安定している、と言うことにある。
　「地金の高い価格」では、次のように言う。
　「1オンスの金地金はその価格が金貨で評価される限り、それに対する需要がどのようなものであれ、1オンスの鋳造金、すなわち3ポンド17シリング10・1/2ペンス以上の価値を有することはできないのである。」(Ricardo[1951c],vol. Ⅲ ,p.60, 訳 5 頁)
　逆に言えば、兌換停止の下で、イングランド銀行は自己抑制が足りなかったから、過剰発行になったのである。したがってこのことは、仮に兌換を停止しても、イングランド銀行券が過剰に発行されなければ、金価格の高騰は起きなかったという含意もある。ここから貨幣数量説とリカードウの接点が

生まれる。「地金の高い価格」では、紙幣を管理することの意義を「わが国の流通媒介物は、ほとんど全部、紙幣からなり立っている。だから少なくとも、鋳貨の減価に対するのと同じぐらい用心をして、紙幣通貨の減価を警戒することが、われわれの義務である」（*Ibid.*,pp.74-5, 訳、同前 92 頁）、と言う。この点は、銀行券あるいは晩年の政府紙幣についての貨幣数量説につながる。

しかし、この場合の過剰とは何か。「金の価格」に含まれる「『イングランド銀行券の味方』への第 2 の回答」では、「金が価値の本位であり、したがってイングランド銀行券が金の代表物であるならば、イングランド銀行券は割り引かれており、しかも金の鋳造価格を超える市場価格の超過分はその減価を測定する」（Ricardo[1951b]、*Ibid.*,p.29, 訳、同前 6 頁）、あるいは「市場価格と鋳造価格の間の差、…がその減価を測定する」（*Ibid.*,p.79, 訳、同前 98 頁）と言う。

すなわち、イングランド銀行の過剰発行をリカードウが非難する時の基準は、法定の金とイングランド銀行券の交換比率との乖離であり、一般的な物価の上昇を指しているのではない（Hollander[1995], 参照）。

リカードウの場合、通貨価値の安定とは、金価格と鋳造価格の関係の安定性あるいは金とイングランド銀行券との価値の安定性を目指すものであり、必ずしも物価の安定そのものを目指すことではない。とは言え、金価値の安定性が経験的に言えるとすれば、金価値とイングランド銀行券の均衡は、物価にとって意味のあることになる。したがって、リカードウは金価格の安定性だけを自己目的化し、本来の意味での物価の安定性を失念していた訳ではない。

この問題は、当時の最重要課題の 1 つと言っても過言ではない不変尺度論争と関わっている。身長や体重の尺度のような不変の尺度を価値の尺度に求めることはできないか、という問題が経済学にとって大きな課題となっていたのである。スミスは、金を労働や穀物と並ぶ暫定的な意味での不変尺度の1 つと考えており、リカードウもまた、『経済学および課税の原理』（以下、本章では『原理』と略記する）では、一定の条件付きで金を不変の尺度と考えている。不変尺度としての金との関係でイングランド銀行券の価値を安定させることは、物価を安定させることと同じことなのである。

## 2．初期リカードウの貨幣数量説

既に、地金論争期のリカードウは、スミスを貴金属貨幣についての貨幣数量説の論者と解釈し、これを肯定的に受け止めることによって貴金属貨幣に関する貨幣数量説の論者であることを示していたこと、また、金価格との安

定性との関係で、紙幣の過剰発行が紙幣価格の低下をもたらすことを非難することで、紙幣に関しては貨幣数量説を取っていたことを指摘した。

実際、地金論争期の論稿群は、リカードウが、全面的な貨幣数量説の信奉者であったことを示している。しかも、それは明確に金属貨幣に関しての貨幣数量説の論者であったことを示している。この点で初期リカードウに関して言えば、リカードウは金属貨幣に関して貨幣数量説を唱えていない、という見解は間違いである。リカードウの貨幣数量説は、初期リカードウと『原理』とでは分けるべきであろう。

以下、初期リカードウの中から、貨幣数量説の見解を例示する。

「地金の高い価格（1810）」の中で、リカードウは次のように言う。

「もしもこれらの国々のいずれかで金鉱山が発見させるならば、流通に投じられた貴金属の分量が増加するためにその国の通貨の価値が下落し、それゆえにそれは、もはやほかの国のあらゆる商品と等しい価値を持たなくなるだろう。・・・金および銀はそれらの安価な国を離れて、それらの高価な国々に向かうであろう。」（Ibid.,p.57, 訳 64 頁）

国内の金や銀の鉱山の発見が貨幣価値を下落させる理由は、鉱山の豊度の豊かさではなく、金銀の量の増加によって説明されている。豊度の豊かさから説明すれば、スミスのように貨幣数量説に対する批判になるが、引用のように、たんに金や銀の量の増加から貨幣価値の低下を説明すれば、貨幣数量説になる。すなわち、国内の貴金属貨幣に関する明確な貨幣数量説と国際的な金移動システムの指摘である。ヒューム理論の再現と言える。

また、「ボウズンキト氏の『地金委員会報告書にたいする実際的観察』への回答（1811）」では、「もし鉱山が貨幣の量を 2 倍にするならば、鉱山は貨幣の量と同じ割合で貨幣の価値、を低下させるであろう」（Ricardo[1951d], Ibid.,p.217, 訳、同前 256 頁）。さらに注の中には、「諸商品の価格が、貨幣の増減に比例して上下するであろうということを、私は、議論の余地のない事実として前提する」（Ibid.,p.193, 訳、同前 228 頁）という文言を残している。貨幣数量説は、紛れもない真理、と考えられていたのである。しかも、金属貨幣についての貨幣数量説である。

また、同様の文言は、「ベンタム『物価論』評注」に見られる。

「私は最近 40 年間における貨幣価値の低落の原因を、貨幣材料である金属の量的増加に帰しているのだから、これからの 40 年間における貨幣価値の同様の低下をいうには新たな貴金属の鉱山を発見しなければならない。」（Ricardo[1951e], Ibid.,p.269, 訳、同前 317 頁）

以上の引用から地金論争期のリカードウは、金属貨幣に関しても紙幣に関

しても、貨幣数量説の支持者であったと言える。

とは言え、先に述べたように貨幣数量説は、その前提となる価値論と密接に関係している。この時期のリカードウは、労働価値論は確立していない。金に関しては、スミスの『国富論』の貨幣価値論を稀少性による貨幣価値論として把握して、これを継承する姿勢を示していたことでもわかる。先に見たように、スミスの財宝論における稀少性は、稀少性そのものが価値決定要因になるのではなく、稀少性ゆえに、多くの労働が投下されても獲得する、という意味で、価値決定に関わるのである。

とは言え、この時期のリカードウが、労働価値論と無縁だったわけではない。「地金の高い価格」では、次のような認識を示している。

「金および銀は他の諸商品と同じように、内在的な価値を持っており、その価値は任意に決定されるのではなくて、それらの稀少性、それらを獲得するのに支出された労働量、およびそれらを産出する鉱山で使用された資本の価値などによって決定されるのである。」(Ricardo[1951c], *Ibid*., p.52, 訳、同前65頁)

稀少性と労働量と資本価値が貴金属貨幣の内在的価値を構成している、と言う。これは、テュルゴー(Anne Robert Jacques Turgot 1727-1781、Turgot[1972a],[1972b])やベイリー(Samuel Bailey, 1791-1870)などに見られるような多元価値論、あるいは価値の複数原因説である(奥山[1990]、参照)。

さらに、「ベンタム『物価論』評注」の中では、労働価値論に踏み込んでいる。

「私はアダム・スミスによる使用価値と交換価値との区別の方が好きだ。その見解によれば、効用は価値の尺度ではない。」(Ricardo[1951e], *Ibid*., p.284, 訳、同前334頁)

この引用文において、効用価値論を否定してスミス価値論を支持するということは、労働価値論に大きく傾斜していることを意味する。

## 3．リカードウ貨幣論の変遷

リカードウの「経済的でしかも安定した通貨のための提案(1816)」は、貨幣論に関する包括的な論考であり、ここにおいてリカードウの貨幣数量説は大きく変化する。

まず「第1節　流通媒介物においては、—不変ということが価値の根本である」において、古典的な係争問題であった不変尺度問題が取り上げられる。

不変尺度問題に関するリカードウの回答は次のとおりである。

「貨幣の問題についてのすべての著述家は、流通媒介物の価値が不変であることがきわめて望ましいと考える点で一致している。したがって、価値

変動の諸原因を減少させることによってその目的への接近を促進しうる改良は、すべて採用されなければならない。しかしながら、貨幣の価値を絶対的に一定不変に保つ方策は、おそらく考案されないであろう。なぜならば、貨幣は常に、本位貨幣として定められた商品自身がこうむる変動を免れないからである。」(Ricardo[1951f], Ⅳ, pp.54-55, 訳、同前 65 頁)

「価格の変動を確かめるほど容易なことはなく、価値の変動を確かめるほど困難なことはない。実際、不変の価値尺度なしには、ある程度の確実性をもって、価値の変動を確かめることは不可能であり、しかもこのような不変の価値尺度は存在しない。」(*Ibid.*p.60, 訳、同前 71 頁)

リカードウは、現実の商品経済の中に不変尺度が存在しないことは、十分承知しているのである。貴金属貨幣が本位貨幣である限りは、貨幣は不変の価値尺度ではあり得ない、と考えている。貨幣自身の価値が変動するからである。しかし、貨幣価値を安定させるシステムを作ることは可能である。貨幣数量説はここに関わってくる。リカードウは次のように言う。

「紙券が金属通貨に対して持っている長所の一つとして、・・・商業および一時的な事情の必要に応じて、その数量が容易に変更されうるということである。これによって、貨幣の価値を不変に保つという望ましい目的が、他の方法によって実現できる程度までは、安全にしかも安価に達成されうるのである。」(*Ibid.*, p.55, 訳、同前 66 頁)

「正しい原理の上にたてられた紙券通貨の持つ利益は、この貨幣の追加量が、地金または何らかの他の商品と比較した通貨の価値に変化を起こすことなしに、ただちに供給されるということにある。しかるに、金属通貨制度においては、この追加量はそれほど容易に供給されえないものであるし、またそれが結局供給された時には、全通貨と地金の価値が上昇しているのである。」(*Ibid.*, p.58, 訳、同前 69 頁)

「紙幣の使用に伴うあらゆる他の利益のほかに、なお数量を慎重に管理することによって、あらゆる支払を履行するための流通媒介物の価値に対して、他の方法によっては到底得られないような価値の普遍性を確保される。」(*Ibid.*, p.58, 訳、同前 68 頁)

金属貨幣については、数量の調整が遅れるので貨幣価値の管理は難しいが、紙幣は数量の調整が容易であると考えている。すなわち、貨幣数量説は、紙幣に関して最も適用されるものとして認識されているのである。この引用の限りでは、金属貨幣についても紙幣についても貨幣数量説は採用されているが、紙幣の方は貨幣数量説により適切に当てはまると考えられているのである。

さらにリカードウは、貨幣量は次の3つの事情に依存するとして、「第1は、金属の価値——第2は行われるべき支払いの額または価値、——そして第3はこれらの支払いを行う際の支払いの程度である」(*Ibid.*, p.55, 訳66頁)、と言う。

この引用は、リカードウの転換点である。すなわち貨幣量が、貨幣金属の価値と取引量および流通速度に依存すると言うのである。

引用の限りでは、必ずしも明確ではないが、貨幣数量説のように、貨幣価値が貨幣量によって決まると言っているのではなく、因果関係としては、貨幣価値が貨幣量に依存すると言っていると解釈できるのである。すなわち、貨幣数量説とは因果関係が逆になっている。

そうであるとすると、「経済的でしかも安定した通貨のための提案」では、金属貨幣については、貨幣数量説から必要流通手段量説へと変化している可能性があると言える。

この変化は、貨幣価値についての考え方の変化と対応している。リカードウは、貨幣価値に関して次のように言う。

「そこでもし、一国の本位として統一的に同一の金属を用いるものとすれば、貨幣の必要量はその金属の価値に逆比例するであろう。仮にその金属が銀であり、しかも、銀の採掘が困難になったため銀地金が2倍になったと仮定しよう、・・・そうすると、その場合の貨幣の必要量は以前の半分にすぎなくなるであろう。そしてもし、流通取引の全部が銀を本位とする紙幣によって営まれているとすれば、——その紙幣を地金価値において維持するためには、同じく紙幣を半分に減少させなければならない。同様に、もし銀が他のすべての商品と比較して再び同じ程度に安価になったとすれば、同じ量の財貨を流通させるためには、2倍の量の貨幣が必要となるということが知られるであろう。」(*Ibid.*, p.56, 訳、同前67頁)

この引用部分は、明らかに、金属貨幣について、貨幣数量説ではなく労働価値論を適用している例である。すなわち、金属の採掘が2倍困難になれば、貨幣の価値は2倍になる、という見解は、もはや貨幣数量説とは言えないのである。そして、この貨幣価値の変化に応じて必要貨幣量が決まるという考えも、貨幣数量説とは逆の考えと言える。

そして、貴金属貨幣に関しては、貨幣数量説とは別途の自己調整システムがある。

「貨幣が地金または本位貨幣よりも価値が大きいということは、地金が市場において鋳造価格以下で売られるということである。したがって、地金は市場価格との差額に等しい利潤をもって、購入され貨幣として発行され得る

のである。」(*Ibid.*, p.57, 訳、同前 67 頁)

「しかしながら、この利潤は長く続き得ないであろう。なぜならば、一方でこのようにして流通に追加される貨幣の数量は貨幣の価値を低下させ、他方で市場における地金の数量の減少は地金の価値を鋳貨の価値まで上昇させる傾向があるからである。これらの原因の一方または両方からして、必然的に、貨幣と地金との間の完全な価値の平等がまもなく回復されるのである。」(*Ibid.*, 57, 訳、同前 68 頁)

地金と法定鋳貨との間の自由鋳造システムがあれば、産金部門と鋳貨との関係が利潤率を媒介にした調整システムを持つと考えている。地金の市場価格、公定の鋳造価格との乖離は、調整システムがあると考えられているのである。金属貨幣の価値は、鋳造制度と兌換制度によって保証されるのである。そうであるとすると、価値の決定理論は、金属貨幣と紙幣とでは異なってくる。貨幣数量説はもっぱら紙幣に適用される理論となったと言える。

このリカードウの提案は、ジェームズ・ステュアートの紙幣論を明確に意識したものである。

本書第 4 章で見てきたように、ステュアートは、不変尺度をめぐる経済学の困難な問題を、貨幣の概念を計算貨幣に純化し、鋳貨と貨幣とを切り離して、オランダのアムステルダム銀行券を事例に、紙幣こそが不変の価値尺度であると唱えた。ステュアートは、それ自体価値のない紙幣の中に、不変尺度としての貨幣の理念を見ていたのである。

リカードウは言う。

「地金問題に関する最近の議論において、通貨が完全であるためにはその価値が絶対不変でなければならないということが、極めて正当に主張された。しかしながら、わが国の通貨はイングランド銀行支払制限法によってこの種の通貨になった。なぜならばその法律によってわれわれは賢明にも金銀をわが国の貨幣の本位から排除したのであり、しかも事実上において 1 ポンド銀行券は、何らかの他の商品の一定量とともに変動しなかったし、また、変動しないはずであるのと同じように、金の一定量とともに変動しないはずでありまたしないはずであるから、ということもまた主張された。この特定の本位を持たない通貨の概念を最初に提唱したのは、私の信ずるところによれば、サー・ジェームズ・ステュアートである。（注：鋳貨と貨幣の問題に関するサー・ジェームズ・ステュアートの著作は教訓に富んでいる。同氏が、その確立のために努力したところの一般的諸原理と極めて明白に相違する上述の意見を採用したことは、全く不思議に思われる。）しかしながら、そのように組織された貨幣の価値の不変性を確かめうる基準を提供することは、いまだか

つて誰もなしえなかったのである。この見解を支持する人々は、この種の通貨が価値において不変であるどころか、逆に最大の変動をこうむるということ、──本位のみの使用が通貨の数量を調整し、さらに、数量によって通貨の価値を調整すること──したがって、本位を持たない時には、通貨の発行者の無知または利害のために起こりうるあらゆる変動にさらされるであろうということ、を理解しなかったのである。」(*Ibid*.,p.69, 訳、同前 70 頁)

この引用は、リカードウの二面性を物語っている。紙幣と金本位制の二面性である。この問題は、この後のリカードウの通貨論の基幹をなす。それは、一方では、ステュアートに対する高い評価に現れている。リカードウは、ステュアートの貨幣の理念が正当であることを高く評価するのである。

しかし、その時は、リカードウは貨幣数量説による通貨の管理を考えている。他方、ステュアートは貨幣数量説による紙幣の管理を考えていない。貨幣量と需要とはステュアートにとっては別のものであり、価格に影響するのは需要にもとづく現実の購買だからである。この点が、ステュアートとリカードウの違いである。

とは言え、リカードウは貨幣数量説が有効だとしても、貨幣の発行主体がこの理論を忠実に守るとは考えていない。これは政府に対する不信であり、ベイリーの言うように、そもそも人間は紙幣を管理する能力はない（奥山[1990]、参照）、という認識でもある。したがって、本位を持たない紙幣は、現実には不変の価値を維持できない、と言うのである。

リカードウにとっての金本位制は、理論的な必然性と言うよりも、経験的なリアリズム、と言った方がいいかもしれない。彼は、紙幣の価値を安定的に維持できない理由は、「通貨の発行者の無知と利害」であり、「本位なしの紙券通貨を維持できるというのなら、やってみるがよいのである」(*Ibid*.,p.65, 訳、同前 76 頁)、と言い放つ。したがって、現実問題としては、リカードウ自身は、金本位を維持した上で、実質的には、紙幣を流通させ管理するシステムを模索することになる。

「紙券の発行者たちは発行をもっぱら地金の価格によって調整すべきであって流通紙券量によって調整すべきではない。紙券が本位と同じ価値を持つ限り、その数量が過大または過小になることはけっしてあり得ない」(*Ibid*.,p.64, 訳、同前 76 頁)

通貨の発行が過剰かどうかの基準は、通貨の発行量そのものではなく、地金価格に置かれると言う。このことは、通貨の発行量と金価格に代表される物価とが比例するという考えとは異なり、流通必要量を超えた紙幣が発行された場合に物価が上がると解釈することができる。必要貨幣量の考えも取り

入れて、過剰発行部分について、貨幣数量説を取っていると言える。

　しかし、金価格の騰貴に対しては、紙幣の発行量を減らすことで調整するのであり、ここには貨幣数量説による政策が構想されている。

　リカードウは、金属貨幣から紙幣の変化を進歩として受け止めている。金本位制の維持は、政府や人間の管理そのものに対する歯止めとして必要であるが、流通する貨幣のうちの紙幣の比率を増やすことが進歩として考えられているのである。以下のとおりである。

　「よく管理された紙券流通は商業上の大進歩である。・・・したがって、もし偏見のためにわが国がより有用でない制度に復帰するようなことがあれば、それは極めて残念なことである。貴金属を貨幣として採用することは、商業の進歩および文明生活の技術へ向かっての最も重要な手段のひとつと考えて正当であろう。しかしながら、知識および科学技術の発達とともに、貴金属を、まだ文明の進んでいなかった時期にはなはだ有益に用いられていたところの用途からふたたび追放することが今ひとつの進歩であろう、ということを明らかにするのもまた同様に正当である。」(*Ibid.*, p.65, 訳,同前77頁)

　また、紙幣を管理するシステムについて、イングランド銀行に、銀行券と交換に鋳貨ではなく、地金を提供するシステムを提案している。銀行券と地金との兌換制度の提案である。

　「もしイングランド銀行に対して、同行銀行券との引き換えに鋳造価格および鋳造基準で未鋳造の地金を引き渡す義務を課するものとすれば、私の目指している目的の大部分は達成されるであろう。もっとも特にもし造幣局が貨幣の鋳造のために公衆に対して引き続き開放されているとすれば、同行に対して、提供されたどんな量の地金をも一定価格で購入する義務を課することはないであろう。なぜならば、その規定はたんに、貨幣の価値を、イングランド銀行券の購入価格と売却価格との間のわずかな差額以上には、地金の価値から変動させないことを、目的とするものであって、また、このことは極めて望ましいものとして認められる、かの貨幣価値の不変性への接近となるだろうからである。」(*Ibid.*,p.67, 訳、同前79-80頁)

　とは言え、リカードウは、このシステムもパニックには対応できないと言う。そもそもパニックに対応できるシステムは存在しないと言うのである。

　「このような制度のもとにおいては、しかもこのように調整された通貨をもってすれば、特別の場合、すなわち一般的なパニックが一国を襲っている時、またあらゆる人が自分の財産を現金に換えるかまたは隠匿するためのもっとも便宜な方法として貴金属の所有を望んでいる時を除外すれば、イングランド銀行はいかなる困難にもけっして陥らないであろう。このようなパ

ニックに対しては、銀行はいかなる制度によるとしても、安全にではありえない。銀行はその本来の性質上、パニックを免れないものである。どんな時でも、一銀行または一国に、その国の富裕な人々が持っている請求権に応じるだけの多量の正貨または地金は存在しないからである。」（Ibid., p.68, 訳、同前 80-81 頁）

例えどのような安定的な通貨システムを模索したとしても、パニックに対応できる通貨システムはない、とするところに、リカードウのリアリズムがある。完全な信用制度も完全な通貨性もない、という理解の上に、通貨・信用制度を作ることが、リカードウの課題であったと言える。

## IV 『経済学および課税の原理』におけるリカードウと貨幣数量説

### 1．金属貨幣の貨幣数量説に関する考察

リカードウは、『原理』においてスミスの価値論を批判する。投下労働と支配労働の 2 つの尺度を使っており、スミス価値論は混乱している、と解釈するのである。そして、自らは、投下労働を価値論として採用する。この場合、リカードウには原因論と尺度論の区別はない。投下労働は、価値の原因であり尺度である。しかし、スミスの場合には、支配労働は富裕の尺度として用いられる。投下労働はその前提となる概念であり、後のベイリーの概念に対応させれば、原因論である。本書では、リカードウ価値論を貴金属の貨幣価値論に限って見ていくことにする。

『原理』第 1 章「価値について」において、リカードウは、貨幣の価値を明確に労働時間によって規定する。

「私は、もしも 1 オンスの金が右に列挙したすべての商品および他の多くの商品のより少ない量と交換されることを知り、またさらに、新しいより豊かな鉱山の発見により、または非常に有利な機械の使用によって、一定量の金をより少ない労働量をもって取得しうることを知るならば、金の価値が他の諸商品に比較して変動した原因は、その生産がより容易になったこと、すなわちそれを取得するのに必要な労働量が減少したことである、といって差し支えないであろう。」（Ricardo[1951a],p.18, 訳、同前 20 頁）

金と他のすべての商品との交換比率の変化が、金を生産するのに必要な労働時間の変化によって生じることを指摘しているのである[11]。労働価値論が、

---

11 また不変尺度論争に対しては、『原理』で登場した価値修正問題を踏まえて、次のように言う。「同一量の金を取得するのに同一量の労働を要するものと

貴金属貨幣にも明確に適用されているのである。

他方、『原理』の中で、貴金属貨幣に関してリカードウが、貨幣数量説に接近している箇所を検討しよう。

「第7章 外国貿易において」ではリカードウは、次のように言う。

「しかし、一国における貨幣の減少と、他国におけるその増加は、たんに一商品の価格にばかりでなく、すべての商品の価格に作用する」(Ibid., p.140, 訳、同前 162 頁)

貨幣量の増加と貨幣量の減少が原因で、物価が結果であることを述べている。貨幣量の変動が貨幣価値に作用する局面があることを認めた文言ではあるが、金貨幣にも市場価格と自然価格の関係は存在する。ミルの言う貨幣数量説の短期的な適用である。しかし、これは、市場価格と自然価格の乖離をもって労働価値論や生産費説を否定することができないように、労働価値論や生産費説が唱えるような交換の基準が、貨幣となった金や銀にはないのかどうかである。貨幣数量説の可否は、ここにかかっている。リカードウは、次のように言う。

「どんな鉱山採掘上の便宜の改良であれ、それにより貴金属がより少量の労働を用いて産出されうるであろうから、それは貨幣の価値を一般的に下落させるであろう。」(Ibid., p.146, 訳、同前 169 頁)

どこかの国で、貴金属の生産に必要な労働量を低下させるような変化が生じれば、それは全体の国々に及ぶ、と考えているのである。すなわち、第7章においても、貨幣の価値は貨幣数量ではなく労働時間によって規定されることが前提となっている。

また、貨幣数量説に接近した部分としては、「第 13 章 金に対する租税」の中には次の文言がある。

「貨幣に対する需要は、衣服または食物に対する需要のように、ある一定量の分量に対するものではないからである。貨幣に対する需要はもっぱらその価値によって左右され、そしてその価値は数量によって左右される。もしも金が 2 倍の価値を持つならば、半分の数量が同じ流通上の機能を果すであろうし、またもしそれが半分の価値を持つならば、2 倍の数量が要求され

---

しても、なお金は、それによって他のすべての物の変動を正確に確かめることのできる尺度ではないであろう、なぜならば、金は、他のすべてのものと正確に同一の組み合せの固定資本と流動資本とを用いて生産される物でもなければ、また同一の耐久性を持つ固定資本を用いて生産されるものでもなく、またそれは市場にもたらされるまでに、正確に同一の時間を要するものでもないであろうからである。」(Ibid., pp.44-45, 訳、同前 50 頁)

るであろう。」（*Ibid.*, p.193, 訳、同前 222 頁）

　引用中、貨幣の「価値は数量によって左右される」という箇所は、貨幣数量説を想起させるが、その内容は、金の価値が2倍になれば貨幣の数量は半分ですむ、ということであり、貨幣数量説とは逆の必要流通手段量の考えになっているという解釈が妥当であろう。したがってこの箇所を持ってリカードウの『原理』が貨幣数量説ということはできない。

## 2.『原理』における必要流通手段量説

　『原理』「第27章　通貨と銀行」は、リカードウの貨幣論が集中的に説かれている章である。リカードウは、第27章の課題について、貨幣「数量と価値とを左右する一般法則」（*Ibid.*, p352, 訳、同前 404 頁）を概観すること、と述べているが、『原理』の貨幣論が集中的に説かれている章である。

　まず、貨幣素材である金と銀の価値に関して、次のように述べられている。「金および銀は、他のすべての商品と同様に、それを生産して市場にもたらすのに必要な労働量に比例した価値を持つにすぎない。」(Gold and silver, like all other commodities, are valuable only in proportion to the quantity of labour necessary to produce them, and bring them to market. Ricardo[1951a],p.352, 訳 404 頁)。そして、一国に必要とされる貨幣の量は、労働によって決められた貨幣の価値によって決まる（The quantity of money that can be employed in a country must depend on its value. *Ibid.*, 同前）のである。また、「金および銀は、他のすべての商品と同様に、それを生産して市場にもたらすのに必要な労働量に比例する価値を持つにすぎない。金は銀よりも約15倍以上高価であるが、それは金に対してより大なる需要があるからでもなく、また銀が金の供給量よりも15倍大であるからでもなくて、もっぱらその一定量を取得するのに15倍の労働が必要であるからである」（*Ibid.*, 同前）。

　「一国内で使用されうる貨幣の量は、その価値に依存しなければならない、もし金だけが商品流通のために使用されるとすれば、銀がこの同じ目的のために使用される場合に必要であろう数量の、わずか15分の1に過ぎない数量が、要求されるであろう」（*Ibid.*, 同前）と言う。

　そこでリカードウは次のように言う。

　「通貨はけっしてあふれるほど豊富になることはありえない、というのはその価値を減少させれば、それと同じ割合でその数量が増加するし、その価値を増加させれば、その数量が減少するからである。」（*ibid.*, 同前）（A circulation can never be so abundant as to overflow; for by diminishing its value, in the same proportion you will increase its quantity, and by increasing its value, diminish its quantity.)

　以上の引用は、リカードウが、貨幣数量説から離れていることを明確に示している。すなわち、貨幣量は増加したとしても、貨幣価値の総量は、一国が商品流通のために必要とする一定量に決められていると考えているのである。すなわち、商品流通の総量の方が貨幣の総量を規定しているのである。貨幣数量説とは逆の見解であり、マルクスの必要流通手段量説の基礎となる見解である。また、貨幣数量説であれば、市場は貨幣を無限に吸収することが前提となるが、リカードウは、必要流通手段量以上の貨幣は、市場から溢れ出る、と考えているのである。

　同様の文言を、「第13章　金に対する租税」の中にも見ることができる。

　「もし金が2倍の価値を持つならば、半分の数量が同じ流通上の機能を果たすであろうし、またもしもそれが半分の価値をもつならば、2倍の数量が要求されるであろう。・・・貨幣に対しては、需要は正確にその価値に比例する。」(*Ibid.*,p.193, 訳、同前222頁)

　ただし、先にも述べたように、自然価格と市場価格の乖離の問題は、貨幣金属にも当てはまる。リカードウは、商品の価格は、変動する市場価格の中心に需給の均衡をもたらす自然価格を想定するが、この市場価格と自然価格との一致の調整のプロセスは、商品によって差があると言う。

　「すべての商品の市場価格と自然価格との一致は、いつでもその供給を増減することのできる容易さに依存する。金、家屋、および労働の場合には、他の多くの物の場合と同様に、若干の事情の下では、この効果は速やかにもたらされない。しかし、帽子、靴、穀物、および服地のような、年々消費され再生産される商品については、事情は異なる。それらは必要ならば減らすことができ、その供給がそれらを生産する費用の増加に比例して縮小するまでの時間的間隔が長いことはありえない。」(*Ibid.*,p.196, 訳、同前226頁)

　金についても需給関係によれば、市場価格と自然価格が乖離することはあり、家や労働と並んで、その調整にかかる期間が長い商品の1つと考えられている。したがって、「仮に新鉱山の発見、銀行業務の濫用、もしくは何か他の原因によって、貨幣の数量が大いに増加するとすれば、その究極の結果は、貨幣数量の増加に比例して諸商品の価格を引き上げることになる」(*Ibid.*,p.298, 訳、同前343頁)という事態は、この考えの限りで成り立つ。この一時的な命題としての貨幣数量説は、J.S.ミルに受け継がれる。

　しかし、貨幣数量説は、貨幣の価値は数量によってどのようにも変わるということを理論の柱としている学説であり、自然価格を想定する見解とは相容れない。

ヴァイナー、ドップなど、リカードウを長期生産費説、短期貨幣数量説と解釈しているが、自然価格と市場価格が長期と短期の理論に割り振られるわけではない。自然価格は、つねに市場価格の向かう方向性として作用していると考えられるのである。『原理』においては、貴金属貨幣についての貨幣数量説は採用していなかったと考えるべきであろう。

リカードウは、投下労働価値説の確立とともに、金属貨幣に関しては、貨幣数量説から離れていたのである。

### 3．紙幣論

これに対し紙幣に関しては、貨幣数量説は積極的に登場する。紙幣には内在的な価値がないからである。

「紙幣の全製作費は鋳造手数料とみなされるであろう。それは少しも内在的価値を持たないのだけれども、しかもその数量を制限することによって、その交換価値は、相等しい呼称の鋳貨、またはその鋳貨に含有される地金と、同じ大きさになる。」(*Ibid.*,p.353, 訳、同前 405-406 頁)

そして、リカードウは、本位制を維持しつつ兌換しないシステムを理念として提唱する。

「これらの原理に基づいて、紙幣はその価値を確保するために正貨と兌換しうるものでなければならないという必要はない、ということが分かるであろう。ただ、その本位として布告されている金属の価値に応じて調整されるべきである。」(*Ibid.*, p.354, 訳、同前 407 頁)

先にも述べたように、「経済的で安定的な通貨」以来、リカードウは、貨幣数量説にもとづく完全な紙幣価値の管理は理念としては可能と考えているのであるが、現実的ではない。リカードウは、次のように言う。

「しかしながら、経験の示すところでは、国家にしろ、銀行にしろ、それがかつて無制限な紙幣発行権を持った場合には、いつでもその発行権を濫用した。それゆえに、すべての国家において紙幣の発行は何らかの制限および統制のもとにおかれるべきである。そしてその目的のためには、紙幣の発行者に、その銀行券を金貨または金地金のいずれかで兌換すべき義務を負わせるのが、もっとも適当であると思われる。」(*Ibid.*,p.356, 訳、同前 409 頁)

理論的には、貨幣数量説が正しいので、これに従えば、紙幣の管理は可能だが、現実的には、発行券の乱用を防ぐ意味で、兌換が必要となるのである。

しかし、リカードウは、貨幣の理念を紙幣に求めるようになっていた。貨幣数量説を取るか取らないかの違いはあるが、ステュアートと同じである。

「通貨は、それらがすべて紙幣から、といってもそれが自ら代表すると称

する金と相等しい価値を有する紙券から成る時に、そのもっとも完全な状態にある。金の代わりに紙を使用することは、もっとも安い媒介物をもって最も高い媒介物に置き換えることであり、そしてその国をして、いかなる個人にも損失を与えないで、今までの目的のために使用したすべての金を、原材料、道具と交換することを可能にする。かくして、紙幣の使用によって、その国の富と享楽品はともに増加する。」(*Ibid.*,p.361, 訳、同前 414 頁)

ここには、貨幣としての金を生産的な用途に転換できるというスミスの見解が継承されている。

最後に、この紙幣の発行主体について、リカードウは次のように言う。

「私は、すでに、もし紙幣発行権が濫用されないという完全な保証があるならば、それが誰によって発行されるかは、その国の富全体に関しては、すこしも重要でないであろうと、ということを述べてきた。そして今私は、公衆は、発行者が商人または銀行家の会社ではなくて、国家であることを、直接の利益とする、ということを証明した。しかしながら、危険はこの機能が銀行業を営む会社の手中にあるよりも、政府の手中にある方が濫用されやすい、ということである。」(*Ibid.*,p.362, 訳、同前 415-416 頁)

銀行が紙幣を発行した場合は、銀行が政府に利子付で貨幣を貸すという関係が生じ、これは国民に損失を与える。しかし、貨幣発行権はむしろ政府の方が乱用しやすい。ここからリカードウは、「啓発された立法府を持つ自由国家」のもとで「大臣たちの統制から独立」した「特別の目的のために任命された委員」に通貨発行券を与えることを提案する（*Ibid.*,p.362, 訳、同前 416 頁）。

「国立銀行設立試案（1824 年 6 月刊行、1823 年 7-8 月執筆）」では、リカードウは、政府紙幣を積極的に推奨する。イングランド銀行は、発券と貸付という「互いになんの必然的関連もない 2 つの業務」（Ricardo[1951g],p.276, 訳、同前 332 頁）を行っているが、「もしも政府が、イングランド銀行から借り入れる代わりに、自身で独占的に紙幣を発行するならば、・・・イングランド銀行は、もはや利子を受け取らないであろうし、政府はもはや利子を払わないであろう。・・・現在ロンドンで流通している 1600 万の紙幣が、政府の手で発行されようと、一銀行の手で発行されようと、何の違いもないからである」（*Ibid.*,p.277, 訳、同前 333 頁）、と言う。国立銀行の設立による政府紙幣の発行を提唱するのである。

リカードウの提案は、何よりも「5 人の委員を任命し、この国の紙幣全部の発行権をこの人々だけに委ねるべきである」（*Ibid.*,p.285, 訳、同前 342 頁）、ということにある。そして、通貨をイングランド銀行券から政府紙幣に切り

替え、同時に政府紙幣によって政府債務の償還も行う提案がなされている。ただしこの場合にも、「ロンドンの委員は、標準的な純度の金を、いくらでも買う義務を負うべきである」(*Ibid*.,p.288、347頁)とされ、「国立銀行設立の瞬間から、委員たちは、要求があり次第、政府紙券や手形を金貨で支払う義務を負わせられるべきである」(*Ibid*.,pp.289, 訳、同前347頁)。

金本位制を背景とした政府紙幣の流通が、提案されていたのである。この国立銀行設立の提案は、リカードウの貨幣数量説と金本位制研究の到達点であったと言える。

## 結 語

リカードウは、一般的には貨幣数量説の代表的な論者として受け止められている。しかし、本章で見たように、リカードウの貨幣数量説は、地金論争期のリカードウの理論である。言い換えれば労働価値論形成以前のリカードウの理論と言える。そして、リカードウにとっての労働価値論の形成は、貨幣数量説に対する対応を変化させ、『原理』では、リカードウは金属貨幣に関する貨幣数量説から離れたと見ていい状態になっている。

貨幣としての金の価値の決定と一般商品の価値の決定が同じ労働価値論によって決定され、これに基づいて利潤率を媒介とした生産調整が行われる。そして、地金と金鋳貨との間の自由鋳造制度が、必要流通手段量を調整することによって、金貨幣に関しても労働価値論あるいは生産費説の法則的な展開が成り立つこととなった。

このことによって、貨幣の価値の決定を純粋な需給関係だけで依存するものとする貨幣数量説とリカードウの見解とは、相容れないものとなった。

しかし、それ自身価値を持たない紙幣に関しては、リカードウは強固な貨幣数量説の論者であった。ステュアートが紙幣の中に貨幣の理念としていた不変の価値尺度を見たように、リカードウは、仮に貨幣数量説によって紙幣が管理されれば、不変尺度とさえなり得るものと考えていた。

このことが、晩年のイングランド銀行の廃止と国立銀行の設立試案につながる。リカードウは、金属貨幣に関する貨幣数量説からは離れたが、紙幣に関しては、なるべく多くの貨幣を金から紙幣に変えて流通させることを期待していたのである。賢人による貨幣の管理というやや唐突な提案も、リカードウの貨幣数量説に対する信頼の表れであった。

## 第2節　J.S. ミルの貨幣理論

### 序　言

　本章の課題は、J.S. ミルの『経済学原理』(*Principles of Political Economy with Some of Their Applications to Social Philosophy*, 1st ed. 1848,Mill[1965] 以下、本節では『原理』と略記) における貨幣理論を検討することにある。その中心は価値論と貨幣数量説にある。

　ミルの価値論は、ベイリー価値論とほぼ同じ推論によって、そのままミルの価値尺度論と価格論につながる。同時にミルの需給論と生産費(労働時間)をめぐる関係は、スミスやリカードウの市場価値と自然価値の関係を受けたものであり、これがそのままミルの貨幣数量説独特の見解へとつながっている。

　ミルは、貨幣数量説を当然の理論として論じているが、市場価値の決定原理の範囲内で貨幣数量説を擁護している。これは貨幣価値の決定論としては、貨幣数量説を否定したに等しい。貨幣数量説は、内在的価値を否定することで成立する理論だからである。

　内在的価値をめぐる論点だけではなく、ミルの『原理』は、貨幣数量説の研究にとっては極めて意味のある文献である。それは貨幣数量説に関わる論点が網羅されているだけでなく、ミル自身が貨幣数量説の抱える問題を体現しているからである。

　その問題点とは、第1に、ミルは貨幣数量説の公式を恒等式として認識していることである。これは、自明のことであるという意味も持つが、因果関係を表わさないという意味も持つ。結果的に公式の意義を否定することにもつながる。

　第2に、貨幣数量説は、貨幣の増加が物価の上昇の原因になると考えるのがその基本的な考えである。これは、貨幣の発生を外生的なものと見なし、市場自体には貨幣量を調節する機能はない、と考えていることを意味する。しかしミルは、多くの点で、市場が過剰な貨幣をはじき出す機能を持っていると考えているのである。

　第3に、先に述べたように、貨幣数量説は、貴金属貨幣には固有の価値、内在的な価値はないという考えのもとに、貨幣量は無限大にもゼロにもなることを想定している。しかし、ミルは、貨幣の価値を地代論や国際価値論の修正を受けたとしても、生産費によって規制されるものと考えている。

最後の問題は、古典派が基本的に抱えていた問題である。リカードウは、『経済学および課税の原理』では、貴金属貨幣についての貨幣数量説は述べていない。貨幣数量説はそれ自身に価値を持たない紙幣に関する法則となっている。リカードウは、地金論争期の貨幣数量説を変質させたのである。しかし、ミルは貴金属貨幣に関する貨幣数量説も紙幣に関する貨幣数量説も、ともに当然の理論として支持している。

以下、内容に立ち入ってみよう。

## I 『原理』における交換論の位置

ミルの価値論の位置づけは独特である。それは、第1篇生産論、第2篇分配論に続いて、第3篇交換論において展開される。ミルによれば、交換論を第3篇に置く理由は、経済学の主要テーマが生産論と分配論であることによる。ミルにとって、生産論と分配論こそが、「経済学の2大分野（the two great departments of Political Economy, the production of wealth and its distribution. Mill[1965], Vol.3, p.455, 訳、第3分冊17頁）」であった。

そして、ミルの『原理』自身が、交換論を前提とすることなく、生産論と分配論を説くことができたこと自体が、この体系化あるいは偏別構成の正当性を保証する、と言う（Ibid., 同前）。奇妙な論理であるが、ここには叙述の編成に関するミルの方法論が現れている。すなわち、ミルは、叙述の体系は論理的な前後関係によって規制されると考えており、実際に生産論と分配論が交換論を前提とせずに叙述できるなら、このこと自体が、交換論の前に生産論と分配論が位置することの正当性を意味している、と言うのである。叙述の方法の妥当性が論理展開の正しさを保証しているのである。

2大部門は、なぜ価値論を前提とせずに論じることができるのか。2大部門と呼ばれる部門のうちの生産論に関しては、ミルは次のように言う。

「そもそも富の生産に関する法則や条件は、物理的真理の性格（the character of physical truths）を持ち、そこには人間が任意に選択する余地はないのである（There is nothing optional or arbitrary in them）。」（Ibid., vol.2, p.199, 訳、第2分冊、13頁）

これに対し分配論は、生産論とは対照的な性格を持つ。分配論は、「もっぱら人為的制度上の問題である（human institution solely）」（p.199, 訳、同前、14頁）すなわち、「富の分配は社会の法律と習慣に依存する（The distribution of wealth, therefore, depends on the laws and customs of society）」（Ibid., p.200, 訳、同前15頁）。

生産の自然的性格と分配の人為的性格に対して、交換は商品経済あるいは資本主義経済という限定された経済で成立する。この点で、交換論は、経済学の2大部門の後に位置するのである。
　分配の制度は人為的であり、歴史的、社会的に異なる。いつの時代でもどの社会でも、交換が分配の制度を担うという訳ではない。この点でミルは、商品経済も資本主義経済も歴史の中で相対化している。社会主義社会を将来に展望することで、交換経済はミルにとって歴史的に限定されたシステムとして映ったのであろう。
　しかしミルは、「価値の考察は分配論に関わるが、それは慣習（usage or custom）ではなく競争（competition）が分配の代行機関（distributing agency）となった場合に関してのことである」（Mill[1965],Vol.3,p.455, 訳、第3分冊、訳18頁）、と言う。
　生産物の持ち手の交換を通した分配は、いつの時代でも多かれ少なかれ行われている。しかし、その多くは、慣習による持ち手の交換であり、これは人為的なシステムの問題であり、価値論の領域ではない。価値論が意味を持つのは、競争が一般化した経済システムにおいてのことである、とミルは主張している。市場のメカニズムの中で価値論が意味を持つということであろう。
　さらに、ミルは交換論について、ミルの生きた時代においても、交換は生産物の分配に関する基本法則ではなく、「機械の一部である（merely a part of the machinery）」（*Ibid.*, 同前）」と言う。
　今日においてさえ、現実には資本主義以外あるいは商品経済以外の経済関係は広汎に存在する。資本主義や商品経済が経済の全てを覆ったことはない。ミルにとっては、こうした経済も研究の射程に入っていた。
　この点は、ミルは、方法論的にスミスやリカードウとは異なっている。スミスは、社会が資本家、地主、労働者の3大階級に編成される以前に、その萌芽的な姿を見ただけで、全体が3大階級となった社会を想定して『国富論』を書き上げた。リカードウも同様である。ヒュームが道を開いたように、商品経済あるいは資本主義は、人間の本性にかなった経済システムであり、これは最も自然な成り行きとして発展して行く。したがって、理論的解明は、現実には完全なかたちでは存在せず、場合によってはごく一部にしか存在しない資本主義的な経済であっても、これを対象にして分析することに問題はないと考えていたのである。
　ミルにとっては、価値論や貨幣論を含む交換論の法則は、経済にとって普遍的な法則（permanent and universal laws, (*Ibid.*, 同前)）ではなく、歴史的に

は一時的な問題（temporary accidents,（*Ibid.*, p.456, 訳、同前 18 頁）なのである。このことが、交換論が生産論と分配論の２大領域の後に置かれる理由なのである。そして、資本主義社会は、産業制度全体が売買に基礎を置いている社会であるがゆえに、価値の問題は基本的な問題になる（the question of Value is fundamental, *Ibid.*, p.456, 訳、同前 18 頁）、と考える。

そして、ミルは価値論に関して次のように言う。

「幸運なことに、価値の法則に関して明らかにすべき問題は現在および将来の著述家に残されているものは何もない。この問題の理論は完璧である（the theory of the subject is complete）。」（*Ibid.*, p.456, 訳、同前 19 頁）

価値論を応用する際の問題が残されているだけだ、と言うのである。確かに、ミルの需給説はスミスの市場価格と自然価格を受けたものである。そして、ミルはベイリーの名を出していないが、ミルの相対的価値論、価値尺度論および商品３分類説は、ベイリーと同じである。以下、内容を見てみよう。

## Ⅱ　価値の概念

### １．ミルの価値概念の特徴

ミルは、第１章の冒頭において、アダム・スミスのいわゆる水とダイヤモンド問題を批判する。スミスは、水は有用であるにもかかわらずただであり、ダイヤモンドは有用性がないのに高価である、といういわゆる水とダイヤモンド問題を提起する。そして、その違いを労働に求め、労働価値論を展開する。

これに対しミルは、労働生産物以外は対価を取りえないことを認めつつも、次のように言う。

「経済学における、ある物の効用とは、その物がある欲望を満たし、あるいはある目的に役立つ、その能力のことである。ダイヤモンドはこの能力を高い程度において持っているものであって、もしそれがこれを持っていなかったなら、それはなんらの価格も持たないであろう。・・・ある物の交換価値はどれほどでもその使用価値以下になりうる。しかし、使用価値を越えうるように言うことは、１個の矛盾を含むものである。」（*Ibid.*,p.457、同前 20 頁）

ダイヤモンドに効用はないというスミスを批判して、ダイヤモンドの効用を認める。そして、使用価値（効用）を越えた交換価値（価格）で買うことはあるが、使用価値（効用）以下の価格で買うことはない、と言う。いわば、欲しくもないものを高い値段で買う人はいないが、欲しいものを安い値段で買う人はいる、と言うことである。

効用による価値の決定を説いているわけではないが、効用は労働あるいは生産費とともに価値を決定する要因になっている。労働と効用の2元価値論という意味ではテュルゴーに近い。テュルゴーは、取得の困難と効用との2元価値論であるが、ミルは生産費を基本に効用を生産費に対する制約要因として扱ったと言える（奥山 [1990]、参照）。

ミルの趣旨は、生産費（交換価値）が高いものでも効用（使用価値）が認められなければ生産費以下の価値でしか売れないということである。この点で効用は、生産費と比較可能となっている。マルクスは『資本論』の第1部「第2章 交換過程」において、商品は使用価値と価値との相互前提の関係を説く。その中で、使用価値でなければ価値としては認められないと説く。しかし、ミルの場合には、効用と生産費とはどのような意味で比較可能となるのか。

この問題に関しては、ミルは明示していないが、ベイリーとの関係が重要である。ベイリーは、価値の概念を商品の問題から、商品に対する人間の評価の問題に移行させる（『価値の性質、尺度および諸原因に関する批判的論及』 *A Critical Dissertation on the Nature, Measure, and Causes of Value*, 1825）。

「本源的な意味としては、価値とは対象物に与えられた評価を意味すると思われる。厳密には心に生じた結果を指す。」（Bailey,[1967],p.1, 訳27頁）

ベイリーの場合、価値と価値の原因と尺度とは、異なる概念である。価値は、あくまでも人間のものに対する評価であり、価値の原因は評価される要因である。それは、人の心に確実に作用するものなら価値の原因となることができる。生産費も稀少性もその他の要因も価値の原因となる。ベイリーを効用価値の先駆者に数えることには賛同できないが、主観価値論の先駆者としては十分な役割を果たしている。価値と価値の原因とを区別し、価値を財の内在的な性質から人間の評価の問題に移したからである。

ミルは、生産費を前提として、効用も価値に作用する要因となったと考えるが、効用が人間の欲望の満足度である以上、モノの属性に対する人間の判断であり、ベイリーのように主観価値論を全面に打ち出してはいないが、物に対する人間の評価という点で、生産費と効用は共存できたものと考える。

ミルの価値論は、第6章「価値論の要約」にまとめられている。基本的な点は以下のようである。

①価値は相対的な言葉である。ある商品の価値は、その商品が交換される他の商品、あるいは商品一般の数量を言う。

②商品の一時的な価値である市場価値は、需要と供給に依存し、需要が増えれば騰貴し、供給が増えれば下落する。しかし、需要は価値とともに

変化し、商品が安価になれば高価な時よりも一般には大きくなる。そして価値は、いつも需要が供給に等しくなるように自らを調整する。

③市場価値は変動の後に自然価値に復帰する。商品は平均すれば自然価値を持って交換される。

④商品によっては稀少性が自然的価値となる物もあるが、多くの商品は、自然的価値あるいは費用価値・生産費によって交換される。

②の点で、ミルは、価格と需要量との関係を2つの法則ととらえる。第1に需要量が増えれば価格が上がる。第2に価格が上がれば需用量が減る、である。供給曲線については、供給量の増加による価格の下落は明記しているが、価格の下落による供給量の減少は明記していない。生産は技術的な要素によって決まるという見解からは、生産係数は固定されており、供給曲線は水平だったと推測することもできる。

また、市場価値と自然的価値の関係については次のように言う。

「あらゆる物の価値は一定の中位的な点（『自然的価値』と呼ばれるところの）に向かって引き寄せられている。またこれも既に見たところであるが、実際の価値あるいは市場価値は、数年の平均をとった時に初めてこの自然的価値に一致し、あるいはほとんど一致する。それは、需要における変化により、あるいは供給の偶然的変動によって、絶えずあるいはこれ以上となり、あるいはこれ以下となる。しかしながらこのような変動は商品の供給が備えるところのその商品の自然的価値においてこの商品に対し存在する需要に順応しようとする傾向を通して、それ自身を是正するものである。」（Mill[1965],p.570, 訳、231-232頁）

スミスとリカードウの見解が、そのままミルに受け継がれているのである。後に見るように、ミルの貨幣数量説はこの枠内で展開される。

なお、ミルは商品を3分類し、供給が制限されている独占的商品、需要に対して供給が対応する一般商品（自由競争財）、土地の制約から最劣等地の生産費が価値を規制する穀物のような商品を区別し、それぞれについて価値の決定論を論じる。この商品3分類は、リカードウを批判したベイリーもまた『価値の性質、原因および尺度に関する論究』で明確に打ち出していたものである。この問題の所在はリカードウも承知しており、リカードウは独占価格を取る商品を『経済学および課税の原理』の考察対象外とし、需要に対して供給が対応可能な一般財（自由競争財）と、穀物のような最劣等地の価格が全体の価格を規制するような商品を考察対象としたのである。

そして、需給関係は、3つの商品分類の全てに共通する一般的な原則となる。また、生産費は賃金と利潤からなり、地代は基本的には入らない。

以上がミルの価値論の概要である。

## 2　相対的価値の概念について

そこで、ミルの価値論は、何よりも価値を相対的概念とすることが基本となる。ミルが批判するリカードウは、価値について次のように言う。

「商品の価値、すなわち商品が交換されるであろう他の商品の分量は、その生産に必要とされる労働の相対的な量に依存する。」(Ricardo[1951a],p.11, 訳 13 頁)

リカードウの価値規定は、リカードウ自身は相対的な価値論の枠組みの中で論じたものではあったが、労働量の相対的な比率を前提とした価値規定であり、相対的な労働の決定には、絶対的な投下労働量の存在が前提となっていることで、実質的には絶対価値論を前提とした労働価値論であった。

ベイリーは、リカードウ価値論が絶対価値論を前提としていることを論じることでこれを批判し、相対的価値論の概念を作り上げていた。

相対的価値論は、価値を 1 商品の他の商品に対する関係概念、あるいは 2 商品の関係概念とするものである。この理解では、個々の商品の中に含まれる労働時間や生産費は、それだけでは価値ではないことになる。交換比率が価値なのであり、価値は正確には交換価値となる。

ミルの価値概念は、ベイリーと同じ見解を取ることで、リカードウと一線を画したのである。

このように価値を相対的価値とする見解は、ジェームズ・ステュアートの『ドイツ鋳貨論』(A Dissertation upon the Doctrine and Principles of Money, Applied to the German Coin. Tubingen, in January, 1761) に明確に表現されている。

「価値は相対的な用語である。すなわち絶対的価値というものは存在しない。」(Value is a relative term; there is no such thing as absolute value (Steuart[1995],Vol.3.p.175)

『ドイツ鋳貨論』のドイツ語版の刊行は 1761 年、英訳は 1805 年である。

こうした相対的価値論は、ステュアートの貨幣論に関するまとまった草稿である『バリントン卿への手紙』(『ジェームズ・ステュアートの貨幣論草稿』、奥山 [2004]) にも受け継がれる。

類似の見解としては、著者不明（ベイリーとも言われる）の Observations on certain verbal disputes in Pol. Econ. particularly relating to value and to demand and supply, London, 1821 (『経済学の用語論争に関する考察、特に価値と需要供給に関して』) にも現れている。

## III 相対的価値と価値尺度

　この問題は、価値尺度論を変質させる。商品に内在的な価値がないとすれば、価値の尺度は商品の相対的価値を比較するだけになる。価値尺度自体が価値の領域になるのである。

　すなわち、ベイリーにとって価値の尺度とは、2つの商品を比較するための第3の商品である。商品 C がこの商品だとすれば、A の C に対する交換価値と B の C に対する交換価値が分かれば、A と B の交換価値が比較可能になる。C は現実的には貨幣であり、貨幣があればすべての商品が比較可能となる。

　この役割が価値尺度機能であり、すべては相対的価値の領域なので、経済学が求め続けていた絶対的な価値の尺度はそもそも存在しない。この相対的価値論にとっては、交換価値と交換価値の尺度とは、同じ次元の問題である。そこで価値や価値の尺度と異なるのは、ベイリーにとっては、価値の原因ということになる。ここには、人間によって評価されるべき労働や生産費や稀少性などが入り込むのである。

　ミルも同様の発言をする。「第15章 価値尺度」では、「価値の尺度の概念を価値の規定者あるいはその決定原理の概念と混同してはならない（Mill[1965] p.580 訳、同前 251 頁)」、と言う。

　ミルはここでは、価値を規定するものと価値との区別を説いているのである。ミルは、ベイリーのように主観価値論を全面に出してはいない。しかし、ミルも価値を相対的概念として、生産費や労働時間のような価値を規定するものとは区別している。この限りで、ベイリーの影響を受けていたと言える。交換価値を使用価値が制限するという考えは、これに基づくものと考えられる。

　ミルにとっての価値の尺度とは、ベイリーと同じように、商品の相対的価値を第3の商品によって確認することである。第3の商品は実質的には貨幣であり、貨幣を媒介物として各商品が価格をつけることで、われわれは店頭の商品の価値を比較することができる。この第3の商品の役割が価値尺度である (*Ibid.*,p.577、訳、同前 244 頁、参照)。

　価値論に関わる混乱を整理したという点で、ベイリーは優れている。彼は、価値と価値の尺度と価値の原因を領域の違う問題として区別する。価値と価値の尺度は、いずれも相対的価値の領域として扱う。価値の原因を価値や価値尺度の前提として論じるのである。ミルも先に引用したように、ベイリー

と同様の見方をしている。

　相対的価値でしかない価値を比較をするので、価値尺度も価値と同様に相対的であり、絶対的な価値の尺度は存在しない。ベイリーとミルとの推論は全く同じである。そして、ベイリーが価値や価値の尺度と価値の原因を区別していたように、ミルも別の位相で価値の原因を見ている。価値の原因は、例え1つ1つの商品の生産に必要な生産費であっても、価値は商品と商品の2商品関係を表す交換関係である、と考える。

　ミルは、この価値論と価値尺度論に対する理解を前提に、スミスとリカードウの価値論と価値尺度論の評価を試みる。

　ミルにとって価値は2商品の相対的関係である。価値の尺度は、第3の商品による商品の価値（相対的価値）の比較である。しかし、経済学者が求めていたものは同一時点同一場所での尺度ではなく、時間と場所を違えた尺度（*Ibid.*, 訳、同前245頁）であることを指摘する。先行学説に対するこの理解は、リカードウもベイリーもミルと同じである。彼らは、時間と場所を越えた尺度は、経済学の主要課題であり、不変尺度を探索する直接的な意味もここにあった、と言う。

　こうした課題が、古典派を内在的価値の探求に導き、労働価値論や自然価格あるいは生産費説へと導く。不変尺度論によって古典派価値論が進展したと言っても過言ではない。スミスは、不変尺度の探求から労働価値論に到達している。リカードウもまた、より不変な尺度を求めて、投下労働価値説に達している。不変尺度論争は、忘れられた論争であり、その課題は振り返られることはないが、この論争が価値論論争に与えた影響は大きい。

　ミルは、経済学者が求めていた不変の価値尺度は、生産費の尺度であると言う。

　「この生産費の尺度こそ経済学者たちが価値の尺度の名のもとに普通に意味してきたところのものである。」（*Ibid.*, p.579, 訳、同前248-249頁）

　生産費は価格で表示させ、価格は商品と貨幣との関係であり、相対的価値の領域に属するが、ミルが生産費で意味するものは労働時間に還元できるものであり、この点ではリカードウと同様である。労働のような絶対的なものを価値と考えてその尺度を求めることを生産費の尺度と呼んでいる。

　スミスは、不変尺度を労働に求めた。しかしその内容は、ミルには受け入れられないものを含んでいた。ミルは次のように言う。

　「一方、価値の尺度としての労働については、アダム・スミスは一貫していない。彼は、ある時は労働の価値（すなわち賃金）は、世代から世代への間の変動は激しいが、年々の変動は激しくないと言い、労働が短期には尺度

であると言う。また、他方、労働は本質的にもっともふさわしい価値の尺度であるかのように言う。その理由は、一人の人間の一日の肉体労働は、彼にとっての同量の努力と犠牲としていつも観察できるからである。しかし、この命題が妥当かどうかは別として、全く別の考えを代用して交換価値の概念を捨てるものである。これはむしろ使用価値に類比したほうがいいようなものである。」(*Ibid.*,p.580, 訳、同前249-250頁)

ミルは、スミスが労働を価値尺度であるという時、それは2つの意味に用いられている。賃金と投下労働である。マルクスの用語を用いれば、賃金は労働そのものではなく、労働することのできる能力すなわち労働力に対する対価である。投下労働は、労働力の支出であり、これが労働時間で測られる。両者は全く異なった概念である。

ミルは労働時間を尺度とすることは、交換価値概念の放棄であるというのである。生産費あるいは労働時間は、絶対的価値あるいは絶対的価値の尺度だからである。ミルはスミスの労働尺度論の二面性を明確にとらえ、絶対的価値の概念を否定したのである。

また、リカードウを批判して、次のように言う。

「リカードウやその他の人たちが、ある品物の価値は労働の量によって規定されるという場合、彼らが言っているのは、その品物が交換されるところの労働の量ではなくて、その品物を生産するのに必要とされる労働の量のことである。彼らは、これが価値を決定すると断言している。これこそが価値であり、他の物は価値ではないと言っているのである。しかし、アダム・スミスやマルサスが、労働が価値の尺度であると言っている場合、彼らが言っているのは、その品物が作られたあるいは作られうる労働のことではなく、その品物を持って交換されまたは購買できる労働の量のことである。言葉を変えて言えば、労働をもって評価したその品物の価値のことである。」(*Ibid.*,pp.580-581, 訳、同前251-253)

リカードウは絶対的価値を価値としているが、スミスの労働価値論は、価値決定論ではなく尺度論であり、実質賃金をもって価値尺度としているのである、とミルは批判しているのである。

リカードウの主著『経済学および課税の原理』は次のように言う。

「もしも商品の実現された労働量がその交換価値を左右するものであるとすれば、労働のあらゆる増加は、労働が投下された当の商品の価値を増加させ、同様にあらゆる減少はそれを引き下げるに違いない。」(*Ibid.*,pp.13-14, 訳、同前16頁)

この引用で明らかなように、ミルの言う通り、リカードウは投下労働とい

う絶対的価値を前提に価値論を組み立てている。そしてリカードウはスミスを次のように批判する。

「このように正確に交換価値の根源を定義し、そしてすべての物はその生産に投下された労働の多少に比例して価値が大となり小となることを首尾一貫して主張すべきであったアダム・スミスは、自ら別の価値の尺度標準を立てて、この尺度標準の多量または少量と交換されるに比例して物の価値が大となり小となる、と論じている。」(*Ibid.* p.14, 訳、同前 17 頁)

「そうしてみると、アダム・スミスとともに、『労働は時にはより多くの財貨を、また時にはより少量の財貨を購買しうるであろうから、変動するのはそれらの財貨の価値であって、それらを購買する労働の価値ではない』、それゆえに、『労働だけは、それ自体の価値において決して変動しないから、それがあらゆる時およびところにおいてすべての商品の価値を評価し比較することのできる、究極のかつ実質的な標準である』というのは決して正しくない。———しかし、アダム・スミスが前に述べたように、『さまざまな対象を獲得するのに必要な労働量の間の割合だけが、これらの対象を互いに交換し合うための規則を与え得る唯一の事情であるように思われる』、というのは、言い換えれば、商品の現在または過去の相対的価値を決定するものは、労働が生産する商品の比較的分量であって、労働者に彼の労働が引き変えに与えられる商品の比較的分量ではない、というのは正しい。」(*Ibid.* pp.16-17, 訳、同前 19 頁)

価値の決定論(原因論)と尺度論を区別することはなく、絶対的な価値の尺度を投下労働に求めていたのである。したがって、リカードウには、スミスは混乱しており、支配労働を捨てて投下労働で一貫すべきだ、と考えたのであるが、ミルは、尺度論としては投下労働は通用せず、支配労働が妥当であると考えたのである。ミルにとって投下労働は、賃金のかたちで生産費の主要部分をなし、価値の決定原理に参加することになる。

ミルとリカードウの価値概念の相違が、スミスに対する評価の違いとなって現れているのである。

ミルは、需給論を価格決定の一般理論として位置づけると同時に、一般的な商品である自由競争財に関しては、生産費が価格を規制することを説く。ミルの需給論をもって古典派の労働価値論や生産費説から離れる過渡期の価値論とすることもできれば、生産費説を基本命題として明確に維持している点で、古典派の正統な後継者と考えることもできる。

実際には、ミルの価値論は、構造的にはスミスの自然価格と市場価格の枠内に収まっていると考えることができる。本論で見るように、ミルは需要と

供給が価格決定の一般的な原理であり、その収斂する点に生産費（労働）を置いている。この点は、スミスの正統な継承者である。

また、ミルは商品を3分類し、供給が制限されている独占的商品、需要に対して供給が対応する一般商品（自由競争財）、土地の制約から最劣等地の生産費が価値を規制する穀物のような商品を区別し、それぞれについて価値の決定を論じる。これは、リカードウが独占価格を取る商品を『経済学および課税の原理』の考察対象外とし、需要に対して供給が対応可能な一般財（自由競争財）と、穀物のような最劣等地の価格が全体の価格を規制するような商品を考察対象としたことを受けている。この商品3分類は、リカードウを批判したベイリーもまた、『価値の性質、原因および尺度に関する論究』で明確に打ち出していたものである。

独占商品は、需要と供給によって価格が決定され、一般的な商品は、需要と供給による価格の決定の中心点としての生産費があることを解く。このことは、貨幣の価値を論じた第8章と第9章の構成に表現されている。すなわち第8章の表題は、「需要と供給によって決定されるものとしての貨幣の価値について（Of the Value of Money, as Dependent on Demand and Supply, p.508）」と付され、第9章は「生産費によって決定されるものとしての貨幣の価値について（Of the Value of Money, as Dependent on Cost of Production, p.517）」、とされている。需給によって決まる市場価格とその中心点としての生産費の関係が、貨幣の価値の決定論にも反映しているのである。

付言すれば、金銀の価値は、一般商品と同じように生産費によって決定されることになるが、理論的には金銀が地代を伴う鉱山から算出されるので、最劣等地の生産費によって規制される。説明の便宜としては、金銀および貨幣としての金銀の価値は一般商品と同じように解かれるが、本来は最劣等鉱山の生産費に規制される商品と扱われるべきことが補足される形になっている。これはリカードウと同じである。ミルは、古典派の価値論を基本的に維持しつつ貨幣数量説を指示したのである。

冒頭で述べたように、ミルは貨幣数量説を全面的に支持している。貨幣数量説は貨幣の価値が需要と供給によってのみ決定されること、その中心点は存在しないことによって成立する。すなわち貨幣は購買力そのものであるから、市場は無限に貨幣を吸収し、貨幣量の増加は無限に価格を騰貴させることが貨幣数量説の前提だからである。

## Ⅳ　貨幣の価値と貨幣数量説

　ミルは、「第3編第7章 貨幣について」において、貨幣は商品の共通の価値尺度であり、物々交換の不便を解消する流通の媒介物であり、交換を容易にする道具であることを確認する。古典派の伝統に習って貨幣＝道具説を取る。そして、分割合成可能、保存可能性、均質性、携帯性などの金銀の貨幣としての優れた性質を説き、その価値の安定性に言及する。貨幣の耐久性によって、金銀の現在量は、産出量の影響を直接に受けることはないことを指摘する。そして貨幣の価値を次のように規定する。

　「貨幣は1個の商品である。そしてその価値は、他の商品の価値と同じように、一時的には需要供給により、永続的かつ平均的には生産費によって決定される。」(*Ibid.*,p.507, 訳、同前113頁)

　この貨幣価値の規定は、リカードウも同様であるが、貨幣数量説とは本来は相容れないものである。

　ミルは、第8章「貨幣の価値が需要供給に依存する場合について」において、次のように論じる。

　「貨幣の価値とは、貨幣が交換されるであろうところのもの、貨幣の購買力である。」(*Ibid.*,p.508, 訳、同前114頁)

　同様の見解は、第19章「輸入商品としての貨幣について」においても確認されている。

　「私は、貨幣という用語と貴金属という用語を区別しないで用いる。このことによって、どんな間違いも生じないだろう。貨幣の価値は、そが貴金属からなっている場合、あるいは要求に応じてこれと兌換できる紙幣からなっている場合は、その価値は、貴金属自身の価値によって完全に（entirely）規制されているからである。」(*Ibid.*,p.618, 訳、同前322頁)

　そして、「貨幣の価値、すなわち購買力は、第一に、需要供給に依存する」(*Ibid.*,p.509, 訳、同前116頁)、と言う。これは貨幣数量説の見解である。そして需要供給の意味を次のように説く。

　「貨幣の供給とは、世間の人たちが支出しようと思っているところの貨幣の数量である。あるいは世間の人たちが所有している貨幣の中から、彼らが蓄蔵しつつあるもの、あるいは少なくても将来の必要に備えて準備金として手元におこうとしているものを除いた、すべてのものである。簡単に言えば貨幣の供給とは、その時点において流通界にある一切の貨幣のことである。」(*Ibid.*,p.509, 訳、同前116)

「貨幣に対する需要は、売りにだされた一切の財貨からなる。」(*Ibid*., p.509, 訳、同前 117 頁)

「市場にある財貨は、その全部が貨幣に対する需要を構成するが、それと同じように、貨幣は、その全部が財貨に対する需要を構成する。」(*Ibid*., pp.509-510, 訳、同前 117 頁)

最初の引用にしたがえば、価格の決定にかかわるとされる貨幣は、価値の保蔵手段として保有される貨幣以外の貨幣である。これを流通界にあるすべての貨幣、と表現している。しかし、流通界にあるすべての貨幣とは、何を指すのであろうか。

次の2つの引用は、貨幣のすべては商品に対する需要を形成し、商品のすべてが貨幣に対する需要となると言っている。ここでの問題は、商品の売れ残りや使用されない貨幣はどのようになるのであろうか。この問題に関して、ミルは次のように言う。

「諸商品に対する需要は、ある分量に対するものがあるだけで、それ以上にはならない。しかし、貨幣については、いつも手に入れうる限りの需要が存在する。人々は、自分が持っている商品に対して、その人たちが十分な価格であると考えるところのものが得られない場合は、確かにその商品を売ることを拒み、それを市場から引き上げるであろう。しかし、これは、ただこの人たちが価格が騰貴するであろう、そして待っていれば多額の貨幣を入手することができるであろう、と考える時だけである。もしもその人たちがこの低い価格は続きそうだと考えたならば、彼らは手に入れるだけのものを受け取るであろう。商人にとりその財貨を売りさばくことは、いつの場合でも必須の条件である。」(*Ibid*., p.509, 訳、同前 117 頁)

ここでミルは、貨幣量が変化しなくても、商品所有者の騰貴的思惑による売り控えによって価格が上昇することを認めている。しかし、それは一時的なことであると考えている。その理由は、貨幣に対する需要が無限であり、商品所有者にとっては、商品を売ることが必須の条件だからである。すなわち、貨幣の方が強い立場にあるということで、商品はすべて売れるのが常態であると考えているのである。すなわち、需要と供給は一致する。売りに出された商品はすべて売れると考えるのが、ミルにとってのいわば原則である。

これをもとにミルは貨幣数量説を評価する。

「貨幣数量の増加は物価を引き上げ、その減少は物価を引き下げるということは、通貨理論のもっとも基本的な命題(the most elementary proposition in the theory of currency)であり、これなしには、他のどんな命題に対する鍵(key)も全く持たないことになる。」(*Ibid*., p.514, 訳、同前 126 頁)

ミルは貨幣数量説を貨幣論の最も基本的な学説として受け入れていたのである。したがって、ミル自身は自らを貨幣数量説の信奉者と位置づけていたことは確かである。しかし、その内容は、貨幣を使用された貨幣に限定するものであった。
　「いかなる商品においても、その価値を決定するものは、それの存在量ではなくて、売りに出される数量である。国内にある貨幣の数量がどれほどであっても、物価に影響するのは、そのうち商品市場に入り込んで、実際商品と交換される部分のみであろう。国内にある貨幣のこの部分の大きさを増加させるものは、何であれ、物価を引き上げる傾向をもつ。しかし、退蔵されている貨幣は物価に対して作用しないのである。」(Ibid.,pp.514-515, 訳、同前 127 頁)
　流通界にある貨幣とは、商品の購買に使用された貨幣であり、商品は売れた商品である。保蔵貨幣と売りに出されなかった商品は、価格と貨幣量の関係から除かれる。しかし、売買に使用された貨幣の総額と売れた商品の総額が等しいことは自明である。フィッシャーの交換方程式 MV=PT が成り立つことになる。しかし、その意味は商品の価格は販売価格どおりに購買される、ということでしかない。この式は、いつも成立する。そこに貨幣量と価格の因果関係はない。貨幣量と物価のどちらが原因でどちらが結果かを語ることはできない。
　使用されなかった貨幣は物価に影響しないという意味では、貨幣が増えても有価市場に流れれば物価には影響しないなど、今日の経済状況に適合する興味深い指摘もなされている。(Ibid.,p.515, 訳、同前 128 頁)
　なお、ミルは価格の弾力性の違いもあるので、貨幣量が増えても商品ごとに一律に上昇するわけではないことを指摘している。
　さらに、流通速度の問題に言及し、流通速度は、貨幣が一定期間にどれだけ所有者を替えたかではなく、一定量の商品取引を遂行するためにどれだけ所有者を替えたかという視点で見るべきであると言い、流通速度よりも「貨幣の効率 the efficiency of money」(Ibid.,p.513, 訳、同前 125 頁) の方が適した表現であると考えている。
　また、以上の推論は信用貨幣を除いた議論であることを注記している。理論的な考察のために、信用の問題は除外され、後で信用による需要の増加が価格に影響することが考察されることになる。

## V　貨幣数量説と必要流通手段量説

　第9章「貨幣の価値が生産費に依存する場合について」では、貨幣価値の究極の規制要因（ultimate regulator of its value）は生産費であることを指摘する。(*Ibid.*,p.518, 訳、同前131頁)

　そして、地金を鋳貨にする際にその手数料を徴収されない制度を前提にすれば、「貨幣の価値はその材料である地金の価値に一致する」(*Ibid.*,p.518, 訳、同前132頁) と言う。自由鋳造制度が、貨幣の価値と地金の価値の一致を保証するというのである。ただし、厳密には、金銀は鉱山地代論が適用される第3分類の商品であり、この場合は、市場に参入する鉱山の内での最劣等地の鉱山における生産費が、貨幣あるいは金銀の価値を規制する。

　さらに、金銀が輸入品である場合には国際価値論による修正を受ける、と言う。それは、どのような土地の生産物の価値も、その土地で獲得するための費用に依存する。このことは、輸入品の場合には、これと見返りに輸出するものの生産費用に依存することを意味する。他国の商品に対する需要が、国際価値の決定に影響すると考えるのである（*Ibid.*,p.595, 訳、同前322頁、参照）。

　ところで、貴金属貨幣の価値が生産費によって規定されるということは、利潤率を介した競争と資本移動によって他の産業との間での均衡が保たれることを意味する。ミルは、金価値の上昇が物価の低落と同義であること、すなわち金と一般商品の価値変動が逆になることに注意しつつ、金が自然的価値以上に売れたとすれば、資本移動などによって産金業の生産は増加する。そして金の増加によって金の価値は自然価値まで戻る。金が自然価格以下になれば、産金業は生産を縮小あるいは制止せざるを得なくなる、と言う。産金部門と他の産業との利潤率の均等化を述べているのであろう（*Ibid.*,pp.519-520, 訳、同前136-138頁、参照）。

　とは言え、貨幣の価値は、生産費によって規制されたとしても、金は耐久性に富んでおり、ほとんど摩滅しないので、金の現在量は、金の生産の増加や減少をそのまま反映することない。実際には、金価格の調整には長い時間がかかり、この調整期間は、需要と供給の法則が貨幣価値を規定する、と考える（*Ibid.*,pp.520-521, 訳、同前138-139頁、参照）。

　ミルは、生産費による貨幣の価値規定と貨幣数量説の価値規定が相容れないことを自覚している。そのいわば妥協案が、金銀の価値が生産費に一致するまでの調整期間が長いということである。しかし、ミルも認めているよう

に、自然価値は市場価値が収斂する均衡点として位置づけられている。調整期間の長短は、自然価値の存在を否定するものではない。貨幣に自然価値という内在的価値があり、それが生産費によって規定されると言うのであれば、貨幣量が増えれば物価が上がるという貨幣価値決定の理論とは相容れないことになる。

　そして、生産費による価値の決定の理論は、ミルを貨幣数量説とは逆の理論へと導く。すなわち、貨幣量と価格との因果関係が逆になっている記述が見られるのである。

　ミルは次のように言う。

　「装飾品や贅沢品としての財への支出として考えられる金銀への支出に当てはまることは貨幣には当てはまらない。もし金の恒常的な生産費が4分の1減少しても、皿や金の装飾品や宝飾品のための購入は増えないかもしれない。もしそうなら（金の）価値は下落し、これらの目的のために鉱山から採掘される量は以前よりも増えないであろう。貨幣として使用される部分に関してはそうではない。この部分は実際に4分の1増えなければ価値は4分の1下落しない。というのは4分の1高い価格の下では通常の購買を行うために4分の1多い貨幣が必要とされるのである。もし貨幣が増えなければ、商品の一定部分は購買されない（for, at prices one-fourth higher, one-fourth more money would be required to make the accustomed purchases; and if this were not forthcoming, some of the commodities would be without purchasers, and prices could not be kept up）。それゆえに貴金属の生産費の変化はその量の増加と減少に正確に比例する場合は貨幣の価値に影響する。それゆえに貨幣の価値と量との間の関係を主張する命題を捨て去ることは科学的にも実践的にも間違いである。」(*Ibid.*,p.522, 訳、同前140頁)

　ミルからの引用では、商品としての金に対する需要は、生産費が減ってすなわち価値が下がったとしても需要が増えないことはあり得る。極端なことではあるが商品としての金の場合には、価値が下落したまま需要が増えないことはあり得るということである。

　これに対して貨幣の場合には、商品の価値が4分の1上昇すれば、貨幣量も4分の1増えなければならず、増えなければ、4分の1の商品は売れ残る、と言う。貨幣量の不足は商品の売買に支障をきたすと考えているのである。そして、不足した貨幣分は必ず増えると考えている。おそらくはここで、流通速度一定の条件は仮定されている。しかし、この考えは、貨幣数量説とは別のものである。貨幣数量説であれば、貨幣が量的に不足したら、貨幣価値が上がり物価が下がるだけで、流通には何の支障もない。また、不足した貨

幣量が流通に補充される必要もない。

　貨幣に内在的な価値を認め、貨幣の量ではなく生産費が貨幣価値を決めるとし、流通速度を一定と想定することで、販売される総商品価格を購買するだけの貨幣量が流通には必要になると考えたのである。金食器や地金が金鋳貨になったり、産金部門の生産が増加して必要な貨幣は市場に流入すると考えるのである。これは、貨幣数量説ではなく、必要流通手段量説である。貨幣数量説の場合は、貨幣量が価格を決めるが、必要流通手段量説の場合は販売価格の総額が貨幣量を決める。因果関係が逆である。

　同様の見解は、不換紙幣論にも見られる。すなわち、不換紙幣と貴金属貨幣の混合流通のシステムの下では、不換紙幣の増加は、金属貨幣を流通から排除して全体としての必要流通手段が市場で調整されることを説く。

## VI　不換紙幣の貨幣数量説

　ミルの貨幣数量説は、貨幣数量説を自明のこととしつつ、その現実性を制約されたものとして扱い、さらには理論としての貨幣数量説そのものも崩しかねない内容を持つものであった。

　それは第Ⅲ編第13章「不換紙幣論について（Of an Inconvertible Paper Currency）」は、ミルの貨幣数量説の試金石でもあった。

　ミルによれば、不換紙幣とは、「内在的価値を持たない紙片（pieces of paper, of no intrinsic value）」（*Ibid.*,p.556, 訳、同前 205 頁）で、金を表章するものである。金貨幣の代理物ではあるが、要求があっても兌換に応じる必要のないものである。政府はこれを租税の支払いに使用できるものとし、これを乱発さえしなければ、少なくても一時的には成功した。

　こうした貨幣は、協約（convention）によって成立する貨幣である。この場合の協約は、他人がこの貨幣を受け取るという前提のもとに受け取る、という意味での協約である。ここでは、ミルの理解は、国家が納税において受け取ることを前提に、私人間でも流通するという理解であると思われる。この点では、convention は「慣習」よりも末永訳のように「協約」が適当と考える。

　しかし、問題は、不換紙幣の価値の決定論である。ミルは次のように言う。

　「しかしながら、既に見てきたように、金属貨幣でさえその価値を決定する時々の要因（immediate agency）はその数量（its quantity）である。もし、その数量が通常の商業的な損益に依存しないで、当局（authority）によって任意に決めるとすれば、それは生産費（cost）には依存しない。その所有者

の選択で金属に兌換できない紙幣の量は、当局が任意に（arbitrary）決めることができる。特に、発行者が、国家の主権者の場合には、そうである。それゆえに、こうした通貨の価値は、まったく無原則（arbitrary）である（*Ibid.*, 同前）。」(*Ibid.*,pp.556-557, 訳、同前 206 頁)

この引用は、文字通りに読めば、貴金属の価値について貨幣数量説を支持し、不換紙幣についても貨幣数量説を支持していることになる。

しかし既に見たように、ミルは数量説の意味を変えている。金や銀の日々の価格が需給関係で決まるという点では、スミスもリカードウも同じであり、ミルは価値論に対して何も新しいことを付け加えたことにならない。問題は、日々の価格の変動に中心を認めるかどうかである。ミルはこれを認める。生産費である。これもスミスやリカードウと基本的には共有する。

価値論として生産費を取るのであれば、上記の引用は、ミルにとっては矛盾である。金銀には生産費という内在的価値があるのだから、金属貨幣の価値は不換紙幣のように貨幣価値が量によって決まるとは言えない、と言うべきなのである。

貨幣の価値が生産費によって決まるのであれば、需給関係による日々の価値の変動は、生産費を基準として、変動の範囲内で価値決定に関わるだけとなる。これは貨幣数量説ではない。貨幣数量説は、数量が増えれば無限に貨幣価値が低くなるのであり、市場には調整の原理はない。歯止めはないのである。ミルは貨幣数量説の定義を変えて、貨幣数量説を継承しただけである。そして、それはもはや貨幣数量説ではない。

そして、実際のミルの考えは、貨幣数量説とは逆の、必要流通手段量説となる。ミルの推論は以下のようである。すなわち、金属貨幣だけが流通している市場に、金属貨幣の半分の量に値する政府紙幣を流通させたとする。その結果、一般商品の価格も上昇し、金製品も価格も上昇する。そして、次のように言う。

「価格は、元に逆戻りするであろう。そして以前にあった貴金属通貨の半分が紙幣に置き換わった以外何も変わらないであろう。Then prices will relapse to what they were at first, and there will be nothing changed except that a paper currency has been substituted for half of the metallic currency which existed before.」(*Ibid.*,p.557, 訳、同前 207 頁)

市場に必要な貨幣以上の金属貨幣は、市場から溢れ出て、地金に戻る、と考えているのである。これは、市場が貨幣量の調整機能を持つという考えであり、典型的な必要流通手段量説である。ミルは、貨幣数量説の全面的な指示を唱えつつ、その内容は、貨幣数量説とは対極の考えを取っていた。しか

も、鋳貨と地金との間の調整であれば、市場価格と鋳造価格の差が生じればただちに行われる。ここでの記述は、貴金属貨幣の調整には時間がかかるという先の指摘とはなじまない。貨幣数量説に対するミルの信念が、ミルの貨幣数量説を混乱させている。

 そうであるとすると、『原理』のリカードウとミルとは、内容的にはほとんど同じことになる。しかし、『原理』のリカードウは、貨幣数量説の支持表明を行っていない。労働価値論の確立によって、金属貨幣に関しては、貨幣価値論における貨幣数量説の採用が不可能なことを自覚していたのである。

 なお、ミルは、以上の限りでの紙幣の役割は、兌換紙幣と不換紙幣では同じであると言う。両者の違いが出てくるのは、紙幣が全て金属貨幣と置き換わった場合である。兌換紙幣の場合は、政府が兌換の義務を負うことによって貨幣の価値は維持されるが、不換紙幣の場合は、際限なく増加することができ、際限なく価値を低下させることができる、と言う。しかも政府は、貨幣価値の下落によって、政府債務の削減を図ることができるという直接的利益もある。ミルは、不換紙幣の場合でも、元々の鋳造価格を基準に紙幣発行量を調節する方法や、保有財産によって紙幣発行量を制限する方法を考察するが、紙幣としては兌換紙幣を優れた方法と見なす（*Ibid.*,pp.557-562, 訳、同前 208-217 頁、参照）。

 もともとの鋳造価格を維持するように紙幣を発行する方法に関して、ミルは兌換性より劣るとしているが、立ち入った批判は行われていない。ミルは、紙幣に関する貨幣数量説を全面的に信頼しており、この基準よりも紙幣が増えれば、自動的に物価は上がると考えているのである。この点では、一定の機能を認めているのである。しかし、これは地金の価格が不変なだけで、金が一般的な物価を体現するわけではない。この場合には、金は物価を構成する消費の1つに過ぎない。

 また、発行主体についての保有財産を紙幣発行の制限とする方法については、ミルはその意味を認めていない。兌換請求に応じない点では同じだからである。

 さらにここで、ミルはヒュームの連続的影響説について言及する。そしてこれを全面的に否定する。何よりも、同時かつ一般的に物価が上がり続けるのであれば、誰も得をしないからである。大量の貨幣が増加したとしても、一般的に、かつ同時に物価が徐々に上昇すれば、一方の得が他方の損になるだけのことだからである。あるいは、この説が投機の時期のことを想定しているのであれば、いずれ反動が来る、と言う。

また、おそらくはヒュームが想定していたであろう特定の人に貨幣が増加し、他の商品の価格が上がらないうちに価格が上がる前の商品を買ったとすれば、買った人は利益を得るが、売った人は従来の価格で販売し、これに見合った額の貨幣しか得られない。この貨幣で他の新しい高い価格の商品を買ったとすれば、労働に対しても資本に対しても、通常以下の報酬しか得られない。

　前段の批判、貨幣が増加しても一般的かつ同時に物価が上がり続けるならば、生産に対する刺激効果はないとする点は、妥当である。しかし、ミルも言うように、ヒュームの趣旨は後段である。貨幣がまんべんなく社会に広まるまでの過渡期があり、その意味は物価上昇が貨幣の増加に比例した状態になるまでではなく、一般性を持つ以前の状態という意味での過渡期のことである。

　この場合は、旧来の値段で売った人も、より多くの商品を獲得することで利益を得ることが可能であると考えることはできるが、そうであるとすると、商品量そのものが増加するので、貨幣の増加分は商品量の増加に吸収されて、貨幣数量説を取っても、物価は上昇しない。したがって、ミルは、商品量は増加しないと想定して、ヒュームの連続的影響説を批判したのである。

　ヒュームの連続的影響説による経済刺激効果は、労働力や資源が使用されずにある状態で、貨幣の増加が需要の増加に結びついた場合には成立する。しかし、この場合は生産の増加を招くので、ヒュームの言うように、結果的に貨幣量の増加分物価が上昇するという結論にはならない。ステュアートが批判している通りである。

　また紙幣論においては、インフレ租税論を展開している。以下の通りである。

　「しかしながら、代位されるべき金や銀がない場合には、すなわち金属貨幣の部分に代位するのではなく流通している通貨に対して紙幣が加えられるなら、通貨の所有者は、その価値の減価によって、発行者が得た部分と同じ額の損をする。事実上、発行者の利益のために課せられることになる。」
(*Ibid.*,p.565, 訳、同前 223 頁)

　インフレ税の見解は、貨幣数量説の機械的な適用を支持することから生じる見解である。この点で、ミルは、不換紙幣に関しては貨幣数量説を支持していたことになる。

## 結　語

　以上、ミルの貨幣数量説は、信用や国際価値論による補足が必要であるという点で、ミル自身にとっても限定されたものであった。しかし、貨幣数量説と貨幣価値に関する生産費説となじまないことを認識している。他方、金や銀の耐久性は高く、そのため現在量と流通手段量の大きなズレがある。市場価値と自然価値との調整期間が長くかかり、この調整期間に貨幣数量説を当てはめる考えは貨幣数量説とはなじまない。調整期間においても、自然価値は市場価値に作用していると考えるのであれば、貨幣量が貨幣価値を決めているわけではないからである。貨幣数量説は、貨幣には固有の内在的な価値はなく、需給関係だけに貨幣価値の決定を委ねる貨幣価値の決定論だからである。詭弁と言える。

　そして、ミル自身は、さまざまな局面で、市場が貨幣量を調整することを認めており、これは貨幣数量説とはまったく相容れない学説である。価格と貨幣量の比例関係を説く点では同じでも、貨幣数量説は貨幣量が価格を決めると説くのに対し、価格が貨幣量を決めると説く理論だからである。この理論は、貨幣が外生的に増えることを認めていない。ミルより先にトマス・トゥークが、物価が原因で貨幣量が結果であることを証明する膨大な研究を行っている（Took[2008]）。ミルは貨幣数量説と必要流通手段量説の対峙関係にあまりにも配慮がなく、貨幣量と物価との比例関係を説く学説を貨幣数量説と見ていた可能性すらある。

　その原因は、ミルのいわば交換方程式とも言える理解から来る。ここでの貨幣量は使用された貨幣量であり、購買価格の総額である。そして、ここでの商品量は売れた商品の総量である。保蔵貨幣、使われなかった貨幣、在庫商品、市場に出なかった商品は、価格形成に参加していない。販売価格と購買価格の一致をもって、貨幣量と価格との比例関係を言っているにすぎない。これは、同じ事態を販売と購買の2つの視点から見ただけである。ここでの貨幣量は貨幣量ではなく、したがって、貨幣量が増えても物価が上がるかどうかは不確定である。ミルに至って貨幣数量説の根本的な問題が浮き彫りになったと言える。ミルの貨幣数量説の学史的な意味もここにある。

# 第3章　貨幣数量説批判の系譜

## 第1節　ジェームズ・ステュアートの貨幣論

### I　鋳貨論と為政者の役割

#### 1.「見えざる手」と「為政者」

　ジェームズ・ステュアートの経済学は、重商主義から古典派経済学への過渡期として扱われることが多い。自由主義を古典派経済学の完成形態とすると、スミスの「見えざる手」の位置に「見える手」としての「為政者」を置くステュアートは、「遅れた」経済学に見えるのかもしれない。実際には、市場の「見えざる手」がすべてを解決したことはなく、大臣や高級官僚などの「為政者」が不要になったこともない。歴史の教訓からすれば、ステュアートの方が現実的であると見ることができる。

　ステュアートの大著『経済学原理』（1767、以下本節では『原理』と略記、ただし邦訳のタイトルは『経済の原理』）は、体系的な経済学の誕生を告げるものとして、本来は不動の地位を占めていいはずのものであった。しかしながら、アダム・スミスの『国富論』の誕生が、ステュアートを経済学の「過去の人」に押しやったのである。

　自由主義が市民革命の政治思想となり、かつ重商主義の統制的な経済政策に代わる新しい経済思想となっていた。自由主義は時代の新しいイデオロギーであった。このことが、ステュアートを過小評価させたとも言える。神の「見えざる手」は、市場に対する信仰である。これに対し、市場の機能には限界があり、「為政者」が必要だとするステュアートは、現実的ではあるが、遅れて見えたのであろう。

　2000年に半年間、スコットランドのエジンバラ大学でステュアートの手稿を調査した。この際に、大学の図書館で、貴重なはずのステュアートの手稿があまりにも簡単に目の前に現れたことに驚いた。未刊行の資料である。計り知れない価値がある。エジンバラ大学の開放的な知的風土に感謝するとともに、ステュアートに対する評価にも助けられたのかもしれない。

第3章　貨幣数量説批判の系譜

　ステュアートに関する資料の1つが、バリントン卿に宛てた手紙（Letter to my Lord Barrington, 1763）である。実際には手紙の形を取ったステュアートのまとまった貨幣論草稿であった。

　ステュアートは、第2次ジャコバイトの乱（1745-1746）に参加し、フランスに援軍を求めるために渡仏した。ジャコバイト軍はイングランド内部に侵攻し、ロンドン近くにまで攻め込んだが敗戦。ステュアートはそのまま大陸で長い亡命生活を送った後、1763年に帰国している。バリントン卿に充てた手紙の執筆年と同じである<sup>1</sup>。

　スミスの墓は、エジンバラのロイヤルマイルのホーリールード宮殿の近くのキャノンゲート教会の中にあり、スミスの住んでいたパンミューレハウスもその近くにある。家の前には赤い車があり、夕方明かりがついているところを見ると、現在も普通に使用されている。スミスの像は、ロイヤルマイルのややエジンバラ宮殿寄りに、スミスの功績を称えて製作された。

　ステュアート家の墓地は、グラスゴー近くにある。一家は没落し、墓地には一族の墓石が折り重なって倒れていた。ジェームズ・ステュアートの墓石を確認することはできなかった。

　ステュアートに対して、マルクスは「最後の重商主義者」と表現している。このマルクスの評価は、マルクスの体系そのものから来る。資本主義経済の法則をつかもうとするマルクスにとって、研究対象は自律的に運動する経済として把握されるべきものである。この点で為政者を経済システムの不可欠の存在とするステュアートの資本主義像は、マルクスにはそぐわない。スミスの「見えざる手」の経済システムの方が、資本主義の自律性をとらえる点で、マルクスの経済学研究の対象としては有効であったと思われる。

　ステュアートの最大の問題点は、為政者（statesman）の役割をめぐる問題であろう。スミスは、「見えざる手」を理論の背景に置き、自由放任の体系を作り、政府の役割も限定して、安価な政府の思想を形成した。これに対してステュアートは、為政者（statesman）の役割を重視した。自由主義が国家からの自由を唱えるのに対し、経済に対する為政者あるいは国家の役割を明確に唱えたのである。

　スミスは、「見えざる手」の思想に基づいて、利己心に基づく市場の自己

---

1　奥山『ジェームズ・ステュアートの貨幣論草稿』、社会評論社、2004年。その後、『経済学原理』の基礎となった手稿であり、『原理』の第3編と第4編が分離する以前の手稿を古谷豊氏と協同で調査し、刊行した。奥山・古谷『ジェームズ・ステュアート「経済学原理」草稿—第3編貨幣と信用—』、御茶の水書房、2006年。

*189*

調節機能を全面的に信頼し、重商主義国家のさまざまな経済的規制を批判した。これに対してステュアートの為政者は、国民に仕事を与える責任を負い、産業部門間の調整を取るという任務を持っている。また、地主の消費による社会的な有効需要の創出への期待もあった。市場原理の限界を見ていた所以と思われる。

ステュアートにとって、利己心は大衆の行動原理であるのに対して、為政者は市場を熟知し、大衆の利己心を穏やかに誘導しながら経済政策を行う人々である。彼らは、公平で有能、常に全体のために行動することが期待される。いわば賢人であり、こうした期待は、現代にそのままつながると言っても過言ではない。

## 2．鋳貨と為政者

為政者の役割という点で、『バリントン卿への手紙（1763）』（以下、『手紙』と略記）は、興味深い視点を打ち出している。ステュアートは、貨幣政策は為政者にしかできないと考えていたのである。

この手紙の表紙は、次のようになっている。

> Letter
> To my Lord Barrington
> Up on the Principles and Doctrine
> Of Money
> Applied to the present circumstances of
> The nation
> With regards to that Subject
> Written in the Month of October
> 1763
>   （奥山 [2004]、30 頁）

バリントンとは、おそらくは *Dictionary of National Biography*（Oxford University Press）に収められている次の人物であると思われる。

Barrington、William Wildman On 21 March 1761 he was appointed chancellor of the exchequer、in succession to Mr. Legge、and continued to hold this office until his　acceptance of the treasurership of the navy、8 May 1762、in the place of George Grenville、then appointed secretary of state.

バリントンが、1761 年 3 月 21 日から 1762 年 3 月 8 日まで大蔵大臣のポ

ストにいた William Wildman Barrington だとすれば、まさしく為政者である。

バリントンは、スキナーによれば（A.S.Skinner 編、小林昇・水田洋共編『原理』、Steuart [1998]、編者序文 Introduction）、ステュアートの支援者であり、ステュアートが信頼を寄せていた人物であった。ステュアートはジャコバイトの乱に参加し、フランスで敗戦を迎え、そのまま長い亡命生活を送る。帰国後も正式な赦免は困難であった。バリントンは、国王に対してステュアートの赦免を願い出ているのである。

ステュアートは亡命生活中に経済学の研究を開始し、1761 年に『ドイツ鋳貨論』（*Dissertation upon the Doctrine and Principles of Money applied to the German Coin*, 1761, in German; translated into English, 1805）を刊行している。バリントン卿宛てのタイトルを冠したこの手紙は、ステュアートの理論形成史上は、『ドイツ鋳貨論』と『経済学原理』の中間にある。

為政者たるバリントンに宛てられた貨幣論の存在は、貨幣改革が当時の経済問題の中で特に差し迫った課題であったことを意味すると同時に、貨幣改革は為政者にしかできない課題であったことを意味する。

ステュアートは手紙を差し出した理由について次のように言う。

> I shall not indeed、venture to give any opinion concerning the precise standard、which government ought to establish ; in redressing the present confusion of the coin. That point I shall leave to your lordship to determine. It is enough、for one、who know、so little of the complicated interests of this nation、to attempt a distinct analysis of the general principles、which by statesmen may be applied at all time、to every circumstances and combinations.
>
> I shall endeavour（as far as possible）to keep free from metaphysical inductions、and to reason from examples. You will pardon however what must still remain of the pedant、in a first outsetting. Subjects like this、are not suited to the dissipation of a gay and easy life. This letter will require to be perused in the hours of serious reflection ; and these、I know、are found to pass both swiftly and agreeably in your closet ; when the service of your country requires it.
>
> In short、my lord、I shall endeavour to render any subject as little tiresome as possible : and in the firm resolution to keep my word、I shall introduce you into it、at once、without further preface or apology.（同前、44-45 頁）

すなわち、ステュアートは、鋳貨をめぐる混乱をいかに押さえるかを重要な課題としている。度重なる鋳貨の改鋳によって、度量標準の異なる鋳貨が

混在して流通している。また、金銀複本位制の元では、金と銀の比価の変動の問題が生じる。これに伴う金銀の海外への流出の問題も生じる。加えて、摩損した鋳貨がそのまま流通するという問題もあった。

引用文中の最も重要な指摘は、通貨問題が為政者の問題だと言っていることである。'the dissipation of a gay and easy life' は、気楽に生活する大衆を指している。ステュアートの『原理』は、利己心（self interest）を鍵とした経済学であるが、スミスのように、利己心（selflove）に基づく行動が社会的調和をもたらすとは考えていない。国家が関わらなければならない領域がある、と考えているのである。

鋳貨はその1つである。利己心に基づく行動から健全な通貨システムが生まれることはないと考えているのである。ここでの大衆は、自分の目先のことしか考えない利己心の持ち主として描かれている。全体を見る目が必要であり、これは利己心の及ぶ範囲ではないのである。こうした公共心が為政者に求められているのである。

国家が鋳貨の製造のために生まれたわけではないが、鋳貨は国家のように全体的な視点を持った機関が担う必要がある。そして、鋳貨による度量標準の決定をはじめ、システムとしての鋳貨は細心の注意が必要であり、その管理は利己心の原理から導かれるものではないのである。

ステュアートは、為政者には、利己心よりも公平で全体的な利害を真っ先に優先する有能な人材を求めている。この点で、鋳貨改革は為政者の課題であった。鋳貨改革のためのステュアートの『手紙』は、為政者としてのバリントンに宛てられた理由もここにある。

また引用中、為政者は単数の複数形の statesmen になっている。『手紙』の別の箇所では states-man と単数で、かつ 'states' と 'man' は '—' でつながれている。『原理』では単数で使われていることが多いが、複数形もしばしば使われている。ステュアートの為政者はトップの1人を指すのではなく、為政者の集団を指している、と考えるべきであろう。バリントンは、為政者の1人だったのである。

## II 貨幣論におけるステュアートの位置

貨幣論に関する本質論争は、さまざまな観点から論じられる。重商主義と古典派との関係では、貨幣は富なのか交換の道具なのかが、対立軸であった。しかし、もう1つの対立軸は中世にあり、貨幣＝商品説と貨幣契約説（協定説あるいは国定説）の対立である。前者は貨幣は交換の中で自然発生的に生

まれたことを強調する立場であり、後者は法律がなければ貨幣は機能しないことを強調する立場である。

中世のスコラ学徒の議論はこの走りである。問題は金属貨幣に関する議論であり、紙幣はかかわらない。貨幣の発行主体が貨幣の本質であるとする点で、論点は共通している。貨幣＝商品説は、貨幣は商品交換の中から自然発生的に生まれたことを強調し、領主や国王の持つ貨幣鋳造権とその乱用、貨幣の悪鋳に反対した。これに対して領主による鋳造権を擁護する立場は貨幣＝協定説と言える（オレーム [1937]、「貨幣の起源、性質、法律、並びに改変に関する論文」1355？、奥山 [1990]、参照）。

ステュアートは、紙幣を重視する論者である。彼はいわゆる観念的貨幣論を唱え、これを貨幣の理想と考えている。そしてその具体的な姿を紙幣の中に見出していたのである。しかし、ステュアートの紙幣の発行者は、国家ではなく紙幣管理能力を持った銀行である。

20世紀に入ってからのクナップ（Georg Friedrich Knapp、1842-1926）の貨幣国定説は、紙幣論の系譜である。クナップは、自らを金属主義対名目主義の対立として、貨幣の本質論を整理した。つまり、自分以前の学説を金属主義として括りだし、自らの紙幣論を名目主義として特徴づけたのである。名目主義の意味するところは、国家による紙幣の発行を認めることにある。

政府紙幣には、中国の宋や元、アメリカの南北戦争期のグリーンバック紙幣をはじめ、少なからずさまざまな経験がある。わが国の藩札、太政官札、軍票などもこれに加わる。紙幣の利点は、何よりも制作費用がかからないことである。

クナップの紙幣導入のプロセスは次のようである。すなわち、紙幣に関する最も重要な問題は、人々が本当にそれ自体に価値のない貨幣を受け取るか、という問題である。クナップは、人々が金属貨幣を長い間使用して貨幣についての理解を深めれば、金属貨幣から紙幣に移行できると考えている。貨幣使用の教育効果を前提に金属の土台をはずし、紙幣を流通させることが可能と考えていた。

ステュアートやスミスの時代、紙幣に関しては大きな苦い経験があった。18世紀の初頭に、フランスにはロー（John Low、1671-1729）体制と呼ばれる時期（1715-1719）がある。スコットランド生まれのローは、大陸を転々とした後に初代のフランスの王立銀行総裁、そして財務総監になる。信用貨幣の発行によって、当時崩壊状態にあったフランス経済を未曾有の好景気に導く。しかし、最終的にはバブルとその崩壊を招く。

フランスにとっては苦い経験である。ローの経験を受けて、財務総監のテュ

ルゴーは、『富の形成と分配に関する省察』（1769-1770, Turgot [1727a]）において、「すべての財貨は貨幣である」ことを唱えて、貨幣＝商品説の立場を鮮明にする。スミスもローを貨幣＝契約説として扱っている。ロー自身は、土地銀行論の提唱者であり、貨幣の発生を国家間の支払手段の機能に求める極めて興味深い議論を展開している。したがって、貨幣＝契約説としてのローは、彼の理論と言うよりも、彼が行った政策に対しての受け止め方である。

以上の経緯の中で、スミスは後に見るように、貨幣＝商品説を唱えた。これに対し、ステュアートは、貨幣本質論に関しては全く別の立場に立っている。貨幣＝商品説と貨幣＝協定説の対立からはずれているのである。時代状況としても、貨幣論の歴史から見ても、ステュアートの貨幣論は特異である。ただし、テュルゴーは観念貨幣が機能していた実例を多く上げて紹介している（Turgot [1972a]、参照）。

マルクスは、ステュアートの貨幣論を観念的度量単位説と呼ぶ。マルクスにとっては、ステュアートは不変尺度論争について考えすぎたために錯乱を起こした、と思えたのかもしれない。

不変尺度論とは、貨幣としての金や銀の価値が変動することに基づく。価値を尺度したものが価格であるとすると、金銀で尺度すれば、金銀の変動とともに、尺度の基準それ自体が変わってしまうのである。長さや重さや角度のような不変の尺度はどこにあるのか、これが経済学の大きなテーマであった。

少なくとも、ベイリー（Bailey [1967]、参照）が不変尺度自体の存在を否定するまではそうであった。もともと存在しない不変尺度を探すこと自体が課題として成立しない、つまり問題自体がないという指摘が、ベイリーの学説史上の功績である。

ステュアートの不変尺度貨幣論は、もちろん、ステュアートの大著『原理』で論じられているが、しかし、それより早く、バリントンに宛てた手紙の中に登場している。

## III　価値と貨幣

貨幣とは何かという本質論については、『手紙』と『原理』の第3編「貨幣と鋳貨について」の間に大きな差はない。この両者の違いは、貨幣論の前提となっている価値論にある。ここでは『手紙』にそって、ステュアートの貨幣本質論の論理を検討しよう。

ステュアートの貨幣論の特徴は、何よりも貨幣と鋳貨とは異なるという独

特の認識にある。『手紙』はこの問題について次のように述べる。なお、アンダーラインは手書きの原稿に付されていたものである。また、先に指摘したように、『手紙』の本文には細かな単位で小見出しが付けられている。

「貨幣の定義（Definition of Money）」の見出しにつづいて次のような見解が示されている。

> By money, I understand the denomination by which we reckon, that is pounds, shillings and pence. By these we buy and sell, and by these we bind ourselves, and our posterity in permanent contracts.（同前、48 頁）

すなわち、貨幣とは計算の際の呼称であり、ポンドやペンスやシリングがこれに当たる、とステュアートは定義するのである。マルクスは、ステュアートの価値尺度とは、価格の度量標準であると批判しているが、『手紙』の文言では、この批判は適切である。

そして、これによって売り買いを行い、永続的な契約の場合には、自分たちと後の世代とを拘束することになると言う。計算貨幣をもって貨幣とみなすというステュアートの特徴的な貨幣論が明確に示されている内容からすれば、この内容が『原理』第 3 編第 1 部第 1 章「計算貨幣について」に継承される。

他方、鋳貨の定義（Definition of coin）は、次のように説明されている。

> By coin I understand, pieces of gold and silver, of determinate weight and fineness, stamped by the kings authority; to which are given denomination of money. With this we pay for what we have bought and acquit the obligation we have con tracted.（同前 49 頁）

すなわち、鋳貨は金や銀のかけらであり、それには一定の重量と純度が王権によって刻印されている。そして、これによって買った物に対する支払いを行ったり、契約したことに対する義務を負ったりする、と言う。

ここから鋳貨と貨幣とに関するステュアートの議論が引き出される。

> Money therefore, is the denomination by which we reckon, coin is the adequate equivalent with which we pay. These two things are totally different.（同前 49 頁）

要するに、貨幣は計算上の単位の呼称であり、鋳貨は支払いに際しての十分な等価物であり、この 2 つはまったく別である、と言うのである。

鋳貨から区別された貨幣は、どのような役割を果たすのか。『手紙』では

次のように説明されている。
>The nature of money (which I shall call money of account in order to distinguish it from Coin, which I shall call material money) is to serve as a scale for measuring the value of things.（同前）

物としての存在を持たない計算貨幣の本質は、物の価値を測るための尺度として機能することにある、と言うのである。物の価値を測る尺度としての貨幣、すなわち計算貨幣が貨幣の本質であるとするならば、そもそも物の価値とは何かが問われなければならない。この点が『手紙』と『原理』とでは必ずしも一致しない。

価値の定義（Definition of value）の項目で、ステュアートは次のように言う。
>Value is a relative term ; there is no such thing as absolute value ; that is to say, there are not two substances in the universe, different in themselves, which can be so proportioned in their parts, as to be permanently of the same value at all times.
>The fact is undoubted, and the reason is plain. Value is the estimation, mankind put upon things, and that estimation, depending upon a combination of their own wants, fancies and even caprices, it is impossible it should be permanent.
>The measure of value, then, must be that which measures, not the positive worth of anything, but the relative worth of different things, compared with each other.（同前 50 頁）

以下、この部分の全訳である。
「価値という用語は相対的な用語である。絶対的な価値と呼ばれるようなものは存在しない。

すなわち、それぞれ異なった物質で、おのおのの一部分が比例的な関係に置かれるもので、永遠にいつも同じ価値を持つような2つの物はまったく存在しない。

この事実は明白であり、その理由は簡単である。なぜならば、価値は人間が物に与えた評価だからである。すなわち、この評価は彼ら自身の欲求や空想や気まぐれさえも組み合わさったものに依存しており、永遠に同じであることなど不可能なのだ。

そうであるとすると、価値の尺度とは物の価値を積極的に測るものではなく、異なった物の間の相対価値を測ることであり、物どうしを比較することであるに違いない。」

この部分は、最初の2つのパラグラフをつないで1つのパラグラフにした

形で、そのまま『ドイツ鋳貨論』にある。時間的な前後関係からして、『ドイツ鋳貨論』の一部がそのまま『手紙』に転用されたのであろう。

　言うまでもなく、ここに見られる価値論は、純粋に相対的な価値論である。絶対的な価値の存在はまったく否定されている。この相対的価値論の視点は、『原理』の第3編「貨幣と鋳貨について」に受け継がれている。

　古典派の先駆と言うよりも、古典派批判者の先駆と言った方がよい。

　『手紙』の相対的価値論は、第1に価値を用語の問題として受け止めて相対的価値論を展開した点、第2に絶対価値論を全面的に否定した点、第3に、その理由を価値が交換における人間の物に対する評価の問題であるとして主観価値論の視点を持ち出した点など、リカード価値論批判の中心であるサミュエル・ベイリーとほとんど同じである（Bailey[1825]、参照）。J. S. ミルもベイリーを継承する（本書、第2部第2章第2節、参照）。

　先にも触れたように、同じ文は『ドイツ鋳貨論』に含まれている。『ドイツ鋳貨論』のドイツ語版は1761年の出版であるが、英訳は6分冊の著作集に含まれて1805年に出版されている。英訳の出版年代から見て、古典派の価値論に影響をあたえた可能性もあり得る。

　この『手紙』や『ドイツ鋳貨論』に見られる相対的価値論は『原理』とは異なる。価値論は『原理』の中では繰り返し論じられている。それらは必ずしも同じ視点から解き明かされているわけではない。すなわち、内容からすると絶対的価値あるいは客観的価値の要素を取入れつつあった。

　例えば、ステュアートは『原理』第2第4章では、財貨の価格を「実質価値」と「譲渡利潤」からなるものとする。その上で、「実質価値」の要素として、職人の労働時間、職人の生活資料と機具などに必要な支出、原料の価値の3つを指摘する。

　またステュアートは、『原理』第2編第26章では商品の価値を intrinsic worth と useful value に分け、前者の価値は有用性によって評価され、後者の価値は労働時間によって評価されると説いている（Steuart [1998]、vol.2, p.41, 訳、328頁）。『手紙』や『ドイツ鋳貨論』で語られているように、商品の価値が人間の欲求や空想や気まぐれによって決まるもので、2つの物の間の比較でしかないのであれば、商品価値の比較の媒介物になる計算貨幣に、客観的な価値や固有の価値を認めることは意味のないことになる。こうした計算貨幣がそれ自身価値を持つ必要はない。

　『原理』におけるステュアートは、相対的価値と絶対的価値の間で混乱していたのかと言えば、必ずしもそうではない。ベイリーは、価値の概念においては相対的価値に純化するが、価値の概念とは別に価値の原因を論じ、そ

こでは、労働時間や稀少性など、複数の要因を挙げている。ステュアートも また、ベイリーの先駆者として同じ構想を持っていたとも考えられる。そし て『手紙』では、価値の原因論が説かれていなかった、と考えることもできる。 『手紙』は次のように言う。

> Money again is not the measure of any corporeal substance ; it is the measure of value only ; as long therefore as money remain an ideal scale consisting of nothing but denominations (examples of which you have in the bank money of Amsterdam and the money of Angola on the coast of Africa) it answers exactly every purpose of a scale for measuring value.（同前 52-53 頁）

貨幣は形を持った実物の尺度ではなく、まさに価値の尺度であり、それゆ え、貨幣がただ呼称だけから成り立つ観念的な尺度（この例としてはアムス テルダム銀行券とアフリカ海岸のアンゴラの貨幣がある）である限り、それ は正確に価値を測るという尺度の目的を果たしている、と言うのである。

アムステルダム銀行券は、金や銀との兌換を義務づけられていない信用 貨幣である。また、アフリカの原始貨幣であるアンゴラの貨幣マキュート（macoute）は、計算単位としてだけ機能し、現実には存在しないと言う。こ の2つの事例については、引用文に続いて『手紙』の中に詳しく説明されて いるが、それがそのまま『原理』に受け継がれることになる。

ステュアートは、実体のない貨幣の方が計算単位として価値が安定する、 と言う。『手紙』の場合、絶対的価値の要素はまったく否定されており、商 品の価値自身が純粋な相対的価値として把握されていた。したがって、貨幣 素材がそれ自身に価値を持つことは、価値尺度機能にとって重要な意味は持 たない。この点で『手紙』の価値と貨幣との関係に関する理解は、整合性が 取れている。むしろ、価値論に客観的要素、絶対的価値の要素を取り入れた『原 理』の方が、価値と貨幣との関係については、より立ち入った説明を要する のである。

しかし現実には、計算貨幣と鋳貨とが分離しているわけではない。『ドイ ツ鋳貨論』の場合には、「物質的な貨幣（金と銀・・・奥山）が一般的な尺 度であり、あらゆる交換物の普遍的な等価物であろう」(Steuart [1995], vol. 5、 p.174) と説く。アムステルダム銀行券やアンゴラ貨幣に対する賛辞は見ら れない。観念的な貨幣の現実性については、ためらいがあったものと考えら れる。

『手紙』と『ドイツ鋳貨論』では、価値論は共有していても貨幣論には微 妙な差があったのである。『原理』では『手紙』の貨幣論が受け継がれた半面、

その前提となっていた価値論は修正されていたのである。『手紙』における価値と貨幣の関係は、『ドイツ鋳貨論』と『原理』の中間に位置しているが、独自の整合性を保った理論構造になっている。

ステュアートはアムステルダム銀行券について、This bank money stands invariable, like a rock in the sea（この銀行券は海の中の岩のように不動である。奥山 [2004]、53 頁）、と語っている。ステュアートの理論的背景には、不変尺度論争がある。長さや重さや角度の尺度は不変なのに、貨幣の価値は金と銀の価値とともに変動する。金と銀の比価も変動する。尺度の基準自身が変動することは、尺度としてはふさわしくないのではないか。そして、貨幣価値や金銀比価の変動から経済的な混乱が生じる。不変尺度はこうした問題から希求されていた。

ステュアートは、貨幣と鋳貨を理論的に切り離し、貨幣を計算貨幣に純化することで不変尺度を打ち立てた。ステュアートにも All measures ought to be permanent（すべての尺度は不変でなければならない、同前 53 頁）という信念があった。

マルクスはステュアートの貨幣論を『批判』と『資本論』で批判している。ステュアートの主張は、価格の度量標準をもって価値の尺度と取り違えたのだと言うのである。

しかし、『手紙』はこうした批判を回避する論理を備えている。価値は純粋に相対的なものであり、そもそも商品に絶対的な価値はないと言うのである。そうであるとすれば、価値の尺度と価格の度量標準を区別することの意義は後退する。マルクスの批判の的それ自体が取り外されてしまうのである。ここに『手紙』の貨幣論の独自性がある。

## IV 鋳貨問題と貨幣本質論

ジェームズ・ステュアートの貨幣本質論は、彼の『原理』の「第3編 貨幣と鋳貨について」、「第1章 計算貨幣について」で論じられており、極めて刺激的な学説である。

問題の所在は、不変尺度論争にある。すなわち、長さや重さや角度の尺度は、どこでもいつでも同じである。1970 年の 1m と 2000 年の 1m に違いはない。しかし、今日のわれわれの経験でも貨幣の価値はつねに変動する。当時はこの混乱が極まっていた。まず、金と銀の 2 つの金属が貨幣として流通しており、金や銀のそれぞれの価値の変動に伴う金と銀の比価の絶えざる変動によって、金や銀の貨幣が海外へ流出するという問題が生じ、対外的な関

係から貨幣制度は大きく混乱していた。また、貴金属貨幣が摩滅し、摩滅した鋳貨と完全な鋳貨が併存して流通しているという問題や、度重なる鋳貨の改変すなわち悪鋳による問題も生じていた。さらに、当時の富裕者は富を土地で持ち、貨幣で持たなかったために、財産の貨幣化の必要性の問題があった。また担保を持たない商工業者への貨幣供給の問題や、信用とこれに伴う信用貨幣の不安定さの問題もあった。こうした形成期にある資本主義特有の問題も生じていたのである。

　したがって、貨幣システムは極めて不安定であった。言い換えれば、貨幣は商品価値の尺度であるにもかかわらず、尺度の基準自身が不安定だったのである。不変の尺度を求める議論はこうした事情から生じる。アダム・スミスの労働価値論も、この不変尺度論争から生じている。すなわち、スミスは不変尺度問題の解を、「支配労働」という理念的な価値尺度に求めたのである。

　ステュアートは、この問題の解決を貨幣論に求め、貨幣と鋳貨の区別という学説を提起する。『手紙』の成果は、そのまま『原理』に受け継がれている。「諸金属はきわめて長きにわたって貨幣として使用されてきたので、貨幣と鋳貨とは、原理上まったく異なるにもかかわらず、ほとんど同義語になっている。それゆえ貨幣を扱う場合にまずもってなすべきことは、混同されて主題の全体をはなはだ不明瞭たらしめている2つの概念を分離することである。」(Steuart[1998]、vol.2、p.214、訳、下巻、5頁)

　ステュアートが「貨幣（money）」と呼ぶのは、「計算（account）貨幣」のことである。そして、計算貨幣こそが貨幣の本質であると考える。

　ステュアートは、計算貨幣は購買手段としての貨幣とは異なり、商品の価値を任意の基準に従って評価するだけなので、貴金属という実体がなくても単なる紙幣でも、あるいは紙幣という形すらなくても通用すると言う。計算貨幣にとって重要なのは、尺度の基準となる名称だけであり、重さや長さの単位と同じように、ポンドやリーブルやグルデンなどの貨幣の単位である。計算貨幣の立場に立てば、例えば、100円の100倍は1万円という関係はいつでも不変である。この本来不変のものが、特定の貴金属と結びついたために、それらの価値に翻弄され、価値尺度機能を十分に果たすことができなくなった、と考えるのである。

　こうした経緯から、ステュアートは、アムステルダム銀行の紙幣であるフローリン・バンコに着目し、「フローリン・バンコは、純金および純銀のポンドよりも一層確定的な価値を持つ」(*Ibid.*,p.218、訳、同前9頁、)と語り、さらに、アフリカ・アンゴラ海岸の貨幣マキュートという計算貨幣は、交換当事者間の意識の中にあるだけで、現実には紙としてすらも存在することな

く、度量標準としての機能を果たしている、と言う。
「計算貨幣はいかなる物体にも固着させることができない。というのは物体の価値は他の諸物との関連で変化しうるからである。」(*Ibid.*,p.219,訳、同前 10 頁)

　紙幣や観念的にしか存在しない貨幣の方が、金や銀の貨幣よりも価値が安定する、という考えは、われわれの経験に照らしても納得できるものではないが、ステュアートがここで説いているのは、貨幣の理念あるいは本質である。そして、この本質が鋳貨という物体とつながることによってゆがめられる、と考えるのである。物体の価値は、それ自身の要因が変化することもあるが、たとえ何の変化もないとしても、それと交換される物体の要因(嗜好、生産費、需要の強度など)の変化によって交換比率は変化するので、度量標準も変化する。したがって、物体に計算貨幣の役割をさせることで、計算貨幣の理念である不変性は損なわれるのである。

　この理論は馴染みにくい理論ではあるが、これをもってステュアートの貨幣論を錯乱した理論と見なすわけにはいかない。ここでは本質論だけが説かれているのであり、現実の計算貨幣は貴金属や紙と一体となっており、その価値(購買力)の変動に応じて変動する。

　この問題をどのように解決するかは、そのまま残される。むしろ、鋳貨や紙幣について、その安定的なシステムをつくり、貨幣の本質あるいは理念に近づけることが、ステュアートのいう為政者(statesman)の重要な役割なのである。

　そして、このように貨幣価値の不変性を求めるステュアートの貨幣本質論と貨幣数量説とはなじまない。貨幣量の増大が物価を上昇させるような事態は、貨幣の理念として避けるべきだからである。

## V　ジェームズ・ステュアートの価値論

　ステュアートは、『経済学原理』の「第 3 編 貨幣と鋳貨について」で貨幣本質論を展開した際に、物の価値を決定する主な原理として、4 点あげている。①価値を計るべき諸物の豊富さ、②諸物に対して人間が持つ需要、③需要者間の競争、④需要者の支払能力、である。ステュアートの場合、「需要」は、後に見るように貨幣量の増大あるいは減少に比例するものではない。したがって、需要側からの商品価値の 4 要因は、そのまま貨幣数量説に結びつくものではない。ステュアートの貨幣数量説に対する立場は、ただ限定的にのみこれを受け入れているだけである。

例えば、次のように述べている。

「商品の価値は、商品そのものと人間の好みに関わる諸事情に依存するのであり、その価値の変動はそれら相互のかかわりにおいてのみ生ずるものとみなされるべきである。」（*Ibid.*、p.216, 訳、同前7頁）

すなわち、貨幣数量説が認められる局面はあるが、それは限られており、商品価値は貨幣量よりも、「商品そのもの」と「人間の好み」に依存する、と言うのである。

商品そのものの事情とは何か。ステュアートは、第2編「交易と勤労について」、「第4章 財貨の価格は交易によってどのように決定されるか」において、商品の価格の構成要素として、「財貨の実質価値」と「譲渡に基づく利潤」をあげる。そして前者、すなわち製造品の実質価値の3つの要素として、第1に商品の生産に平均的にみて必要な時間、第2に職人の個人的欲望に応じた生活資料と道具に必要な支出、第3に原料の価値、をあげる。価格は、この実質価値よりも低くなってはならず、この実質価値に製造業者の利潤を加えたもので成り立つ。そして、この利潤部分が需要に比例し、状況に応じて変化し、このため利潤の存在が製造業の繁栄をもたらす、と考える。

第1の要因である時間を労働時間と考えると、第2、第3の要素は生産費用であり、時間で表わされた部分と価格で表された費用とは単位が異なるので、合算はできない。交易に際して考慮すべき事情と言うことで列挙したか、あるいは、労働価値論と生産費説とが混在したままになっていたか、いずれかであろう。

貨幣数量説のまとまった批判は、「第2編 第28章 流通を生活資料や製造品価格の騰落との関係で考察する」の中で行われる。ここではまず、先に紹介した第4章での製造品価格が再論されるが、その際には、「製造品の価格は、職人の生計費と、その仕事を完成させるのにかかる金額と、さらに彼の適正な利潤」（*Ibid.*、p.73, 訳、上巻、358頁）によって決まる、と述べている。この整理にしたがえば、ステュアートの価値論は、純粋な生産費説ということになる。

貨幣数量説は、モンテスキューやヒュームのような巨匠たち（great masters）の論じてきたすばらしい（pretty）学説と呼ばれ（*Ibid.*、p.72, 訳、同前357頁）、次のように整理される。

「第1に、（彼らの言うところによれば）財貨の価格は常に国内にある貨幣の豊富さに比例する。そのため、富——それが紙券のような擬制的なものであっても——の増加は、その量に比例して価格の状態に影響を及ぼす。

第2に、国における鋳貨や通貨は、その国のすべての労働と財貨との代表

物である。そのためこの代表物（貨幣）の多寡に比例して、代表されているもの（財貨など）のより大きな量が、あるいはより小さな量が、代表物の同一量と対応することになる。このことから次のようになる。

第3に、財貨を増加させるとそれは安くなるし、貨幣を増加させると財貨の価値は高くなる。」(*Ibid.*, p.77, 訳、同前361頁)

そしてステュアートは、「これ以上の美しい（beautiful）見解は見たことがない」(*Ibid.*, 同前) と言う。しかし、その批判は極めて厳しい。

ステュアートの貨幣数量説批判の基軸の1つは、貨幣数量説の論者が、安易に貨幣量の増加と需要の増加を結びつけている点にある。ステュアートによれば、価格の決定原理の1つは需要と競争である。これに従えば、次のようになる。

「富（貨幣・・・奥山）の増大が、需要を高める効果を持っているとすれば、その場合には、競争が伴うがゆえに、製品はその価格を増大させるであろう。しかし、それが需要を大きくする効果を持ち得ないとすれば、価格は以前と同じままであろう。」(*Ibid.*, p.7, 訳、同前363頁)

「第1の場合には、供給が比例して増加するとは考えられないので、それは価格を騰貴させる効果をもつであろう。第2の場合には、供給が比例して増加するものと考えられるから、価格はもとのままであろう。以上が、富の増大が需要を高めるとか大きくするとかの効果を持っている場合の結果である。」(*Ibid.*, 同前)

さらに、「富が増加したというのに需要の状態がもとのままで、なんの変化もみせないとしたら、その時は追加された鋳貨はおそらくしまい込まれるか、あるいは食器類にかえられるであろう」、(*Ibid.*、同前) と言う。鋳貨が増大しても、退蔵されたり、貴金属製品に変えられたりすれば、効果はないと言うのである。フィッシャーの交換方程式で言うVの減少がMの増加を相殺するケースである。貨幣の増加と需要の増加が結びつかないのである。

すなわち、貨幣量が増えても需要の増加をもたらさない場合は、もちろん価格は変化しない。この場合には貨幣数量説は成り立たない。需要の増加をもたらす場合でも、これに供給が伴うのであれば、価格は上昇しない。すなわち、この場合も貨幣数量説は成り立たない。ステュアートは、需要の量の増大と需要の強度の高まりとを区別し、鋳貨が増加し、これが需要に結びつき、供給が対応しない場合には、需要者の間の競争が強まり、需要が高くなり、価格が上昇する。すなわち、貨幣数量説が成り立つと説く。すなわち、ステュアートにとっては、貨幣数量説は、一般的に成立する理論ではなく、限定的、部分的に成立する理論と言うことになる。

したがって、全体として見れば、ステュアートは、「国の富が価格に対して決定的な影響をもたらすことはないように思われる」(*Ibid.*, p.83, 訳、同前367頁)、と考えるのである。
　以上の考察を踏まえて、貨幣数量説の3命題が批判される。一部は、上述の議論と内容的には重複している。

〈命題1〉価格は貨幣の豊富さに比例する。したがって、紙幣のような擬制的な富の増加であっても、その量に応じて価格の状態に影響を及ぼす。
　ステュアートは、この命題は、紙幣の導入を認しないことを意味し、「信用を壊滅させる計画にほかならない」(*Ibid.*, p.86, 訳、同前370頁)と、その政策意図を批判する。信用貨幣論者としてのステュアートのいわば態度表明である。その後で、紙幣を廃止した影響は、財産に応じて比例的に及ぶのではなく、贅沢品と必需品とでは影響が異なり、これに伴って「仕事と需要との均衡」を混乱させる、と批判する。
　「それぞれの財産に見合った各個人の必要に対応して、国の正貨を均等に配分し続ける方策がないということである。この理由は明白である。つまり貨幣も他のあらゆる物と同様に、それに対して最も大きな価値を与える人々の手に入るであろう。」(*Ibid.*, p.87, 訳、同前371頁)
　この論点は、極めて興味深い。貨幣数量説が成り立ったケース、すなわち、紙幣の廃止によって貨幣量の減少が需要の減少を招いたとしたら、その場合には実体経済に打撃を与え、もはや貨幣量の問題ではなくなると指摘するのである。さらに貨幣の増加にせよ、減少にせよ、この現象が起きたとしたら、これは社会にまんべんなく均等に影響を与えるのではない。奢侈品と生活必需品とでは影響が異なるし、その製品の生産に打撃を与えて従事者の仕事を奪うだけでなく、そもそも増加した貨幣も均質に配分されるのではなく、富裕なものに有利になるように行き渡る、と考えるのである。金持ちがありあまる貨幣を保蔵すれば、何の効果もないことになる。ヒュームの連続的影響説は、貨幣量の増加が、まんべんなく経済刺激効果を持つことを期待しているが、ステュアートはより立ち入った問題を指摘しているのである。

〈命題2〉国の鋳貨や通貨は、その国のすべての労働と財貨の代表物である。そのため、この代表物の多少に比例して、その比較的大きな量が、あるいは小さな量が代表されている物の同一量に対応することになる。
　ここでステュアートは、鋳貨を「代表物」とする理解に対し、用語の正確さに欠けると批判する。確かに、鋳貨は内在的価値を持つ等価物であり、

1000 ポンドの穀物の 1000 分の 1 が金額でも 1000 分の 1 になる。しかし、穀物の価値は、「代表物」という言葉が意味するようなこうした単純な比例関係から導かれるのではなく、需要と競争の複雑な作用によって決まるのであり、その国の貨幣量によって決まるのではない、と批判する。第 2 の命題は価格の決定についての理解を欠いており、「非常に哲学的ではあるが、あまり商業的だとは言えない」(*Ibid*., p.90, 訳、同前 373 頁) と言うことになる。

〈命題 3〉 財貨を増加させると、それは安くなるし、貨幣を増加させると、財貨の価値は高くなる。

　ステュアートは「この命題はあまりにも一般的すぎる。その前半の部分は通常の場合には正しいが、後半の部分は誤っている場合が多い」(*Ibid*., p.90, 訳、同前 373-374 頁)、と言う。

　先にも指摘したように、ステュアートの場合、国民がその富(貨幣・・・奥山)に比例して支出を増加させるとは限らないからである。また、仮に彼らがそうするにしても、彼らの追加需要が直ちに十分な供給を生み出すという効果を持つならば、価格は以前の水準に戻るであろう」(*Ibid*., p.91, 訳、同前 374 頁)、と考えており、貨幣の増加と需要の増加とは、単純に連動するものではなく、需要が増加しても供給が対応するので、貨幣の増加の価格上昇への影響は一般的には導かれないと見る。

　また、ステュアートは、同じ価格の上昇でも、その理由が、例えば貨幣量に伴うものではなく、豊作であっても穀物を貯蔵して価格を騰貴させようとしたり、外国からの需要によって価格が騰貴することもある、などの指摘を行う。

　さらにステュアートは、「貨幣を増加させてみても、価格についてなんらかの結論がでてくると言うわけではない。しかし、日常的に流通に用いられている正貨の量を減少させると、流通は遅滞するとともに、勤労者が損害をこうむることになる。なぜなら、以前の量が、流通と勤労者とを住民の欲求と欲望とに正確に比例させておくのにちょうど足りていたと、われわれは想定しているからである」(*Ibid*., p.91, 訳、同前 375 頁)、と論じている。ここには、必要流通手段量説につながるような適正な貨幣の存在が想定されている。すなわち、社会的に必要な貨幣量は、一般的に想定されているものであり、これが外部から変更されると混乱が生じる、と考えているのである。

　以上の批判を受けて、ステュアートは、先には、巨匠たち (great masters) の作ったすばらしい (pretty)、美しい (beautiful) 理論と呼んでいたのであるが、最終的には、貨幣数量説の 3 命題を「見かけ倒し specious」と酷評する。

もっとも、貨幣数量説が限定的に妥当することをとらえて、貨幣の増加が需要の増加に結びつき、勤労の増加につながって生産物を増加させれば、価格は変化しないが、供給を増加させない場合には価格は増加することを説き、こう考えれば、「ヒューム氏の原理とも、そして私の原理とも完全に両立する」(Ibid., p.92, 訳、同前375頁)、と言う。しかし、貨幣数量説は一般的な理論として立てられたものなので、この評価を額面どおりに受け取るわけにはいかない。

## 結　語

　ジェームズ・ステュアートの貨幣数量説批判は、必要流通手段量説の立場を含んではいたが、それとは異なる独自の視点からの貨幣数量説批判を多く含むものであった。ステュアートにとっては、貨幣数量説の単純な法則が、経済の実体や人間の行動にそぐわないのである。そして、そのベースには、たんなる貨幣増ではなく、需要の増加によって勤労にもとづく生産の喚起を提唱するステュアートの政策論がある。彼によれば、価格革命をもたらしたアメリカの発見に対する評価もロックとは異なり、「勤労の拡大を求めた一般的な風潮こそが、これほど多量な貨幣を流通にもたらした事情なのであって、アメリカの発見がその原因なのではなかった。」(Ibid.,p.120, 訳、同前399頁)、と言う。ここに資本主義生成期におけるステュアートの歴史認識を見ることができる。
　言い換えれば、貨幣量の増加が需要の増加につながらない限り、貨幣数量説は成立しないのである。この点は、ステュアートの最もすぐれた貨幣数量説批判であろう。
　ステュアートは、「第29章 外国との流通、すなわち貿易差額」、「第30章 交易と勤労にかんするさまざまな問題と所見」では、貿易差額論との関係でヒュームの学説を検討する。外国貿易を考察しつつ、ヒュームの金銀貨幣の自動調節機構論にもとづく自由貿易論が批判されている。その中には、本論でも触れたように、通貨の減少が急激な価格の低下をもたらす場合には、勤労と勤労者を消滅させ、回復不能のダメージを与えることになる、という批判に加えて、そもそもヒュームが想定するような均衡は、国家が富の優越を失うことになるので、望まれない傾向にあることや、自由貿易政策を作る前提として、製造業が他国からの競争に耐えられるほど堅固でなければならないこと、そもそも近隣諸国から何の相互的な保証も取り付けずに外国からの輸入に道を開くことは危険であること、いわば経常収支に当たる生産物の輸

出入だけを問題にするのではなく、戦争や投資などによる貨幣の国家間の移動を問題にすべきこと、などが指摘される。

古典派経済学は、貨幣を交換の道具とすることで貨幣を富として重視する重商主義の貨幣観を激しく批判した。それは、さまざまな面で行き過ぎがあったと言える。ステュアートのヒュームに対する批判は、ステュアートに残る重商主義的な残滓と言うよりも、むしろヒュームによる重商主義批判の是正の試みと言える。

## 第2節　貨幣数量説とアダム・スミス

### 序　言

本章の課題は、アダム・スミスと貨幣数量説との関係を考察することである（なお、本書第2部第2章第1節Ⅱ、参照）。スミスが貨幣数量説を採用しているかどうかについては、必ずしも意見が一致しているわけではないが、ヴァイナーの見解が一般的には受け容れられているものと考えられる。すなわち、ヴァイナー（Jacob Viner,1892-1970）は、スミスが『法学講義』ではヒュームの貨幣数量説を肯定的に紹介していたにもかかわらず、『国富論』においては, 必要量以上の貨幣は市場から溢れ出ると認識し、ヒュームとは異なった考えを持っていたことを指摘する（Viner[1965],p.87、訳89頁、参照）。また、シュンペーターは、18世紀には貨幣数量説は時代の趨勢となっていたにも関わらず、スミスがこれに立ちいらなかったことの意味は極めて重要である、と指摘している（Schumpeter[1954] p.315、訳659頁、参照）。

他方、アダム・スミスを貨幣数量説と考えるのは、初期のリカードウである。初期のリカードウにとっては、自らも金鋳貨をめぐって貨幣数量説の支持者であり、そのリカードウの目には、おそらくは自らを投影して、スミスは貨幣数量説の論者に映ったのである。貨幣数量説を交換方程式に定式化したフィッシャー（Irving Fisher,1867-1947）もまた、貨幣数量説の論者として、ロック、ヒューム、リカードウらと並んでスミスの名を上げる（Fisher[1916],p.14、訳18頁）[2]。

本章では、アダム・スミスはヴァイナーやシュンペーターが言うように、

---

2　堂目卓生[2008]は、スミス理論の解説の中に貨幣数量説を含めている。

貨幣数量説は取っていないと考える[3]。その上で、スミスが貨幣数量説から離れた理由を探ることが本稿の課題である。そこには、貨幣価値の決定をめぐる労働価値論と貨幣数量説との対立があると考えるからである。

貨幣数量説についての見解は多様であるが、シュンペーターは次のように定義する。

「現在のわれわれの目的からして貨幣数量説は次のように定義される。第1に、貨幣の数量は独立変数（an independent valuable）であり、とりわけ、価格や物的な取引量からは独立して（independent）変動する。第2に、流通速度は制度的な与件（datum）で緩慢に変化するかあるいは全く変化しない。しかし、どのような場合にも価格や取引量からは独立している。第3に、取引量―あるいは産出量と呼びたいのだが―は、貨幣量とは関係しない。この2つが一緒に動くのは偶然である。第4に、貨幣量の変化は、同一方向の産出量の変化によって吸収されない限りは、増加した貨幣がどのように使用されるか、そして経済のどの部門に最初に影響するか、とは関係なく機械的に影響する。貨幣が減少する場合も同様である。」（Schumpeter[1954],p.704,訳Ⅳ 1474頁）

貨幣数量説は、たんに貨幣量と物価の比例関係を言うだけではなく、明確な因果関係があること、その因果関係とは、貨幣量が貨幣価値すなわち物価を決めるのであって、その逆ではないことである。

## I　アダム・スミスの貨幣論

スミスの『国富論』は、「第1編」の第1章から第3章までを分業の分析に当てている。分業論が、スミスの経済学体系の端緒をなすのである。スミスは、第1章では分業の効率性をピン製造業などの事例で説明する。そして第2章では、分業は人間の英知（human wisdom）の結果ではなく、人間の本性（human nature）の中にある性向（propensity）であり、その性向とはいわゆる交換性向（to truck, barter, and exchange one thing for another）である、とする。この交換性向を、スミスはすべての人間に共通で他のどんな動物の種類にも見られないもの、すなわち人間に特有の性向と見ていた

---

3　Niehans[1987]は、スミスがヒュームの貨幣数量説を否定したことを紹介した後で、ヒュームの貨幣数量説が特殊なケースであると認識している。貨幣数量説についてはステュアートが貨幣数量説は広く受け容れられているとしていること、初期のリカードウが貨幣数量説を明確に取っていたことから特殊な理論であったとは考えにくい。

(Smith[1981],p.25, 訳、第 1 分冊 37 頁、参照)。

　交換は、自分の欲するものを手に入れる際には、極めて効率的である。例えば、自分の欲するものを持っている人の好意を得て、贈与によってその財を手にすることもできる。しかし、好意を持たれるまでには時間がかかる。いつもそのような時間があるわけではない。通常は他人の慈悲心（benevolence）に期待しても無駄であり、交換を提案して彼らの利己心（self-love）を刺激する（interest）方が有効である（*Ibid.*, p.26, 訳Ⅰ、38 頁、参照）。スミスにとっては、交換それ自体が、他人の利己心に訴えることで自分の欲するものを得る効率的な方法と見なされていた。利己心は、スミスの経済学の原点である。交換は、利己心との関係で経済の普遍的な原理となる。

　こうした分業と交換のシステムは、第 3 章によれば相補的に発展する。すなわち、市場が狭ければ、分業を細分化して 1 つの仕事に特化するという動機は働かず、結局、市場の広がりと分業の発展は、相補的な関係にある。スミスにとっては、分業の発展こそが生産性の発展であり、国富の増進である。重商主義が貨幣を富と考えてその増加を目指したとすると、スミスは分業の発展による国富の増進を目指していた（*Ibid.*, p.31, 訳、同前 43 頁、参照）。スミスの貨幣論は、これを前提に展開される。

　スミスは、「第 4 章　貨幣の起源と使用について」で、貨幣の生成と本質を明らかにする。すなわち、分業の発達は、自分の生産物の内の自己消費部分を少なくし、自己消費部分以上の余剰を多くする。そして、誰もがこの余剰部分を他人の労働と交換することで生活するようになる。すなわち、分業の発展が交換を発展させ、このことが人々をある程度商人とするようになり、社会は「商業社会（commercial society）」（*Ibid.*, p.37, 訳、同前 51 頁）となる、と考える。

　分業の発展によって交換も発展するが、物々交換では、交換力（power of exchanging）は阻害される。スミスの例では、酒屋とパン屋が肉を欲していても、肉屋が既にパンとビールとを持っていれば交換は成り立たない。この不便を解決するために、貨幣が登場する。それは、スミスによれば、自分の生産した生産物以外に、交換を拒否することがないだろうと想像される労働生産物（the produce of industry）を、いつも一定量（a certain quantity）手元に置く（have at all time by him）、ということである。この意味で貨幣は商業の共通の用具（common instrument of commerce）である（*Ibid.*, pp.37-38, 訳、同前 51-52 頁、参照）。

　貨幣を富ではなく道具と見なす貨幣＝道具説と、これが重商主義に対する批判を意味している点は、ヒュームと同じである。しかし、貨幣が道具であ

ることの意味は注意が必要である。貨幣は富ではなく道具であるといった場合、貨幣は流通手段として市場を転々としているという機能に限定されているのではなく、常に一定量手元に置くものとして扱われているということである[4]。貨幣数量説において貨幣が価格に影響すると考える場合には、貨幣が流通において使用されることが前提である。保蔵された貨幣は価格の決定には参加しない。スミスの場合には、貨幣の存在を使用するために手元におくものとして一括しているので、この貨幣の規定からは、ただちにはヒュームのような貨幣数量説は導くことはできない。

この共通の用具の役割は、家畜や貝殻など、さまざまなものが果たしてきたが、最終的には金属そして金や銀が貨幣の役割を果たす。保存性や耐久性、分割と合成が可能であること、均質性、などなどさまざまな点で貨幣の機能に適合しているからである。

## II スミス価値論と貨幣

スミスは第4章の最後に価値を2つに分類する。それは「特定の対象物の有用性 (the utility of some particular object)」と「その対象物の所有を譲渡する[5]ことによる他の財を購買する力」(the power of purchasing other goods which the possession of that object conveys) である。スミスは、前者を「使用価値 (value in use)」、後者を「交換価値 (value in exchange)」[6]と呼ぶ (*Ibid.*, p.44, 訳I、60頁、参照)。この使用価値は、効用価値論で言う効用ではなく、商品ごとの使用上の差異を言っているので、その商品を使用することによって得られる満足度とは異なる。すなわち使用価値は商品ごとに異なるので、相互にその量を比較することはできない。また、交換価値は、他の商品に対する購買力であって、1つの商品のなかで完結する概念ではなく、1つの商品と他の商品との関係である。

スミスは、貨幣論に続く2つの章、「第5章 商品に実質価格と名目価格について、すなわちその労働価格と貨幣価格について」および「第6章 商

---

4 この表現はフィッシャーのMV=PT (M:貨幣量、V:流通速度、P:価格、T:取引量) のVではなく、マーシャルのM=kPy (y:実質所得、k:名目所得に対する貨幣の保有割合) のkを想起させる。

5 水田訳は「その物の所有がもたらす他の品物を購買する力」(訳60頁) と訳しているが、conveyは所有者に購買力をもたらすのではなく、譲渡に際しての購買力を意味すると考える。

6 スミス価値論をめぐる研究動向については、渡辺恵一 [2010]、参照。

品の価格の構成部分について」で展開される。本章の課題である貨幣の価値は、第5章で規定される。

スミスの価値論について、リカードウは投下労働（the quantity of labour bestowed）と支配労働（the quantity which it can command in the market）という2つの標準尺度（standard measure）を立てているとし、投下労働で一貫すべきであった、と主張するのである（Ricardo[1951a],pp..13-14, 訳16頁、参照）。リカードウにとっては、投下労働と支配労働はともに価値尺度であり、スミスは量的に一致するとは限らない2つの尺度を採用している点で、スミス価値論は混乱している、と解釈したのである。

『国富論』の第5章の課題は、尺度論である。すなわち、分業の発達によって自己消費部分が減少すると、その分だけ交換に依存する部分が多くなるので、人々は彼らが支配することのできる労働量あるいは購買することのできる労働量によって、貧しかったり豊かだったりする。この意味で、投下労働ではなく支配労働を尺度基準として選択しているのである。リカードウの言うように、投下労働と支配労働とを二重の尺度基準としているわけではない。

しかし、『国富論』において投下労働は意味のない存在ではなく、支配労働の前提として重要な役割を演じている。スミスは、すべての商品の「実質価格（real price）」は、それを獲得する上での「労苦（toil and trouble）」である、と言う。そして、既にそれを得ている人にとっては、「自分自身が節約（save）でき、そして他の人々に課す（impose upon）ことのできる労苦（toil and trouble）」である、と言う（Smith[1981],p.47, 訳、同前63頁）。

スミスの toil and trouble を一般的な意味で労働に還元すれば、実質価格として述べられているものは、自分でそれを獲得する（生産する）場合の労働である。これは自分にとっての投下労働である。また、これを交換によって獲得しようとする人にとっては、他人の行う投下労働という意味で支配労働と言うことになる。ただこの場合も、この表現からは支配労働は2つの意味を持っている。それは、他人の持っている生産物に投下された労働であり、馬渡尚憲の言う「省く労働」と、他人が行う生きた労働（支配労働）という意味である。労働者は例えば5時間労働の生産物である穀物と交換に5時間以上の労働をすることは可能であり、この2つの支配労働は異なった概念である[7]。

---

7　第6章では、いわゆる初期未開の社会においては、投下労働と支配労働が一致するが、資財や土地の占有を前提とする社会では、利潤や地代の分だけ投下労働と支配労働が乖離することが述べられている。この乖離が剰余

価値の尺度として意味を持つのは最終的には支配労働であるが、スミスにあっては、投下労働は支配労働の前提となっているということができる。この意味で、労働こそがあらゆるものに対して支払われた最初の価格（the first price）、本源的購買貨幣（original purchasing-power）といわれるのである（*Ibid.*, p.48, 訳、同前 64 頁、参照）。

とは言え、交換に際して労働時間を実際に検証することは現実的ではない。この点は投下労働も支配労働も同じである。現実の交換では、価値尺度の役割は貨幣が果たす。しかし、労働時間そのものは変動しないが、貨幣の価値は常に変動する。スミスは次のように言う。

「それ自体の価値が絶えず変動している商品はけっして他の商品の価値の正確な尺度ではありえない。・・・手に入れにくいもの、つまり獲得するのに多くの労働を要するものは高価であり、手に入れやすいもの、つまりわずかな労働で手に入れられるものは安価である。だから、労働だけが・・・究極的な真実の尺度である。労働はそれらの商品の実質価格であり、貨幣はたんにその名目価格にすぎない。」（*Ibid.*, p.51, 訳、同前 58 頁）

労働時間は、現実的な価値尺度ではないが、真の尺度として、『国富論』での理論的な分析に大きな役割を果たす。

## Ⅲ　貨幣数量説との関係

### 1．スミスにおける貴金属の価値

本書第 2 部第 2 章第 1 節Ⅱでも論じたが、地金論争期のリカードウは、スミスを貨幣数量説の論者と考えている。リカードウは初期論稿の 1 つ、「地金の高い価格（1810）」の中で、次のように言う。

「スミス博士は述べている。『効用（utility）、美しさ（beauty）、および稀少性（scarcity）という性質は、それらの金属の高い価格の、すなわちこれらのものがどこにおいても多量の財と交換されるということの本来的な基礎である。』」（Ricardo[1951c], pp.52-53, 訳 65 頁）

「スミス博士は述べている。『貴金属が最も潤沢な鉱山であっても、世界の富にほとんど何も付け加えないであろう。その価値が主にその稀少性から生み出されるところの生産物は、潤沢になれば必ず価値が低下する。』」（*Ibid.*, p.53, 訳 66 頁）。

---

になる。そして、この場合の支配労働は、他人に課すことのできる労働の意味である。

リカードウは、金や銀の価値決定に際しては、稀少性が重要な意味を持ち、このために通常の商品の価値論とは異なった価値の決まり方をする、と考えていたのである。この時期のリカードウは、いまだ労働価値論を取っていないが、後年『経済学および課税に原理』において、労働価値論を採用する場合には、独占的な商品に関しては労働によって価値が決定されるわけではないと考え、労働価値論の考察対象外としている。その上でリカードウは、金や銀の価値決定にも労働価値論を適用する見解を示している。

しかし、そうであるとすると、初期リカードウの取り上げた、スミスの稀少性による貨幣価値の決定問題は、『国富論』においてはどのように考えられていたのであろうか。スミスは次のように言う。

「彼ら（金持ち・・・奥山）の目からすれば、いくらか有用であったり美しかったりするものの値打ち（merit）は、その稀少性によって、つまりそれをかなり多量に集めるのに必要な多量の労働、つまり彼ら以外誰も支払うことのできない労働によって高められる。」(Smith[1981],p.190, 訳、同前 301 頁)

スミスは、稀少な物の獲得にはそのための労働が必要だと考えているのである。宝石についても同様である。

「宝石に対する需要は、その美しさから生じる。・・・またその美しさという値打ちはその稀少性によって、つまり鉱山から取得する時の困難さと費用によって、大いに高められる。」(Ibid.,p.191, 訳、同前 302 頁)

稀少性によって価値が高まる背後により多くの労働が対応しているのである。スミスの場合には、稀少性は労働価値論と矛盾するものではなかったと言える。

## 2．スミスと貨幣数量説

スミス自身は、貨幣数量説に立ち入った論評をしていない。しかし、ヴァイナー（Jacob Viner,1892-1970）は、スミスが『大学講義』ではヒュームの理論を紹介していたにもかかわらず、『国富論』においてはヒュームの貨幣数量説にもとづく物価と貨幣の配分に関する国際的な自己調整メカニズムに言及せず、必要以上の貨幣は市場から溢れ出ると認識し、ヒュームとは異なり、市場に必要な貨幣量という考え方を持っていたことを指摘する（Viner[1965],p.87, 訳、89 頁、参照）。

ヴァイナーが言う『法学講義（1763）』でのアダム・スミスは、ヒュームの貨幣数量説から、貨幣量の増加が物価の上昇につながること、金銀貨幣には国際的な調節機構があることを肯定的に紹介する（Smith[1978],p.507, 訳、315 頁、参照）。しかし、同じ『法学講義』の中で、スミスはダイヤモンド

の価格について次のように言う。

「もし商品が稀少であれば、価格は上昇するが、もしその量が需要に供給するのに十分以上であれば、価格は下落する。こうして、ダイヤモンドやほかの宝石が高価であり、他方で鉄が、はるかに有用であるのに何倍か安いのは、このためなのである。」(*Ibid.*,p.496, 訳、同前 288 頁)

『法学講義』においては、価格はもっぱら需給関係と稀少性によって決まると考えられていた(*Ibid.*, 同前)。こうした価値論は、初期のリカードウが言うように、貨幣数量説を受け容れていたとしても、理論的な整合性は取れている。しかし、『国富論』では、周知の通り、ダイヤモンドの高い価格と水の安い価格との問題は、有用性や稀少性ではなく、労働価値論の問題として説かれている(Smith[1981],pp.44-45, 訳、第 1 分冊 60-61 頁、参照)。そして、先に論じたように、『国富論』におけるスミスは、投下労働を前提に支配労働を価値の真実の尺度と位置づける。『国富論』におけるスミスの貨幣価値論は、「地金の高い価格」や「ベンタム評注」におけるリカードウのスミスに対する理解とは異なっているのである。

『国富論』における貨幣に関する価値規定は次のようなものである。

「ところが金銀は、他のすべての商品と同じように、その価値が変動し、時によって安価だったり、高価だったりする。つまり時によって購買しやすかったり、しにくかったりする。ある特定の金銀が購買または支配しうる労働の量、つまりそれと交換される他の商品の量は、そうした交換が行われる時にたまたま知られている鉱山の豊度が高いか低いか(the fertility or barrenness of the mines)に依存している。アメリカ大陸の鉱山の発見は、16 世紀に、ヨーロッパの金銀の価値をそれ以前の 3 分の 1 に引き下げた。それらの金属を市場に運ぶのにより少ない労働しかかからなかったからそれらが市場に運ばれた時、より少ない労働しか購買または支配できなかった。」(*Ibid.*,p.49-50, 訳、同前 67 頁)

貨幣の価値は貨幣の数量によって決まるのではなく、鉱山の豊度にもとづく。すなわち、採掘と運搬に必要な労働量に依存しているのである。この見解は貨幣数量説とは異なる。

しかも、ここにスミスの投下労働と支配労働の関係が、明瞭に出ている。アメリカ大陸の豊度の高い鉱山では投下労働が少ないので、ヨーロッパにもたらされた時の支配労働は少ない、と語られているのである。アメリカ大陸の発見に伴う価格革命は、大量の金銀がアメリカ大陸からヨーロッパに流れ込んだという数量の問題ではなく、アメリカ大陸の鉱山の産出コストが低いことにある、とスミスは考えたのである。

紙幣と金属貨幣の混合流通を説いた次の箇所も、このことを示している。
「金銀の価値と他の何かの財の価値との割合は、すべての場合、どこか特定の国で流通している特定の紙幣の性質あるいは量に依存するのではなく、たまたまある特定の時期に商業世界という大市場にそれらの金属を供給している鉱山が豊かであるか乏しいかに依存する。それは一定量の金銀を市場に持ってくるのに必要な労働の量と、一定量のどれか他の種類の財を市場に持ってくるのに必要な労働の量との割合に依存するのである。」(Ibid., pp328-329, 訳、第 2 分冊 106-107 頁)

さらに、いわゆる価格革命について次のように言う。
「アメリカの鉱山の発見がヨーロッパを富ませたのは、金銀の輸入によってではない。アメリカの鉱山の豊富さによって、それらの金属は以前よりも安くなってしまった。」(Ibid., 447, 訳、同前 290)

貨幣数量説を広める契機になったと言われる価格革命について、スミスは労働価値論の確立によって対案を準備していたのである。スミスの労働価値論は、貨幣数量説に対立する理論としての意味を持っていたのである。

さらに、金や銀の価値の決定問題には、もう 1 つの問題がある。金や銀の価値が独占的なものかどうかという問題である。この点に関してスミスは、「どの鉱山の金属価格も、現に稼働している世界でもっとも多産な鉱山での金属の価格によって、ある程度規制される」(Ibid., p.185, 訳Ⅰ、295 頁)、として、金や銀の価値は、世界的な競争関係におかれていると認識している。スミスによれば、炭鉱などの価値は、鉱山の豊度と位置に依存するが、貴金属の場合は、位置に依存することは少なく、豊度に依存する。貴金属は高価値のため遠距離の輸送経費の負担にも耐えられ、「金属鉱山の生産物は、もっとも遠く離れていてもしばしば競争しあうことがありうるし、また事実普通に競争しあっている」(Ibid., p.185, 訳、同前 294-295 頁) のである。そして、「ペルーの鉱山の発見の後、ヨーロッパの銀山はその大半が廃坑になってしまった」(Ibid., p.185, 訳Ⅰ、295 頁)、と言う。金や銀は、いわゆる独占状態ではなく、激しい競争関係に入っている、と考えられているのである。

金や銀の貨幣価値が、貨幣数量ではなく、労働によって規定されているとすれば、貨幣量はどのように決まるのであろうか。スミスは一国に蓄積されている貨幣を、流通している貨幣、家庭にある金銀の食器、国庫に貯えられている貨幣、の 3 つに分けた後で、流通している貨幣について次のように言う。

「一国で年々売買される財の価値は、その財を流通させ、本来の消費者に配分するために一定量の貨幣を必要とするが、それ以上の貨幣を必要とする

ことはできない。流通の水路（channel of circulation）は、それを満たすにたりる額の貨幣を必然的に引き寄せはするが、それ以上はけっして受け容れない。」(*Ibid*.,p.441, 訳、同前279頁)

　市場の取引量が、一定の貨幣量を引き寄せると考えているのである。貨幣数量説の場合は、貨幣量は一国の市場にとって多くても少なくても関係はなく、適正量の概念は存在しない。貨幣それ自身の価値がその量によってどのようにでも変化するからである。しかし、スミスは労働価値論の採用によって、適正な貨幣量の概念を市場の取引量から導くことになる。貨幣量が価格を決定するのではなく、市場の取引が貨幣量を決定する。労働価値論の採用が貨幣数量説とは逆の結論を導いたと言える。

　同様の指摘は、他の箇所にも見られる。

　「したがって、それらのものの価値は、その生産物の価値が減少するにつれて減少せざるをえないし、それとともに、それらを流通させるのに使用されうる貨幣の量も減少せざるをえない。」(*Ibid*.,p.340, 訳、同前125-126頁)

　「逆に、貨幣の量は、どの国でも年々の生産物の価値が増加するにつれて、自然に増加するはずである。」(*Ibid*.,p.340, 訳、同前126頁)

　スミスは貨幣数量説とは逆の立場に立っていたのである。

## 結　語

　以上のように、アダム・スミスは投下労度を前提に支配労働を真実尺度とする労働価値論を採用する。このことによって、金や銀の貨幣の価値も労働によって規定され、尺度されると考える。貨幣量が貨幣価値を決定するという貨幣数量説の貨幣価値決定論、すなわち物価決定論とは対極の考え方である。

　アダム・スミスは、モンテスキューやヒュームによって貨幣数量説が確立し、それがジェームズ・ステュアートによって包括的に批判された後に『国富論』を刊行している。ステュアートの貨幣数量説批判は、貨幣数量説が貨幣量の増加を需要の増加と直結しない場合があること、需要の増加に供給が対応する場合があること、貨幣量が増加しても金持ちに集中するなどしてまんべんなく広がるとは限らないこと、など多彩な論点にわたっていた。そして、貨幣数量説批判の1つとして、市場には適正な貨幣量があるという指摘も行っていた。この最後の点が、スミスによって貨幣数量説批判として前面に打ち出される。スミスは、労働価値論の確立によって、市場にある商品が労働を背景とした価値を持ち、金や銀の貴金属貨幣もまた同様の価値を持つ

と考えることによって、必要以上の貨幣を市場は受け容れない、という見解に達した。この見解は、『経済学および課税の原理』におけるリカードウ、そしてマルクスへと受け継がれることになる。

# 第4章　マルクス貨幣論と貨幣数量説

## 序　言

　本章の課題は、マルクスの貨幣論と貨幣数量説を考察することである。マルクスは、『資本論』「第Ⅰ部 資本の生産過程 第1篇 商品と貨幣」の「第1章 商品」と「第2章 交換過程」において、貨幣の本質論を展開し、「第3章 貨幣または商品流通」において貨幣機能論を展開する。

　これまで本書第2部において貨幣数量説とその批判の歴史を考察してきたが、基本的な問題の1つは、貨幣の定義にあった。J.S.ミルは自ら貨幣数量説の支持を表明しているが、貨幣数量説の抱える問題を明確にしたのもミルであった。

　すなわち、売れた商品の総額と買った商品の総額を等号で結んでも、だれもが批判できない自明の命題ではあるが、恒等式であり、意味のない命題である。売れた商品の価格と使用された貨幣を等号でつなぎ、この関係から、貨幣量の増加が物価を上昇させたという因果関係を導くことはできない。この式は、因果関係を含んでいないからである。

　また、増加した貨幣は必ず使用されるという暗黙の仮定も、無理がある。貨幣量が増加しても、貨幣を使用しなければならない理由は、貨幣所有者にはない。貨幣を保蔵しておけばいいのである。

　本当に貨幣量が増えれば物価は上がるのか。理論的な論証はこれまで見てきたように、人は貨幣錯覚に陥るというヒュームの仮説だけである。

　貨幣数量説は、ロックやヒュームによって定式化される。しかし、流通手段としての貨幣機能は重視されるが、価値保蔵手段としての貨幣機能は、役割を果たしていない。

　この点マルクスは、重商主義と古典派を総合する立場にあった。1840年代半ばの初期マルクスの諸論稿は、疎外論の観点から貨幣をとらえ、交換の仲介者が現世の神となる点に、貨幣の本質を見ていた（奥山[1990]、125-126頁、参照）。

　古典派的な交換手段としての貨幣も、重商主義のように資本主義の一般的な富になることも、マルクスにとっては、いずれも否定すべき見解ではなかっ

第2部 貨幣数量説の形成と批判

た。スミスなどの古典派のような重商主義批判は、マルクスの取るところではなかった。これらの理論は、貨幣論の体系の中で解決されるべき問題であったのである。

価値形態論と交換過程論によって説かれる貨幣本質論と、価値尺度、流通手段、そして「貨幣としての貨幣」の貨幣論体系は、古典派と重商主義の対立に対するマルクスの回答であった。

価値尺度論には、貨幣の本質を計算貨幣とするステュアートや価値表現の展開から貨幣を導くテュルゴーが位置し、流通手段論には古典派、自立した価値としての貨幣には重商主義が、体系的にイメージされていたものと推測できる。マルクスの先行学説の提起した諸問題が、貨幣論の中では体系的に解決されていた。

本章では、貨幣の本質と機能との関係を検討し、マルクスと貨幣数量説との関係を考察していく。

## 第4章 マルクス貨幣論と貨幣数量説

## I マルクスにおける貨幣本質論の課題

### 1．貨幣本質論の構成

マルクスの価値形態論は、貨幣の本質論の中心的な理論である。その課題は、価格と貨幣が商品経済において必然的な存在であり、合理的な存在であることを証明することにある。現にある価格と貨幣の本質を論理的な生成のプロセスを辿ることで証明するものである。方法論としても重要な意味を持っている。

マルクスは『資本論』「第1章 商品」の第3節に価値形態論を置き、『資本論』第2章に交換過程論を置いている。この点は、すでに論じてきた（序章、第1部第1章）。貨幣の本質論はこの2つの理論で基本的に完結する。しかし、「第1章 商品」と「第4節 商品の物神的性格」において、商品と貨幣を不可欠の存在とする資本主義経済の歴史的な特徴が論じられている。マルクスの物神性論は、本書第3部第1章で論じるが、貨幣論の理解を深めるために必要なのは次の点である。

マルクスは、商品を生産する労働を事前に編成することなく、各個人がバラバラに自立して生産を行うという特徴を持つ労働を「私的労働」と呼ぶ。私的労働は、資本主義的な生産の抽象的な性格と位置づけられる。流通表面から見た場合の資本主義的な労働生産過程の歴史的な性格である。「私的」と言う意味は、個々人が自立して労働生産過程を担うという意味であり、事前に生産を社会的に編成する社会、いわゆる計画経済ではないという意味で

ある。これに対し、マルクスが「個人的労働」と言う場合の「個人」は、資本主義的な生産の下でも、計画経済の下でも存在する。「個人」は個人であって、歴史的な意味合いは含まれていない。

そして労働が私的労働という特殊な社会的性格を帯びる時には、生産物は商品という形を取る。人間と人間の関係が商品と商品の関係、あるいは商品が価格形態を取っていると考えれば、商品と貨幣との関係として取り結ばれる。この意味で、商品経済、そして資本主義経済を、人間関係が物と物との関係として取り結ばれる社会と見る。労働の再編成も価格の変動を媒介に事後的に行われる社会、という理解である。

資本主義が私的労働という特徴をもって生産を行うことが、商品と貨幣を必要とする経済システム上の根拠となっているのである。

## 2．商品の2要因

マルクスは、商品論において商品の2要因を「使用価値」と「価値」とする。この区分は古典派と似ているようで異なる。スミスの場合は、価値を交換価値と使用価値に区別し、交換価値とはこの商品と交換できる他の商品の量、すなわち他の商品に対する購買力であり、使用価値は有用性である。

これに対し、マルクスは、価値を2つに分けるのではなく、商品を使用価値と価値の2要因によって理解するのである。

このうち、マルクスの使用価値の定義は、二重であり、生産物あるいは財そのものを指すこともあれば、財の有用性を指すこともある。

価値の概念は、しばしば交換価値と同じであると誤解されているが、マルクスの場合、価値と交換価値とは同義語ではない。しかもマルクスの理論形成史にとっては、決定的な意味を持つ。何よりも、『批判』においては、商品の2要因は使用価値と「交換価値」である。しかも内容的にはこの「交換価値」は、スミスの「省く労働」としての支配労働、リカードウの労働時間比としての相対的労働価値論に近い。

交換価値から価値を抽象する方向性は、『経済学批判（1861-1863年草稿）』（Marx[1978]）におけるベイリーとリカードウの両面批判の考察の中で生まれる。これを受けて『資本論』の初版では、価値の概念が登場する。しかし、「価値」を「交換価値」と呼ぶことを許容している。何よりも、価値形態論は、「相対的価値」の「形態」と呼ばれていた。しかし、『資本論』の2版以降、マルクスはこの2つを明確に区別している（本書、序章、第1部第1章、および奥山[1990]、参照）。マルクスにとって交換価値は価値形態であり、その完成形態は価格である。交換価値から価値概念を抽象するプロセスで、マ

ルクスの価値論論証、価値形態論、物神性論が形成される。

　マルクスの場合には、価値と交換価値、したがってその完成形態である価格とは、明確に異なる。

　価値は商品に内在する性格であり、これ自体は目に見えない性格である。この価値概念の確立のプロセスが、価値形態論の確立をもたらすのである。

　価値と交換価値の区別は、価値と価値形態の区別として明確になる。価値概念が二層に区別されるのである。

　もう一つの問題は、価値の実体である。「実体」と「本質」とは異なる。価値の本質は商品に内在するが、実体は価値を形成する要因であり、かつ歴史を貫いて変わらざるものという性格を持っている。ここに労働が位置する。

　労働については、「第1章 商品 第2節 労働の二重性」で論じられる。労働は、具体的有用労働と抽象的人間労働の二重の性格として論じられている。具体的有用労働は、労働という活動の具体的な内容であり、パンを作る労働と服を作る労働とは異なるように、それぞれの労働によって異なる。

　労働のもう１つの性格が、抽象的人間労働と呼ばれる。これはあらゆる労働に共通な肉体的精神的なエネルギーの支出として受け止められる。

　抽象的人間労働はどの社会にも存在するが、産業革命や賃金労働者の出現によって労働の一般的な性格、労働にはすべて同じ性格があることが認識されるようになる。賃金が時間で決められることが一般化するのは、そのもっとも基本的な要因である。

　マルクスは、労働をあらゆる社会に共通な社会的実体として受け止める。しかし、資本主義経済の下では、抽象的人間労働が価値の実体となる。抽象的人間労働自体は、あらゆる社会の労働に共通に存在するものだが、資本主義的な生産の下では、価値の実体となるのである。労働は人間の活動であるが、私的労働という社会的性格を持つ労働の下では、価値は労働の対象化されたものとして商品という対象物の要因となる。私的労働は、抽象的人間労働を価値の実体とする歴史的条件として、重要な役割を果たす。

　商品の要因の１つとしての価値は、抽象的人間労働が商品に対象化されたものとして規定される。抽象的人間労働の対象化されたものとしての価値は、私的労働という条件の下での商品の社会的性格である。商品の内在的な社会的要因としては目に見えない、すなわち直接的には認識することができない。この価値が他の商品との関係で現象したものが交換価値すなわち価値形態であり、貨幣との関係で現象したものが価格である。第１部「第１章 商品」の第３節のタイトルが「価値形態または交換価値」（Die Wertform oder der Tauschwert）となっている理由はここにある。oder は通常「または」と

訳されているが「すなわち」の意味である。つまり「価値形態」と「交換価値」は、マルクスにとっては同じ意味である。

『資本論』では、価値形態論の課題を次のように言う。

「実際、われわれは、諸商品の交換価値または交換関係から出発して、そこに隠されている諸商品の価値の足跡を探りあてた。いまや、われわれは、価値のこの現象形態に立ち返らなければならない。」(Marx[1962],S.62, 訳、第1分冊、81頁)

マルクスは、価値形態論に先立って商品2要因論を説いている。その中で、いわゆる蒸留法によって、価値の実体が抽象的人間労働であり、価値はその対称性として商品の社会的要因になっていることを説く。この論証は、二段階に分かれている。すなわち、まず小麦と鉄の交換関係から、小麦と鉄とは異なる第3のものがなければならないという。続いて、1つの商品から使用価値を捨象すると、これに伴って具体的有用労働も捨象され、抽象的人間労働とその対象性・凝固物である価値が残る、と言う。

この後段の使用価値捨象の論理は、ベーム-バベルク (Eugen von Böhm-Bawerk1851-1914) によって「蒸留法」と名づけられた論理である。『資本論』では、こうして価値と価値の実体を導いたことで、等労働量交換としての等価交換も論じたことになる。2商品が等価値で交換されていることを説いたことになるのである。蒸留法は、初版『資本論』では確立していない（本書、序章および第1部第1章、参照）。

価値は商品の内在的な要因であり、直接には現象していない要因である。そこで価値形態論の課題は、この商品に内在する価値が、交換価値あるいは価値形態として現象する論理を説くことにある、と言うのである。

そこでマルクス価値論は、三層の構造を持つこととなる。抽象的人間労働の対象性としての価値概念、価値を形成する実体としての抽象的人間労働（たんに労働と呼ぶこともある）、価値の現象形態すなわち価値形態（その完成形態は価格）の三層である。

マルクスにとっては、価値実体と価値は、いわゆる蒸留法によって同時に導かれていた。問題は価値と価値形態の関係である。

## 3．マルクス価値形態論の課題

『資本論』では、簡単な価値形態において、1商品は内在的な価値を自ら表現することはできず、他の商品で表現する。リンネル20ヤールは1着の上着に値する、あるいはリンネル20ヤール＝1着の上着、という表現である。「リンネル」もその単位の「ヤール」も現在ではなじみが薄いので、以下、「布」

と「メートル」を用いる。布の価値は上着の価値との価値関係に置かれるが、上着の価値は、上着に内在する性質であり、布の表現材料にはならない。布の価値の表現材料になるには、上着そのもの、商品体としての上着である。マルクスは商品体としての上着を上着の使用価値と呼ぶので、布の価値は上着の使用価値で表現されることになる。

　この場合、価値を表現しているのは布であって上着ではない。上着は表現材料となっているだけである。

　しかし、この場合、表現材料となるのは上着の価値ではない。上着の価値は布の価値と同じように、社会的性質で目に見えない。それは労働そのものでもなく、労働が商品に対象化されたものである。また、上着の有用性としての使用価値で表現しているわけでもない。上着という現物そのものが価値表現の材料となっている。『資本論』はこれを「商品体」と表現することもあるが、一般的には使用価値という用語が使われる。すなわち価値形態論は、1商品が自らの価値を表現するために、他の商品の使用価値（商品体）で表現する、という関係を示している。

　このことによって、1商品の価値は他の商品の使用価値（商品体）として現象する。上着は布の価値形態となるのである。ここに社会的性格であり、労働の対象性としてそれ自身は不可視であった価値が、上着という現実的な形態を取るのである。

　マルクスは、価値表現をする布の立場を「相対的価値形態」と呼び、価値表現の材料となる上着の立場を「等価形態」、上着は「等価物」と呼ぶ。そして、布の上着に対する関係の中で、上着は布に対して、直接的交換可能性を獲得すると言う。自らは、布に対して価値表現をすることなく、直接に布と交換可能の立場に立っていると言うのである。

　なぜ、上着は布に対して直接的交換可能性を獲得するのか。マルクスの説明は難解である。それは、第1に、布が上着を価値物と認め、自分に等しいものとして関係することによって、最終的には商品体としての上着を布の価値体、すなわち価値形態とする。このことによって、布にとって価値は上着に見えるからであり、第2に、価値関係を結ぶことによって、上着の具体的労働が布と関係の中で抽象的人間労働になるからであり、第3に、上着の私的労働が布にとっては社会的労働になるからである。

　こうしたマルクスの展開は、価値形態論の課題を労働、価値、価値形態の関係をつける論理とみなしたことによる。この論理は、貨幣の存在意味を問う場合には多くの示唆を与えるが、上着の直接的交換可能性を説明する理論としては理解が困難である。

『資本論』で最も難解な理論と言われる。この簡単な価値形態が、拡大された価値形態、一般的価値形態、そして貨幣形態と発展することで、貨幣と価格の存在の合理性が解き明かされたことになる。一般的価値形態では、諸商品は、一般的等価物を排出し、これによって共通の価値形態（一般的価値形態）を取ることが説かれるが、この一般的等価物が金となった形が貨幣形態である。金はすべての商品に対して直接的な交換可能性を持つ。

すべての商品を金で表現するのが貨幣形態であり、これが価格である。価格は貨幣としての金を前提とするが、価値形態論の論理には商品所有者が含まれないため、金という素材を選択する論理は導かれない。『資本論』の価値形態論は、一般的等価物を1つに固定させ、これを金とするという論理は、完結しないのである。

そうであるとすると、価値形態論の第一義的な任務は、価格の解明である。価値の現象形態は価格だからである。価格は交換価値の完成形態であり、交換価値の最も基礎的な形態は、商品が他の商品で価値表現する形態である。これがいわゆるマルクスの簡単な価値形態である。価値形態論は、簡単な価値形態、拡大された価値形態、一般的な価値形態をへて、貨幣形態、すなわち価格にいたる。商品価値は、価格という現象形態を持った時に、商品として完成する。

現実の商品は、価格を持っており、価格は商品が商品であることの存在証明である。現物の貨幣そのものは、価値形態論の論理では、価値表現の発展に従属する存在である。価値形態論は、あくまでも価値表現の発展を通して、価値の完成した現象形態としての価格の存在の合理性を解き明かす理論である。このため、商品所有者が、金を貨幣として導出する論理は、交換過程論に委ねられることになる。

### 4．貨幣本質論における交換過程論の役割

マルクスの価値形態論は、価格を価値の現象形態として理解し、これによって貨幣が商品世界の統一的な価値表現の素材となることを示すことが課題であった。金貨幣そのものは論理の前提であり、現実的に導き出されたわけではない。現実にも商品が価格をつけるためには、貨幣は商品所有者の頭の中にあればよく、目の前に貨幣所有者がいることは前提とはならない。

現に存在する貨幣の導出の論理は、『資本論』では、交換過程論が担うことになる。商品論の論理は商品所有者を考慮していないため、価値形態論にも商品所有者は考慮されない。商品所有者がいないということは、商品の使用価値の特性は問題にされないことになる。ここからは、貨幣としての特定

の使用価値を持つ商品、金が選ばれる理由を説くことはできない。この点は交換過程論で補われることになる。

『資本論』では、商品の所有者は、互いに、商品を私有しているという立場で平等であることを認めると言う。これは経済関係が反映する意志関係であると言う。法的関係以前のものあるいは法的関係は、こうした経済的関係を受け止めたもの、として理解されているのである。

さらに『資本論』では、次のように論理を進める。すなわち商品所有者は、商品という経済的な意味を持った対象物を持つことによって、その担い手として行動する。この意味で商品の人格化として受けとめられる。商品所有者が貨幣所有者のように振舞うことはできないという意味である。しかし、商品所有者は交換過程論においてはたんなる商品の人格化、という存在を超えている。人間としての欲望を持つと言うことである。

商品所有者に担われた商品は、自己消費されることはなく、マルクスの言葉では「他人のための使用価値」(Marx[1962], S.100, 訳、第1分冊146頁)となる。他人の欲望の対象として認められなければならないのである。商品交換においては、使用価値を認められることが必須の条件となる。商品所有者が他の商品で価値表現するだけの場合とは、大きな違いである。

マルクスは言う。

「どの商品所有者も自分の欲求を満たす使用価値を持つ別の商品と引き換えにでなければ自分の商品を譲渡しようとしない。その限りでは、交換は彼にとっては個人的な過程でしかない。」(*Ibid.*, S.101, 訳、同前147頁)

ここに交換の矛盾と呼ばれる事態が生じる。それは次のようなものである。

「諸商品は自らを使用価値として実現する(realisieren)前に、価値として実現(realisieren)しなければならない。他面では、諸商品は自らを使用価値として実現する前に、自らが使用価値であることを実証(bewähren)しなければならない。」(*Ibid.*, 同前)

難解な『資本論』の中でも特に難解な文である。

商品は、売るために存在するものである。したがって、これから販売されることが商品の存在意味である。そして商品が商品として実現される、とは販売されることを意味する。これを2要因に即して言えば、販売は商品が価値として、使用価値として、他人から認められることである。

この問題は、本書第1部第1章で考察した。すなわち、この引用は、商品の販売を2要因の実現と捉え、そのためには2要因のそれぞれが同時に認められなければならないことを、相互前提の関係として捉えたとも考えられる。しかし、他方、realisieren と bewähren を使い分けていることに着目すれば、

第4章　マルクス貨幣論と貨幣数量説

商品は、まず使用価値として認められ、次に価値として認められて購買（これが価値の実現）され、消費過程に入って使用価値として実現するという順序になる。

商品所有者の登場が、貨幣を金に固定する。

「貨幣結晶は、種類を異にする労働生産物が実際に互いに等値され、それゆえ実際に商品に転化される交換過程の必然的な産物である。交換の歴史的な拡大と深化は、商品の本性のうちに眠っている使用価値と価値の対立を発展させる。交易のためにこの対立を外的に表示しようとする欲求は、商品価値の自立的形態へと向かわせ、商品と貨幣の二重化によってこの自立的形態が最終的に達成されるまでとどまるところを知らない。」（Ibid.,S.102, 訳149頁）

「貨幣結晶」とは、観念的な価値表現の素材としての金貨幣ではなく、現に存在する貨幣である。その貨幣は交換過程の必然的な結果として生み出される、と言うのである。しかも、貨幣は、交換のために商品に内在する価値存在を外的に表示しようとする行動によって出現する。

価値形態論は、価格という統一的な価値表現を求める。交換過程論は、価格形態を持つ商品と貨幣との売買の形式を作り出す。統一的な価値表現と使用価値としての実現、これがマルクスの貨幣本質論の動力であった。貨幣はこの問題を解決するために導出される。

価値形態論における金は、観念的な存在であり、現実の金の存在は、問われていない。これに対して、交換過程論においては、現実の金が重要な役割を果たす。

宇野弘蔵の『経済原論』（宇野 [1970a]）のように、商品所有者を前提に価値形態論を展開すれば、このような極端な問題は生じない。現実の金貨幣の登場と金価格の成立は同時に行われるからである。

マルクスの貨幣論体系においては、価値形態論と交換過程論の関係だけでなく、貨幣機能論においても、貨幣としての金は、登場したり消えたり、目まぐるしくその存在を変える。

## II　マルクス貨幣論における金

### 1．金をめぐる貨幣論体系

結論を先取りして、マルクスにおける必要流通手段量と貨幣数量説の関係を概観しておこう。この問題は、マルクスの貨幣論体系からきている。

『資本論』の第1編第3章「貨幣または商品流通」は次のように編成さ

第1節　価値の尺度
第2節　流通手段
　　a　商品の変態
　　b　貨幣の流通
　　c　鋳貨　価値章標
第3節　貨幣
　　a　貨幣蓄蔵
　　b　支払手段
　　c　世界貨幣

　第1編第3章「貨幣または商品流通」の章は、2つの課題を負っている。貨幣機能論と売買関係の織りなす商品流通論とである。「商品流通」は『批判』では「単純流通」と呼ばれていたものである。この3つの節による編成は、貨幣機能を列挙する形ではなく、マルクスが資本主義の表面と考える「単純流通」の考察に即した編成になっている。「単純流通」とは資本を前提としない、商品と貨幣だけの領域である。

## 2．価値尺度と流通手段

　「金の第一の機能は、商品世界にその価値表現の材料を提供すること、または、諸商品を同名の大きさ、すなわち質的に同じで量的に比較可能の大きさとして表すことにある。」（*Ibid*.,S.109. 訳、同前160頁）

　商品の価格形態は、貨幣の側から見れば、価値表現の素材を提供していることになるからである。

　交換過程における矛盾の解決としての貨幣は、金貨幣として登場する。そのプロセスをマルクスは流通手段論において次のように言う。

　「すでに見たように、諸商品の交換過程は、矛盾し互いに排除し合う諸関連を含んでいる。商品の発展は、これらの矛盾を取り除くのではなく、これらの矛盾が運動しうる形態を作り出す。」（*Ibid*.,S.118, 訳、同前177頁）

　「交換過程は、商品と貨幣との商品の二重化を、すなわち、諸商品がそれらに内在する使用価値と価値との対立をそこに表わす外的対立を生み出す。この対立においては、使用価値としての諸商品が交換価値としての貨幣に対立する。他方、この対立の両側は商品であり従って使用価値と価値との統一である。」（*Ibid*.,S.119, 訳、同前178頁）

　交換の矛盾は貨幣を排出し、商品交換が貨幣を媒介にして行われることで解決の形式を作り出す。ここでの貨幣は現実の金である。

「金材料は、価値の物質化したものとして意味を持つ。」(*Ibid.*,S.119, 訳、同前 179 頁)

価値尺度機能を果たすものとしての金は、素材性だけが問われ、現実の金は必要がなかった。商品所有者の観念の中に金が存在すれば、問題はなかった。しかし、流通手段としては、価値の物質化したものとしての金が必要になるのである。

マルクスの場合、流通手段としての貨幣を、W―G―W で表示する。貨幣が物々交換を媒介しているような表示である。商品の所有者は、欲しい商品を手に入れるために、自分の商品を販売し、ただちに欲しい商品を手に入れる、と考えられているのである。一時的というのはこの意味である。

マルクスも重視するように、貨幣の登場によって、販売と購買は分離する。購買と販売との分離は商品と貨幣の形成と表裏の関係にあるから、この成立によって商品経済は確立する。販売と購買との分離によって、購買手段として純化した貨幣は、交換の媒介物となる。

商品の所有者は、自分の欲する商品を得るためには、まず自分の所有する商品を売る。これによって獲得した貨幣で、自分の欲する商品を買う。マルクスの表記によれば、W―G―W、商品―貨幣―商品、の形式である。ここで貨幣は、商品 $W_1$ と商品 $W_2$ の間の交換を媒介している。交換手段としての貨幣である。しかし、ある商品所有者にとっての $W_1$―G（売り）は、他の商品所有者にとっての G―$W_1$（買い）であるから、$W_1$―G と同時に G―$W_1$ が成立していなければならない。同じように、G―$W_2$ の背後に $W_2$―G が存在する。

宇野弘蔵の説明を使えば（宇野 [1970a]）以下のようになる。

　　（所有者）
　　（A）　　　　G―$W_1$
　　　　　　　　　　×
　　（B）　　　　$W_1$―G―$W_2$
　　　　　　　　　　　　×
　　（C）　　　　　　　　$W_2$―G

貨幣 G は A の購買手段として商品 $W_1$ を B から A へ流通させる。商品 $W_1$ は、1 回の持ち手変換で流通から離れ、A の消費過程に入るが、貨幣は B によって再び購買手段として使用され、商品 $W_2$ を C から B へと流通させる。C も同様の行為を繰り返す。貨幣は、商品と同様に持ち手を買えるが、商品とは異なり、繰り返し購買手段として使用されながら商品流通を媒介しているのである。これを貨幣の流通手段機能と言う。

ここから必要流通手段量は次のように導かれる。

$$\frac{諸商品の価格総額}{同名の貨幣片の流通回数} = 流通手段として機能する貨幣の量$$

　貨幣の通流回数（貨幣数量説でいう流通速度）が一定であれば、流通手段としての貨幣量は商品の価格総額によって決まる。貨幣数量説は貨幣量によって価格が決まると考えるので、因果関係は逆である。マルクスの場合労働価値論によって商品の価格が決まる。これは商品が入る段階で決まっている。貨幣量によって価格が決まることはないのである。
　なお、兌換紙幣である銀行券については、銀行券が流通に投げ込まれれば、金貨幣が流通から投げ出されることを指摘している。

### 3．流通手段の象徴化

　流通手段は、物々交換とは違って、貨幣の登場によって販売と購買は分離している。商品所有者Bに即してみれば、マルクスのように$W_1 ― G ― W_2$の形式を取る。しかし、ここでのGは期間が限定されていない。
　しかし、マルクスは流通手段としての機能が一時的だと指摘する。これが流通手段の象徴化論の根拠となる。
　一時的ではないのである。すべての販売者は、販売の後にただちに購買する義務を負っているわけではない。貨幣を溜め込んで、そのまま使用しなくても、貨幣の所有者は貨幣の使用については排他的な所有権も持っているのだから、どのように処分しようが自由である。販売と購買の分離から、貨幣が保有されることは、マルクスも承知のことである。
　しかし、流通手段の説明の際はこの視点が消える。流通手段は一時的であるという理解が前面に出る。流通手段として機能しようが価値保蔵手段として機能しようが、存在としては貨幣でしかない。機能が一時的であるということをもって、貨幣存在を一時的であると見なすわけにはいかない。
　一般的にも貨幣は一定期間の保有の後で購買に使用される。流通手段としての機能は一時的であるが、貨幣そのものの存在は、一時的ではない。貨幣は貨幣として存在し、これが流通手段として機能するのであって、マルクスが言うように、機能が定在を吸収することはあり得ない。販売によって得た貨幣を価値保蔵手段として機能させることに問題はないのである。
　流通手段としての金貨幣は、「a 商品の変態」、「b 貨幣の流通」では維持されるが、「c 鋳貨　価値標章」において一変する。
　その冒頭、マルクスは次のように言う。

「流通手段としての貨幣の機能から貨幣の鋳貨姿態が生じる。」(*Ibid.*,S.138,訳、同前 211 頁)

交換において、貨幣の使用の度に地金を計量するのは不便である。鋳貨によって、純分と含有量が保証されれば、この不便が省かれる。一定の単位ごとの鋳貨を発行して、その個数を数えることで計算が簡易になる。個数性は貨幣に求められるものであり、貝殻貨幣もこの利点を持つ。

しかし、マルクスの鋳貨論は、鋳貨の便利さに論点が置かれているのではない。マルクスは次のように言う。

「すなわち、通流している金鋳貨は、あるものはより多く、あるものはより少なく摩滅する。金の肩書きと金の中身とが名目純分と実質純分とが、その分離過程を歩み始める。」(*Ibid.*,S.139,訳、同前 211 頁)

そしてこれは、「鋳貨の金存在を金仮象に転化させる」(*Ibid.*. 同前) 過程とされる。マルクスは、この過程は、貨幣流通そのものが、実質純分と名目純分を分離させ、この乖離があっても流通手段として機能すること可能である、と言うことによって象徴化の過程は進行すると考える。そして、この小さな乖離に本質的な意味があると言う。「金属定在を機能的な定在から分離」(*Ibid.*,S.140,訳、同前 212) する過程として受け止めるのである。

「鋳貨機能においては、金属貨幣に代わって他の材料からなる標章または象徴が登場する可能性を、貨幣通流は潜在的に含んでいる。」(*Ibid.*,S.140,訳、同前 212 頁)

金ではなく、金以外の金属が、補助鋳貨として用いられ、これらは金よりもいっそう摩滅が激しく、十分な価値を持たないにも関わらず、金鋳貨と同額の補助通貨として通用するようになる。金貨幣の価値から乖離した鋳貨が流通する。その究極の姿が、紙幣である。

「金属製の貨幣章標においては純粋に象徴的な性格は、まだある程度覆い隠されている。紙幣においては、それがまぎれもなく現れている。」(*Ibid.*,S.140-141,訳、同前 214 頁)

紙幣は完全な象徴貨幣ということになる。ところで、紙幣は理論的には 2 つの起源を持つ。信用貨幣と国家(政府)紙幣である。信用貨幣は、支払手段機能の一環として発生する。手形割引のための銀行券の発行が起源であり、中央銀行が発券を集中することで今日の形になっている。『資本論』では信用貨幣は、信用論の課題である。また今日の中央銀行券は、信用貨幣であっても中央銀行は金と兌換する義務はない。このため、国家紙幣と同じではないか、として論争にもなる。発行主体が中央銀行である限り、本書では銀行券として扱う。

これに対し、マルクスは、国家紙幣をこの貨幣論の流通手段論の中で説く。貨幣の象徴化の行き着く先として国家紙幣を説くのである。
　「ここで問題になるのは強制通用力を持つ国家紙幣だけである。」(*Ibid*.,S.141,訳、同前214頁)
　結論として、マルクスは、国家紙幣の流通には根拠があるものとする。マルクスは、貨幣数量説とは逆に、貨幣量が市場で販売される商品価格総額によって決められると考える。そうすると、必要流通手段量の内のさまざまな変動を考慮した最低限は、経験的に分かることであり、この部分を、本来は金貨幣について保証された貨幣名称を印刷された紙幣が流通する、と言うのである。危機の際には別であるが、通常であれば、「最小総量は紙幣によって置き換えることができる」(*Ibid*.,S.142,訳、同前210頁)、と言うのである。
　そして、マルクスは、紙幣に関しては、貨幣数量説をそのまま踏襲している。紙幣の総量が必要貨幣量の2倍になれば、貨幣価値は半分になると考えているのである。(*Ibid*.,S.142,訳、同前218頁)
　マルクスの必要流通手段量説は、後に検討する。そこでは明確に貨幣数量説批判が展開されている。ここでは、鋳貨の章標化あるいは象徴化との関係で紙幣量に関する問題だけ論じる。
　マルクスの場合、こうした紙幣が限度を越えて発行された場合に、はじめてその量と価値の関係が問題になる。マルクスは言う。その場合には、「1ポンド・スターリングは、例えば1/4オンスのかわりに1/8オンスの金の貨幣名になる」(*Ibid*.,S,142,訳、同前217頁) すなわち、紙幣については一定の限界を越えた場合、貨幣価値の下落が生じるのである。
　したがって、金貨幣と紙幣とは極めて対照的な性格を持つ。マルクスは『資本論』に先立つ『批判』(1859)では次のように言う。
　「流通する金量はそれ自身の価値によって決まるのに、紙幣の価値は流通するその量によって決まる。」(Marx[1961a]、S.100,訳157頁)
　マルクスは紙幣に関しては、リカードウやミルと同じように貨幣数量説をそのまま受け入れているのであろうか。
　マルクスは金貨幣が紙幣に置き換わる理由を次のように説明する。
　「商品の交換価値の自立的表示は、ここでは一時的な契機でしかない。この自立的表示はただちにふたたび別の商品によって置き換えられる。・・・いわば、貨幣の機能的定在がその物質的定在を吸収するのである。商品価値の一時的に客体化された反射としては、貨幣はただそれ自身の章標として機能するにすぎず、だからまた章標によって置き換えられる。」(Marx[1961a],S.143,訳218頁)

流通手段としての貨幣の機能は、一時的だから、不換紙幣でも通用する、というのがマルクスの説明である。
　ピール条例（1844）は、金本位制の確立と言われているが、その内容は、1400万ポンドを越える紙幣については完全な金準備を必要とするという制度であった。しかも紙幣は兌換紙幣であり、その発行量は、経験則に守られていた。金本位制の下での兌換紙幣の過剰発行がインフレをもたらす、という主張である。ピール条例下の兌換紙幣のイメージを国家の発行する不換紙幣に当てはめたのかもしれない。
　マルクスは、流通手段機能を章標化・表象化のプロセスとして説き、国家紙幣を導いた。ただし、国家紙幣の管理については立ち入っていない。
　そもそも、第3節「貨幣（Geld）」のタイトルは奇妙であり、説明を必要とする。マルクスは、『資本論』の形成過程においては「貨幣としての貨幣」という表記をしばしば用いていた（奥山 [1990]、参照）。この「貨幣としての貨幣」が『資本論』での「貨幣」である。一般的な意味で貨幣という時とは別の意味、すなわち流通から自立性を保った価値の定在が、「貨幣としての貨幣」である。対になるのが「資本としての貨幣」であり、これは増殖目的に使用される貨幣である。
　「貨幣」は、これを受けて展開される。貨幣を商品経済の一般的な富として貯える蓄蔵貨幣、一定額の蓄積された貨幣がもっぱら手形の決済に用いられる支払手段機能（税金なども含む）、そして世界貨幣、である。貨幣の蓄積は、素材的に限界のある紙幣では不可能と考え、さらに、最終的には、世界貨幣としての金が説かれる。金が地金のままで自立した価値としての存在を認められるのは、世界貨幣としての存在においてであった。国家と国家をつなぐものとして、金以外は通用しなかったのである。
　マルクスにとって、「貨幣」の項で、初めて自立した価値の形態として、金貨幣が論理的に完成する。マルクスの場合、自らの論理の体系に貨幣の分析が振り回されているように思える。


## III　富としての貨幣

　マルクスは、価値形態論によって、貨幣の価値尺度機能の本質的な意味を説き、交換過程論によって、交換の矛盾を解決する形式としての流通手段機能の意味を説く。この点で本質論と機能論は、対応関係にあった。この限りでは、価値の保蔵手段としての貨幣は、マルクスの価値形態論にも、流通手段論にも含まれない。本書の見解は後述するが、これとは異なる。

蓄蔵貨幣は、マルクスの場合、購買と販売の連鎖の中断から生じる。貨幣所有者が購買をやめれば、彼は貨幣蓄蔵者となる。価値の保存である。

「貨幣退蔵者は、金物神に、彼の肉体的欲望を犠牲にしてささげる。」（Marx[1962], S.148, 訳、同前226頁）

「物神」とは木や石などを神として崇める宗教を指す（本書第3部第1章、参照）。資本主義社会では、金貨幣が神として崇められ、貨幣をためるためには、個人的な欲望すら押さえることがあることを、指摘している。貨幣に対する無制限の欲望が、資本主義の特徴となる。貨幣蓄蔵は狂気ではあるが、それが資本主義の動力となる。古典派の重商主義批判とマルクスとは、貨幣観が異なるのである。

財宝はいつの時代にも求められた富である。資本主義の下では金貨幣が一般的な富となる。財宝と蓄蔵貨幣とは、人間の共通の欲望に支えられている。

数百年におよぶ重商主義が、貨幣こそ富であるという経済思想を持ちつづけていた。重商主義の代表者トーマス・マンは言う。

「われわれの外国貿易によって王国にもたらされる財宝は、唯一われわれの下にとどまりわれわれを裕福にしてくれる貨幣である。」（Mun[1986]p.21, 訳43頁）

重商主義にとって貨幣こそが最大の富であった。金貨幣は権力者の富であり、富裕者の富であり、国家の富であった。

価値の保蔵による富の増大、すなわち致富欲は、人間にとって一般的なものであるが、貨幣の存在が、致富衝動を一般的なものとして促進した。

この点については、ロックに言及しておくべきであろう。ロックは貨幣が保蔵可能であるが故に、その出現が彼のいわゆる「自然状態」に対して大きな変化をもたらしたと考えていた。

ロックの『政府二論』は言う。自然状態では、所有の範囲は「腐らないうちに利用して、生活の役に立てうるだけのもの」（Locke[1963]vol.V,p.356, 訳36頁）に限定され、そこには「各人は自分の利用しうるだけのものをもつという法則」（Ibid.,p.359, 訳、同前41頁）がある。しかし、貨幣の登場によって、こうした自然状態は変化する。なぜなら、「この法則以上の大きな財産と、それに対する権利とが生じてしまう」（Ibid., 訳、同前42頁）のである。

「貨幣というものは保存しても腐朽せず、また相互の約束によって、人が実際に生活上有用な、しかし滅失する性質のものと交換に受け取るであろう、何か永続性のあるものである。」（Ibid.,p.365 訳、同前52頁）

貨幣は、腐らないが故に蓄積の対象として使用される。このことによって自然状態は大きな変化に見舞われるのである。ロックにあっては、貨幣の社

会に与えた影響は、何よりも保蔵可能であるという点をにあった。これは、貨幣が社会を変えた側面である。しかし、ロックの財宝論は、貨幣とは別に金銀をまず財宝として考える。

『利子・貨幣論』では、次のように言う。

「金は銀と同様に財宝である。なぜならそれは保蔵しても腐食せず、またその価値が決して大幅に下落しないからである。」(Locke[1963], p.152, 訳、246頁)

「他の諸金属は財宝ではない。なぜなら、それらは保蔵すると腐食するし、・・・。」(*Ibid.* 同前)

「金と銀とは、ほとんど役立たないけれども、それは生活のあらゆる便宜品を支配する。したがって富は金銀の豊富さに存するのである。」(*Ibid.*,,p.12, 訳、同前15-16頁)

ロックにとって、金銀は財宝として保蔵の対象であり、その後に貨幣となり、富としての一般性を獲得し、普遍的に保蔵の対象となったと考えることができる。金の財宝論から貨幣論への転換である。財宝としてであれ、貨幣としてであれ、金は保蔵の対象であったことにかわりはない、と考えるべきであろう。

貨幣蓄蔵について、『資本論』は売りと買いの中断が貨幣蓄蔵をもたらすと考える。そして、この中断が自己目的となった時、「貨幣は蓄蔵貨幣に石化し、商品の売り手は貨幣蓄蔵者になる」(Marx[1962],S.144, 訳220頁) と言う。貨幣蓄蔵は、流通から引き上げられた貨幣の退蔵としてとらえられているのである。

そして、こうした貨幣機能は、人間社会に大きな影響を与える。

「商品を交換価値として、また交換価値を商品として固持する可能性とともに、黄金欲は目覚めてくる。」(*Ibid.*,S.145, 訳、同前222頁)

「貨幣蓄蔵の衝動はその本性上無際限である。質的には、またその形態からみれば、貨幣は無制限である。すなわち、素材的な富の一般的な代表者である。貨幣は、どんな商品にも直接に転換されうるからである。」(*Ibid.*,S.147, p.226頁)

貨幣が社会に与える衝撃は、それが商品経済の一般的な富であり、商品経済が広まれば広まるほど、貨幣が社会の一般的な富になるという点にある。この点で価値の保蔵手段としての貨幣機能は、貨幣を特徴づける極めて重要な機能である。貨幣は、普遍的な購買手段であり、素材的に不滅であるという特性の故に、人間の無限の欲望の対象になるのである。保蔵手段としては、小さな体積に大きな価値を含むという点も重要である。

確かに、貨幣は価値の一般的な保蔵手段である。この点で貨幣は、商品経済における一般的な富である。しかし、富を蓄える必要はどの社会にも存在する。何よりも、余剰物は保存性のあるものの形を取る必要がある。マルクスによれば、商品経済の初期には、貨幣は余剰物の存在形態であったと言う。

「商品流通がはじまったばかりの時には、ただ使用価値の余剰分だけが貨幣に転化する。こうして、金銀は、おのずから、有り余るものまたは富の社会的な表現になる。」(*Ibid.*,S.144, 訳、同前 221 頁)

マルクスもまた、金銀が貨幣による人間の黄金欲の目覚めを強調しつつも、金銀は、貨幣以前に余剰物の保存として用いられること、そしてこの意味で富の社会的な形態であったことを指摘する。

一般的に言って、富としての評価を得るのは、より保存性のあるものである。保存性があるかないか、これは富の基準としては有力であった。アダム・スミスも次のような文言を残している。

「もし同等の財産を持つ 2 人の人があって、自分たちの収入を費消する場合、それぞれ別の方法を用いるとすれば、耐久性のある物品に主として費消した人の壮麗さは不断に増加するであろうし、毎日の経費が翌日の経費を多少とも補助し、そしてその効果を高めるために寄与するであろうが、これに反して、他の人はその時期の終わりになっても、当初に比べて少しも増加しないであろう。」(Smith[1976], pp.346-347, 訳 2 分冊、138 頁)

ここではスミスは、個人にとっても、さらにこの後の文言によれば国家にとっても、富を増やすのは、建築物や彫刻や宝石などのような耐久的な物品に対する支出であると考えている。余剰物はどの社会にも存在するし、それは保存性のある物のかたちで蓄積される。したがって、富の保蔵手段は、貨幣がなければ別の保存性のある物が果たしていたと考えられる。現在でも、貨幣は一般的な価値保蔵手段ではあっても、貨幣だけが価値の保蔵手段なのではない。絵画も骨董品も家屋もあるいは金商品も価値保蔵手段である。

また、人間の無限の致富衝動が、貨幣の登場によって現実的な手段を得て、飛躍的に助長されたとは言えるが、かと言って、それが商品経済の下でのみ生じると考える必要はないであろう。したがって、貨幣がなければ致富の対象がなくなると考える必要もない。富を保蔵するという動機は、人間にとっても社会にとって最も基本的で本来的な動機の 1 つであると考えるべきであろう。

そうであるとすれば、商品経済以外にも富の保蔵手段は無数に存在し、貨幣はこれを一般的な形で代位したにすぎない、と考えるべきであろう。そして、商品経済の下では、貨幣の蓄蔵が価値の保蔵という特殊な意味を持った

のである。

　価値の保存は、人間生活の根幹に関わることである。給与の全額をバナナで支給されても、途方にくれるだけである。価値の保存は、生活に不可欠な欲求である。そして、欲望の追求は人間の本来の性質である。価値の保存可能な審美性を持つ財は、財宝として貯えられ、携帯可能性、均質性、合成と分割の可能性を持つものは、貨幣となる。

　さらに、他方、『資本論』では、支払手段としての貨幣機能を掛け売りの売買形式から説き明かしている。すなわち、掛け売りにおいては、貨幣の授受が行われることなく、商品が引き渡される。これによって売買関係は債権債務関係に転化し、一定期間後に支払いが行われる。この時、貨幣は支払手段として機能するのである。

　しかし、支払手段としての機能は、『資本論』にも描かれているように、貨幣に固有のものではない。

　「商品生産がある程度の高さと広さとに達すれば、支払手段としての貨幣機能は商品流通の部面を越える。貨幣は契約の一般的商品となる。地代や租税などは現物納付から貨幣支払に代わる。」(*Ibid.*, S.154, 訳237頁)

　現在では、租税の現物での納税など、ごく一部に貨幣以外の支払手段を探すことはできるが、例外的である。貨幣が支払の一般的手段になったのは、『資本論』の記述にしたがえば、商品経済が広汎に展開されたからということになる。実際には、われわれも地代や租税が物納だった時代から、そう遠くは離れていないのである。したがって、貨幣の支払手段機能は商品経済の中から発達し、次第に交換の部面以外の領域に浸透していったものと考えられる。

　また、ジョン・ローは、フランス財務総監時代の政策から、スミスには貨幣＝協定説と見られているが、彼の著書『貨幣と商業』(Law[2010])では、貨幣の起源を2国間の交易の差額の支払手段としている。

　そうであるとすれば、支払の必要性は、商品経済以外、あるいはその黎明期にも遡れる。確かに商品経済の発達が信用の発達をもたらし、支払い手段機能が貨幣の重要な機能になった。しかし同時に貨幣は、貨幣以外のものが果たして来た支払手段機能を代位し、支払の一般的な手段になったと考えられる。

　ところで、『資本論』では、貨幣の支払手段機能と購買手段機能とは区別される。購買も貨幣の支払いであるから、時間的な幅をとれば購買手段は支払手段の一部であり、その場での支払いであるとは考えていない。支払手段は、貨幣蓄蔵の機能を前提にするので、購買手段とは別のくくりになる。そして、購買手段としての貨幣が商品と貨幣との関係を作り出して、売りと買

いの形式を完成し、市場を形成する。

　すなわち、第1節の「価値の尺度」は、流通の準備段階と位置づけられ、第2節が本来の商品流通と貨幣通流、第3節は流通の外あるいは中断によって生じる価値の自立した形態としての貨幣という扱いである。

　ここで、第3節の「貨幣」というくくりを取り払うと、貨幣機能は、順に、価値尺度、流通手段、貨幣蓄蔵、支払手段、世界貨幣、ということになる。最後の世界貨幣は、貨幣の機能が発揮される場の問題であり、あらたな貨幣機能がつけ加わるわけではない。問題は、第3節の「貨幣」にある。

　この体系編成においても、マルクスの金貨幣の扱いは極端である。「価値の尺度」としての金は、素材としての金だけが重要であり、金そのものの存在は観念的な存在である。これに対して流通手段としての貨幣は、第一義的には金貨幣として登場する。マルクスの必要流通手段量説は、ここで登場する。貨幣数量説に対する対抗理論である。

　しかし、マルクスは、流通手段論において貨幣の象徴化の理論を説き、金鋳貨、銀などの補助貨幣、さらには国家紙幣を導く。金の裏づけのない紙幣である。この紙幣は、価値保存機能を持たない。この内容は後述する。第3節の貨幣では、流通手段と蓄蔵貨幣の間の通路が開かれる。再び、必要貨幣量説に戻るのである。

　第3節において、はじめて金貨幣は自立した価値として不動の地位をしめる。価値尺度としての金貨幣は、素材だけが重要であり、その存在は観念的である。流通手段としての金は現実の金貨幣であるが、象徴化の進展によって、金の素材性を失う。正反合の弁証法を見るかのような展開で、「第3節貨幣」が置かれ、素材性も実在性もともに兼ね備えた金貨幣が成立するのである。

　これに価値形態論と交換過程論の関係を加えれば、『資本論』では、生身の金は、何度も登場と退場を繰り返していることになる。

　とは言え、マルクスにとって重要なのは、無限の致富欲の対象としての金貨幣である。無限の致富衝動は、古典派が重商主義を見る場合には狂気に思えるかもしれない。しかし、マルクスにとっては貨幣のこの機能があるからこそ、資本が生まれる。より多くの貨幣を永久に求め続ける運動態がG―W―G'の資本である。目的としての貨幣が価値保蔵手段としての機能を果たさないのであれば、運動態としての資本は目的を失う。貨幣蓄蔵こそは、貨幣から資本への転化の動力なのである。この点で、マルクスと古典派の貨幣論は、明確に一線を引いている。むしろ、重商主義と古典派とを体系の中に取り込んだ点に、マルクスの貨幣論の特徴がある。

また金の立場からすれば、財宝としての金が貨幣となることによって、商品経済的に一般的な富となる。金が生まれながらにして貨幣であったわけではないが、富としての一貫性は商品経済的にも維持されたことになる。

## IV　貯水池

マルクスの必要流通量説は、蓄蔵貨幣との間の貯水池によって成立している。

### 1．労働価値論と必要流通手段

マルクスは、商品流通界には必要な流通手段量が存在する、と考える。これはもちろん、マルクスに固有のことではなく、ペティ以来多くの論者が論じてきたことである。経済がなめらかに進行するために必要な適正な貨幣量と言う意味である。特に市場経済の確立期には、購買手段としての貨幣そのものが不足し、現物での交換が余儀なくされるような文字通りの貨幣不足の局面もあったと思われる。

18世紀初めのフランスでのジョン・ローの紙幣の発行の経験や、また18世紀末のナポレオン戦争に始まるイングランド銀行券の免換停止は、貨幣の管理の問題と市場にとって必要な貨幣量はどれほどか、という問題を投げ掛けた。

マルクスの場合、こうした必要流通手段量は労働価値説との関係で導かれる。

「商品世界の流通貨幣のために必要な流通手段の量は、すでに諸商品の価格総額によって規定されている。実際、貨幣は、ただ、諸商品の価格総額ですでに観念的に表わされている金総額を実在的に表わすだけである。」(*Ibid.*,S.131, 訳、同前198頁)

マルクスの見解は、ここに集約される。マルクスの場合、商品の価値は労働時間によって決定されている。貨幣である金もその価値は労働時間によって決定されている。そして商品の価格は、商品と貨幣との価値量の等価性を反映すると考えられている。したがって、流通手段として機能する貨幣量は、商品の価格総額によって決まるのであって、逆ではない。

貨幣数量説批判としては、貨幣数量説のように、貨幣量の増加が商品価格の上昇をもたらすのではなく、商品価格の上昇が貨幣量の増加をもたらす、と言うことになる。マルクスが示す流通必要貨幣量の等式は次のようになっている。

$$\frac{諸商品の価格総額}{同名の貨幣片の流通回数} = 流通手段として機能する貨幣の量$$

 マルクスの場合、あくまでも必要貨幣量を算出するための等式である。なぜなら、商品の価格総額は、労働によって決定された価値の表現であり、価値は交換によって決定されるものではないからである。
 貨幣の流通回数あるいは流通速度は相殺要因として働く。商品価格総額の増加が流通回数の増加によって相殺されれば、そのまま流通手段量の増加につながることはない。
 貨幣数量説の場合には、貨幣量の増加が貨幣の流通速度の減少を伴えば、商品価格の上昇は相殺されることになることは、問題にしない。貨幣の流通速度は、慣習的に一定と考えるからである。これに対してマルクスは、貨幣の流通速度が慣習的に一定であるという考えは取らない。
 貨幣数量説が成り立つためには、貨幣の流通速度が一定という条件が必要になるのである。そして、流通速度が一定という条件の下では、使用される貨幣量が増加すれば、商品価格が上昇するという関係が導かれる。この場合には、商品価格の前提となる商品価値と価格が乖離する。
 マルクスと貨幣数量説との対立点は、価値概念にある。マルクスの労働価値論そのものが貨幣数量説批判を導いていたと言える。マルクスは自説を次のように要約する。
 「流通手段の量は、流通する商品の価格総額と貨幣通流の平均速度によって規定されるという法則は、諸商品の価値総額が与えられていて、それらの変態の平均速度が与えられていれば、通流する貨幣の量は、その価値によって決まる、というように表現することもできる。」(*Ibid.*,S.136-137, 訳、同前 207 頁)
 マルクスは、必要流通手段量説としてペティとスミスを上げている。
 その上で、これと対比して貨幣数量説を次のように批判する。
 「逆に、商品価格は流通手段の総量によって、その流通手段の総量はまた一国に存在する貨幣の総量によって規定されるという幻想は、その最初の提唱者たちにあっては、商品は価格なしに、貨幣は価値なしに、流通貨幣に入り、次にそこにおいて、ごたまぜの商品群の一加除部分が山をなす金属の一加除部分と交換されるというばかげた仮説に根ざしている。」(*Ibid.*,S.137-138, 訳、同前 207 頁)
 ところで、貨幣としての金の存在量はその年の生産物ではなく、そのほとんどが、それまでに産出された金のストックである。有史以来のストックと

言っても過言ではない。年々加えられる金量は微々たるものにすぎない。また、金は装飾品等にも使用されており、いつでも溶解されて貨幣に転換される。マルクスは、こうした特徴を持つ金貨幣の価値も、商品と同様に労働によって決定される、と考えている。

「商品の流通部面には一つの穴があって、そこを通って金（銀、要するに貨幣材料）は、与えられた価値のある商品として流通部面に入ってくる。この価値は、価値尺度としての貨幣の機能は、したがって価格決定に際しては、既に前提されている。」(*Ibid.*,S.131, 訳、同前 199 頁)

流通部面の「一つの穴」とは、基本的には原産地からの金の流入であり、この金と商品との交換が貨幣としての金の価値を決めると考えているのである。したがって、貨幣が商品の価格に影響するのは、貨幣量の変動ではなく、貨幣の価値変動と言うことになる。

そしてマルクスの場合、貨幣価値の変動とは、労働によって決定された貨幣価値の変動である。例えば、豊度の高い鉱山からの金の流入は、金量の増加のゆえに商品価格を上昇させるのではなく、追加された金が、豊度が高く生産性が高い鉱山から産出されたため価値が小さくなり、この結果として商品価格が上昇すると言うことになる。このようにして、労働価値論が貫かれるのである。

しかし、金は不滅であり、産金部門の産出量を増やすことはできるが、減らしても、あるいは算出を停止しても、金の存在量は減らない。商品としての金、富として保存される金、などが貯水池としての役割を果たす。

## 2．貨幣の貯水池

ロックからヒュームに至り、貨幣数量説は、貨幣を交換の道具とし、富としての貨幣という考えを退けていく。古典派の貨幣観は、その論者が貨幣数量説を取るかどうかを別として、貨幣＝道具説である。すなわち交換手段としての貨幣を重視し、保蔵手段としての貨幣を軽視するのである。

マルクスは、初期の経済学研究以来、この２つの考えを統合する道を歩んでいる。それは資本主義経済を、貨幣という媒介者が神となった社会と捉えることに始まる（奥山[1990]、215-216 頁、参照）。

媒介物として登場する貨幣が無限の蓄積の対象となることを重視する。

「貨幣蓄蔵の衝動はその本性上、無際限である。」(Marx[1962], S.147, 訳 226 頁)

貨幣蓄蔵は、流通界からの貨幣の引き上げによっても生じるが、金銀をそのまま所有したり、装飾品として所有したりすることによっても生じる。金

や銀の貨幣の場合には、溶解によっていつでも鋳貨に戻ることができる。

蓄蔵貨幣や「貨幣の潜在的な供給源」は、マルクスによれば、必要流通手段量と密接に関係して経済的に重要な機能を果たす。

「商品流通が規模や価格や速度において絶えず変動するのにつれて、貨幣の流通量も休みなく満ち干きする。だから貨幣流通量は収縮し膨張することができなければならない。ある時は貨幣が鋳貨として引き寄せられ、ある時は鋳貨が貨幣としてはじき出されなければならない。」(*Ibid.*,S.148, 訳、同前 227 頁)

「この条件は、貨幣の蓄蔵貨幣形態によって満たされる。蓄蔵貨幣の貯水池は、同時に、流通している貨幣の流出および流入の水路として役立ち、それゆえ、流通する貨幣は、その流通水路から溢れ出ないのである。」(*Ibid.*,S.148. 訳、同前 227 頁)

蓄蔵貨幣が、流通必要貨幣量の調整役を果たす、と言うのである。

この点、マルクスは、リカードウと同様に、金属貨幣についての貨幣数量説を批判する。その論拠は、貨幣である金は内在的な価値を持ち、この価値を基準に、必要流通手段量が、産金部門や地金と金鋳貨との鋳造と溶解によって調整されると考えていたことによる。

## V 貨幣本質論の省察

### 1．パリはミサに値する

物々交換は貨幣が存在しない場合の基本的な交換形式である。あるいは、貨幣が存在する場合でも、2 国あるいは少数の国の間のバーターは成立し得る。一般的に言って、物々交換が安定的で効率的に行われる局面は、2 つあるいは少数の共同体間（あるいは個人）で行われる場合である。物々交換は、それが慣習化した場合には、双方が無数の財の中から欲する財を互いに指定して、互いに交換するのであるから、マルクスの言うような「命がけの飛躍」(*Ibid.*,S.120, 訳、同前 180 頁) の状態には置かれない。もともと無数の財のうちから相手に交換を望まれたものだけが交換の対象になるのだから、売れるかどうかという問題は一般的には生じない。

こうした場合、交換比率や交換財の選択が慣行によって決まる場合も考えられる。あるいは、双方が観念的な貨幣で価値表現して交換条件を決める場合もあるであろう。ともあれ、少数の交換主体の間の比較的少数の財の交換では、相互の使用価値についての合意は交換の前提となる。慣習化した物々交換は安定的で効率的な役割を果たす。

そして、物々交換の場合は、たとえ観念的貨幣が双方の財の共通の価値形態を作ることはあっても、これが共通の等価物としてその場に存在する必要はない。相互の使用価値について、合意を前提に交換条件を話し合う場では、等価物としての貨幣の存在は、むしろよけいな回り道になるであろう。
　しかし、物々交換は、偶然の出会いや交換の相手が不特定で、かつ多数の場合の交換にはなじまない。このような条件の下では、自分の欲する商品の所持者が、自分の所有する商品を欲するとは限らないからである。ここでは、物々交換の基本的な難点、すなわち相互需要の不一致が問題になる。スミスやマルサス（Malthus[2012]）の指摘するとおりである。交換の成立は、二重の偶然の結果である。
　ところで、価値形態論では、売買形式の萌芽が貨幣の確立以前の簡単な価値形態にあることが示されている。価値形態論を交換の歴史とする見解も生じる。物々交換でのやり取りは、話し合いである。
　『資本論』の価値形態論の中では、1593年のアンリ4世の言葉を引用している。
　「パリは確かにミサに値する。」（Marx,[1962], S.67, 訳、同前90頁）
　新教を支持しているアンリ4世が、旧教徒の支配するパリに進軍する時の言葉、と言われる。この表現は、これまでも指摘されているように、価値形態論にはなじまない。アンリ4世が交換に出す「商品」は「ミサ」であり、欲する商品は「パリ」である。したがって、価値形態論であれば、「ミサはパリに値する」、となる。アンリ4世とは逆である。
　テュルゴーもまた、薪とトウモロコシの交換のトウモロコシの所有者が、薪の価値をトウモロコシで表現する事例を出している（奥山[1990]、28頁）。
　いずれも、交換の相手が目の前にいるのである。相手を説得するのが、価値表現の目的となる。
　上着の所有者が不特定多数であれば、直接交渉は非効率的であり、したがって物々交換とは別の交換形式が形成されなければならない。布の所有者にとって、上着さえ手に入ればいいのであり、個人には意味がない。
　マルクスの『資本論』は、価値形態論を価値の現象形態として扱う。また交換過程論との方法上の問題もあり、価値形態論では商品所有者は想定されていない。
　しかし、本書では、宇野弘蔵の『経済原論』（宇野[1970]）の方法に習って商品所有者を想定する。
　商品は、有用性としての使用価値を持ち、量的に規定された交換可能性としての価値を持つ。しかし、貨幣は捨象されている。ここから貨幣と価格が

生成する論理的な必然性を説くのが、価値形態論の課題である。

　布の所有者は、不特定多数の上着の所有者に対して、一方的な交換を求める。交換条件を一方的に、かつ主観的に提示して、相手の反応を待つ。店頭に陳列されている商品の状態である。価格は、金ではなく、特定商品である上着である。上着の所有者であれば誰でもいいということが、商品の「陳列」に表現されている。

　簡単な価値形態は、20 メートルの布は 1 着の上着に値する、という形式をとる。

　20 メートルの布 ＝ 1 着の上着、である。

　この交換関係を物々交換から区別するものは、何よりも、価値等式の前提である。布の所有者は、物々交換のように特定の上着の所有者と交換条件の交渉にはいるのではなく、不特定多数の上着の所有者に対して、交換の意志表明を行うのである。すなわち、上着を持っている人であれば誰であっても布と交換する、と表明するのである。これが、20 メートルの布は 1 着の上着に値するという交換形式である。

　この形式には貨幣は登場していないが、売りと買いの形式の萌芽を示している。すなわち、布の所有者は、上着の所有者と交渉しているのではなく、一方的に交換の意志を表明しているのである。これが販売形式の特徴である。相手の意志を事前に確認することなく、交換の意志表明を行うのである。

　その際、布も上着も量的な基準を持つ交換可能性としての価値を持つことが前提である。たんなる物と物との交換ではない。交換と平等とは切り離せない。自分に有利な交換、すなわち不等価交換を求めれば、交換は実現しないかもしれないし、実現に時間がかかるかもしれない。消費欲望が速やかに満たされないのである。

　このため布の所有者は等価性を配慮した、交換を申し込む。商品上着の中に価値を認め、量的に等しいと判断した比率で交換形式を取る。

　上着 1 着が欲しい場合、1 着の上着の価値は布 20 メートルが価値としては等価であると主観的に判断して、布 20 メートルは 1 着の上着に等しい、と表現する。この意味で、布 20 メートル ＝ 1 着の上着、と表現する。

　マルクスによれば、ここで布は、自分の価値を上着との関係で相対的に表現するために「相対的価値形態」に立っており、上着は「等価形態」に立っている。上着は布にとっての「等価物」になるのである。

　布の価値は布に内在する性格であるが、布の所有者が上着で価値表現することによって、上着という具体的な形を取る。マルクスはこれを 1 商品の価値は他商品の使用価値で表現される、と表現する。しかし、使用価値を有用

性とするなら、1商品の価値は他商品の商品体、あるいは自然形態で表現される、と言うことになる。布に内在する価値が、上着という自然形態となって現象するのである。上着は価値の現象形態、すなわち価値形態になる。

布の所有者の主観的な価値の評価が上着の所有者に認められれば、交換は実現する。労働を価値の前提とすれば、これはアダム・スミスの「省く労働」としての支配労働の問題である。

布の所有者が、上着に対する交換意志を表明すれば、このことによって上着の所有者は誰であっても、布に対してはいつでも交換できることになる。上着の所有者は布が欲しければ、いつでも布と交換することができるようになる。布の所有者が上着に対して交換意志を表明したことによって、上着は上着の所有者の意志とかかわりなく、布に対する直接的な交換力を獲得したのである。すべての上着所有者は、布を欲しないのであれば、交換に応じなければよいし、欲するのであればいつでも交換できるという立場に立たされたのである。

## 2．簡単な価値形態における価値保蔵の動機

価値形態論は、商品Aの所有者が商品Bを欲するところから始まる。そして、宇野の場合でも、宇野の方法を支持する研究者の場合でも、一様に直接的な消費の対象としてB商品が欲せられると考える。

確かに、直接的な消費の対象は交換の主たる動機ではあるが、交換の動機はこれだけではない。商品所有者が余剰物を持っており、その余剰物が保存性の点で劣るものであれば、その所有者はより保存性のある商品との交換を望むであろう。それは、一旦その商品に換えておいて、余剰を切り崩す時期に他の商品に換えるという比較的短期の目的の場合もあれば、象徴化された富として長期の保存を目的とする場合もある。前者の場合には、媒介物としての需要と言うことになる。共通等価物が出現しなくても、簡単な価値形態をつないで直接消費の対象となる財にたどりつけばよいのである。すなわち、直接的な消費と並んで、価値保蔵の動機は、簡単な価値形態論の中にすでに入っている、と考えるのが妥当である。

したがって、保存性のある商品は、直接的な消費以外の目的のためにも欲せられると言える。そして、ほとんどすべての商品所有者は、自ら所有する商品を価値の保存性のある商品に換える必要がある。したがって、保存動機にもとづく交換はすべての商品所有者にとって必要なことであり、このために、多くの商品所有者に共通に求められる商品は、保存性がある商品となる。保存の観点からは、体積が小さく価値の大きい商品の方がよい。いったん多

くの商品所有者に欲せられる商品が共通の等価物としての地位に立てば、交換可能性の範囲が広いということで、すべての商品がこの商品に交換を申し込み、価値表現するようになる。

　保存性の観点から一旦別の商品に換えておくという行動を取った場合、交換の際の技術的なトラブルを避けるために、保存性以外に分割可能性、均質性、一定の社会的需要のある物が選ばれると考えられる。金や銀は、この役割に最もふさわしい商品であり、したがって貨幣となる。

　金や銀は、購買手段としての貨幣となり、他の商品は貨幣に対して交換を求める商品、すなわち形態的に完成された商品となる。販売と購買はこれによって完全に分離する。この一般的等価物としての貨幣には、金や銀などの貴金属がなり、言うまでもなく資本主義の経済システムの下では長く金が本位貨幣の地位を占めていた。

## Ⅵ　価値形態論による貨幣価値の決定

　マルクスの価値形態論は、価値を前提に商品の価格と貨幣の形成の必然性を説く論理である。しかし、この論理は貨幣価値の量的な問題にかかわっていないのだろうか。価値形態論と価値量との問題は、従来あまり重視されていない。

　その理由は、第1に、マルクスも指摘するように、価値形態論は質（形態）の問題であり、量にとらわれることは質の問題の妨げになる危険がある、と見られてきたこと、第2に、マルクスは、等労働量の交換を理論の展開の前提としており、このため、価値形態論の量的な問題は、生産性の変動に伴う相対価値の変動問題に取り替えられてしまっていること、である。

　宇野弘蔵の方法に習って、価値形態論に商品の所有者を想定して推論を進めていく。ここで着目したいのは、一般的等価物の直接的交換可能性の問題である。周知のように、簡単な価値形態では、相対的価値形態に立つ商品（これを布とする）の価値が、等価形態に立つ商品（これを上着とする）で表現される。この時、一般に等価形態に立つ商品である上着は、相対的価値形態に立つ商品としての布に対して直接的交換可能性を獲得する、と説かれる。

　そこで、同じ事態を商品所有者の行動に即して考えてみよう。

　まず、布の所有者が上着を欲しいと思い、価値表現して上着の所有者に交換を求めたとする。布の所有者は1人の上着の所有者と相対して説得に当たる必要はなく、上着の所有者なら誰と交換してもよいという意志を、布20メートルは1着の上着に値する、という形式で、一方的に表明する。上着の

所有者の中に布との交換を望む者がいて、この条件でよいというのであれば、交換は実現する。

この場合、布の所有者は交換の決定権を持たない。それは、交換を申し込んだ立場にあるからである。逆に交換を申し込まれた上着の所有者は、交換を申し込まれた立場にあるが故に、布に対していつでも交換可能な立場にある。これを等価形態に立つ商品の直接的交換可能性と言う。布は上着の所有者の意志次第で交換できるかどうか常に不確定だが、上着の方はいつでも布と交換できるのである。そこで、この議論を貨幣と一般商品との関係に当てはめれば、貨幣で何でも買えるのは、すべての商品が価格という交換形式を取って貨幣に交換を求めているからにすぎない、と言うことになる。

以上が、布が上着に与える直接的交換可能性である。しかし、ここには、もう1つの形態的な展開が潜んでいる。それは、布は上着に直接的交換可能性を付与するだけでなく、一定の購買力も付与している、ということである。つまり、布の所有者は、1着の上着に対しては20メートルの布を購買する力を付与しているのである。なぜなら、上着の所有者は、1着の上着でたんに布を買うことができるだけではなく、20メートルという一定の量の布を買えるからである。すなわち、布の上着による価値表現は、上着に直接的交換可能性を付与するだけでなく、量的な意味での購買力も付与しているのである。

とは言え、個々の所有者が客観的な価値を知り得ない以上、等価性はあくまでも布の所有者の主観的な評価にすぎない。

これは先に述べたスミスの「省く労働」としての支配労働とかかわる問題である。すなわち、上着の4時間労働で布の5時間労働を購買したとすれば、上着は商品としては4時間労働の価値を持つが、等価物としては5時間労働の購買力を持つことになる。ここで上着が貨幣であるとすれば、上着は商品としては4時間労働の価値を持つが、貨幣としては5時間労働の価値を持つことになる。なぜなら、貨幣の価値は購買力でしかないからである。貨幣には、価値と価格の乖離はない。

このようにして、貨幣の価値は商品によって付与される。相対的価値形態に立つ商品は、等価形態に立つ商品に対して直接的交換可能性を付与するだけでなく、自らに対する購買力も付与するものである。貨幣の価値もこのことの延長上で考えられる。すなわち、貨幣となる商品の貨幣としての価値は、他の商品によって形成される。

現在の不換紙幣の場合はどのように考えるか（奥山 [2013a]、第 1 章、参照）。不換紙幣の場合には、国家あるいは中央銀行などの発行主体が戦争に負けるなどの理由で消滅した場合、不換紙幣は紙に戻る。

これに対し、国際金本位制の下では、国と国の間の貿易における決済手段であるだけでなく、各国の国内でも流通する。この意味で、国際通貨の枠を超えて世界貨幣である。かつ素材的には不滅である。金歯の金は、古代エジプトの金かもしれない。

不換紙幣は不滅の富ではない。金の場合には、商品としての使用価値と価値とを持つが、不換紙幣は紙である。1万円札の原価は年によって異なるが約20円。1990年代の東欧のように、国家が消えれば、ただの紙である。製造費用は意味をなさない。20円の価値もないのである。

そして何よりも、それ自身の価値を持たない貨幣は、社会的な幻想によって成立する。不換紙幣の価値を作るのは何か。国家が強制通用力、すなわち受け取りを拒否することができないという法的な拘束力を与えても、貨幣の価値を国家が決めることはできない。

不換紙幣の価値は商品所有者が決めている。アイスクリームに100円の価格を付けるのは、商品の所有者であり売り手である。この結果、100円にはアイスクリーム1個の購買力が付与される。すべての商品に価格が付けられることによって価値形態論が示している通り、不換紙幣は一般的な購買力を獲得する。不換紙幣が貨幣として成立する。

しかし、不換紙幣には内在的な価値はない。アイスクリームの売り手である所有者は、アイスクリームの内在的な価値と不換紙幣の価値を比較することはできない。不換紙幣が他のすべての商品から付与されている購買力を考慮して、価格を付ける。

それ自身に価値を持たない不換紙幣は、商品所有者が価格を付けることによって成立する。どの不換紙幣の購買力の水準も社会的な幻想によって決まる。ハイパーインフレーションによって市場がマヒすれば、不換紙幣も実質的な機能を失う。しかし、経済が安定していれば社会的な幻想も安定する。この場合には、金のような世界的な普遍性はないが、価値保存機能も持つ。

ただし、社会的な幻想は、価値水準それ自体が変更する。例えば、1975年に月5万円の給与が現在20万円だとしても、その原因のほとんどは、不換紙幣の価値水準そのものの変化と推測する。

## 結　語

本章では、マルクスの貨幣論と貨幣数量説を考察した。マルクス貨幣論は、古典派、とりわけリカードウの相対的価値と絶対的価値の問題を受けて最終的には価値と交換価値の区別と関連をづけることで、価値論と貨幣本質論の

体系が形成される。価値概念が交換価値から区別され、個々の商品に内在的な概念として確立し、これと同時に交換価値は価値形態として位置づけられる。商品に内在的な目に見えない価値の概念が価値形態、その完成形態としては価格、として現象する。価格は金での価値表現であるから、金が金以外のすべての商品の価値形態となる。金という素材を貨幣として選択し、商品世界から排出するのは、商品所有者であり、この説明は交換過程論が担うこととなる。これがマルクスの貨幣本質論の構成である。

　貨幣機能論においては、価値形態論の結論を貨幣の側から見たものが、価値尺度論となる。すなわち、商品の価値表現に金という素材を提供しているのが、貨幣の価値尺度機能である。貨幣の価値尺度機能においては、金の存在は観念的なものであり、現実の金貨幣は登場しなくてもいい。貨幣所有者がいなくても商品所有者は価格を付けることができる。

　これに対して、貨幣の流通手段機能は現実の交換過程を生成の場とする。商品交換の困難を、貨幣を媒介とした運動形式が解決するのである。商品流通を媒介するものとしての貨幣は、持ち手を転々としながら商品を生産から消費へと移動させ、資本主義経済の社会的な物質代謝を担う。

　労働価値論を取るマルクスにとって、商品の価値は生産によって決定されており、価値総額も同様である。金貨幣もその価値は労働時間によって決められる。したがって、貨幣の使用頻度が一定であるならば、価格は貨幣量によっては決まらない。貨幣数量説とは逆に、必要流通手段量としての貨幣量の方が商品の価値総額によって決められるのである。スミスを継承した考えである。

　しかし、マルクスの説き方では、流通手段機能の段階では価値保蔵の動機は含まれない。流通手段は一時的な貨幣の使用機能とされる。このため、一時的な使用に対応可能なものとして、金鋳貨、補助貨幣、紙幣、が説かれる。金鋳貨が摩滅しても、鋳貨は最軽量目既定の枠内での流通が可能なこと、補助通貨、すなわち銀や銅などの十分な価値を持たない鋳貨が流通手段機能を果たすこと、そして最終的には、一定の経験則の範囲内で、紙幣は流通手段として機能するとされる。そして、紙幣の過剰発行は紙幣価値の下落を招くとされる。

　紙幣は労働生産物ではない。したがって、必要流通手段説がそのまま当てはまるわけではない。また、紙幣は価値保存機能を果たさないこと、すなわち、必ず即座に使用されることが体系構成上の条件となっている。この条件下で、紙幣の増加はそのまま需要の増加となり、紙幣に関する貨幣数量説が説かれる。現在のように、紙幣が一定の範囲で価値保存機能を果たす場合、

また、マルクスの想定する紙幣と金属貨幣の混合流通の場合で、かつ紙幣の増加分が金属貨幣の流通手段から価値保蔵手段へ転換をもたらすなら、紙幣価値は変動しないことになる。
　そして、貨幣機能論体系の最後に「貨幣」、すなわち価値の自立的な定在としての貨幣が説かれる。マルクスにとって貨幣は商品経済の一般的な富であり、無限の致富欲の対象となる。金貨幣は、資本主義の金物神の対象であり、運動形式としての資本の目的となる。貨幣蓄蔵の存在は流通手段に対して貯水池の役割を果たし、必要流通手段量を調整することになる。

# 第5章　交換方程式

## 序　言

　貨幣数量説は、アメリカ大陸の発見以降の中南米からヨーロッパへの金銀の流出と、これに伴う物価の上昇、いわゆる16世紀の価格革命を説明する理論として広く認知されている。言うまでもなく当時の貨幣は金銀であり、貨幣数量説は、新大陸アメリカから旧大陸ヨーロッパへの金銀の流入による貨幣量の増加が、ヨーロッパの物価の上昇の原因である、と考えるのである。

　貨幣数量説は物価の上昇を説明する理論であり、物価の上昇を貨幣価値の下落として説明することから、貨幣価値決定の理論として確立した。この理論は経済学の主要テーマである貨幣価値と価格水準に関する理論であり、理論的には親しみやすく内容も明快なことから、広く受け入れられた。

　モンテスキューやロックやヒュームなどの古典派経済学前夜の名だたる知性が、この学説の形成者に名を連ねる。この時期は重商主義の時代であった。アダム・スミスの命名による重商主義（商業の体系、Smith[1981]）は、貨幣を富とみなす貨幣観を持ち、その増大をもって国富増大の基準とした。貨幣はまぎれもなく富であった。

　貨幣数量説は、この裏面で形成され、重商主義の貨幣論に取って代わった学説である。しかし、ロックが貨幣数量説の枠組を描き出した時、彼はその理論が重商主義の貨幣観と対立するとは考えていない（Locke[1963]）。国内の貨幣量の増加は、貨幣の不足という当時の経済問題を解決するものであった。ロックは、貨幣量の増加が、利子を低下させると考え、重商主義の基本的な政策である、貿易差額主義による貨幣量の増加を是認していた。貨幣を富とみなす貨幣観は、ロックの場合、むしろ貨幣数量説と共存して積極的な政策目標であった。

　貨幣数量説が、重商主義の貨幣観を否定する学説として明確に位置づけられるのは、ヒュームにおいてである。ヒュームの貨幣数量説を重商主義批判の観点から見れば、次のように整理できる。

　第1に、貨幣は富ではなく交換の道具であるとする貨幣＝道具説である。貨幣＝道具説は、重商主義の貨幣観の大転換であり、ヒュームの学説史上の

功績と言える。この貨幣観は、貨幣数量説とともに登場し、古典派経済学がこれを継承することになる。このことから、貨幣＝道具説の採用と貨幣数量説の採用とが一体のものと見る誤解が生じる。例えば、アダム・スミスは、しばしば貨幣数量説の論者として取り上げられるが、彼は貨幣＝道具説は取っているが、貨幣数量説は取っていない。

第2に、貨幣が富ではなく交換の道具である以上、貨幣の増加は富の増加ではなく、交換の道具の増加であり、物価が上昇するだけで、意味のないことである。むしろ交換の道具としての貨幣量が増えるだけで、計算単位が大きくなる分、不便さが増す。貨幣の増加は価格水準を変えるだけで、経済には影響しない。いわゆる貨幣の中立性の指摘である。

第3に、貨幣の増加は、結果的には経済に対して何の意味も持たないが、貨幣の増加がまんべんなく社会の隅々にまで行き渡る中間期間においては、貨幣は経済を活性化させる効果を持つ。貨幣の増加は収入の増加という貨幣錯覚をもたらすからである。ただし、この中間期間が終わり、貨幣が社会の隅々にまで行き渡れば、経済への刺激効果は消え、物価の上昇だけが残る。

第4に、金銀貨幣の国際的な自動調節機構である。例えば、輸出が増加して、貿易の黒字分国内の貨幣量が増加すれば、その国の物価は上昇し、今度は輸出条件が不利になり、貿易バランスが逆転して貨幣が流出し、物価が下落する、という循環を繰り返す、と言う（Hume[1955]）。

この見解は、重商主義の貿易差額主義（Mun[1986]）の経済政策と対立する。輸出と輸入の差額を増加し、その差額が、金や銀の貨幣で国内に流入する。国内に金や銀の鉱山を持たない国は、これによって国内に富としての貨幣が増えるのである。貨幣数量説は、国内の貨幣が増えること自体に意味を認めない上に、金銀貨幣の国際的な自動調節機構によって、国内に貯めた貨幣は流出すると説く。重商主義否定の学説である。

とは言え、貴金属貨幣の国際的な移動が、利子率を無視して物価だけで行われるとする考えは、貴金属貨幣による国際通貨システムを前提にしたとしても、批判を免れることはできない。また、貴金属が有利な場所に移動するのは、貴金属を国際通貨とする当時のシステムそのものに伴うことである。貨幣数量説の問題とは言いにくい。国際的な金銀の移動の論理の前提に、国内の貨幣の増加による物価の上昇を置くとすれば、この部分は貨幣数量説と言える。しかし、この場合には、国際的な貿易における貨幣数量説という新たな理論ではなく、もともとの貨幣数量説でしかない。以上が、ヒュームによって完成の域に高められた貨幣数量説を重商主義批判として見た場合の論点である。

論点は多岐にわたるが、本章では、このうち、第1と第2の点，すなわちいわゆる機械的貨幣数量説を中心に、貨幣数量説の問題点を考察する。

ヒュームによる貨幣数量説の定式化を受けて、通説は、古典派はこの学説を継承したと考える。ナポレオン戦争に伴うイングランド銀行の兌換停止に端を発する地金論争期の地金派、したがって地金派の代表者として論壇に登場した時のリカードウ、そしてピール条例の成立につながる通貨論争期の通貨学派の中に貨幣数量説は入り込む。貨幣を富と見る重商主義にとってかわって、貨幣数量説の黄金時代が到来する（Ladler[1991]）。

その後、マルクスは貨幣数量説を批判し（Marx[1969]）、ケインズも貨幣数量説を取らなかったことから（Keynes[1971a]）、戦後の経済学においては、貨幣数量説は影響力をなくしていた。しかし、戦後復興期からのインフレに続く70年代のスタグフレーションの混乱から、1980年代以降はマネタリズムの時代となる。ケインズ主義の経済学も経済政策も急速に力をなくし、それまで表舞台から消えていた貨幣数量説は、主流学説の基礎理論として復活した。

状況は今日も同じである。現在行われているアベノミクスのいわゆる第1の矢は、貨幣量を2年間で2倍にして物価を2％上げるというものであった。金利にかかわる政策は、低金利の中で有効性を喪失し、いわゆるゼロ金利政策が日本から欧米へと広がっている。代わって通貨の量的緩和、すなわち貨幣量の増加が、金融政策の中心になっている。

ステュアートが260年前に批判したように、貨幣が増えても需要が増えなければ、貨幣数量説は成り立たない。あるいは増加した貨幣が金持ちの手に渡れば、貨幣数量説は成り立たない、と言うことであろうか。

わが国は、アベノミクスが始まって以来、一度も2％の目標を達成していない。経済成長も1％前後である。資本主義が資本の運動形式に担われているなら、投下した貨幣よりもより多くの貨幣を得るのが、資本の目的であり、その結果は付加価値の増加、すなわちGDPの増加に反映されるべきである。したがって、本来景気の判断は、GDPの成長率で行うべきである。1％の経済成長を、好景気と判断すること自体が、資本主義の歴史では、異例、あるいは異様である。

低成長と貧富の格差の拡大、貨幣を増やしてもインフレは起きない。この状態が現代の先進国経済を覆っている。貨幣数量説は、市場への信仰に基づいている。果たしてこの政策は有効なのか、本章の課題は、貨幣数量説にかかわる基礎的な問題、特に交換方程式にかかわる問題を整理し、これを包括的に考察することにある。

## I　貨幣数量説の基本的な考え方

　貨幣数量説は、ヒュームにおいて基本的に完成する。しかし、経済学の教科書（例えばGalbraith[1994]）には、貨幣数量説はフィッシャーの名前とともに登場し（Fisher [1916]）、「フィッシャーの交換方程式」と呼ばれる。それは、MV=PT と表現される。実際には、フィッシャーの考察は、この等式の範囲を超えている。しかし、一般的には、この等式がフィッシャーの名とともに広まっており、本書もこれを踏襲する。

　ヒュームの意図した貨幣数量説の内容も問題点も、この等式に集約されていると言っても過言ではない。したがって、この等式は貨幣数量説の検討には適している。

　MV=PT において、M は貨幣（Money）の量を表し、V は「貨幣の流通速度（velocity）」と呼ばれ、P は価格（price）、T は取引量（transaction）を表す。概念的に難しいのが「流通速度」V である。V は基本的には一定期間における貨幣の使用回数と考える。例えば、貨幣を 1000 円札だけと仮定し、期間を 1 週間とする。そうすると、この 1000 円札に目印をつけてこれを追跡すれば、その 1000 円札が 1 週間に何回使用されたか、つまり持ち手を替えたかがわかる。5 回使用され、5 回持ち手が替われば、V=5 である。

　M は貨幣量である。1000 円札が 3 枚存在したとすると、M は 1000（円）×3（枚）=3000 円ということになる。この 1000 札が、それぞれ 1 週間に 4 回、5 回、6 回、と使用されたとすれば、MV は、それぞれの 1000 円札についての MV を合計して 1000（円）×4+1000（円）×5+1000（円）×6 = 15000（円）となる。あるいは、貨幣はすべて 1000 円札なので、1000 円と 3 枚の 1000 円札全体の使用回数 15 回の積（1000 円×15=15000 円）を取ってもよい。一定期間の購買価格の合計は 15000 円ということになる。

　P は価格であり、T は取引量である。商品がアイスクリームしかなく、1 個 100 円と仮定する。アイスクリーム 150 個の価格の合計は 15000 円となる。これが、PT（価格×取引量）である。

　売り手と買い手のどちらかが嘘をつかない限り、売った値段と買った値段はズレないという意味で、販売価格と購買額が一致するのが日常経験にもとづく常識である。すなわち MV（購買総額）と PT（販売価格総額）も 15000 円で一致する。したがって、フィッシャーの交換方程式と呼ばれる MV=PT は常に正しいことになる。これは自明のことであり、反論の余地はないと言われる。

貨幣の流通速度 V について付言すれば、実際に貨幣に印をつけて何回使用されたかを観察することは不可能である。しかし、V が現実的には観察不能だからといって、V を PT/M から導くのは、フィッシャーの交換方程式の本来の意味に反する。V の位置に PT/M を当てはめれば、(M・PT)／M となり、整理すれば、左辺は PT となる。右辺はもともと PT なので、PT=PT、となり、経済的な意味をなさない。V は現実的にはともかく、理論的には観察可能と考えてはじめて、販売総額と販売総額は等しいことを表すものとして MV=PT が作られる。経験からしてこの等式は、自明のことになる。

フィッシャーは、ここで V と T は、慣習的に大きな変動はないとみなす。そうであるとすると、M と P の関係だけが残り、M と P は常に比例する。V と T を一定とすれば、これも自明ということになる。そうであるとすれば、何らかの理由で貨幣量が増大した場合、物価は必ず貨幣量に比例して上昇することになる。貨幣が増えれば物価が上がる。貨幣が減れば物価が下がる。これもこの仮定の下では、反論の余地はない。

ここから、一歩進んで政策論的に言えば、物価が上がらないのは貨幣が足りないからで、貨幣を増やせば物価が上がる、という見解が導き出される。そうしてこうした一連の見解は、フィッシャーの交換方程式が正しい限り、反論の余地がないものに思える。これが古典派の前夜から現代にまでつながる貨幣数量説の基本的な考え方である。貨幣数量説が説得力を持つ最も大きな理由である。

## II 流通速度の定義に関わる問題

フィッシャーの交換方程式は、一見すると完璧な公式に見える。しかし、その問題の第 1 は、交換方程式を形成する諸要素の定義の問題である。この式そのものではなく、式の前提が問題なのである。

先ほどの説明では、貨幣を 1000 円札だけと仮定していた。しかし、現実の貨幣は 1 円、5 円から 10000 円まで、数多くの種類がある。貨幣が一定期間に何回使用されたかという定義は、貨幣が 1000 円札だけの場合なら問題はないが、単位の違う貨幣が併存している場合には通用しない。全てを共通単位、例えば最小単位の 1 円に還元するしかない。1000 円札が 1 回使用されたら、1 円が 1000 回使用されたとみなすのである。つまり、現実的には、V そのものを計算することは不可能なのである。1000 円札が 1 回使われたら、1 円玉が 1000 回使われたとみなす。これが可能だとすると、貨幣の使用回数としての流通速度は、デジタルな貨幣にも適用可能になり、預金通貨にも

適用できることになる。

　フィッシャーは、現金通貨と預金通貨を貨幣と考えており、フィッシャーの交換方程式は、MV+M'V' = PT　であった。M' は預金通貨量、V' は預金通貨の流通速度である。預金通貨には、1円、5円、・・・1000円の区別がないので、すべてを1円と考えることで流通速度の意味が出てくる。もちろん、この計算は、いわば頭の中のことであり、現実的な検証は不可能である。

　本章では、Vを一定期間における貨幣の使用回数と見なしてきた。そうであるとすると、使用されなかった貨幣はどのように扱われるのか、という問題が生じる。この問題は、貨幣数量説においては、最も基本的でかつ困難な問題である。使用されなかった貨幣の扱いは2通り考えられる。第1に、使われなかった1000円札は、使用回数ゼロなので、この様式の中で1000円×0 = 0として扱うという考え方である。本来はこの考え方が妥当である。つまり貨幣としては存在していたが、貨幣としては使用されなかったと考えるのである。

　しかし、これはフィッシャーの交換方程式とはなじまない。MV=PTにおいて、貨幣量が増えても購買に使用されないとすると、貨幣量の増加が購買量の増加につながらないことになる。貨幣数量説では、購買に使用されない貨幣は、この等式にはそもそも含まれない。もし含むとすれば、この等式においては、Mの増加の分、Vが低下することを意味する。しかし、貨幣量が増加した分、それだけ貨幣の流通速度が低下するという可能性を貨幣数量説に積極的に取り入れれば、貨幣数量説の意味がなくなるのである。MV=PTのうちのMとPの比例関係は成り立たなくなるからである。貨幣数量説の主張とはそぐわなくなる。

## III　交換方程式における貨幣と商品

　貨幣数量説は、その形成期以来、Vのもつ問題は把握していたが、その安定性を前提としていた。Mが増えた分Vが低下するというのは、その可能性は認めるが、貨幣数量説とはなじまないのである。このために取られた措置は、使用されなかった貨幣は、物価とは関係しない、という考えである。

　この見解は、ロック、ヒュームなどの貨幣数量説の形成期から古典派の後期に位置するJ.S.ミルまで連なるいわば伝統である。使用された貨幣だけが貨幣であると考えるのである。すなわち貨幣を2つに分ける。流通手段（あるいは交換手段・購買手段）と価値保蔵手段である。貨幣を機能別に区別するのである。しかし、貨幣は、流通手段でもあり、価値保蔵手段でもある。

貨幣の存在を機能別に分けることに意味はない。

　しかし、これをそのまま貨幣の存在として区分して、使用された貨幣は流通手段としての貨幣、使用されなかった貨幣は価値保蔵手段としての貨幣あるいは退蔵貨幣と見なすのである。

　使用された貨幣だけが価格に影響し、それ以外の貨幣は価格に影響する貨幣ではない、と言うことになる。退蔵された貨幣はここで言う貨幣ではなく、流通の中にある貨幣だけが貨幣であるというのである。この考えのもとに、貨幣のうちで使用された貨幣だけが $MV = PT$ の M に加わると考えるのである。

　しかし、使用されない貨幣は、購買に向わないと言うことによって、価格の形成に関わる。売り手は価格を下げざるを得なくなるのである。貨幣が購買に使用されなければ、物価は低くなる。フィッシャーの交換方程式は、この関係を捉えてはいないのである。使用されなかった貨幣の中には、購買を控えたために使用されなかった貨幣もあれば、将来の使用のために退蔵された貨幣もある。使用されない貨幣も価格に影響しているのである。この点で、使用された貨幣の量によって貨幣と価格との関係を導く交換方程式には基本的な問題があると言わざるを得ない。

　同じ問題は、商品の側にも生じる。すなわち、取引量 T である。取引量は商品の取引量であるとすると、取引されなかった商品はこの等式の中でどのように扱われるのであろうか。$MV=PT$ が自明のものとして成り立つためには、売れ残りの商品の存在は、この交換方程式とはなじまない。売れ残りの商品を右辺に加えれば、購買額の総量と販売額の総量がずれてしまうからである。つまり、フィッシャーの交換方程式が自明の正しさを持っていると主張する場合には、商品に売れ残りは存在しない、と言っていることに等しい。売れ残った商品は、取引きされなかったのだから取引量から除かれるということである。

　言い方を変えれば、ここでは使用されなかった貨幣は貨幣ではなく、売れ残った商品は商品ではない。あるいは貨幣はすべて使用され、商品はすべて販売されるという条件の下で、フィッシャーの交換方程式は成立しているのである。売れた商品と使われた貨幣をそれぞれ合算して等号で結べば、等式はいつでも成立する。

　この式で、V と T を一定として M と P の比例関係を導いたとしても、1つ1つの取引に関して、100 円のアイスクリームを 100 円で買ったというだけのことである。あるいはアイスクリームが 200 円になれば、200 円のアイスクリームを買うのに 100 円玉が 2 個必要だというだけである。この関係を

複数の貨幣片と複数の財に適用し、合算したのが交換方程式である。この式から貨幣量が増えたことが物価に及ぼす影響を導くことは、本来無理がある。

　貨幣量が増加して所得が10万円から20万円になったとしても、アイスクリームが100円なら100円しか払わない。所得の増加が需要曲線を右方向にシフトさせ、供給曲線が右上がりの場合には、商品の価格が上昇する。この関係が全ての商品について同時に成り立つなら、貨幣の増加が価格の上昇につながると言える。しかし、所得が増加するとアイスクリームの需要が増加するというのは、仮定に過ぎない。アイスクリームの消費を増加させるかどうかは、需要者の判断である。また供給曲線が古典派の生産費説の場合には、供給曲線は水平であり、需要曲線が右にシフトしても、価格は上がらない。

　もともと交換方程式は、こうした関係を表現していない。交換方程式に従えば、供給曲線が水平でも、貨幣の増加は物価を上昇させるのである。価格論からすれば奇妙な事態である。

　もともとこの式の意味するところは、一定期間の売買の結果を集計しただけであり、それ以上の経済的な意味は持たない。したがって、貨幣数量説は理論的に導き出されたものではない、と言うことになる。

　理論的には、何の因果関係も含むものではなく、購買額と販売額は常に一致するという自明のことを述べただけである。J.S. ミルは、古典派的伝統に従って貨幣数量説の考えを支持する一方で、事実上この等式については恒等式に過ぎないことを指摘している（Mill[1965]）。

　貨幣の増加が所得の増加になるとは限らないし、所得の増加が需要の増加になるとは限らない。需要が増加しても、貨幣の増加と比例して物価が上昇するとは限らない。これらは別の問題である。しかし、交換方程式では、貨幣の増加は、必ず物価の上昇を招くと説く。

　貨幣数量説では、等式が成立するためには、使用された貨幣だけが物価に影響すると考える一方で、貨幣量の増加が物価を上昇させると主張するためには、増加した貨幣は使用されると考える。しかし、増加した貨幣は、使用されることもあれば、使用されずに保蔵されることもある。今日の経済状況では、後者である。わが国では、日本銀行による膨大な国債の買取りによる貨幣の供給が続いているが、物価は上がらない。国債が日本銀行の手に累積し、貨幣が日本銀行の中の民間金融機関の口座に累積する。いわゆる「ブタ積み」である。貨幣は市中には出回らない。貨幣は使われないのである。

## Ⅳ　フィッシャーの交換方程式とケンブリッジ方程式

　フィッシャーの交換方程式は、ロックやヒューム以来の伝統的な貨幣数量説を受け継いだものと言える。しかし、これと並ぶ貨幣数量説のもう1つの式は、ケンブリッジ方程式と呼ばれ、M=kPyと表現される。yは実質国民所得とされ、Pは価格なのでPyは名目国民所得になる。さらにここでkは、貨幣の保有動機を重視したマーシャル（Alfred Marshall 1842-1924）にちなんでマーシャルのkと呼ばれ、名目国民所得に対する貨幣の保有比率を意味する。kが安定的であれば、MとPは比例関係におかれ、貨幣量の増加は物価を上昇させることになる。フィッシャーの交換方程式と同じ結論が導かれるのである。

　kは、一般には定数を意味することが多いが、しかし、この場合は定数ではない。定数ではないが安定的と考えられている。しかし、安定的かどうかは別として、国民所得と貨幣量の比率は実際には変化する。

　ケンブリッジ方程式は、フィッシャーの交換方程式とは異なる。またその違いは、場合によっては改善とも受け止められている。その理由は、ケンブリッジ方程式の場合は、貨幣の機能として価値保蔵手段としての貨幣が取り入れられていることにある。フィッシャーの交換方程式の場合は、流通手段としての貨幣、しかも使用された流通手段としての貨幣だけが式の中に考慮されていた。しかし、ケンブリッジ方程式の場合は、流通手段および価値保蔵手段として存在する貨幣のすべてが、貨幣（M）の中に含まれる。

　もちろん実際のフィッシャーの考察の中には、貨幣の平均的保有から貨幣数量説にアプローチする考えもある。この考え方は、ケンブリッジ方程式と考え方は類似している。しかし、先に触れたように、本書では、一般に言われているフィッシャーの交換方程式に限定してフィッシャーを扱っている。

　ケンブリッジ方程式では、貨幣所有者に貨幣保有の動機があることを前提に、名目国民所得のk%を保有すると考えているのである。国民1人1人が何%を貨幣として保有するかという傾向が分かれば、この式は成立することになる。とは言え、それは時と場合による。

　これは事後的に統計的に分かることであり、事前に分かることではない。国民所得と貨幣残高の比は、国民所得と貨幣残高が分かってから事後的に計算するしかない。

　フィッシャーの交換方程式は、実際に使用された貨幣だけを抽出することは不可能であり、実際には検証不能な等式であった。これに対しケンブリッ

ジ方程式の貨幣は、存在する貨幣をすべて貨幣として扱うことが可能なので、統計的にも把握できるという便利さがある。

しかし、その裏面として、ケンブリッジ方程式は、フィッシャーの交換方程式のような自明性は主張できない。それは、ケンブリッジ方程式の実質国民所得 y とフィッシャーの取引量 T の違いにある。

T は取引の総量であり、y は実質国民所得なので、両者は数値的に異なる。この意味では、フィッシャーの交換方程式からケンブリッジ方程式を導く試みは、T と y を同一視した上での試みであり、妥当性を欠く。すなわち、y は実質国民所得であるから、生産された財のうちの付加価値部分だけであり、T は取引量の全体である。産業連関表に例えれば、T は中間投入と付加価値の合計（CT）であり、y は付加価値だけである。わが国の例で言えば、T は Py のおおよそ 2 倍である。

この違いは、ケンブリッジ方程式とフィッシャーの交換方程式の性格そのものの違いとなる。フィッシャーの交換方程式は、購買総額と販売総額が等しいのは自明であるという関係から、貨幣量の増加は必ず物価を上昇させるという貨幣数量説の主張を行うことができた。しかし、ケンブリッジ方程式では、こうした主張は行えない。

ケンブリッジ方程式でいうマーシャルの k は、国民所得に対する貨幣残高の比であり、もともと k = Py/M としか表現されない。ケンブリッジ方程式は M=kPy である。この式を変形すると M・1/k = Py となる。フィッシャーの交換方程式の MV=PT は左辺が一定期間の購買額の合計で、右辺は販売額の合計であった。この意味でこの式は経済学的に自明だったのである。

しかし、ケンブリッジ方程式の Py は取引額全体の合計ではなく、取引額の内の付加価値部分の合計である。左辺は貨幣全体の残高 M と 1/k の積である。ここで k は Py/M から導かれたものだから 1/k = Py/M である。左辺は M・1/k = M・Py/M = Py である。右辺は Py であるから、Py=Py。自明ではあるが、フィッシャーの交換方程式の自明さとは意味が違う。これは経済学的な意味は持たない。ケンブリッジ方程式によって、貨幣残高と国民所得統計が利用可能になったが、この式によって、貨幣量の増加が物価を比例的に上昇させることを主張することはできない。使用されない貨幣が式の中に含まれることで、k の安定性自体が検証すべきあらたな課題となる。

## V 貨幣数量説の因果関係

フィッシャーの交換方程式（MV=PT）もケンブリッジ方程式（M=kPy）も、

MとP以外の変数を安定的とみなして、貨幣Mと物価Pとの比例関係を導く。しかしながら、貨幣数量説は、これを一歩超えた主張を行う。貨幣量の増加が、物価上昇の原因であると説くのである。これは重商主義期の価格革命の時期に貨幣数量説が定着してからフリードマンに代表される現代まで共通している。

　言うまでもなく、数式はMとPの関係だけを表現し、どちらが原因でどちらが結果かを表現していない。しかし、貨幣数量説は、貨幣の増加を原因とし、物価の上昇を結果とみなす。これはこの等式から導かれることではなく、研究者の判断である。古典的な数量説も金銀貨幣の増加が原因で物価の上昇が結果である、と判断した。フリードマンもまた、貨幣数量説はMとPの比例関係だけはなく、Mが原因でPが結果である学説であることを主張する（Friedman[1964]）。フリードマンの大著（Friedman and Schwartz[1963]）はこの実証研究に当てられたものである。

　これに対して、古典派の時代、トゥークは、貨幣数量説に反対して、膨大な物価史の研究（Tooke and Newmarch[1998]）の成果から、貨幣数量説の因果関係が逆であることを説く（Tooke[2008]）。物価の上昇が原因で貨幣量の増加が結果であるとしたのである。

　アダム・スミスも貨幣数量説と対立する。スミスはヒュームの貨幣＝道具説は全面的に受け入れるが、貨幣数量説は採用しない（Smith[1981]）。スミスを貨幣数量説とする見解もあるが、誤解である。初期の論稿（Smith[1978]）は別として、『国富論』におけるスミスは貨幣数量説ではない。市場には商品の流通に必要な貨幣量以上の貨幣は、流通から溢れ出ると説く。これは必要流通手段量説である。

　リカードウは一般には貨幣数量説の代表的な論者とされているが、それは地金論争期のリカードウ（Ricardo[1951b,c,d,e]）であって、『経済学および課税の原理』（Ricardo, David[1951a]）においては、金属貨幣については貨幣数量説から離れる。リカードウは貴金属貨幣については貨幣数量説とは反対の必要流通手段量説の立場をとり、貨幣数量説は紙幣に関してのみ適用されている。マルクスは金本位制を前提に貨幣数量説を批判し、必要流通手段量説を取っている（Marx[1962]）。

　この2つの見解の対立点は、貨幣価値論にある。もちろん貨幣の価値に関しては、商品貨幣（金や銀の貴金属貨幣）と紙幣、特に不換の銀行券や政府紙幣とでは、事情は異なる。金や銀はそれ自体も商品としての価値を持ち、このことを前提に貨幣として使用される。これに対し紙幣は、貨幣としての購買力、すなわち価値を持つが、紙幣の素材である紙は、価値を持たない。

貨幣数量説は金銀が貨幣の時代に登場し、広く認知される。しかし、貨幣量の増加が物価を上昇させ、貨幣量の減少が物価を低下させると主張する場合、貨幣それ自体は固有の内在的価値を持たないことが前提となる。ロックやヒュームが貨幣数量説を構築する場合は、これが大前提であった。すなわち、アメリカ大陸の発見による金銀の流入は、貨幣量を増やし、その分貨幣の価値を減らし物価を上昇させたと説いたのである。貨幣が無限に増えれば、貨幣の価値は無限に低下し、物価は無限に上昇する。

　貨幣は、需給の均衡点としての価値を持たず、需給関係によってどのような値も取り得ると考えるのである。ロックにとって貨幣の価値は「想像的 imaginary」であり（Locke[1963],p.22）、ヒュームにとっては「擬制的 fictitious」であり（Hume[1955],p.48）、両者とも需給関係だけが貨幣の価値を決めると考える。貨幣の価値は商品に対する一般的な購買力であるから、一般的購買力自体がどれだけ低下しても貨幣としては通用する。すなわち、貨幣である限り、市場は無限に貨幣を吸収する。貨幣が市場から溢れ出ることはない、と考える。

　貨幣数量説は、この見解を金や銀の貴金属貨幣に当てはめる。そうすると、金や銀の貴金属に対して生産費や労働時間による価値の決定論を取る見解と貨幣数量説は相容れないことになる。スミスやリカードウは、労働価値論の採用とともに、金や銀すなわち貨幣の価値も、他の商品と同じように生産費あるいは労働時間で決定されると説く。貨幣と商品との不等価交換は競争によって等価交換に収斂する、と考える。貨幣素材が変動の重心点を持つならば、貨幣が増大した場合、不必要な貨幣は溢れ出る。

　金の価値が上昇すれば、産金業者は金の生産を増やす。金の価値が低下した場合、産金業者が生産を停止したとしても、金は消費によって消滅しないので、金の残高は不変であり、金価格の上昇の場合と同じように調整されることはないが、金生産による調整は行われる。スミスは、アメリカ大陸の発見以来、ヨーロッパの貴金属の鉱山が閉山に追い込まれたことを指摘する（Smith[1978]）。

　調整のもう1つのメカニズムは、地金を政府の費用で金鋳貨に鋳造したり、金鋳貨を地金に戻したりする自由鋳造制度である。イギリスの場合、これは無償で行われていた。この制度が金の法定価格と市場価格の関係を通して、金鋳貨と地金との関係を調整している。すなわち、増加して不要となった金鋳貨は地金に戻るのである。これが金の海外流出とともに貨幣が市場から溢れ出るという事態である。

　『国富論』におけるスミスは、労働価値論を基礎に貨幣価値論を説いており、

中南米における金や銀の鉱山では採掘の費用が安く、生産費の低下が貨幣価値を低下させ、ヨーロッパの物価を上昇させたと説く。『国富論』では貨幣数量説には明確に反対しているのである。必要以上の貨幣が流通に流れ込んだ場合には、流通から溢れ出る、と考えているのである。

この点、貨幣数量説の代表的な論者と言われているリカードウも同じである。リカードウが金属貨幣について貨幣数量説を取っていたのは、地金論争期の論稿（Ricardo[1951b,c,d,e]）においてであり、労働価値論が確立した『経済学および課税の原理』では、貨幣（金銀）の価値は他の商品と同様に労働によって決定されること、流通に必要とされる貨幣以上の貨幣は流通から溢れ出て地金に戻ることを明確に説いている。リカードウが貨幣数量説を適用したのは、貴金属貨幣ではなく、それ自身価値を持たない紙幣についてである。

J.S.ミルも貨幣数量説を正当な学説と言いつつも、その現実的な妥当性について、懐疑的であった（Mill[1965]）。ミルは、金銀にもスミスの言う市場価格と自然価格の差異はあり、この限定された幅と市場価格が自然価格に収斂する暫定的期間は、貨幣価値は生産費ではなく需給関係によって決まり、かつ金銀の場合この調整期間が長いので貨幣数量説は短期的には妥当する、と考える。しかし、これは金銀の自然価格による調整を認めた上での極めて限定的な貨幣数量説であり、貨幣数量説を擁護したというよりも、むしろ否定的見解と言うべきであろう。

貨幣の価値が、生産費や労働時間によって規定されるとすれば、MV=PTの因果関係も逆になってくる。商品の価値も金銀貨幣の価値も、生産費によって決められているとすれば、この等式とは別に決まっている。つまり、Pは商品と金銀との生産費の関係で決まっていて、これに必要な貨幣量がMとして決まることになる。言い換えれば、価格あるいは物価水準や取引量に応じて、貨幣量が決まることになる。価値論の考え方によって、逆の結論が導かれるのである。マルクスの必要流通手段量説はこれを代表する。

## 結　語

リカードウは、地金派の代表的な論客として貨幣数量説を支持していたが、『経済学および課税の原理』において労働価値論を確立するとともに、貴金属貨幣に関しては、貨幣数量説から離れた。しかし、リカードウは、紙幣に関しては貨幣数量説を踏襲している。リカードウの「国立銀行設立試案」（Ricardo[1951g]）は、紙幣に関する貨幣数量説の有効性を前提に、物価を制

御可能と考え、同時に政府紙幣への切り替えによって紙幣発行の利益を国民のものにしようとするものである。

　この試案は、紙幣発行量の管理を賢人にゆだねるなど、その実行可能性に問題は残るが、紙幣に関する貨幣数量説への全面的信頼が前提となっている。とは言えリカードウは、貴金属に関しては金銀貨幣の価値が労働時間あるいは生産費によって決まることから貨幣数量説を適用することはできないが、紙幣はそれ自体価値を持たないため、貨幣数量説がそのまま適用されると考えているのである。

　紙幣に関しては、ジェームズ・ステュアート（Steuart[1998]）は、オランダのアムステルダム銀行の銀行券を例にして、紙幣こそが不変の価値尺度である、という学説を展開していた。ステュアートの『経済学原理』(1767) は、スミスの『国富論』(1776) よりその出版は9年早い。リカードウは、ステュアートの紙幣論を念頭に置きつつ、貨幣数量説によって紙幣価値、すなわち物価が完全に制御可能であり、ステュアートの不変尺度の理念はここに実現する、と考えていた（Ricardo[1951f]）。

　しかし、ステュアート自身は、紙幣による不変尺度論を唱えてはいたが、貨幣数量説には明確に反対した。おそらく貨幣数量説に対して本格的に反対した最初の論者と言える。ステュアートの反論は、貨幣の増加が生産量の増加をもたらした場合は、物価は上昇しないこと、貨幣量の増加が社会に平等に行き渡らず、一部の人に行き渡った場合は、物価は比例的には増加しないこと、など多岐にわたる。

　しかし、最も重要な点は、貨幣の増加と需要の増加とは別であると考えていることである。貨幣が増加しても需要が増加しなければ物価は上がらない。今日、どれだけ通貨を増やしてもデフレは解消していない。貨幣数量説は安易に貨幣と需要とを一体化させるが、今日の事態は、貨幣数量説とはそぐわないのである。

　また、本稿では検討してこなかったが、ヒュームは機械的な貨幣数量説と並んで、いわゆる連続的影響説を説く。貨幣量の増加によって所得が増加したという貨幣錯覚が生じて支出が増加し、これが需要を増加させて物価の上昇につながる、と言うのである。

　しかし、ミルは貨幣が増加しても、有価証券の市場に流れれば物価は上がらないと指摘している。増加した貨幣が株式市場に流れても物価は上がらない、と言うのである。また、今日の事態のように、日本銀行による市中銀行の国債の買い取りが、市中銀行の日本銀行における預金の増加につながるだけで、所得の増加につながらないなら、物価は上がらない。

そうであるとすると、貨幣数量説の最も基本的な問題は、貨幣の増加と需要の増加を安易に比例させるところにあると言えるであろう。

　そうであるとすれば、例え貨幣の供給が外生的に行われるとしても、貨幣量の増加は需要の増加をもたらさない限りは、物価とは何の関係もない。所得が増加しない貨幣量の増加は、物価には影響しない。また貨幣に対する需要は、必要流通手段量説によれば商品総額が貨幣を需要することであり、ケインズの取引需要であるが、預金通貨での取引が一般化している以上、人々が技術的に一定期間貨幣を保有しているという必要性はなくなっている。マーシャルのkは「定数」ではない。

　そうであるとすると、物価を決めているのは、市場にある貨幣量ではなく、賃金や投資を媒介にした需要である。貨幣量の管理は、貨幣量と物価の正比例関係を維持するものではなく、貨幣に対する信認を維持するためのものである。必要なのは貨幣価値安定の政策である。

　問題は、貨幣と需要との関係にあり、貨幣量と需要とを切り離したステュアートの見識が、現在の経済学に反省と提言を与えている。貨幣量を増やせば需要が増える、という思い込みの方に問題がある。

# 第3部
# 物神崇拝による階級の隠蔽

# 第1章　物神性論の形成

## 序　言

　いわゆる物神性論は、『資本論』第1部第1編の「第1章 商品 第4節 商品の物神的性格とその秘密」に位置づけられている。物神性論の課題は、物である商品や貨幣が経済システムの中心を占め、社会を動かしている根拠の解明である。内容的には、商品の分析を労働編成の特殊歴史的な仕組から解き明かすことである。

　物神崇拝は、木や石などの物を神として崇拝することを言う。マルクスの物神性論は、資本主義経済における人と人との関係が、商品や貨幣という物と物との関係によって取り扱われていることを論じたものである。この問題は、今日の経済学からすれば経済学の枠にはおさまらない。しかし、マルクスにとっては、資本主義経済の最も重要な特性を解明するための欠かすことのできない問題であった。

　『資本論』の物神性論の中には、青年期のマルクスの疎外論や、マルクスが経済学を形成する際に導きの糸となった唯物史観の問題関心が流れ込んでいる。青年期以来のマルクスの一貫したテーマであったと言える。しかし、その論理の形成には錯綜した経緯がある。

　最初の『資本論』草稿である『1857-58年の経済学草稿』(Marx[1976])では、この問題は人類史を3段階に区分する大きなスケールの下で論じられていた。しかし、『批判』(Marx[1961a])では、物神性論がまとまったテーマとして扱われていない。物神性論が1つのテーマとして独立するのは初版『資本論』(Marx[1959a])においてであり、しかも初版『資本論』から現行版『資本論』にかけて大きく書き換えられている。価値論と価値形態論を軸とする商品論の全体の変遷過程の中で、物神性論も確立している。

　本稿の課題は、物神性論の形成過程を考察しつつ、その課題と役割を明らかにすることである。金本位制は1844年のピール条例で確立したと言われている。イギリスで確立した金本位制は、大英帝国の覇権の確立とともに1870年代には国際金本位制となる。マルクスは1818年の生まれであり、没年は1883年、金本位制の申し子であった。

# 第1章　物神性論の形成

なお、物神性の用語は、多義的である。筆者は、以下のように区別する。まず、抽象的人間労働という価値の実体が商品の価値に対象化していると把握するレベルについては、「物象化」と考える。物神性は、次の段階、すなわち商品の価値が他商品の自然的存在（マルクスの使用価値）を価値体とする点、あるいは社会的な人間関係が自然的なものとなり、自然的なものが社会的なものとして機能するレベルでの概念である。地金がそのままで貨幣として機能するのは、資本主義の物神崇拝である。資本主義における日常意識は自然的なものを社会的なものと取り違える人によって支えられる。物神性にとらわれた人と見なされる。

ここから、「金は生まれながらに貨幣である」とか、「ダイヤモンドにはダイヤモンドの価値がある」などの倒錯が生まれる。

## I　テーブル・ターニング

物神性論に関する『資本論』の記述は、奇を衒ったものである。マルクスは、何の変哲もない物が商品として扱われるや否や、奇怪な妄想を繰り広げる、と言う。物としてのテーブルが商品になると、他の商品との関係では「頭で立ち」、そして「テーブルが一人で踊り出す（tanzen）よりもはるかに奇妙な妄想を展開する」（Marx[1962], S.85, 訳、第1分冊 121 頁）。

テーブルが躍るというのは、1848 年の市民革命の敗北後、アメリカやヨーロッパに広く流行していたといわれる心霊術（Spiritualism）のテーブル・ターニング table turning（Marx[1996], p.82）である。集団で人々が念じると、テーブルの上の陶器やテーブルそのものが動き出すと言われている。この心霊術はかなりの広がりであったようで、マルクスは太平天国の乱をもじって、ドイツ語の陶器（CHINA）が動き出したと「中国問題（Chinesisches）」（Die Presse, Nr. 185, vom 7. Juli 1862, Marx[1961c]）でも使っている。

イメージとしては日本の「こっくりさん」である。人間が集まって念じることで、物が動く現象である。集団で念じることで起きる現象が、人々が霊を呼んで霊が物を動かしているように解釈される。心霊の実在を印象づける現象である。物に魂を吹き込むことの類推である。

マルクスの場合、「中国問題」でのテーブル・ターニングに深い意味はないと思われるが、『資本論』の「躍るテーブル」は、アナロジーとしては本気である。物神崇拝の経済システムが、資本主義経済の大きな特徴と考えられていたからである。机が商品となる時、その販売は貨幣の取得であり、机の価値の実現である。資本家が木から机を製造していたとすれば、彼は利潤

を得る。貨幣も資本もその基礎は商品としての机である。

マルクスは、言うまでもなく代表的な労働価値論の論者である。現行版『資本論』では、価値の概念は抽象的人間労働の対象性、あるいは凝固物と定義されている。労働は生産する生産物に応じて、それぞれ異なる作業として行われる。しかし、人間の肉体や精神のエネルギーの支出としては、共通な面を持つ。この共通な面が「抽象的人間労働」と呼ばれる。それぞれの労働で異なる面は、「具体的有用労働」と呼ばれる。マルクスの言う「労働の二重性」である。

しかし、抽象的人間労働が肉体的精神的エネルギーの支出であるとすると、労働である限りどの時代でもどの社会でも同じである。抽象的人間労働が、価値を形成する労働となるのは、社会的な労働の編成が特殊な形式で行われる社会においてのことである。ここでのキーワードは「私的労働」である。「私的労働」という特殊な社会的性格を持った労働のもとで、抽象的人間労働が価値の実体となる。その上で、価値は抽象的人間労働の対象性、あるいは凝固物と定義される。

価値と価値の実体は区別される。価値は商品という対象物の価値であり、価値の実体は労働という人間の活動の同質な側面である。労働の対象性としての価値は、商品というモノに内在し、目には見えない。価値が、価値形態あるいは価格という形態を取って現実の商品となる。

どの労働にも共通する抽象的人間労働を、商品経済や資本主義経済に特有な価値という性格の実体とする社会的条件が「私的労働」であり、この概念が物神性論の重要な点である。「私的労働」とは、計画経済の下での労働の対極に位置づけられるもので、事前には相互に何の調整もなく、各人が独立してそれぞれの判断で生産を行う労働である。貨幣と商品、あるいは価格を媒介にした需給関係が、事後的に生産編成に反省を促す経済システムの下での労働である。

私的労働が机を躍らせる社会的な条件である。

## II．物神性論の形成

### 1．物神性とマルクス

物神性のドイツ語はFetischcharakter、日本語訳は「物神的な性格」、である。第1章商品の第4節のタイトルは、Der Fetischcharakter der Ware und sein Geheimnis（「商品の物神的性格とその秘密」）である。フランス語版『資本論』も同様で、Le caractère fétiche de la marchandise et son secret.（Marx[1989]、訳

p.28) であるが、エンゲルスの監修した英語訳は The fetishism of commodities and the secret thereof、となっている。物神的性格ではなく物神崇拝 fetishism を使用している（Marx[1990], 訳 p.61）。マルクスは、物神性論の中で、Fetischcharakter と Fetischismum を併用しているので、この相違に内容的な問題はないと考えてよいと思われる。

物神崇拝 Fetischismus の語は、青年期のマルクスが主筆であった「ライン新聞」に書いた社説（1842 年 7 月 10 日、ライン新聞 191 号）「ケルン新聞 179 号の社説」にも登場する（Marx[1956], S.91, 訳 105 頁、参照）。マルクスにとってはありふれた用語である。

しかし、マルクスにとって物神性の論理の形成は、『資本論』まで待たなければならない。あるいは価値形態論の形成を待たなければ、今日の形は取らなかったと言える。

マルクスは、『独仏年誌』に執筆した「ヘーゲル法哲学批判（1844）」（Marx[1956b]）において、フォイエルバッハの疎外論による宗教批判を支持し、疎外論に導かれて研究の途に就いた。『経済学・哲学手稿（1844）』（Marx[1968a]）では、初期マルクスを代表する労働疎外論を展開する。

しかし、本稿と関わる限りでは、「ジェームズ・ミル著『政治経済学要綱』からの抜粋」（Marx[1968b]）が直接的に関係する。青年期のマルクスは、貨幣の本質を疎外論的に論じて次のように言う。

「貨幣の本質は、さしあたり、そのうちに所有が外在化されていることにあるのではなく、人間の生産物がそれを通じて相互補完しあうところの媒介的な活動や運動、つまり人間的・社会的な行為が、疎外されて、それが人間の外に存在する物質的な物の、すなわち貨幣の属性になっていることにある。・・・物と物との関係そのもの、物を操作する人間の作用が、人間の外に、しかも人間の上に存在する実在の作用になっている。・・・この仲介者が今や現実の神になるのは明らかだ。」（Marx[1968b],S.446, 訳 364 頁）

問題関心としては、初期マルクスの疎外論にもとづく貨幣本質論と『資本論』の物神性論とは同じである。しかし、疎外論では、物神性と社会の歴史的な性格とを関連づけていない。この点では、唯物史観の形成が重要な意味を持つ。

唯物史観は、『哲学の貧困』（Marx[1959b]）で基本的な視点が定まり、『批判』（1961a）の「序言」で定式化される。唯物史観は社会を経済的な基礎から分析する見方だが、マルクスは生産力と生産関係を社会の性格を規定する基軸とし、社会変動の基礎に生産力を置いている。物神性論の場合は、物神性の基礎を資本主義的な生産関係とどのように対応させるかが問題となる。物神

性論の重要な概念である「私的労働」は、資本主義経済の流通の領域から見た生産関係として抽象されたものである。

物神性論は、資本主義経済が労働をめぐる人と人の関係を商品や貨幣という物と物の関係で取り行うことを説いたものであり、疎外論や唯物史観の流れの中にある。物神性論の問題関心は、マルクスの経済学研究の基本的な視点の1つと言える。それは、社会的な形態を自然的で永遠のものと見た古典派経済学への批判であり、物神性に覆われた資本主義経済を変革する視点を提供するものであった。

## 2.『1857－58年草稿』における物神性論の課題

1848年の市民革命が終息したのち、1850年代、マルクスはイギリスに亡命し、貧困による生活苦の中、大英博物館で研究に没頭した。その時のノートが『1857-58年草稿』である。刺激的な内容が豊富に含まれた貴重なノートである。その一部は『経済学批判要綱』として刊行されていたが、いわゆる新MEGAの刊行によって、『資本論』に至る草稿の全体が知られるようになった。ただし、商品や貨幣の物神性論にかかわる論点は、『経済学批判要綱』に既に含まれていたものである。

この草稿の価値論に関しては、別の機会に論じている（奥山[1990]）ので詳細については言及しない。この草稿における貨幣の必然性は、次の点にある。

「価値としては、商品は一般的であり、現実の商品としては、商品は特殊性である。価値としては、商品はつねに交換可能であり、現実の交換では商品が特殊の条件を満たす場合にだけ交換可能である。」（Marx[1976], S.76, 訳113頁）

商品は、価値としては一般的な交換可能性を持つが、自然的な存在、使用価値としては、特殊な条件の下でしか交換可能ではない。特殊な条件とは、自分が欲する商品の所有者に欲せられる、という条件である。『1857-58年の経済学草稿』によれば、商品のこの矛盾した存在は、商品の価値が象徴化された存在に転化され、象徴化された存在が現実化しなければならない、と論じられる。商品の価値は、他の商品によって観念的に価値を表現し、つまり価格という形を取り、この観念的な存在は、貨幣として現実のものになる。これが商品の矛盾した存在の解決方法である。

生産物を商品とする社会の特性を、この草稿は次のように特徴づける。

「相互にたいして無関心な諸個人の相互的で全面的な依存性が、彼らの社会的連関を形成する。この社会的連関は交換価値という形で表現されている

第3部　物神崇拝による階級の隠蔽

が、各個人にとっては、彼自身の活動または彼の生産物は、その交換価値というかたちで初めて各個人のための活動または生産物となるのである。」（*Ibid*.,S.90, 訳、同前136頁）

「交換価値においては、人格と人格との社会的関連は、物象と物象との一つの社会的関連行為に転化しており、人格的な力能は物象的な力能に転化している。」（*Ibid*.,S.90, 訳、同前137頁）

この草稿では、マルクスは社会を3つの段階に区分する。第1に、最初の社会形態である「人格的な依存関係」（*Ibid*.,S.90, 訳、同前138頁）、第2に、「物象的依存性の上に築かれた人格的独立性」（*Ibid*.,S.91, 訳、同前138頁）の社会、第3に、「共同体的社会的生産性を、諸個人の社会的力能として服属させることの上に築かれた自由な個性体」（*Ibid*., S.91, 訳、同前138頁）である。第1の社会が資本主義以前の人格的なつながりによる共同体的な社会、第2の社会が交換価値に媒介された社会あるいは資本主義社会、第3の社会がいわば社会主義社会である。

いわゆる商品と貨幣との単純流通の基礎は物的依存の生産システムであり、単純流通自身は資本主義経済の流通部面として完成した姿を取る。この草稿の物神性論は、始まりがあって終わりがあるという資本主義の歴史的な存在を浮き上がらせた壮大な人類史三段階説の中に位置づけられていたのである。その意図は何か。この草稿では次のように言う。

「交換価値と貨幣とによって媒介されるものとしての交換は、もちろん生産物相互間の全面的な依存性を前提とするが、しかし、同時に諸生産物の私的利害の完全な孤立化および社会的労働の分割[社会的分業]をも前提とする。」（*Ibid*.,S.91, 訳、同前138-139頁）

「交換価値が生産物の社会的形態として残っている限り、貨幣そのものを止揚することは不可能である。」（*Ibid*.,S.80, 訳、同前139頁）

相互に無関心な労働、孤立した私的利害に基づく労働、これらは、『資本論』でいう「私的労働」である。私的な利害を目的とする資本家の労働を、商品流通の視点で見た生産関係である。

つまり、物神性論は、商品と貨幣の廃絶、あるいは止揚を射程に入れた論理である、ということである。資本家的生産の廃止は、交換価値の廃止、したがって商品と貨幣の廃止につながる。物的依存の関係の次の社会として、生産を人間の制御の下に置いた自由な個人の社会を想定していたとすれば、マルクスにとっては、物神性論は社会主義の基礎理論の1つであったと言える。

なお、付言すれば、商品経済と資本主義が一対一で対応すると考えられ

第1章　物神性論の形成

ていたわけではない。『資本論』の交換過程論につながる認識は『1857-1858年の経済学草稿』でも示されている。

「本来の交換はただ補足的になされているにすぎないか、ないしは大体において共同体全体の生活をほとんどつかんでいないのであって、交換はむしろ異なった共同体と共同体の間で始まるのであり、交換が生産諸関係および交易諸関係のすべてを征服することは決してないのである。」(*Ibid.*, S.91-92, 訳、同前 139 頁)

商品経済を社会的に全面化した経済は、資本主義経済である。しかも現実には抽象化された研究対象としての資本主義である。マルクスは、このことを認識している。交換価値に媒介された社会あるいは『資本論』の「私的労働」の社会は、理論的な研究対象として設定されたものと考えられる。

### 3. 交換価値を生む労働としての物神性論

物神性論はマルクスの経済学体系のどこに位置づけられるのか。『批判』と現行版『資本論』とでは大きく異なる。

何よりも、現行版『資本論』の物神性論のキーワードとなっている「私的労働 Privatarbeit」という用語は、『批判』の「第 1 章 商品」には登場しない。はじめて登場するのは、「第 2 章 貨幣または単純流通」の中の学史的補論の「B 貨幣の度量単位に関する諸理論」の中である。

「諸商品は、直接には個別化された独立の私的労働の生産物であって、これらの私的労働は、私的交換の過程でその外化によってはじめて社会的労働となるのである。」(Marx[1961a], Bd.13, S. 67, 訳 107 頁)

次に登場するのは、同じ第 2 章「2 流通手段」である。

「商品所有者たちが金という一つのものを一般的労働時間の直接的定在に、したがって貨幣に転化することによって、彼らの私的労働の生産物を社会的労働の生産物としてあらわしたように‥‥。」(*Ibid.*, S.82, 訳、同前 128 頁)

『批判』での私的労働 Privatarbeit の用例は、この 2 つである。

他方、物神性をあらわす用語も、『批判』では少ない。

『批判』の中で、Fetisch の用語が出てくるのは、『批判』第 2 章「貨幣または単純流通」第 4 節「貴金属」の次の個所である。

「自然は銀行家や為替相場を生み出さないのと同じように、貨幣を生み出さない。しかし、ブルジョア的生産は、富を一個の物の形態をとった物神（Fetisch）として結晶せざるを得ないから、金銀は富にふさわしい化身（Inkarnation）である。」(*Ibid.*,S.130-131, 訳、同前 202 頁)

資本主義的な生産関係の呪物、あるいは化身として貨幣を見ている点で、

## 第1章　物神性論の形成

『資本論』の物神性論と同様である。『批判』の本文の中では、Fetischismus も Fetischcharakter のどちらの語も使われてはいない。マカロックに関する脚注の中で Fetischismus（物神崇拝）が使われているだけである。

『批判』には、物神性の考え方はあっても、まとまった形での物神性論はなかったのである。

『批判』の場合、『1857-58 年の経済学草稿』の考え方は、商品の 2 要因論の中に入っている。しかし、『批判』の場合、価値と交換価値は用語上区別されていない。現行版『資本論』では、交換価値は商品の交換比率、あるいは価値形態またはその完成形態である価格である。いずれにしても 2 つの商品の関係である。これに対して価値は、個々の商品に内在する性質であり、抽象的人間労働の対象化あるいは凝固物として定義されている。『批判』にはこの区別がないのである。この用語上の混乱は、第 2 版『資本論』にも残っており、マルクスの指示に基づいてエンゲルスが編集した第 3 版で解消している。現行版にはこの問題はない。

『批判』の商品の 2 要因とは、「使用価値と交換価値」（*Ibid.*, S.15, 訳 23 頁）である。『資本論』では使用価値と「価値」である。本稿に関わる論点は、交換価値を生み出す労働である。『批判』は、「交換価値を生み出す労働は、抽象的一般的労働である」（*Ibid.*, S.17, 訳 27 頁）、と言う。そして、一般的抽象的労働は「平均労働、人間の筋肉、神経、脳等々のある一定の生産的支出のうちに実在している」（*Ibid.*, S.18, 訳 29 頁）、と言う。そして、交換価値の生み出す労働の条件は「独特な種類の社会性」（*Ibid.*, S.20, 訳 30 頁）にあるとして、3 点指摘する。第 1 に、個人の労働が交換価値であらわされる限り、同等性という社会的性格を持ち、他の個人の労働と関係する時に交換価値であらわされること、第 2 に、交換価値においては、個人の労働時間が直接に一般的労働時間としてあらわされること、第 3 に、「交換価値を生み出す労働を特徴づけるものは、人と人との社会的な関係が、いわばさかさまに物と物との関係としてあらわされること」（S.21, 33 頁）、である。

第 1 の点において、交換価値を生み出す労働が「独特な種類の社会性」を持っていることを指摘し、第 2 の点においては、現行版『資本論』の私的労働と社会的労働の観点とは異なるが、価値量の観点から個人的労働時間と一般的労働時間の関係として、交換価値を生み出す労働の特質を指摘し、第 3 の点として、人と人との関係が物と物との関係になっていることを指摘している。『批判』では、物神性論は交換価値を生み出す労働の社会的な条件として論じられていたと言える。

## III 物神性論の課題

### 1．初版『資本論』と現行版『資本論』

物神性論は、初版『資本論』の中で基本的に形成される。しかし、初版『資本論』の「第1章 商品」は、現行版『資本論』のように4つの節で明示的に区分されてはいない。とは言え、内容的には現行版『資本論』に対応している。

物神性論に関して言うと、『批判』ではほとんど使用されなかったFetischcharakterとFetischismumが使用されるようになる。ただし、現行版『資本論』の物神性論のタイトルにはFetischcharakterが使用されており、Fetischismumよりも基本的な用語として使用されている。しかし、初版『資本論』の物神性論に関して言えば、使用されているのはFetischismumである。Fetischcharakterの語は、初版『資本論』の本文の価値形態論には使用されていないが、初版『資本論』の「付録 価値形態論」では使用されている。

Privatarbeitは、価値を形成する労働の条件として労働の二重性の個所で使用され、価値形態論でも物神性論でもしばしば使用される。この点は現行版『資本論』も同様である

初版『資本論』と現行版『資本論』ではどこが違うのか。マルクスは、再版『資本論』第2版への「あとがき」の中で次のように言う。

「第1章第1節では、あらゆる交換価値がそれで表現される諸等式の分析による価値の導出が、科学的にいっそう厳密に行われており‥‥。第1章第3節（価値形態）は、すでに初版の二重の叙述から見て必要とされたことではあるが、まったく書き換えられている。‥‥第1章の最後の節『商品の物神的性格』は、大部分書き換えられている。」(Marx[1962], S.18, 訳15頁)

初版『資本論』から再販『資本論』にかけて変更されたのは、基本的に次の3点である。第1に、価値の導出、すなわち価値論の論証である。これは、『資本論』の最も重要な個所である。第2に、第3節の価値形態論である。価値形態論は、初版『資本論』では本文の価値形態論と付録の価値形態論で、二様に説かれている。本文の価値形態論では貨幣形態、すなわち価格という形態は成立していない。むしろ商品論の論理では成立しないことが論理的な帰結とされる。第3に、第4節の物神性論である。物神性論は大幅に拡充されている。

この他、価値実体と社会的必要労働時間による価値の大きさの規定、価値尺度論への修正が指摘されている。

第1章　物神性論の形成

　初版『資本論』から現行『資本論』への「第1章 商品」の変更に関しては、既に別の機会に論じてきた（奥山［1990］、参照）。その要点は以下のとおりである。

　第1に、価値論論証は大きく変更されている。現行『資本論』では、「第1章 商品 第1節 使用価値と交換価値」の中で労働価値論の論証が行われている。経済学の最大の課題が、いわば冒頭で論じられているのである。

　初版『資本論』では、小麦と鉄の等式1クォーターの小麦＝aツェントナーの鉄が置かれ、異なる商品の交換あるいは等式は、使用価値の捨象を意味し、結果として共通な第3のものの存在を示している、とする。この共通なものが、結晶した労働としての価値である、とされる。

　現行版『資本論』は、共通な第3のものの導出までは同じだが、その後で、個々の商品に着目して、使用価値を捨象し、使用価値の捨象が具体的有用労働の捨象を意味し、その結果残されるのが、抽象的人間労働とその対象性、あるいは凝固物としての価値である、と論じられる。価値を形成する実体としての抽象的人間労働とその対象性としての商品の価値が、1つの商品に関して同時に導かれている。

　マルクスの価値論論証は、蒸留法と呼ばれるが、厳密な意味での蒸留法は、初版『資本論』にはない。マルクスが初版『資本論』から再版『資本論』への主要な変更点の1つとした所以である。そして、価値概念が個々の商品の内在的な要因となることによって、価値形態論は、相対的な価値の質的分析という位置づけ、あるいは相対的な価値の形態、という認識から、価値の形態に関する理論に発展したのである。

　既に見てきたように、抽象的人間労働に関しては、人間の肉体的・精神的エネルギーの支出としては、どの社会にも存在するが、私的労働という特殊な社会的な労働の編成の下で価値の実体となる、というのがマルクスの基本的な考えである。しかし、歴史的な根拠としては、分業や機械制大工業の発達と対応した商流通の発展が、抽象的人間労働に価値の実体としての現実的な意味を与えると考えられている。この問題についての考察は、別の機会に譲りたい。

　ところで、価値形態論は、初版『資本論』には2通り書かれている。初版『資本論』本文の価値形態論と「付録価値形態論」である。しかも、その課題も結論も異なる。

　初版『資本論』本文の価値形態論は、相対的価値の量的分析と並ぶ質的分析であり、その課題は価値と価値形態との関係をつけることに限定される。すなわち、貨幣形態（価格）の成立には至っていない。初版『資本論』では、

現行版『資本論』の一般的な価値形態に相当する形態は説かれているが、それは「相対的な価値の第3の、転倒された、または逆の関係にされた第2の形態」(Marx[1959a], S.25, 訳、61頁) と呼ばれ、そして最後は「形態Ⅳ」とされ、無数の拡大された価値形態を示して終わる。商品論の論理では貨幣形態（価格）を説くことはできない、ということである。何のための価値形態論かと言えば、初版『資本論』では「価値形態は価値概念から発していることを論証すること」(*Ibid.*, S. 34, 訳、同前77頁)、と説明している。

これに対して「付録価値形態論」の論理は、現行版『資本論』と同様に、価値形態論の最後は貨幣形態（価格）となっている。「付録価値形態論」が、再版『資本論』に継承されたのである。

## 2．価値形態論と物神性論

私的労働の社会が、人間関係を商品や貨幣というモノの関係として関係づけるという論点は、『1857-1858年の経済学草稿』以来、マルクスにとっては一貫した視点である。しかし、価値形態論の確立によって、物神性論も発展する。

価値形態論の要点は、1つの商品の価値が他の商品の使用価値によって表現されることにある。この場合の使用価値は、一般に用いられている有用性とは異なる。マルクスは使用価値を有用性と生産物そのもの、すなわち「商品体」と二重に使用している。価値形態論で、1つの商品の価値の表現材料となる他の商品の「使用価値」とは、有用性ではなく「商品体」のことである。つまり、上着なら上着そのもの、金なら金そのものである。上着や価値や有用性ではなく、上着そのものである。これが「商品体」であり、商品の自然形態である。

ある特定の商品が、自分の価値を他の商品で表現すると、他の商品の自然形態がそのまま価値形態になる。布の価値は、労働対象性であり、対象性自体は商人に内在する性質で「まぼろし」である。しかし、内在する価値が上着の使用価値で表現されると、上着の自然形態が布の価値体、すなわち価値形態になり、価値が目に見える形を取る。金で表現すれば、金何グラムという具体的な形を取る。価値という社会的な性質が、自然形態を取るのである。そして、金という自然形態は価格や貨幣という自然的な存在を超えたものになる。『資本論』の物神性論には、この論理が吸収される。

初版『資本論』では、次のように言う。

「価値形態論について言えば、この形態こそは、まさに私的労働者たちの社会的諸関係を、したがってまた私的諸労働の社会的な諸被規定性を、顕示

するのではなくて、それらを物的に覆い隠すのである。」(*Ibid.*, S. 39, 訳 84 頁)

「私的生産者たちにとっては彼らの私的労働の社会的な諸規定が労働生産物の社会的な自然的被規定性として現れる。」(*Ibid.*,S.39-40, 訳 85 頁)

この論理は、簡単な価値形態の中で説かれる論理であり、初版『資本論』において貨幣形態、あるいは価格が成立しないことは、必ずしも妨げにはならない。とは言え、もちろん金の自然形態が、他のすべての商品の価値の体（価値形態、「価値体」とも呼ぶ）になる論理を踏まえた方が明確になる。

初版『資本論』において価値形態論が成立するとともに、物神性論の焦点も明確になっている。初版『資本論』の物神性論の内容は、現行版『資本論』と基本的に同じである。論理をどのように発展させ、整除するかが、残された課題と言える。

現行版『資本論』の物神性論では次のように言う。

「したがって、商品形態の神秘性は、単に次のことにある。すなわち、商品形態は、人間に対して、人間自身の労働の社会的性格を労働生産物そのものの対象的性格として、これらのものの社会的自然的属性として反映させ、それゆえにまた、総労働に対する生産者たちの社会的関係をも、彼らの外部に実在する諸対象の社会的関係として反映させるということにある。この入れ替わり（quidproquo）によって労働生産物は商品に、すなわち感性的でありながら超感性的な物、または社会的な物になる。」(Marx[1962], S. 86, 訳 123 頁)

quidproquo はマルクスの用法である。通常は quid pro quo であり、ラテン語である。多義的な語であり、代償（物）、報酬、などに用いられるが、マルクス経済学では、「入れ替わり」「取り違え」「見当違い」などの意味で訳されている。マルクスが頻繁に用いる用語であり、1859 年にはこのタイトルの論説も書いている（Marx[1961b]）。初版『資本論』の「付録価値形態論」では、ドイツ語で「転倒」を意味する Verkehrung を quid pro quo と同義語として用いているので（Marx[1959a], S.771, 訳 143 頁）、マルクスの用法としては、「取り違え」などの訳語で問題はない。

この語は、価値形態論と呼応する。簡単な価値形態の等価形態に関する考察で、マルクスは次のように言う。

「等価形態の考察に関して目につく第 1 の独自性は、使用価値がその反対物の、価値の、現象形態になるということである。商品の自然的形態が価値形態になるのである。だが、注意せよ。この入れ替わり quidproquo が 1 商品 B・・・にとって生じるのは、ただ、任意の他の商品 A・・・が取り結ぶ価値関係の内部だけのことであり・・・。」(Marx[1962], S.71, 96-97 頁)

『批判』の商品論には、quid pro quo は登場しない。『批判』でも交換価値の表現を示す等式は分析されているが、これは個別的な労働時間と社会的な労働時間を関係づけるという式であり、価値形態論とは異なる。

初版『資本論』においては、本文の価値形態論や物神性論の中では、この語は用いられていない。この語が商品論の領域で用いられ始めるのは、「付録 価値形態論」においてである（S. 769, 139 頁, S.771, 143 頁）。ただし、quidproquo ではなく、quid pro quo と表記されている。内容的には、現行版『資本論』の価値形態論と同じであるが、先に指摘したように、ドイツ語で「転倒」を意味する Verkehrung を併用している。

人と人との関係が物と物との関係となるという物神性論の主題が、価値形態論の確立によって、社会的な性格である価値が自然形態を取るという論理で具体的な内容を獲得したと言える。

### 3. いわゆる移行規定と物神性論

『資本論』では、商品論は第 1 章に、交換過程論は第 2 章に、章立てで分かれているが、『批判』では、両方の内容が「第 1 章商品」の中に含まれ、いわゆる移行規定を挟んで、内容的に商品論と交換過程論が分かれている。

移行規定とは、次のようなものである。

「今まで商品は、二重の観点で、使用価値として、また交換価値として、いつでも一面的に考察されてきた。けれども商品は、商品としては直接に使用価値と交換価値との統一である。同時にそれは、他の商品に対する関係においてだけ商品である。それは互いに独立した個人が入り込む社会的過程であるが、しかし彼らは、商品の所有者としてだけこれに入り込む。彼らのお互いどうしのための相互的定在は、彼らの諸商品の定在であり、こうして彼らは、交換過程の意識的な担い手としてだけ現れるのである。」(Marx[1961a]. S.28, 訳 23-24 頁)

移行規定は 2 つのことを語っている。第 1 に、商品分析の方法、あるいは領域では、商品の使用価値がそれぞれ一面的に考察されていること、第 2 に、商品分析の限りでは、商品の所有者が考察の対象に含まれていないこと、である。

表現は異なるが、同様の内容は初版『資本論』にもある。

「商品は、使用価値と交換価値との、したがって 2 つの対立物の、直接的な統一体である。それゆえ、商品は直接的な矛盾である。この矛盾は、商品がこれまでのように分析的に、ある時は使用価値の観点の下で、ある時は交換価値の観点の下で、こうされるのではなくて、1 つの全体として現実に他

の商品と関係させられるや否や、発展せざるを得ない、そして商品の現実の関係は、諸商品の交換過程である。」(Marx[1959a], S.44, 94 頁)

　この移行規定は、再版『資本論』以降、削除される。価値形態論の進展が主な理由であると考えられる。価値形態論は、1 商品の価値が他商品の使用価値で現れることを分析し、その展開によって価格と貨幣を導いている。この論理に、商品の 2 要因をそれぞれ一面的に見るという商品分析の方法はなじまない。

　しかし、他方、現行版『資本論』において商品所有者が登場するのは、交換過程論においてである。交換過程論における商品所有者は、商品の人格化であると同時に、商品の意識的な担い手である。商品所有者は、価値の実現、使用価値の実証と実現の問題に直面し、貨幣を金に固定する役割を担う。

　これに対して、商品論では、所有者ではなく、商品が「商品語」を話すという想定で論理が進む。その社会的な背景は、物神性論において明らかにされる。価値形態論の論理を基礎に、物神性論において、人と人との関係が物と物との関係になることが論じられる。これを踏まえて、交換過程論では、商品の経済的な規定によって、所有者の経済的規定が明らかになる。この点では、物神性論は、商品論の総括的な位置に置かれるとともに、人と物の関係を説くことで、商品論から交換過程論への移行理論としての役割も果たしている。

## 結　語

　本章では、マルクスの理論形成史を考察することで、難解な物神性論の解読という課題に対応してきた。本章の結論は、物神性論の課題は、初期マルクスの疎外論の中に確立していること、しかしながら、その論理の確立は『資本論』、とりわけ初版から再版にかけての価値論論証と価値形態論が確立と連動していたということにある。

　商品が幻のような存在である価値を金という自然形態で表現することで、金という価値の体、あるいは価値形態を獲得する。机は金という価値形態を取ることで、社会的な生命を吹き込まれ踊り出す。他方で金もまた貨幣となることで社会的な魂を吹き込まれる。テーブル・ターニングと商品経済との類似性がここに成立する。自然的な物と社会的な物の quid pro quo が成立する。呪物崇拝の完成である。

　本章で主に考察したのは、「ジェームズ・ミル著『政治経済学批判要綱』からの抜粋」、『1857-58 年の経済学草稿』、『経済学批判』、初版『資本論』、

現行版『資本論』、である。物神性論は、古典派経済学批判、利子論、いわゆる三位一体の定式による階級関係の隠蔽、などの領域に関連する。流通手段論におけるいわゆる章標化による政府紙幣の登場も含めれば、物神性論の課題は広範囲にわたる。

　資本主義社会の特徴を、人と人の関係が物と物の関係として取り結ばれる社会として見る視点は、多くの読者をひきつける魅力的なテーマである。その後の経済学はこの問題を活かしきっていない。経済学にとっての今後の大きな課題である。

# 第2章　物神性論による古典派経済学批判

## 序　言

　本章は、物神性論のマルクス経済学における理論的意義を踏まえて、物神性論の視点からのマルクスの古典派経済学批判を考察したものである。

　『資本論（Das Kapital）』のサブタイトルは、「経済学批判（Kritik der politischen Ökonomie）」である。この場合の「経済学」とは、先行の経済学とりわけ古典派経済学である。マルクスは、古典派経済学から経済学を吸収すると同時に、批判して自らの体系を作っている。マルクスは、古典派経済学には多大なる敬意を払いつつ、これを批判している。

　古典派とは別に、マルクスが「俗流経済学」と呼んで批判する一群もある。マルクスの区分では、古典派経済学は、資本主義の本質に迫りつつ限界を持った学派であるが、俗流経済学は資本主義の本質を追求することなく現象のみを追いかけた学派である。とは言え、俗流経済学は、資本主義の当事者意識を反省することなく受け止めていたという点では、批判の対象としての意義ははっきりしており、この点で重要な役割を果たしている。いずれにしても、先行経済学を批判しながら自らの学説を作るやり方は、マルクスにとっては1つの研究手法であったと言える。

## I　疎外論と物神性論

　物神性論への問題関心は青年期のマルクスにあり、疎外論から研究を始めたマルクスは、貨幣に関しては、すでに論じたように、仲介者が現世の神になる、という認識を示していた。資本主義は、人間の本来のあり方を疎外する。疎外からの人間性の復活が、青年期のマルクスの課題であった。古典派経済学はこの視点から批判の対象となった。貨幣を私有制社会の疎外体として見る見方、労働の結果として生産物が資本家のものとなることによって、資本主義の下での労働が疎外された労働となる点、これらを古典派経済学に対する批判の対象としていた。

　しかし、疎外論は私有制と競争に対する批判にはなり得ても、資本主義を

階級社会としてとらえる視点は確立していない。資本主義が一定の時期に生まれて一定の時期に終わる、という歴史認識も確立してはいない。

物神性論の問題関心自体は、唯物史観よりむしろ疎外論の方が近い関係にあるが、資本主義における意義、自然と社会の間の倒錯、資本主義を歴史的に相対化する視点、などは疎外論からは生まれてこない。

マルクスの古典派経済学に対する批判は、資本主義の歴史性、つまり一定の時期に始まり終焉を迎えるという歴史性をとらえていないという批判である。これには疎外論の問題関心と唯物史観による把握、そして何よりも価値形態論の確立が必要となる。物神性論の具体的な論理は価値形態論で確立したものであり、とりわけ物神性論の中核をなす概念は、私的労働と社会的なものと自然的なものとの間の転倒の論理である。

## II 物神性と資本主義の当事者意識

古典派経済学批判と物神性論とは、どこでかかわるか。マルクスは、古典派経済学は、最終的には資本主義の物神的性格を見抜けなかった学派であると批判していたのである。資本主義経済の中にいる当事者は、物神性にとらわれて資本主義を自然な永遠の経済システムとみなす。そして、資本主義経済を研究対象としている古典派経済学もまた、資本主義の本質に迫る功績を上げたにもかかわらず、資本主義経済の当事者と同じ意識から脱却できなかったと批判しているのである。

物神性とは、木や石などを信仰の対象とする呪物崇拝の宗教である。マルクスは資本主義経済の特徴の1つとして、これを指摘したのである。資本主義は発展した経済システムであるが、その中に、物神崇拝と類似の仕組が組み込まれているということである。

机や金は、ただの自然的な存在であるが、それらが商品や貨幣となると、たんなる物ではなく社会関係を担った物として、資本主義経済の中心に躍り出る。商品と貨幣からなる市場なくして資本主義経済は成り立たない。商品や貨幣という「物」が人間を支配するシステムが資本主義である。抽象的に言えば、人と人との関係が物と物との関係として現れる経済の仕組が資本主義経済の特徴となる。

貨幣としての金は、金の生身の自然素材そのもので一般的購買力を持つ。机は物としては机としての自然形態を持つだけであるが、価格を付けて商品として登場すると、資本主義的な富の基礎的な存在となる。自然素材が社会的な機能を果たすようになるのである。貨幣や商品が人の統制を超えて人々

を支配する。

　社会システムは変えられるが、自然は変えられない。資本主義経済における物神崇拝は、社会的なものが自然的なものと取り違えられることで資本主義に正統性を与える。自然的なものが社会的な機能を果たし、社会的な機能が自然的なものから生じるかのように認識される。これによって、資本主義が自然的なものであり、永遠に続く体制として受けとめられるようになる。古典派はこの認識を持ち得なかった。すなわち、人々の日常意識と同じレベルに古典派もあった。

　この認識からは、資本主義の階級社会としての性格も資本主義経済が経済の歴史的な一定の発展段階の中で生まれ、いずれは死滅するという唯物史観のような歴史認識は、生じない。資本主義社会の当事者は、唯物史観とは無縁の意識の中にいる。物神性論は、商品や貨幣を当然のこととして受け入れる当事者意識をその根拠から説明し、特定の歴史的な一社会である資本主義が自ら作り出す普遍的な正統性とその虚構を解き明かす論理である。

　この論点は、『資本論』の中では、異質の論点である。『資本論』は、言うまでもなく社会主義を説いた思想書ではなく、資本主義を分析した経済学の研究書である。しかし、物神性論に関して言えば、事情は異なる。マルクスの思想を経済理論として説いているという意味で、思想と理論が一体化した研究領域である。

　古典派経済学から学ぶという点では、マルクスは古典派経済学の申し子である。しかし、マルクスから見た古典派経済学の限界は、資本主義経済の歴史的性格を認識できなかった点にある。この点が物神性論と関わる。物神性論における古典派経済学批判は、疎外論と唯物史観を土台とするマルクスの経済思想、あるいはイデオロギー批判であったと言うことができる。

## III　物神性論の古典派経済学批判

### 1．経済学批判としての『資本論』

　『資本論』のサブタイトルは、「経済学批判」である。批判の対象には、経済学の隆盛期を作り出した古典派経済学が含まれる。経済学批判としての『資本論』は、豊富な内容を持っている。

　何よりも、自由と平等の市場を前提に剰余価値が作られることを、マルクスは、労働と労働力との概念を区別することによって、明確なかたちで論じた。

　「労働の価値」という古典派のあいまいな表現を、労働力の価値と労働に

よって作られた価値とを区別することで、剰余価値の存在を明確にしたのである。これによって、等価交換という自由と平等のシステムの中で、搾取関係が作られるという資本主義的な階級関係を明らかにしたのである。マルクスが、古典派経済学を超えた点である。

しかし、資本主義は、階級社会としての性格が、人々の当事者意識の中には表れてこない。資本主義社会にいる人々、すなわち資本主義の当事者たちは、資本主義を自然で永遠なものと受け止めている。資本主義は、自らの階級性や歴史性を隠蔽する仕組を持っているのである。

この問題の解決に当たっているのが、物神性論（『資本論』第1部第1編第1章第4節）と三位一体的定式論（『資本論』第3部第7編第47章）である。

物神性論は、資本主義における当事者意識の形成を解明することによって、その転倒性を指摘することに課題がある。古典派経済学に対する批判は、古典派経済学もまた大きな功績を持つにもかかわらず、資本主義の当事者と同じような物神崇拝から抜け出ていなかった、ということであり、古典派経済学の限界が、とりわけ価値形態論の不在という点に集約されてくるのである。

## 2．古典派と価値形態論

価値形態論は、『資本論』初版において登場し、大幅な修正の上で再版において完成する。価値形態論の完成によって、1商品の価値は、生身の自然の金を自らの価値形態とする仕組が明らかになる。商品の価値という社会的な存在が、金の自然的な姿となって表れる。社会的なものと自然的なものとの取り違え（quidproquo）の論理が価値形態論において確立し、物神性論の論理に具体性を持たせる。金という自然素材がそのままで貨幣という社会性を持ち、机という自然の素材が、価格を付けることで資本主義的な富の基本的な形態となる。人々はそれを当たり前と思うが、マルクスの価値形態論と物神性論は、これが取り違えであることを明らかにする。

マルクスは価値形態論の課題に関して次のように言う。

「だれでも、他のことは何も知らなくても、諸商品がそれらの使用価値の種々雑多な自然形態とはきわめていちじるしい対照をなす一つの共通の価値形態、すなわち貨幣形態を持っているということは知っている。しかし、今ここで成し遂げられなければならないことは、ブルジョア経済学に決して試みられることもなかったこと、すなわち、貨幣形態の発生を立証すること、すなわち、商品の価値関係に含まれている価値表現の発展を、そのもっとも目立たない姿態から目をくらませる貨幣形態に至るまで追跡することである。それによって、同時に、貨幣の謎も消え失せる。」（Marx[1962], S.59, 訳、

第1分冊、82頁）

　引用文は、価値形態論がマルクスと古典派経済学とを決定的に区別するものであるという明確な表明である。商品の価格の存在も金貨幣の存在も、誰でも知っている。誰でも知っていることを本質から解明することが、価値形態論の研究課題である。当事者意識がマルクスからすれば取り違えである。この取り違えのプロセスは、価値関係から価値形態が導かれ、最終的に貨幣形態にたどり着くことで明らかになる。

　なお、引用文でいう貨幣形態とは、商品の価格のことである。貨幣形態の完成を論証することで、貨幣の謎も解ける、という時の貨幣は、金の現物としての貨幣である。

　商品や貨幣という現に存在するものを論理的に再構築することが、ここでの「立証」の意味である。これがブルジョア経済学ではできなかった、とマルクスは主張しているのである。

　ここで指摘されているブルジョア経済学とは、古典派を中心とした先行学説である。価値形態論の研究は、先行学説において全く行われていなかったと言う。その理由は、物神性論が解き明かすことになる。

### 3．物神性論による古典派経済学批判

　物神性論の視点からの古典派経済学批判は、資本主義の歴史的性格を認識しているかどうかという点にある。この点では、マルクスによる唯物史観の形成と、市場と対応する形で作り出された「私的労働」という資本主義の歴史性を体現した概念が、古典派経済学批判として有効な役割を果たす。

　物神性論の中で、マルクスは、「リカードウの価値の大きさの分析—しかもこれは最良の分析である—・・・」（*Ibid.*, S.96, 訳、同前136頁）、と言う。古典派の功績は、否定しようもないことである。しかし、その古典派にどのような問題があったのか。マルクスと古典派の分岐点についてマルクスは次のように言う。

　「ところで、確かに経済学は不完全ではあるけれども価値と価値の大きさを分析して、この形態のうちに隠されている内容を発見した。しかし、経済学は、では、なぜこの内容があの形態をとるのか、したがって、なぜ労働が価値に、またその継続時間による労働の測定が労働生産物の価値の大きさに表されるのか？という問題を提起したことさえなかった。諸定式—すなわち生産過程が人間を支配していて人間がまだ生産過程を支配していない社会構成体に属するものであるということが、その額に書かれている諸定式は、経済学のブルジョア的意識にとっては、生産的労働そのものがそうであるのと

同じぐらいに自明な自然的必然性であるとみなされるのである。」(*Ibid.*, S.95, 訳、同前 135-136 頁)

ここでのブルジョア意識とは、資本主義のシステムを無批判に受け入れる当事者の意識を指し、経済学者もまた、当事者意識から抜け出ていないことが批判されているのである。彼らは、労働価値論を取っていても、肝心の点、なぜ労働が価値に表されるのか、が理解できないと批判している。

マルクスからすれば、私的労働という歴史的な性格の労働が前提となって、抽象的人間労働（あるいは単純に「労働」）が価値を形成する実体となる、と言うことである。物神性論の基本的な考え方が、古典派の労働価値論批判につながっているのである。

マルクスは、物神性論の中で、古典派経済学に価値形態がなかったことが、決定的な問題であると指摘する。

「古典派経済学の根本的な欠陥の一つは、それが商品の分析、ことに商品価値の分析から、価値をまさに交換価値にする価値の形態を見つけ出すことに成功しなかったことである。A. スミスやリカードウのようなその最良の代表者においてさえ、古典派経済学は、価値形態を、まったくどうでもいいものとして、あるいは商品そのものの本性にとって外的なものとして、取り扱っている。その原因は、価値の、大きさの分析にすっかり注意を奪われてしまっていたというだけではない。それはもっと深いところにある。労働生産物の価値形態は、ブルジョア的生産様式のもっとも抽象的な、しかしまた最も一般的な形態であり、ブルジョア的生産様式はこの形態によって一つの特殊な種類の社会的生産として、それゆえまた同時に歴史的なものとして、性格づけられている。だから、人がこの生産様式を社会的生産様式の自然的形態と見誤るならば、人は必然的に等価形態の独自性を、商品形態の、進んでは貨幣形態、資本形態等々の独自性を見落とすことになるのである。」(*Ibid.*, S.96, 訳、同前 137-138 頁)

価値概念の歴史的性格を把握できないことは、価値形態、すなわち価格（貨幣形態）、資本形態、などの資本主義の歴史的性格を表現する形態論全体を分析できないことにつながる、と批判しているのである。

したがって、資本主義的な生産を自然のものと認識していれば、それが歴史的な形態規定性を帯びていることに気づかない。古典派経済学に価値形態論がなかったのは、資本主義を自然的な生産様式とし、歴史的な特定の社会として見る視点、すなわち物神性論の視点がなかったからである、というのが物神性論の観点からの古典派批判である。

マルクスによって把握された価値の概念が、価格と関係づけられる。すな

わち、価値形態論によって、自然の姿の金そのものが一般的購買力を持つ貨幣となり、これとともに商品が価格という社会的形態をまとう。価値が価格として現象するのである。現象はそのままでは認識できず、現にあるものを歴史的形態として認識する視点が必要なのである。

　古典派経済学の限界は、資本主義を歴史的なものとして把握する視点を持たなかった点にあり、このために現象から本質を見抜くことも、現象を本質から説明することもできなかった。古典派経済学が資本主義の特殊歴史的な形態を認識し得なかったのは、物神性論の主要な概念である「私的労働」という資本主義的労働の歴史的性格を把握していなかったことによる。これがマルクスの物神性論による古典派経済学批判である。

## 結　語

　マルクスは、物神性論の中で、次のように言う。

　「商品形態は、ブルジョア的生産の最も一般的な未発展な形態であるから、・・・・その物神的性格は、まだ比較的たやすく見抜けるようにみえる。もっと具体的形態の場合には、簡単であるという外見さえ消え失せる。重商主義の幻想はどこから来るのか？重商主義は、金銀を見ても、貨幣としての金銀は一つの社会的生産関係を、しかも奇妙な社会的属性を帯びた自然物という形態で、表示するのだということを見て取ることができなかった。また、お高くとまって重商主義を冷笑している近代の経済学は、それが資本を取り扱うや否や、その物神崇拝は手に取るように明らかになるのではないか？地代は土地から生じるのであって、社会から生じるのではないという重農主義的幻想が消えてから、どれだけたったのであろうか。」（*Ibid.*, S.97, 訳、同前140-141頁）

　商品や貨幣の物神性は、自然物でありながら社会的属性を帯びていることにある。しかし、物神性は、この枠を超えて進展している。資本に関する物神性が、物神性の進展した局面であることに言及されている。『資本論』の第3部第48章「三位一体的定式」が置かれている。三位一体とは、キリスト教の神とキリストと精霊に関する協議である。マルクスは、これを資本─利潤、土地─地代、労働─賃金と対応させ、資本主義の当事者意識を説明する。

　マルクスは『資本論』の第1部において剰余価値論を説き、資本主義の階級関係を明らかにする。労働者は、自分の生活資料に必要な部分を超えて労働し、剰余価値を作り出す。剰余価値が利潤や地代として、資本家や地主に分配される。しかし、資本主義社会に生活する人々の意識には、資本が利潤

を生み、土地が地代を生み、労働が労働力の価値ではなく、「労働の価値」として労働者に支払われるように見える。

さらに資本は、利子生み資本の存在によって、利子と対応し、利潤の中で利子以外の部分は、資本家の労働に対応する企業者利得として受け止められる。資本主義の階級関係を示す剰余価値は、資本主義の中にいる人々の意識からは消える。資本主義の現象の世界からは、本質は隠蔽される。俗流経済学も古典派経済学も、資本主義の下での当事者意識に取り込まれている、と言う。

三位一体的定式の考察は次章に譲るが、この理論は物神性論の延長上に展開されている。経済学批判としての『資本論』の重要な論理となっている。

第3部　物神崇拝による階級の隠蔽

# 第3章　三位一体的定式

## 序　言

　本章は、いわゆる三位一体的定式は、資本主義が自らの階級制を覆い隠すシステムを持っていることを論じたものである。

　三位一体の定式とは何か。『資本論』第3部第48章は三位一体的定式（Die trinitarische Formel、英訳 The Trinity Formula）というタイトルが付けられている。その目的は、『資本論』の中では特異なものである。すなわち、剰余価値の理論によって資本主義の階級的性格は証明されたはずであるが、しかし、階級社会である資本主義が、自らの階級性を隠蔽する仕組を持っている。三位一体的定式は、この問題を解いたものである。

　言うまでもないが、『資本論』第Ⅱ部と第Ⅲ部は、マルクス死後のエンゲルスの編集によるものであり、断片的な草稿をもとに編集されたものである。そのため、解読には一定の限界があり、三位一体的定式に関しても同様である。

## Ⅰ　問題の所在

　三位一体は、父なる神、子なるキリスト、精霊を一体のものとするキリスト教の教義である。マルクスはこれを資本主義の3大階級とその収入に当てはめる。資本家の利潤、労働者の賃金、地主の地代、である。基本となる定式は、資本―利潤、労働―賃金、土地―地代である。通常の経済学からすれば、この理解は何の問題もない。しかし、マルクスからすれば、これは資本主義の日常意識であり、本質を見失った理解である。三位一体的定式の論理が、これを解き明かす。

　付言すれば、資本家の利潤は、「利子と企業者報酬」に分裂し、「資本―（利子＋企業者報酬）」に変化する。マルクスは、この対応関係が資本主義に生きる人々の観念として定着しており、これによって、資本家の労働者からの剰余価値の搾取という資本主義社会の本質的な階級関係が隠蔽されていると考える。

289

剰余価値どころか、利子の登場によって、利潤さえ見えなくなる三位一体的定式が出来上がり、資本主義の思想上の支配が完結する。資本、労働、土地の生産要素が収入の源泉として受け止められ、労働者の作り出す価値の役割は消え去るのである。

マルクスは、彼の歴史観として一般に定着している唯物史観を背景に、資本主義が一定の時期に生まれて一定の時期に終わるものであると考える。しかし、同時にマルクスは、資本主義は自らの永遠性を保証し、階級性を隠蔽する仕組みを持っていると考えていたのである。

階級関係隠蔽の論理の第1は、物神性論（『資本論』第Ⅰ部第1章第4節）であり、第2が、三位一体的定式（第3部第48章）である。いずれも資本主義を支配する人々の観念を、経済学の視点から説き起こそうとした研究である。現代の経済学にはなじみにくい課題設定であるが、資本主義批判の哲学とも言える論点であり、マルクスの理論体系の副軸として重視されるべきものである。

## Ⅱ　本質と現象

物神性論と三位一体的定式に共通して重要なのは、本質と現象との関係である。現象は目に見える誰にでもわかる形で存在するが、本質は現象の中に隠されている。本質が現象に隠れていることで、資本主義は永遠のシステムに思え、剰余価値の資本家による搾取は正当化され隠蔽される。

「本質—現象」論の基本となるのは価値と価格の関係である。マルクス価値論の場合、価値は抽象的人間労働の対象性と定義される。この価値規定には物神性論が深く関わっている。一般的には、物神性論は、資本主義社会を、人と人との関係であるものが物と物との関係となって現れる社会として捉えたものと言われる。しかし、これは思想的な意見表明であり、マルクスは実際にはより具体的な理論内容を持っている。

物神性論を理解する上で、最も重要なのは、価値を形成する労働の歴史的条件である。人間労働は、どの社会にも存在する。しかし、それが価値を生むには歴史的な条件が必要である。価値を生む労働力は、本来は資本家と労働者の生産関係の下での労働ということになるが、市場を形成する商品と貨幣から、資本家と労働者の階級関係を抽出することはできない。

そこでマルクスは、市場との対応で私的労働という概念を導入する。私的労働は、互いに無関心で自らの利益のみを求める労働である。私的労働の社会においては、人間労働が価値を形成する労働となる。資本家と労働者は登

場しないが、資本主義的な労働に抽象的な側面、相互に無関係で、自らの利益のみを追求するという側面は、私的労働という概念の中に体現されている。

　ところでマルクスは、商品の2要因、すなわち使用価値と価値を指摘し、これに対応する労働の性格を労働の二重性、すなわち具体的有用労働と抽象的人間労働として説く。具体的有用労働とは、労働の具体的な動作であり、労働の種類によってすべて異なる。これに対して抽象的人間労働とは、すべての労働に共通する労働の生理的精神的エネルギーの支出の側面である。ここで重要なのは、私的労働の下では、抽象的人間労働が価値を形成する実体となる、ということである。この抽象的人間労働は、たんに「労働」と呼ばれることもある。

　『資本論』の労働価値論は、価値が労働であるとか、労働は価値であるとか、そのような情緒的な内容を主張しているのではない。価値と労働とは異なる。労働は具体的な活動であり、価値は商品という対象物の要因である。物のレベルと人間活動のレベルは全く異なる。すなわち、労働は価値ではなく、価値を作るものである。

　それでは、労働と価値をつなぐ環は何か。労働の対象性、あるいは凝固物という価値の概念規定である。機械制大工業による労働の平均化などの歴史的な背景を根拠に、労働時間と価値との対応が現実性を帯びてくる。こうしたことを背景に、価値と労働との関係を「労働の対象性」として、定義したのである。この点で価値概念はマルクスの理論的な分析道具である。商品を顕微鏡で眺めても、価値が浮かび上がるわけではない。『資本論』は序言で次のように言う。

　「経済的諸形態の分析に際しては、顕微鏡も科学的試薬も役に立ちえない。抽象力が両者に取って代わらなければならない。」(*Ibid.*, S.12, 訳、同前8頁)

　価値の概念は、マルクスの抽象力が発見した、あるいは作り出したものである。人間労働の対象性としての価値は、商品の要因、すなわち商品に内在する要因であり、目には見えない。抽象力によって認識されたものである。これが本質の領域の存在の仕方であり、現象の世界にいる人々には認識の対象にはならない。

　しかし、これが日常世界に現れる時には、「価格」という目に見える形を取る。価値と価格を媒介する理論が、価値形態論である。価値が本質であり、価格が現象である。価値形態論では、一商品が他の商品と関わることによって、価値概念から価値形態が生じ、それが発展して価格になることが論証される。

　言うまでもないが、価値形態の展開を交換の歴史的な発展とみなすことは

できない。初版『資本論』の本文の価値形態論では、現行『資本論』とは異なり、価値形態論によって貨幣形態が成立しないことが示されている。

　また、初版『資本論』（Marx[1959a]）と『批判』（Marx[1961a]）には、商品分析の領域と交換過程の領域では、研究の方法が異なることが明記されている。すなわち、価値形態論では、完成された商品と貨幣を前提に、その論理的な形成プロセスが展開されているのである。現にあるものが論理的に再構成されることで、価格と貨幣の必然性、合理性が証明されている。マルクスの言葉を借りれば、すべては抽象力の問題である。これによって、現象が本質から説明されたことになる。

　商品の価値は、目に見えない存在である。商品所有者は、自分の価値を自分で表現することはできない。自分の商品の価値は、他の商品の使用価値でしか表現されない。

　マルクスの使用価値概念は、古典派も含めてマルクスに先行する経済学とは異なる。スミスの使用価値概念は、value in use 使用上の価値、有用性である。マルクスは、有用性は商品の自然的存在から生じると考え、自然的存在と有用性の両方を使用価値と呼ぶ。上着なら上着を着るという有用性と、上着という存在そのものの両方がマルクスの使用価値に含まれる。商品の自然的存在としての使用価値は「商品体」とも呼ばれる。使用価値の二重の規定は、学問的には決して推奨されることではないが、マルクスの理論にとっては重要な意味を持つ。

　価値形態の完成形態は価格であり、価格は商品価値の貨幣での表現である。金本位制が前提なので、この場合の貨幣は金である。しかも生身の金である。金の有用性としての使用価値ではなく、金の自然形態あるいは商品体としての使用価値である。

　金で価値を表現する商品は、金で価値を表現することによって、金に直接的な交換可能性を付与する。すべての商品が金で価値表現すれば、金はどの商品とも直接的に交換可能な立場に立つ。金だけが他のすべての商品と交換可能になる。つまり一般的な購買力を手にするのである。

　他の商品は、自らは交換の決定権を手放し、金によって買われるだけの立場に立つ。金の自然形態、すなわち生身の金が、貨幣という社会的形態を獲得するのである。マルクスはこれをラテン語で quidproquo（取り違え）と表現する。

　マルクスの現行版での取り違えの表記は quidproquo であるが、これはマルクス独特の表現であり、初版『資本論』では quid pro quo、一般的にも quid pro quo である。市場は、貨幣という社会的な存在を、金の自然形態と

しての使用価値で体現したのである。価値関係から価値形態が発展し、最終的に金が貨幣となり、金での価値表現が価格となる。しかし、こうした本質論は人々には認識されることなく、金は生まれながらにして貨幣であったかのように認識される。

ここでは、なぜ価値から価値形態が導かれ、価格と貨幣に行きついたのかという問題提起自体が、消え失せるのである。この点で、価値形態論の成果は、そのまま物神性論に反映している。社会的なものが自然物に体化しているのである。

例えば、机は価格を付けることで商品となり、資本主義的な富の基本的な形態となる。金の生身の存在を自らの価値形態とし、価格という社会的な形態を身にまとう。

## III 賃金形態論

### 1．労働力の商品化

マルクスは古典派の用語である「労働の価値」を整理し、このことによって、剰余価値論を明確にする。すなわち、「労働の価値」というあいまいな表現を、労働力の価値と労働が作り出す価値に分けるのである。

この労働と労働力の区別は、剰余価値の存在を明らかにするための鍵となる。このことによって、賃金は労働に対する対価ではなく、労働力の価値の等価として定義されるのである。

労働力の商品化は、資本主義の最大の特徴である。人間は資本主義以前には土地に縛りつけられている。土地から追われることは生産手段の一切を無くし、生活の術を失うことを意味する。人々は身分制の社会では、土地に縛りつけられていることで、生活が成り立っていた。しかし、歴史的な偶然が、人間を土地から切り離す。

イギリスでは、囲い込み運動（enclosure movement）が、この役割を果たしたと言われている。人間を土地から切り離し、労働力しか売ることのできないプロレタリアートが創出されたのである。これは、賃金労働者の基礎となり、資本主義形成の歴史的条件と言われる、いわゆる資本の本源的蓄積の主要な柱を形成する。『資本論』「第1部第7編第24章 いわゆる資本の本源的蓄積」の説くところである。

労働力の商品化と言っても、本当に労働力が商品となる訳ではない。労働は工場で作られる訳ではない。したがって、労働力を作るための投下労働は存在しない。労働力は家庭内で再生産される。将来の労働者である子供も家

庭内で作られる。一般商品の価値が投下労働によって決まるのとは大きな違いである。

　資本家と労働者は、権利としては平等に労働市場で向かい合い、雇用契約を交わす。これが労働力の商品化と呼ばれる事態であり、あくまでも商品「化」という擬制である。人間から労働力を切り離すことはできない。労働力を「売った」としても、人間としての労働者は自分の意思をもって労働の現場にいる。

　そこで問題になるのは、労働力の価値とは何か、労働力の価値の対価とは何か、ということである。マルクス価値論の視点では、賃金は労働力の価値の対価であるが、一般の人々の受け止め方では、「労働」の対価、と考えられる。賃金契約もまた、時間労働や出来高労働に対する対価として賃金を規定する。たとえば、8時間労働に対して8000円支払う、という契約である。この中には階級関係は表れてこない。賃金は労働の価値に対する対価という表面的な理解が受け入れられる。「労働の価値」が「労働力の価値」ではなく、労働時間のすべてであり、これに対する対価が賃金であるとすれば、資本家は活動する意味がない。利潤部分も労働者のものになってしまう。

　マルクスは、賃金を「労働」ではなく「労働力」に対する対価と規定する。労働力とは、働くことができるという潜在能力である。この潜在能力に対して、資本家は賃金を支払うのである。

　マルクスは、資本家は階級としての労働者の存続を前提に賃金を支払う、と考える。理由は必ずしも明確ではない。資本家は搾取だけではなく、社会を担う支配階級としての一定程度の理性は持つ、と考えていたのかもしれない。マルクスの賃金には、人間としての生存の必要最低限とは異なり、幅がある。養育費も含まれるし、新聞代も含まれる。歴史的文化的要因が組み込まれたものとしての労働力の価値であり、その対価としての賃金である。

　しかし、賃金に関しては、理性を働かせる資本家も、労働時間（マルクスの用語では「労働日」）をめぐっては、理性を失い破壊的な長時間労働を強いる。「我亡き後に大洪水は来たれ！」（*Ibid.*, S.285, 訳、第2分冊、464頁）、のマルクスの名言は、賃金ではなく、労働時間の問題である。

　労働力の価値は、直接に投下労働ではなく、必要な生活資料の価値によって間接的に規定される。労働力と労働を区別したマルクスの理論的な成果である。これによって1日の労働時間は、労働者の生活資料を生産するための必要労働時間と必要労働時間を超える労働時間、すなわち剰余労働時間に区別される。古典派は、労働と労働力を区別せずに、あいまいに「労働の価値」という用語を使っている限りは、剰余労働も剰余価値も明確にならなかった

のである。

## 2．賃金形態の役割

賃金形態の役割を、マルクスは次のように言う。

「それゆえ、労働力の価値および価格を賃金の形態に—または労働そのものの価値および価格に—転化することの決定的な重要性が、今や理解される。現実的関係を見えなくさせ、まさにその関係の逆を示すこの現象形態は、労働者および資本家の持つあらゆる法律観念、資本主義的生産様式のあらゆる神秘化、この生産様式の自由の幻想、俗流経済学のあらゆる弁護論的たわごとの、基礎である。」（*Ibid.*, S.56, 訳、第4分冊、924頁）

賃金形態が剰余価値を隠蔽し、自由の幻想を振りまき、俗流経済学の資本主義弁護論の基礎になっている、とまで言い切っている。

賃金形態は、なぜこのような幻想を作り出すことができるのか。『資本論』「第Ⅰ部 第17章 労働力の価値または価格の賃金への転化」の説明は、その関係部分（*Ibid.*,S.563, 訳、同前, 925-928頁）に関しても、論点は多岐にわたる。本章では、特に重要な論点だけに絞って考察することにする。

最も重要な問題は、労働力の価値と使用価値の問題である。労働力の価値は、生活資料の価値によって間接的に規定される。労働者は工場で生産されるわけではない。労働者の使用価値、すなわち、働くことができるという能力を再生産するために必要な生活資料の価値によって、間接的に規定される。この領域が、本質の領域であるとすると、この理解を踏まえれば、賃金は労働力に対する対価である。マルクス価値論の領域に入れば、これは明瞭なことである。剰余価値を含んだすべての労働に対して賃金が支払われるという誤解は、生じようがない。

しかし、問題は労働力の使用価値にある。労働力の使用価値は労働そのものである。一般商品の使用価値とは違い、物ではない。商品体としての上着の使用価値は目に見えるが、労働力商品の使用価値は、活動としての労働そのものであり、雇用契約の後で、労働生産過程において実行される。可能性としての使用価値である。賃金に関して倒錯した理解が生じる主要な理由は、以下の部分である。

「最後に、労働者が資本家に提供する使用価値は、実際には彼の労働力ではなく、労働力の機能、すなわち、裁縫労働、製靴労働、紡績労働などというある特定の有用労働である。この同じ労働が、他方では、一般的な価値形成要素であることは、労働の他のすべての商品から区別される属性であるが、普通の意識の領域からは抜け落ちる。」（*Ibid.*,S.563, 訳、同前, 925-926頁）

労働力商品とは言っても、労働者から労働力だけを取り出して資本家に売ることは、不可能である。労働者は、資本家の下で労働するだけである。この労働は、具体的な動作である。この具体的な動作から、価値形成の実体である抽象的な人間労働を抽出すること、さらには価値の概念を抽象的人間労働の対象性として認識することは、一般の人々の意識からは不可能である。マルクスの抽象力の産物が、価値概念と価値の実体を抽出し、結び付ける。
　しかし、一般人の意識からは、賃金は労働力の対価ではなく、労働の価値の対価として受け止められる。労働に対して賃金が支払われるだけである。労働力の価値の概念を抽出することは不可能である。したがって、人々の認識においては、マルクスの「労働力の価値」ではなく「労働の価値」の対価が賃金なのである。
　マルクスは、資本家にとって本来重要なのは、労働力の価値と労働が作り出す価値との差額である。したがって、もし賃金が「労働の価値」に対して支払われるのであれば、この差額は生じないことになり、資本は存続できない、と揶揄する（*Ibid*.,S.564, 訳、同前、927 頁）。
　そして、賃金論の最後を次のように締めくくる。
　「それはそうと、現象となって現れてくる本質的関係すなわち労働力の価値および価格と区別される、『労働の価値および価格』または『賃金』という現象形態については、あらゆる現象形態とそれらの隠れた背景について言えるのと同じことが言える。現象形態は、直接に自然発生的に普通の思考形態として再生産されるが、その隠れた背景は、科学によってはじめて発見されなければならない。古典派経済学は、真の事態には触れてはいるが、それを意識的に定式化してはいない。古典派経済学は、そのブルジョア的な皮をまとっている限り、それはやれない。」（*Ibid*.,S.564, 訳、同前 928 頁）
　賃金は労働の価値として受け止められ、現象する。こうした意識は、自然発生的に人々の思考の中で再生産される。しかし、価値と価値の実体を把握し、労働と労働力を区別するという認識の下では、賃金は労働力の対価であり、労働が労働力の価値部分を越えて剰余価値を作り出すことが、明確になる。労働の価値という古典派の概念は、本質的な認識に近づいてはいるが、現象面に意識を置くことで、本質的な把握にたどり着けなかった。これが賃金形態に関するマルクスの総括的な古典派批判と言える。

## Ⅳ　資本 ──利子説

### 1．利子論論争

　三位一体的定式において資本に対応する概念は利潤であるが、利潤は利子と企業者利得に分けられ、最終的には、利子が資本と対となる概念となる。最終的に資本の収入は利子となる。

　結論からすれば、物神化の進展の度合いと剰余価値の痕跡の消える度合いが対応関係にあるということである。利潤よりも利子の方が、剰余価値の痕跡が消えているのである。

　ところで、利子学説は、複雑な経緯をたどる。利子そのものは、わが国の出挙にもみられるように、貨幣にのみ伴う事象ではなく、その歴史は貨幣よりも早いとさえ言われる。利子の長い伝統は、それ自体で利子の正統性を人々に受け入れさせるに十分な資質となる。

　キリスト教社会は、長い間、宗教上の理由によって、ユダヤ人などの例外を除いて、利子の取得を禁止してきた。しかし、この聖書による封印は、イギリスで破られる。イギリスでは、1545年に法定最高利子率10％が制定され、利子の取得が合法化される。この場合、最高税率の設定に意義があるのではなく、利子取得の合法化に意義がある。この制度は、一時停止されるが、1571年に復活し、以後、利子の取得は合法化される。イギリスの最高利子率は、徐々に低下し（1714年5％）、1854年以降は制度自体が廃止される。

　利子取得の合法化後の利子論の論争点は、利子率と国家の繁栄をめぐるものであった。17世紀のイギリスにとっての先進国はオランダであり、オランダの利子率の低さがオランダに繁栄をもたらしている、と主張された。この議論は、低利によって地価を上げ、地主の浪費を援助するものと揶揄されながらも、利子引き下げの経済効果を主張するものとして、論争の一翼を担う。

　これに対して、ペティの『政治算術』（*Political Arithmetick*, 1690, Petty[1899]）などのような利子放任論の学説が登場する。この陣営の中心がロックであった。ロックは『利子の引き下げおよび貨幣価値の引き上げの諸結果に関する若干の考察』（1691, Lock[1963]）を刊行し、利子の決定は、貨幣量に依存し、貨幣量が多ければ利子が下がり、貨幣量が少なければ利子が上がると説く。低利論は貨幣の退蔵を招き、流通する貨幣量を減らしてしまうと説き、利子の決定に関する自由放任説を主張した。

　これに対して、マッシー（Josep, Massie ?-1784）とヒュームは、資金の需

要者の主体は資本家であることを前提に利子は利潤から支払われる、とする見解を主張する。貨幣を借りる動機が、地主の度を逸した消費、庶民の生活苦、などの場合には、貨幣の必要性に限度はない。借り手が資本家であれば、利子は、利潤の一部から支払われる。利子の上限としての資本家の利潤が意味を持ち始めるのである。貨幣の借り手の中心が資本家に移った時に、消費を目的とする貨幣に対する需要が利子を決めるという見解は、大きな変更を被る。

マルクスは、マッシー（Massi,Joseph[1912], *The Natural Rate of Interest*, 1750）やヒューム（*Political Discourses*, 1752,『経済論集』, Hume [1955]）を評価する。とりわけマッシーに対する評価は高い。『資本論』には、マッシーからの引用が多く含まれている。利子論をマッシーやヒュームを継承しつつ展開するということは、利子を利潤の一部として位置づけるということを意味し、ロックのような貨幣量との関係で利子を考えるのではなく、借り手を資本家に限定して、利子の本質を展開することを意味する。あるいは、投資のための借り入れに限定して、利子論が考察されている。個人的消費のための借り入れは、『資本論』の研究対象からは除かれるのである。

## 2．マルクスにとっての資本と利子

マルクスの利子論は、『資本論』「第3部第5編 利子と企業者利得とへの利潤の分裂。利子生み資本」の中で論じられる。

「第21章 利子生み資本」の中で、マルクスは次のように言う。

「貨幣・・・は、資本主義的基礎の上では資本に転化されうるのであり、この転化によって、ある与えられた価値から自己自身を増殖し、自己を増加させる価値になる。それは利潤を生産する。・・・・そのことによって貨幣は、それが貨幣として有する使用価値の他に、1つの追加的使用価値、すなわち資本として機能するという追加価値を持つようになる。ここでは貨幣の使用価値、まさに、それが資本に転化して生産する利潤のことである。貨幣は可能性としての資本として、利潤を生産するための手段として、この属性において、商品に、ただし1つの特殊な商品になる。または同じことになるが、資本としての資本が商品になる。」（Marx[1964], S.350-351, 訳、第10分冊、572頁）

マルクスの資本概念は、資本を投下と回収の観点からとらえたものであり、テュルゴー（Turgot [1972a]）の延長にある。『資本論』第1部第3編第4章「貨幣の資本への転化」で論じられるように、資本は運動態であり、それは自己増殖する価値の運動態として、定義される。G — W — G'、すなわち資本の

一般的定式、と呼ばれる。G' = G + ΔG であり、ΔG の増殖分は、資本の一般的定式においては利潤である。

この視点からすると、利子生み資本は G — G' と表記される。貨幣を貸して元金と利子を回収する。G' = G + ΔG であり、ΔG すなわち増殖分は利子である。しかし、利子生み資本だけをみれば、なんの媒介もなく貨幣を貸すだけで増殖するという形式を取る。ここに、マッシーやヒュームから得た資本—利子説が関わる。すなわち、借り手は機能資本家である。貨幣資本家が機能資本家に貸し付け、機能資本家が剰余を生み、ここから利子が支払われる。この関係を定式化すると「G — G — W — G' — G'」（*Ibid.*,S.353, 訳、同前 576 頁）となる。

これは、貨幣資本家と機能資本家の資本形式を合体した形式である。『資本論』第Ⅲ部では、両端の G と G' は持ち手が貨幣資本家、間の G — W—G' は機能資本家であり、機能資本家は形式から見れば商業資本であるが、産業資本もこの形式に含まれる。実際には、マルクスは産業資本を中心に考えている。引用に見られるように、この時に貸し付けられる貨幣は、資本として機能することを予定されている。したがって、貨幣とは言っても、特殊な意味を持った商品である。引用部ではこれを資本としての商品と呼ぶ。その使用価値は、貨幣としての使用価値に追加された、資本として機能するという使用価値、つまり増殖することができるという使用価値である。

商品としての資本に関しては、「この商品に、すなわち商品としての資本にとって特有なものである貸付という形態・・・は、資本がここでは商品として登場するという規定、または資本としての貨幣が商品となるという規定からすでに生じてくる」（*Ibid.*,S.354, 訳、同前 578 頁）、と言う。

資本としての貨幣が、商品として貸し付けられ、機能資本家のもとで増殖活動をし、利潤を生み、利潤の一部が利子になる。他方、貸付資本家から見れば、貨幣によってなんの売り買いもしない。貸付資本家は、貨幣を「資本として、G — G' として、一定期間後に再び出発点に復帰する価値として前貸しする。売ったり買ったりするのではなく、彼は貸し付ける。したがって、この貸し付けは、貨幣を貨幣または商品としてではなく資本として譲渡するのにふさわしい形態である」（*Ibid.*,S.362, 訳、同前 592 頁）、と言う。

そして、「貨幣資本家から機能資本家に引き渡されるのは、資本として機能することができるという使用価値であり、資本という商品は、その使用価値の消費によって、単にその価値および使用価値が維持されるだけではなく、増加されるという独自性を持っている」（*Ibid.*,S.364, 訳、同前、594 頁）と言う。この点で利子は、「資本の価格としての利子」（*Ibid.*,S.366, 訳、同前 599 頁）

とも言える。

　可能的な資本としての貨幣の対価としての利子は、常に一般的な利子率となる傾向にある。一般的な利子率は、商業資本の形成など、ある程度一般的な水準の利潤率が形成される機構を必要とする。その上で、利子の契約が成立する。資本としての貨幣の増殖可能性が利子の契約に反映するのである。

　「第22章 利潤の分割、利子率、利子率の自然率」においては、利子は利潤から支払われ、したがって、利子の最高限度は利潤であることが確認される（*Ibid*., S.370, 訳、同前 605 頁）。さらに、利子率は、借り手と貸し手の関係から成り立つもので、経済学者たちが自然利潤率と自然賃金率について語るような意味での自然利子率なるものは存在しない（*Ibid*., S.374, 訳、同前、613 頁）と言う。利子率は、借り手と貸し手の事情によって、利潤の範囲内で決まるだけである。

　マルクスは、ここでマッシーを引き合いに出しつつ、自然利子率を否定する。内容的には問題はないが、マッシーの場合は法定利子率に対応する市場利子率を自然利子率と呼んでおり、マルクスのいう自然利子率とは、内容が異なる。ただし、これは用語問題であり、マルクスのマッシー理解に問題はない。

　利子生み資本の形式、すなわち G — G' の資本形式は、間に産業資本や商業資本の活動が入るにしても、投資と回収の視点からすれば、この形式は無媒介的に貨幣が自己増殖する形式である。

### 3．企業者利得

　利子の一部が利潤として支払われるようになると、利潤の残りの部分も変質する。

　「彼が総利潤の内から貸し手に支払わなければならない利子に対立して、利潤のうちに帰属するなお残る部分は、必然的に産業利潤または商業利潤の形態を取る。または、両者を含むドイツ語的表現でこれを示せば企業者利得 Unternehmergewinn という姿態をとる。」（*Ibid*., S.386, 訳、同前 632 頁）

　これが利子と企業者利得とへの利潤の分裂である。しかし、この事態はさらに進展して、貸付資本を利用しない自己資本部分に関しても、資本家は貸付資本を自らに貸し付けたかのように考える。

　「彼は、必然的に、自己資本で事業を営む場合でさえも、自己の平均利潤のうち平均利子に等しい部分を、生産過程を度外視して、自己の資本そのものの果実とみなすのであり、また利子として自立するこの部分に対立させて、総利潤のうち利子を超える超過分をたんなる企業者利得とみなすのである。」

（*Ibid.*,S.391, 訳、同前 640 頁）

　このことは、利潤としての企業者利得を変質させる。資本家の観念の中で、企業者利得は、自分に支払う賃金となるのである。理由の第1は、「利子生み資本は、利子生み資本としては賃労働と対立するのではなく、機能資本と対立するからであり」（*Ibid.*,S.392, 訳、同前、642 頁）、第2は、「他方では、企業者利得は賃労働と対立するのではなく、利子とのみ対立する。・・・平均利潤が与えられているとすれば、企業者利得の率は、労賃によってではなく、利子率によって規定される。この高低は利子率に反比例する」（*Ibid.*,S.392, 訳、同前 642 頁）、からである。

　結論として、資本家の観念の中に、次のような観念が生じる。

　「それゆえ、彼の頭の中では、必然的に次のような観念、すなわち、彼の企業者利得は—賃労働に対して何か対立するもの、また他人の不払い労働に過ぎないもの、であるどころか—むしろそれ自体、賃金であり、監督賃金、労働の監督に対する賃金であり、普通の労働者の賃金よりも高い賃金である—なぜなら、1．彼の労働が複雑労働であるからであり、2．彼は自分自身に賃金を支払うからである、—という観念が展開される。」（*Ibid.*,S.393, *Ibid.*, 訳、同前 643-644 頁）

　企業者利得が利潤から離れて、賃金に合体していくのである。これによって、資本—利潤は資本—利子に変質する。資本は、媒介項なしに自己増殖する価値となり、剰余価値の搾取者としての意識は消え去る。

## Ⅴ　三位一体的定式

　三位一体的定式は、資本—利潤が、資本—利子に転換することで、剰余価値の痕跡が消えることを論じているが、資本—利潤の項自体も、剰余価値を隠蔽する観念である。マルクスは、第Ⅲ部「第1編 剰余価値の利潤への転化、および剰余価値率の利潤率への転化」において詳細に説いている。資本家にとって剰余価値は関心事ではなく、商品価格と費用との差である利潤だけが重要である。あるいは利潤を費用で割った利潤率だけが関心事である、と言うことである。利潤や利潤率自体が、既に剰余価値から離れた資本家的な意識に即した概念なのである。資本—利子は、これをさらに一歩進めたものである。

　三位一体的定式の最も重要な課題は利子論である。利子生み資本形式 G—G' が成立すると、資本形式は、無媒介的に自己増殖する形式となる。

　マルクスが、マッシー説を継承し、借り手を機能資本家に限定すると、利

潤の一部として利子が貸し手に支払われることになる。資本家活動の一環として利子は限定された意味を持つようになり、消費のための貸借の費用ではなくなる。このような受け止め方が一般化すると、利潤の内の利子以外のものは、資本家活動に対する対価として、あたかも労働に対して賃金が対応するように、資本家活動に対して企業者利得が対応するようになり、資本―利子の対応が成立する。資本―利子の対応では、剰余価値の痕跡は消え去っているが、その前の段階の資本―利潤の対応関係でも剰余価値は資本家の意識には入らない。

マルクスからすれば、この三位一体的定式は不可能な組み合わせである。まず、土地に関して言えば、「なんの価値も持たない使用価値である土地と、交換価値である地代があり、その結果1つの社会関係、物として把握され、自然に対して比例関係に置かれている。すなわち、同じ単位で計量できない2つの大きさが相互に関係するものとされている」(*Ibid.*,S.825, 第13分冊、訳、同前1430-1431頁)、と言う。

そして、「資本―利子という形態では、一切の媒介がなくなっており、資本はそのもっとも一般的な、それゆえそれ自身からは説明できない、不合理な定式に還元されている」、資本―利潤から、資本―利子に転換することで、「ブルジョア的観念の『合理的なもの』に到達した」(*Ibid.*,S.826, 訳、同前1431頁)、と指摘する。

労働―賃金に関しては、三位一体的定式の考察においても、本稿ですでに紹介してきたように「労働の価値」の持つ概念上の混乱を指摘する。

三位一体的定式は、資本主義社会における人々の意識である。これが現象面であるとすると、本質は価値論の世界にある。利子は資本家の収入ではあるが、資本を所有しているだけで、利子が手に入るのは、資本主義経済の現象面のことである。利子の根拠は本質論の立場からすれば、資本ではなく剰余価値にある。地代も同様で、それは土地が生み出したものではなく、剰余価値の分配されたものである。同様に賃金は「労働の価値」として支払われるものではない。労働者は労働力の価値に対応する部分を賃金として受取り、さらにそれ以上の剰余労働をすることができる。剰余労働が剰余価値を形成し、利潤や利子や地代の根拠となる。

三位一体的定式が資本主義経済における観念として成立することで、階級関係、とりわけ剰余価値の存在が人々の意識から消えるのである。

## 結　語

『資本論』のサブタイトルは「経済学批判」である。マルクスは物神性論の中で次のように言う。

「私が古典派経済学と言うのは、ブルジョア的生産諸関係の内的連関を探求する W. ペティ以来のすべての経済学を指し、これに対して俗流経済学と言うのは、外見上の連関だけをうろつき回り、・・・ブルジョア的生産当事者たちの平凡で独りよがりの諸観念を体系づけ、学問めかし、永遠の真理だと宣言するだけにとどまる経済学をさしている。」（Marx[1962], S.96. 訳、第 1 分冊 138 頁）

三位一体的定式の批判の対象は、古典派経済学も含まれるが、むしろ階級的視点を持たずに資本主義的な当事者意識をそのまま受け入れる「俗流経済学」にあったとも言える。

マルクスの問題提起は、衝撃的と言っても過言ではない。社会主義革命の困難は、資本主義の経済システムが生み出す日常意識にあることを課題として設定しているからである。この問題がマルクスによって解決されているのかどうか、という問題は残る。しかし、マルクスの予言は当たっている。現在は、完全競争の下で利潤という概念のない経済学が主流であり、分配国民所得からも利潤が雲隠れしている。

マルクスは本質・現象論を用いて資本主義経済のもとでの当事者意識の転倒性を論じたが、それが死後の草稿であったという限界を持つ。

# 結　章

　本書は『資本主義の原理的分析―経済学史的アプローチ』と題している。本書は経済学原理を分析の軸に据えて資本主義を分析したものである。ただし、サブタイトルにもあるように、かなりの部分を経済学史およびマルクスの理論形成史の考察に充てている。過去の経済学が現在に反省を迫る点は多く、とりわけ貨幣数量説のように過去の理論でありながら、今に復活した理論の場合は、過去と現在が直接に対話可能な領域となっている。

　また、マルクスの理論形成史に触れたのは、『資本論』の解読が難しく、共通理解を得ることが困難なことによる。本書の解読に関して理解を得るためには、形成史の考察が必要であると考えたからである。またリカードウやスミスの理論形成史に言及したのは、学説が変わったと判断したからである。

　以下、本書の概要をまとめて、結びとしたい。

　「序章」では、「資本」、「労働力」など、基本的な用語についての本書での使い方を解説した。とりわけ、スミス、リカードウ、マルクスの価値概念は難解であり、本書の理解に必要な限りで、あらかじめ立ち入って説明した。

　「第1部 資本主義における市場」、「第1章 交換過程の原理」では、マルクスの交換過程論の方法、価値の実現と使用価値の実証と実現の問題、交換過程論が貨幣生成論において果たす役割、資本主義以前の交換についてのマルクスの理解、などを考察した。

　「第2章 商品の『流通』(Zirkulation) と 貨幣の『通流』(Umlauf)」では、Zirkulation と Umlauf の訳語問題を考証した。この問題は日高普『経済原論』の問題提起に始まる。本書ではエンゲルス編集の英語版『資本論』へのエンゲルスの解説を軸に、ドイツ語、フランス語の各版を検証した。結論としては、英語と日本語には Umlauf に相当する適切な訳語がないため、「通流」というあまり使用されない訳語でやむを得ないものとし、日高『経済原論』の主張を追認した。

　「第3章 労働価値論の思想と論理」では、アダム・スミスの労働価値論を中心に、労働価値論の意義を考察した。スミス価値論の基本的な問題は、労働による価値の形成とその評価の問題である。スミスは投下労働を価値の形成要因とするとともに、支配労働を価値に対する評価の要因とする。本書は支配労働について馬渡尚憲『経済学史』を継承し、交換される相手側の商品

に含まれる労働である「省く労働」としての支配労働と、労働者の実際の労働時間である「生きた労働」としての支配労働とを分けた。「省く労働」の概念はリカードウなどの相対的な労働価値論につながり、投下労働と生きた労働としての支配労働の差額は剰余労働時間であり、これをスミスの剰余論と考えた。

「第4章 価値論の正統性」では、テュルゴーからスミスへの価値論の発展を論じた。テュルゴーは価値概念については、欲望説と労働能力説を併存させているが、価値を前提に価値表現の論理を詳細に検討し、マルクスの価値形態論の諸形態にほぼ対応する分類を行っている。また資本を貨幣の運動態として理解し、資本形式を5つ指摘している。資本の増殖の根拠は、重農主義の系譜を受け、剰余を前提とする理解に立って説明している。この剰余論を含む価値論が、スミスの投下労働と支配労働の乖離のもたらす剰余論につながる。

「第5章 貨幣から資本への転化―宇野派の問題提起」では、宇野学派内部の論争である純粋資本主義と世界資本主義の対立を、貨幣の資本への転化問題の点で論じたものである。マルクスの『資本論』も宇野弘蔵の『経済原論』も端緒の商品には剰余が含まれないと想定する。マルクスは一般的定式の矛盾と労働力商品の導入によって、転化論を説く。宇野は商人資本、金貸し資本、産業資本を歴史模写的に説く。いずれも商人資本や金貸し資本には社会的根拠が乏しいと考えている。しかし、もともと社会的生産物には剰余は含まれていると考えることで、問題の解決が図られることを説いた。

第2部では「貨幣数量説の形成と批判」を検討した。貨幣数量説は現在のマネタリズムの基礎であり、学説としての意義は大きい。貨幣数量説に批判的なマルクスとケインズの影響力の強かった60年代70年代を除けば、貨幣数量説は常に経済学の中心にいた。

「貨幣数量説の展開」では、「第1節 ヒューム対スミス」において、スミスはヒュームの貨幣=道具説は継承したが、貨幣数量説は否定したこと、その理由は労働価値論の確立にあったことを説いた。スミスに関しては、リカードウをはじめスミスが貨幣数量説であるとする誤解が多いため、あえてこの章を置いた。

「第2節 ロックの貨幣数量説」では、ロックが貨幣の価値を「想像的」なものとすることで、貨幣数量説に見合ったかたちで貨幣の価値を規定し、貨幣数量説を確立したことを説いた。他方で、ロックは重商主義の基本的な経済政策である貿易差額主義を採用し、貨幣を国内に流入させることで、貨幣量を増やし、利子を下げて経済成長を導くことを説いていた。ロックには貨

幣数量説と貿易差額主義が併存していた。

「第3節 ヒュームの貨幣論」では、ヒュームは貨幣を富と見る重商主義を批判し、貨幣＝道具説を明確にする。貨幣の価値は「擬制的」なものであって、内在的な固有の価値はないことを主張する。貨幣価値の増加は貨幣価値に下落＝物価の上昇を意味する。経済に対する効果は価格の上昇だけであり、貨幣は経済に対しては中立である、とした。他方、貨幣の増加は貨幣錯覚によって、貨幣が社会にいきわたるまでは、経済を活性化させる効果を持つ、とした。また国際的な金の自動調節機構を貨幣数量説によって説いた。他方ヒュームは、増加した貨幣を政府が国庫にしまい込んだ場合、有事の金、物価の上昇が外国への資本移動を誘発した場合など、貨幣数量説とは異なる問題も指摘していた。

「第2章 古典派貨幣数量説の虚構 第1節 リカードウにおける労働価値論と貨幣数量説」では、貨幣数量説の代表と言われるリカードウが、地金論争期には貨幣数量説の論者であったが、労働価値論の確立とともに学説が変化し、主著『経済学および課税の原理』では、少なくても金貨幣に関しては貨幣数量説ではなく必要流通手段量説を取っていたことを説いた。他方、紙幣に関しては貨幣数量説による完全な貨幣管理を将来構想として展望していたことを説いた。

「第2節 J.S.ミルの貨幣理論」では、自ら貨幣数量説を自認するミルが、使用されなかった貨幣を貨幣に数えないことで、貨幣数量説の命題を維持し、結果的に貨幣数量説の意味をなくしてしまっていたことを説いた。

「第3章 貨幣数量説批判の系譜 第1節 ジェームズ・ステュアートの貨幣論」では、ステュアートの価値論、鋳貨問題と為政者の役割を、ステュアートの『経済学原理』と「バリントンへの手紙」（『ジェームズ・ステュアートの貨幣論草稿』奥山[2004]）に基づいて論じた。

ステュアートの貨幣数量説批判は、何よりも貨幣が増えても需要が増えなければ価格は上がらない、と言う点にある。また貨幣が増えても金持ちの手に渡れば、話は別になることも説いている。

「第2節 貨幣数量説とアダム・スミス」では、スミスの労働価値論と貨幣数量説が相容れない関係にあったことを、スミスの財宝論に基づいて考証した。スミスによれば、稀少な物、珍しいものは、多くの労働を投下しても人々はそれを獲得する。貴金属の価値が高い理由もここにある。金貨幣には労働に裏づけられた内在的で固有の価値がある、というのがスミスの見解となる。これは貨幣数量説の貨幣価値論とは相容れない。スミスの貨幣量の調節の論理は、いわゆる必要流通手段量説である。生産される商品価値の増加が貨幣

数量を増加させる、あるいは豊度の高い鉱山から労働や生産費の点で価値の低い金がヨーロッパに流入すれば、ヨーロッパの価格が上がる、と説く。

「第4章 マルクスの貨幣論と貨幣数量説」では、マルクスの貨幣論体系における金貨幣問題と貨幣数量説を検討している。マルクスは、労働価値論を完成させるとともに、必要流通手段量説を明確にする。貨幣数量説批判の学説である。マルクスの貨幣論は、ヒュームやスミスの重商主義批判とは異なって、金貨幣が富として蓄えられる機能を重視する。したがって、貨幣の流通手段量とは別に、流通の外に蓄蔵貨幣や食器や装飾品としての金が存在し、貨幣の貯水池の役割を果たす。これが必要流通手段量の機能を支えていることになる。

「第5章 交換方程式」では、貨幣数量説で最も有名なフィーシャーの交換方程式を考察して、その問題点を明らかにしている。主要な問題点は、貨幣数量説でいう貨幣量とは貨幣の絶対量、すなわち流通手段と保蔵貨幣の双方を含むのかどうか。また、交換方程式にフリードマンが言うような因果関係はあるのか。フリードマン自身も因果関係は交換方程式から導いたのではなく、歴史研究から導いている。貨幣数量説の因果関係に合理性はあるのか、貨幣の増加と需要の増加は、自明のことなのか、などである。

「第3部 物神崇拝による階級の隠蔽」では、資本主義の経済システムが、自らの階級性を隠ぺいする仕組を持っていることを検討する。マルクスのいわゆる物神性論と三位一体的定式論である。

「第1章 物神性論の形成」では、マルクス物神性論の理論形成過程を扱う。物神性論の問題提起は、初期マルクスの疎外論に始まり、『1857-58年の経済学草稿』の人類史3段階説に受け継がれ、『資本論』における価値形態論の登場によって、経済学の論理として具体的な理論内容が形成される。

価値形態論が『資本論』の初版から現行版にかけて発展すると、これに合わせて物神性論も論理としてのまとまりを持つ。素材としての金がそのままで貨幣となる。自然的なものがそのままで社会的なものになることで、社会的なものが自然的なものと勘違いされる。マルクスは価値形態論によって、一商品の価値が他商品の自然形態であらわされることを論じ、この取り違えを物神性として説いている。

その根拠として「私的労働」という概念を用いている。これは計画経済の対極にある労働生産過程のとらえ方である。これによって資本主義の歴史的性格をとらえる。物神性論によって、社会的なものが自然的なものとみなされ、人々の日常意識においては、資本主義が永遠の経済システムとみなされるのである。

「第2章 マルクスの古典派経済学批判」では、呪物崇拝の日常意識は、一般の人々だけでなく、経済学上の大きな成果を生んできた古典派経済学も同様であるとする観点からの古典派経済学批判を検討した。『資本論』のサブタイトルは「経済学批判」であり、『資本論』の意義は、物神性にとらわれた先行学説への批判でもあった。物神性論の理論的な内容は、価値形態論の形成によって形作られる。それは、社会的なものが自然的なものの中に体現され、社会的なものが自然的なものに取り違えられるとする論理である。古典派になぜ価値形態論がないか、という価値形態論における問題提起も、物神性論の中にその説明があることになる。

「第3章 三位一体的定式」では、マルクスは資本主義社会においては、価値概念に基づいて論証されてきた資本主義の階級性、それを示す剰余価値の存在が、三位一体的定式の確立によって、人々の意識から消えることを説いている。本章はこの問題の検討に充てられる。

三位一体的定式は神―キリスト―精霊を一体とみなすキリスト教の教義である。マルクスは、古典派経済学が、賃金を労働力ではなく、労働に対応すると考えていることを指摘し、労働者が剰余価値を生んでいることが消え去っていると批判する。資本家には価値形成に関する問題関心はなく、賃金も生産手段も費用として受け止められ、費用プラス利潤で生産価格が決まる。すなわち費用としての資本が全体として利潤を生むと観念されるのである。地代もまた剰余価値からの分配であることは消え、剰余価値を抜きに土地と地代が対応関係に置かれる。ここに資本―利潤、労働―賃金、土地―地代の三位一体的定式が出来上がる。

利潤という概念においては、まだ剰余価値の痕跡は人々に感じられている。しかし、利潤が資本家の労働の対価としての企業者所得として受け止められると、利潤は企業者利得と利子に分割される。これによって、剰余価値から利潤や利子や地代が分配される関係は消え去り、資本主義の階級社会としての性格が消え去る。資本―利子、労働―賃金、土地―地代の、三位一体的定式が完成する。

「補論1. 労働と労働時間」では、マルクスは階級闘争の焦点を賃金よりも労働日（労働時間）に置いていたこと、マルクスと宇野弘蔵を用いて、労働時間の延長には市場の法則が働かず、労働者を保護するための法的な規制は必要であることを考察した。

「補論2. Value of Money and Money as Wealth: An extension of the Theory of Value-Form」は価値形態論にする英文論文を収録したものである。

〔補論1〕

# 労働と労働時間

## 序　言

　1990年のバブル崩壊以降、日本経済は予想を超えた長期の低迷下にある。1997年のアジア通貨危機や大手金融機関の破綻以降、日本経済は本格的な長期の不況に入っている。政府とメディアは長期の好景気を伝えているが、景気の基本的な指標は経済成長率である。この20年間の経済成長率は1％を切っている。世界にもまれな低成長率である。長期の好景気ではなく、長期不況とみなすのが、素直な見方である。

　変動相場制の下で、とりわけプラザ合意（1985）以降、輸出大国の日本は円高に苦しみ、企業は安い賃金を求めて海外に移転し、国内では賃金を下げることで、グローバリゼーションの波を乗り越えようとした。円高と過少消費が日本経済を疲弊させ、シワ寄せは日本の労働者に来た。

　わが国では、非正規雇用者が今では雇用者全体の40％を超える。非正規雇用者の増大は、わが国の賃金水準を下げるとともに、正規雇用者の賃金も圧迫している。賃金の低下とともに労働条件も悪化し、長時間労働が労働者の生活を蝕んでいる。ブラック企業の存在も大きな社会問題となっている。1997年11月からの本格的な金融破綻以降、1998年から14年間連続、約3万人以上が自殺し（警視庁自殺統計）、そのうち約2500人は、勤務上の問題が原因で自殺しているという（川人 [2014]、1頁）。

　わが国では、労働問題は賃金の問題であるという印象が強い。「春闘」の賃上げ交渉のイメージが強いからであろう。しかし、今、賃金よりも労働時間や労働の強度の問題が深刻な事態となっている。経済学は、しばしば労働力の供給について、余暇を選ぶか労働を供給するかの労働者の選択の問題として捉えている。欧米先進国の恵まれた雇用労働者が想定されているのであろう。現実とは違いすぎるのである。

　「働きすぎ」の現実は、しかし、なかなか把握できない。過労死などの事例から推測する状態である。我が国の労働者はもっと追いつめられているのである。

　今、わが国で進行しつつある「工場法以前的な状況」はどこに原因がある

のだろうか。本章の課題は、労働条件の劣悪化、とりわけ労働時間と労働強度の問題を市場の論理との関係で考察することにある。

マルクスの『資本論』は、資本家の取得する利潤と労働者に支払われる賃金との対立関係を原理的に解き明かした。しかし、資本家が労働者に課す労働時間や労働の強度の問題に関しては、必ずしも原理的な視点から解明しているわけではない。労働時間と強度をめぐる資本家と労働者の関係は、賃金とは別の論理が必要なのである。以下、『資本論』の分析を踏まえつつ、この問題を考察していきたい。

## 1. 資本主義経済における労働力の役割

はじめに『資本論』における労働力の概念を見ておこう。労働力は、貨幣から資本への転化を実現するものとして、『資本論』の中で重要な役割を担っている。

「貨幣から資本への転化」問題は、『資本論』の編成にかかわる経済学の方法の問題である。『資本論』は、経済的な範疇を論理的な関連によって順次展開し、最終的に資本主義の全体を描き出すことにある。資本主義をいわば頭の中で体系的に再構成できれば、資本主義を「わかった」と言うことになる。

「貨幣から資本への転化」は、『資本論』「第Ⅰ部 資本の生産過程」の第2編に位置する。この編は全体で3つの章で編成され、「第1節 資本の一般的定式」、「第2節 一般的定式の諸矛盾」、「第3節 労働力の購買と販売」からなる。

「貨幣から資本への転化」に先立って、マルクスは商品と貨幣の分析を行い、これら2つの範疇の存在の合理性を説いていた。資本主義経済は、資本によって経済が担われるシステムであるが、資本は貨幣を前提とする。貨幣を把握した後にしか資本は理解できないのである。貨幣の範疇から資本の範疇にどのようにして論理が移行するのか。これが「貨幣から資本への転化」であり、ここに「労働力」が決定的な役割を果たすのである。

『資本論』の論理は形式的である。商品流通の形式はW—G—W（W: 商品、G: 貨幣）である。つまり、商品を売って貨幣を得て、この貨幣で別の商品を買う。これと比較する形で資本の形式をG—W—Gと表記する。資本は貨幣を投資して商品を買い、商品を売って貨幣を得る。

この2つの形式は交換の目的が異なる。W—G—Wでは自分の欲する商品を得ることが目的であり、G—W—Gでは多くの貨幣を得ることが目的となる。したがって、貨幣の増殖分を$\Delta G$と表し、G'（G' = G + $\Delta G$）を用いると、G—W—Gの本来の趣旨はG—W—G'となる。これが「資本

の一般的な定式」と呼ばれる。

　資本は貨幣や商品に形を変えて資本家に所有される。したがって、資本が貨幣なのか商品なのかを議論することには意味がない。資本は商品と貨幣に形を変えながら、資本家の手元で自己増殖する価値の運動態である。資本の一般的定式には、形式的には生産は含まれていない。商人が貨幣を投資して商品を買い、より高い値段で売っても利潤を得る形式が、そのまま一般的定式と同じに見える。この視点からすると、資本の本性は流通形態にある。

　しかし、商品と貨幣による売り買いの領域では、一方の人の利益は他方の人の損失でしかない。これが第2節で言う「資本の一般的定式の矛盾」である。労働力はこの矛盾を解決するものとして導かれる。これが第3節の主題となる。マルクスにとっては、流通形態としての資本では、貨幣から資本への転化は、完成しないことになる。商品として売買される労働力がマルクスの貨幣から資本への転化の論理には必要なのである。本書の見解はこれとは異なる（第1部第5章、参照）。しかし、ここでは『資本論』に従う。

　労働力の商品化は、二重の意味で資本主義を特徴づける。第1に、労働力の商品化が資本主義の最も重要な特徴であること、第2に、労働力の商品化によって、労働は価値を形成し増殖すること、である。

　資本は、資本主義社会に先立って存在する。商人や金貸は、商品経済が発生した地域には、多くの場合、古代から存在する。しかし、彼らは生産に基礎を置かない。人間は生産なしに消費することはできない。

　「人間は地上に現れた最初の人と同じように、今なお毎日、彼が生産する以前にもその途中でも消費しなければならない。」(Marx[1962],S.183, 訳、第2分冊 288-289頁)

　われわれは消費を止めることはできない。消費のためには生産が必要であり、したがってあらゆる社会の基礎は生産にある。生産を担うかどうかが、資本が人類史の一時代を築くかどうかの決め手となる。

　「貨幣を資本に転化させるためには、貨幣所有者は商品市場で自由な労働者を見出さなければならない。ここで、自由な、と言うのは、自由な人格として自分の労働力を自分の商品として自由に処分すると言う意味で自由な、他面では、売るべき他の商品を持っておらず、自分の労働力の実現のために必要な一切のものから解き放たれて自由であるという意味で自由な、二重の意味でのそれである。」(*Ibid.*,S.183, 訳、同前 289頁)

　言うまでもなく、引用文での「自由」は、皮肉の意味合いを込めて使われている。労働者は、貨幣所有者に対しては商品所有者として向き合う。そして労働に関する雇用契約を結ぶ。この雇用契約は、労働者の労働力を貨幣所

有者が貨幣で「買う」関係として把握されている。人間の体内にある労働力は、本来は商品には出来ない。あくまでも雇用契約が結ばれるだけである。しかし、これを商品化された労働力の売買とみなすのである。

　賃金労働者は、どのように形成されたか。『資本論』「第1部第24章　いわゆる本源的蓄積」が「囲い込み運動」を事例に、資本主義に先行する歴史的な条件の形成を説いている。これは論理の問題ではなく、歴史的な事実の問題である。囲い込み運動によって農民が土地から切り離されること自体が、人類史の中の大きな事件であり、資本主義はこれを前提に成立するのである。

　「資本は、生産手段および生活手段の所有者が、自らの労働力の売り手としての自由な労働者を市場で見出す場合にのみ成立するのであり、そして、この歴史的条件は一つの世界史を包摂する。それゆえ、資本は、社会的生産過程の一時代を告知する。」(*Ibid.*, S.184, 訳, 同前291頁)

　労働力の商品化を基礎に資本が生産過程を担うことが、資本主義社会の最大の特徴となる。労働力という商品は、何よりも労働者が生きていることが条件である。生存できなければ売ることはできない。また工場では作ることができない。家庭の中で作るしかない。したがって、労働力の生産とは、労働者個々人の労働能力を回復させ維持することを意味する。このためには生活資料が不可欠の条件となる。労働者には労働力を維持するために必要な生活資料が与えられなければならない。

　そもそも労働力は、労働することができるという能力であり、潜在的なものである。これが確認されるのは実際に労働する場面においてである。現実の労働は、肉体と精神の一定分量の支出である。支出された労働力は回復されなければならない。労働時間の延長もこの条件の範囲内でなければならない。したがって、労働時間の延長は、労働力の支出の増加であり、「この支出の増加は収入の増加を条件とする」(*Ibid.*, S.185, 訳、同前292頁)。

　マルクスは、労働力の維持について、「労働力の所有者は、今日の労働を終えたならば、明日もまた、力と健康との同じ条件の下で、同じ過程を繰り返すことができなければならない」(*Ibid.*, 訳、同前)と言う。この条件を満たすのに必要な生活手段は労働者に与えられなければならないのである。

　また、労働力の再生産に必要な食料、衣服、住居、暖房などは国によって異なるし、労働者の生活慣習も欲求も歴史的な産物である。したがって、労働力の価値は他の商品とは異なって「歴史的かつ社会的要素を含んでいる」(*Ibid.*, 訳、同前)。このことを踏まえた上で、マルクスは「とはいえ、一定の国、一定の時代については、必要生活手段の平均的な範囲は与えられている」(*Ibid.*, 訳、同前)、と言う。

〔補論1〕労働と労働時間

賃金は労働力の価値の対価であり、労働者の生活に必要な生活資料を買い戻すことのできる額が支払われなければならない。しかし、それだけではない。個々の労働者はいずれ死ぬ。労働者の存在が資本主義の不可欠の条件である以上、労働者の補充の費用もまた賃金の中に含まれる。子供の養育費である。これによって「種族」(*Ibid*., S.186, 訳、同前293頁)としての労働者が「自己を永久化する」(*Ibid*., 訳、同前)。資本主義の存続の前提でもある。
　さらに労働者が労働能力を身につけるためには教育も必要となる。教育費は少ないかもしれないが、賃金の中に含まれる。マルクスは、工場法の保健条項については全く評価していない(*Ibid*.,S.505, 訳、第3分冊830頁)。しかし、これとは対照的に、教育条項については、その意義を評価している(*Ibid*.,S.507, 訳、同前831-832頁)。
　「ロバート・オウエンを詳しく研究すれば分かるように、工場制度から未来の教育の萌芽が生まれたのであり、この未来の教育は、社会的生産を増大させる方法としてだけではなく、全面的に発達した人間を作るための唯一の方法として、一定の年齢以上のすべての児童に対して、生産的労働を知育および体育と結びつけるであろう。」(*Ibid*.,S.507-508, 訳、同前832頁)
　これは教育条項に対する高い評価である。
　しかし、『資本論』では、当時の教育の現状は、多くの教師が字を書けない、教師によっては自分の名前のスペルすらもわからない、という状態であり、他方、工場主も教育条項の抜け穴を探すという状況にあったことが示されている。工場法に含まれる教育条項が形骸化していたことは、『資本論』の中で他の多くの事例によっても示されている (*Ibid*.,S.421-424, 訳、同前691-696頁)。
　また、賃金は貨幣で支払われるが、実質賃金は労働力の価値に対応しなければならないと考えている。つまり、生活手段の価値の変動は、貨幣賃金の変動をもたらすが、実質賃金は変わらないと考えている。
　そして労働力の価値の最低限は、「肉体的に必要な生活手段の価値」(*Ibid*.,S.187, 訳, 第2分冊295頁)であると言う。しかしながら、この最低限は「価値通り」ではなく「労働力の価値以下への低下」(*Ibid*., 訳、同前)である、と言う。マルクスは、肉体を維持するためだけの賃金は、労働力との等価交換ではなく、労働力の価値は、「労働力を標準的な品質で供給」(*Ibid*., , 訳, 同前)することに見合った賃金である、と考えている。労働力の価値を肉体を維持するだけの賃金とは考えていないのである。
　また、賃金契約は労働の前に結ばれるが、労働力の支出は、契約の後での労働であり、したがって、賃金は後払いとなる。

貨幣の資本への転化における労働力の役割は、価値を形成し増殖することにある。労働力の消費過程が、資本主義経済にとっては、価値の形成過程であり増殖過程となる。労働力商品が、資本の一般的定式の矛盾を解決し、資本家により多くの貨幣をもたらすのである。
　以上の点を整理すると以下のようになる。
　第1に、労働力という商品は、その使用によって価値を作り出す特殊な商品である。
　第2に、労働力は働くことができるという能力であり、労働者の体から切り離すことはできない。
　第3に、労働力は工場で作ることはできない。個々人の家庭の中で再生産される。
　第4に、資本家と労働者は、市場においてお互い自由な人格として、対等の立場で雇用契約を結ぶ。これを労働力の売買とみなす。
　第5に、労働力の価値とは、明日も今日と同じように働くのに必要な生活資料の価値に等しい。これが資本家と労働者の間の等価交換としての賃金である。
　第6に、賃金は歴史的文化的な背景によって異なるが、特定の国の一定の時代には、一定の基準がある。
　第7に、賃金には、子供の養育費や労働者として必要な能力を身につける教育費も含まれる。
　マルクスの指摘は以上だが、労働力商品は、他の商品と違って何でも作ることができること、転売はできないこと、を付け加えることもある。

## 2．余剰の生産

　『資本論』は、資本家が労働者を不正に搾取すると説いている訳ではない。市場の論理に基づく搾取論である。
　「商品交換の基礎の上では、資本家と労働者とは自由な人格として、独立の商品所有者として、すなわち一方に貨幣と生産手段の所有者、他方は労働力の所有者として、相対するということが、第一の前提であった。」（*Ibid*., S.417-418, 訳、第3分冊、684頁）
　労働と労働力の区別は、古典派とマルクスを区別する試金石であり、古典派のあいまいな剰余理論は、この2つの概念を区別することによって明確になる。資本家は労働者の労働を搾取してはいるが、それは自由な交換のルールに即した等価交換なのである。単純化した事例では、以下のようになる。

労働者が10時間労働したとしても、実際には1日に6時間働けば、1日の生活資料を獲得することができるとする。差引4時間分が剰余であり、これが資本家の手に渡り利潤となる。例えば、生活資料がバナナだけであると想定して、企業経営のバナナ園を考える。労働者としては、1日6時間働けば、自分の生活のために1日に必要なバナナを採ることができるが、6時間かけて採取されたバナナを食べれば10時間働くことができるとする。差引4時間分のバナナが、労働者の生み出した余剰生産物であり、これを売れば資本家は利潤を得る。

　労働者の生活資料を買い戻すのに必要な賃金を得るのに見合った労働時間、すなわち6時間の労働を「必要労働時間」、1日の労働時間である10時間の労働時間のうちで、必要労働以外の労働時間を「剰余労働時間」と呼ぶ。

　資本家の下で経営されているバナナ園は資本家の所有である。私的な所有の権利を前提に資本主義は成立する。私的所有権の擁護は近代憲法の基本である。労働者は、自分が採取労働で得たバナナでも、自分で勝手に食べる訳にはいかない。生産物の所有は、生産手段の所有者、つまり資本家のものである。労働者は、資本家からもらった賃金で、自分の労働の生産物であるバナナを買い戻す。

　資本家と労働者の間の等価交換とは、労働者の労働である10時間と労働者の賃金との等価性ではなく、労働者の1日の生活資料である6時間労働の生産物のバナナの価値が労働力の価値、つまり賃金に等しいということである。4時間労働の成果が剰余生産物としてのバナナである。ここに等価性を前提とした搾取理論が成立する。

　市場のルールとの関係では、資本家と労働力の価値との等価交換は不正ではないのである。等価交換を前提にしても資本家は剰余、すなわち利潤を得られることを論証したことが『資本論』の真骨頂の一つと考えられているのである。

　前の例に戻る。労働者が、一日に6時間採取労働を行えば、一日の生活に必要なバナナを取得することができ、さらにこの6時間の採取労働で得たバナナを食べれば、10時間働くことができると想定した。このことは、生産が企業の下で資本主義的に行われているか、領主の下で封建制的に行われているか、構成員が平等な立場に立つ社会主義的な共同体の下で行われるかにかかわらず、いつでもどこでも成立する。必要労働と剰余労働の関係はあらゆる社会に共通に見られることである。資本主義経済では、資本がこの関係を担っているだけである。

　『資本論』では、生産を担う資本を産業資本と呼ぶ。その形式は、G―

W…P…W'─G' である。P は生産を意味する。

　産業資本家は貨幣 G を投下して商品 W を買う。この時の商品は、原料や道具などの生産手段と労働力である。そして生産 P を行い、その結果がより多くの価値を含んだ商品 W' であり、これを販売してより多くの貨幣 G'（G+ΔG）を得る。これが産業資本家の活動である。生産に基礎を置いた合理的な剰余価値（利潤）の取得である。

　先の資本の一般的定式では、資本は貨幣や商品に姿を変えて運動する価値増殖態であった。今では産業資本の形式、すなわち、G─W…P…W'─G' となる。最初の W は、労働力と生産手段であり、W' は生産された商品である。運動態としての資本は、機械や道具などの生産手段や労働力にも形を変えることになる。

　ピケティの『21世紀の資本』（Piketty [2013]）が世界的なベストセラーとなった。マルクスの『資本論』を意識した著作であり、この点でも大きな関心を呼んだ。ピケティは第 1 次世界大戦から第 2 次世界大戦、そして東西の冷戦へと至る所得格差の縮小の時期は、資本主義が平等な社会を目指していたのではなく、戦争という異常事態の中で平等化現象が進んだと言う。そして東西冷戦の終結以来、資本主義はその本性を復活させ、21 世紀は貧富の差の拡大する超格差社会になるであろうと言う。マルクスの生きた 19 世紀に戻ると言うのである。

　マルクスを十分に意識して書かれたピケティの大著では、マルクスの予言は外れた、と指摘されている。ピケティの理解するマルクスは、労働者の賃金がゼロに近づくまで資本家が労働者を搾取すると言っているが、そこまではひどくならなかった、と言うのである。

　ピケティにとって、あるいは世間一般にとって、『資本論』のイメージは低賃金にあえぐ労働者なのかもしれない。しかし、誤解である。

## 3．機械制大工業と労働

　原理的に規定された労働力の価値規定は、お互いに自由な人格としての資本家と労働者の対等な契約を前提としている。しかし、資本の一般的定式 G─W─G' に示されているように、資本家の目的はより多くの剰余価値、すなわち利潤である。労働者が 1 日に採取するバナナの量が一定であれば、資本家と労働者の取り分は対立する。一方が多ければ他方が少なくなる。資本がより多くの利潤を求めることで、社会問題としての労働問題が常に存在することになる。

『資本論』の「第3編 絶対的剰余価値の生産」と「第4編 相対的剰余価値の生産」は、宇野弘蔵によれば、「資本主義的生産方法の発展」として括られるべきものである。宇野の趣旨は、剰余価値を増やす方法には2通りある、ということにある。これが絶対的剰余価値の生産と相対的剰余価値の生産である。

　相対的剰余価値の生産は、生活資料の価値の低下による剰余価値の増大である。一般的には生活資料を生産する部門での生産性の向上が原因であるが、海外からの生活資料の輸入も同様の効果を持つ。

　生産性の向上による必要労働時間の短縮が、剰余労働時間を増加させるのである。生活資料を生産する部門における必要労働時間の短縮は、生活資料の価値を低下させ、その分だけ賃金が低下したとしても、実質賃金は変わらないことになる。6時間の労働で採取される同じ量のバナナが5時間の労働で採取されるようになれば、剰余労働時間は4時間から5時間に増え、資本家の利潤も増える。

　こうした生産性の向上は、一般には機械の進歩によってもたらされるが、『資本論』ではこの問題は、スケールを広げて、協業、分業、機械制大工業の順に、歴史を追いつつ構造的に分析している。

　相対的剰余価値の生産が機械制大工業の段階に達すると、婦人や子供の長時間労働の問題が社会問題化する。この問題は『資本論』第Ⅰ部第4編の「第13章機械設備と大工業 第3節労働者に及ぼす機会経営の直接的影響　a 資本による補助的労働力の取得。婦人労働および児童労働」で扱われている。その冒頭は次のように始まる。

　「機械が筋力を不要にする限り、それは筋力のない労働者、または身体の未発達な、しかし、手足の柔軟性の大きい労働者を使用するための手段となる。それゆえ、婦人労働および児童労働は、機械の資本主義的重要の最初の言葉であった。」(Marx[1962].,S.417, 訳, 第3分冊、682頁)

　資本主義的生産が機械制的大工業の上に繁栄したことと、子供や婦人の労働が大量に生産を担うこととは、不可欠の関係にあったという指摘である。そして婦人と子供の労働は、労働者の賃金に大きな影響を及ぼす。

　「労働力の価値は、個々の成年男子の労働者の生活の維持に必要な労働時間によって規定されていただけではなく、労働者家族の生活維持に必要な労働時間によっても規定された。機械設備は、労働者家族の全員を労働市場に投げ込むことによって、夫の労働力の価値を家族全員が分担するようになる。それゆえ機械設備は、彼の労働力の価値を減少させる。」(*Ibid*.,S.417, 訳、同前683頁)

婦人や子供の労働力が編入されることによって、成年男子の労働力の価値、すなわち賃金が下げられるのである。これは原理的な帰結でもある。賃金の中に養育費が含まれている以上、婦人や子供が労働者になることは、この養育費部分を減らす効果を持つということになる。家族全員の実質賃金は合計では同じ、と考えるからである。

婦人が労働者となることで、育児のために別の人を雇ったり、家庭内での裁縫をやめて既製品を買ったりするようになると指摘し、「労働者家族の生産費が増大して、収入の増大を帳消しにする」(*Ibid.*,S.417, 訳、同前 684 頁)、とも言う。

資本主義の下での機械制大工業の導入によって、資本家にとっては長時間労働を課すことが容易になる。何よりも、労働者と機械の関係が変化する。マニュファクチュアの時代には労働者が主体であり道具は手段であったが、機械制大工業では主客は転倒し、労働者は生産手段の付属物になる。作業内容が単純化されることによって、一見労働が容易になったような外観が生じる。そして、子供や婦人労働でも作業が可能になる。こうしたことを前提に機械制大工業のもとで、労働時間延長の傾向が現れてくる。

機械の価値は、その摩損部分だけが商品の価値に移転される。減価償却費の考え方である。しかし、機械にはいわゆる道徳的摩損の問題がある。より効率的な機械が登場すれば、古い機械は意味をなさなくなる。このリスクを回避するためには、労働時間を延長して、早く減価償却部分を回収するのが得策となる。加えて、機械の磨滅による商品への価値移転は、数学的に厳密なわけではない。すなわち、機械の効率的な利用の観点からの労働時間の延長は、機械そのものの性質からも生じるのである (*Ibid.*,S.446-447, 訳、同前 698-699 頁)。

労働時間を延長することで、生産の現場では建物や機械を追加することなく生産を増加することも可能である。需給動向に合わせて固定資本を追加することなく、流動資本の追加だけで対応するのは当然である、と指摘する文献も紹介されている (*Ibid.*, S.428-429, 訳、同前 700-702 頁)。

工場法の制定と改定によって、労働時間が制約されると資本は労働を強化することでこれに対応する。12 時間から 10 時間に労働時間が減っても、労働の成果は維持されるか、より大きくなったと言う。機械制大工業の下での労働は、機械のスピードを上げることで、労働強化を図ることができるのである。

資本家は、ぎりぎりのところまで労働強化を図るが、過度の労働の強化は製品の品質を落とすだけではなく、労働力そのものの破壊をもたらす。マル

クスは、『工場監督官報告書』から、肺疾患による死亡率の増大の事例を引用している（*Ibid.*,S.434-440, 訳、同前 712-440 頁）。

## 4．我亡き後に洪水は来たれ

　資本が剰余価値を増加させる方法には 2 つあった。『資本論』とは順序は逆になったが、相対的剰余価値の生産については先に述べた。必要労働時間の短縮による剰余労働時間の増大、すなわち生産性の向上による生活手段の価値の低下と、このことによる剰余価値の増大である。

　資本が剰余価値を増加させるもう 1 つの方法は、絶対的剰余価値の生産である。絶対的剰余価値の生産は、労働時間の延長によってもたらされる剰余価値の増大である。バナナの採取の労働を 10 時間から 12 時間に延長すれば、剰余労働時間は 4 時間から 6 時間に増大するのである。

　この論理からすると、1 日の生活費が固定されていて、これさえ支払えば資本家は労働者をいくらでも働かせることができるように見える。しかし、これは説明のための便宜である。超過労働には賃金の増加が伴うことは、既に紹介したように、『資本論』の中で説かれている。

　労働時間に原理はあるのか。マルクスの言い回しは興味深い。以下の引用中の「労働日」いう用語は 1 日の労働時間を指す。

　「労働日は規定され得るものではあるが、それ自体としては規定されているものではない。」（*Ibid.*,S.246, 訳、第 2 分冊、393 頁）

　結論は、労働時間に原理的な制限を求めることはできないのである。もちろん肉体的な制限はあるし、1 日に 24 時間を超えて働くことはできない（S.247, 訳、同前 394 頁）。このギリギリの限界に、マルクスはもう 1 つの限界を求める。肉体的な限界以外にも社会的な制限があるというのである。

　「労働者は、知的および社会的な欲求の充足のために時間を必要とするのであり、それらの欲求の範囲と数は、一般的な文化水準によって規定されている。それゆえ労働日の変化は肉体的および社会的な制限の内部で行われる。」（*Ibid.*,S.246, 訳、同前 394 頁）

　『資本論』の労働者は、1 日の労働時間の中に知的・社会的欲求を充たすための時間を必要とする、と言うのである。寝たり食べたりする時間だけではないのである。しかし、肉体を維持するための時間も弾力的なら、知的・社会的欲求のための時間も幅が広い。その結果、資本家のために残された労働者の 1 日の労働時間も極めて弾力的になる。

　資本家は、マルクスによれば資本の人格化である。資本の本性は G ―

W─G'、すなわち自己増殖する貨幣の運動態であり、資本家は資本の担い手である。より多くの剰余価値を得るためには、労働者をより多く働かせる。これが「資本の魂である（*Ibid.*,S.247, 訳、同前395頁）」。

資本家はより多くの剰余価値のために長時間の労働を求める。マルクスはこれに対して労働者は反抗する権利を等価交換という商品経済の法則の中に持っていると言う。つまり労働者は、労働力を売って明日も今日と同じように働ける状態にならなければならないし、賃金はこれに見合ったものでなければならない。労働時間も同様である。明日、今日と同じように働くことができないような労働時間は、商品法則の法則に反すると言う。

等価交換も自由と平等も市場経済が作り上げたものであり、資本主義の存立の正統性を形作る思想である。マルクスは労働者の口を借りて『資本論』で言う。

「あなた（資本家・・・奥山）は、模範的市民で、もしかすると動物虐待防止協会の会員で、その上聖人の誉れが高いかもしれない。」（*Ibid.*,S.249, 訳、同前398頁）

痛烈な嫌味である。資本家は労働者に対しては、模範的な市民としても動物虐待防止協会の会員としても聖人としても振る舞わない。したがって、労働者は宣言する。

「私は標準労働日を要求する。なぜなら、私は他のすべての商品所有者と同様に私の消費の価値を要求するからである。」（*Ibid.*,S.249, 訳、同前398頁）

労働者は労働力を維持するために長時間労働を規制する標準労働日を要求せよ、とマルクスは労働者に呼び掛けているのである。

マルクスは、19世紀イギリスの労働者が置かれた悲惨な状況を、膨大な文献を使って考証している。その中に興味深い事例もある。

「私は、週に10シリング受け取っていた人が、10％一般的な賃金引き下げによって1シリングを引き去られ、さらに時間短縮のために1シリング6ペンス、合計して2シリング6ペンス引き去られたのであるが、それにもかかわらず、多数の労働者が10時間法案がよいとしているのを見出した。」（*Ibid.*,S.301, 訳、同前492頁）

労働者は、賃金よりも労働時間の短縮を求めた、と言うのである。

マルクスにとっては、労働問題の焦点は、賃金よりも労働時間にあった。労働者の闘いもまたここにあったようである。

「標準労働日の確立は、資本家と労働者との間の数世紀にわたる闘争の結果である」（*Ibid.*,S.286, 訳、同前466頁）とマルクスは言う。労働者の集会なども紹介されているが、マルクスの言う「闘い」の具体的な内容は、チャー

［補論1］労働と労働時間

チスト運動と10時間法運動であった（*Ibid.*,S.300、訳、同前490頁）と思われる。

　労働者を保護する工場法は、1833年に本格的な内容をもって制定され、子供の労働が制限された。9歳から13歳までの児童の労働時間は1日8時間に制限され、13歳から18歳までの少年の労働時間は12時間に制限された。1844年の工場法では、婦人労働も保護の対象となる。マルクスは、チャーチスト運動の最盛期の1844-1847年の間は、12時間労働が厳格に施行された、と言う（*Ibid.*,S.299、訳、同前489頁）。ただし、使用可能な子供の年齢は9歳から8歳に引き下げられた。

　1850年には成人労働も法的に規制されるようになった。工場法による労働時間についてのマルクスの紹介を引用する。

　「現在（1867年…マルクス）も効力を持っている1850年の工場法は、週日（1週間のうち日曜日を除く平日…マルクス）平均で10時間（の労働…訳者）を許している。すなわち、はじめの5日については朝の6時から晩の6時までの12時間であるが、そのうち30分が朝食のために、1時間が昼食のために法律によって差し引かれ、したがって残るのは10時間30分である。土曜日については朝6時から午後2時までの8時間であり、そのうち30分は朝食のために差し引かれる。」（*Ibid.*,S.254、訳、同前407頁）

　食事の時間を除くと、週60時間労働である。『資本論』は、資本家が朝食時間などをどのようにごまかして実質の労働時間を延ばすかについて、裁判の事例も含めてこと細かく紹介している。

　『資本論』は、工場法の設立をめぐる資本家の抵抗と工場法を逃れる様々な事例を紹介している。オーエンのような社会主義者は別として、資本家の側には、労働時間を規制して労働者を保護するという動機は生じないのである。

　長時間労働は現実にはすさまじいものであったようである。1863年ロンドンの新聞の報じた事例では、婦人服の仕立女工たちが平均16時間半の労働を行い、30時間休みなしに働くこともあり、20歳の1人の女工が超過労働の故に死亡したと言う（*Ibid.*,S.269、訳、同前435頁）。17世紀には羊毛工業地帯では6歳の子供が使用され、オランダでは救貧院で4歳の子供が就業していた（*Ibid.*,S.289、訳、同前471頁）と言う。

　工場法の逃れも様々な形で進む。マルクスは『工場監督官報告書』によって、次の事例を出す。すなわち、工場法は13歳未満の児童の労働時間の制限は6時間であり、かつ13歳以上かどうかは、証明資格のある医師が行っていた。このため、工場で雇われている13歳未満の児童数が飛躍的に減少した。工場監督官は、これは医師の仕業であることを証言している（*Ibid.*, S.418、訳、

第 3 分冊、685 頁)、と。

また、子供たちは両親に売られる。『児童労働調査委員会、第 5 次報告書』(1866) によれば、「イギリスでは今なお、女たちが『子供たちを〝労役場〟から連れ出して週 2 シリング 6 ペンスでどんな買い手でも彼らを賃貸する』」(*Ibid*.,S.419, 訳、同前 685-686 頁)。

労働に従事する児童の保護は、工場主からの保護という意味だけではなく、親からの児童の保護の意味もあったのである (*Ibid*.,S.513-514, 訳、同前 842 頁)。幼児殺し、児童への阿片の供与も指摘されている (*Ibid*.,S.421, 訳、同前 689 頁)。

マルクスは、破滅的な状況を表現するために、工場監督官の次の言葉を引用する。すなわち、「家庭を持つすべての既婚夫人が、どの工場でも働くことを禁止されたならば、それこそ、実際に、イギリスの工業地帯にとって幸福であろう」(*Ibid*.,S.421, 訳、同前 690 頁)、と。

子供や婦人の労働は発育不全や家庭の崩壊をもたらし、長時間労働によって労働者の肉体は衰弱する。これは人類の衰退につながる。しかし、資本家の本性の中には、人類の衰退に対する責任感はない。資本家の本性は、「我亡き後に大洪水は来たれ！」(*Ibid*.,S.285, 訳、第 2 分冊 464 頁)、である。

## 5．労働時間の原理

資本の描き出す労働時間の問題は、労働時間には原則らしい原則がない、ということである。つまり、労働者は規制がなければどこまでも長時間労働を強いられる。資本家は、労働者を規制する法律を何とか逃れようとする。

マルクスの時代には、普通選挙制度は確立していない。労働者の政党は存在しなかった。しかし、議会は労働者も含むさまざまな階層からなる社会運動を背景に工場法を設立していく。工場法は資本家の意思に反して資本家を規制するものであった。国家全体の意識の問題であったと言える。労働時間や労働強度、労働者保護の問題は、国家の意思がなければ解決しない問題であったと言える。

マルクスの言い回しは、このことを暗示させる。

「工場立法、すなわち社会が、その生産過程の自然成長的姿態に与えたこの最初の意識的かつ計画的な反作用・・・。」(*Ibid*.,S.504-505, 訳、第 3 分冊、828 頁)

「この法律的強制 (工場法 ... 奥山) は、資本主義的生産様式の根底を、すなわち労働者の『自由な』購入と消費による資本の大なり小なりの自己増殖

を、脅かすであろう。」(*Ibid.*,S.506. 訳、同前 830 頁)

「労働者階級の肉体的および精神的な保護手段として工場法の一般化が不可避になる。」(*Ibid.*,S.525. 訳、同前 864 頁)

労働者の闘いも重要ではあったが、立法府の判断が、工場法を制定し改善させたと言える。『資本論』の「労働日をめぐる闘争」の論理は、今、再び重要な意味を持ち始めたと言える。

## 結　語

『資本論』のマルクスは、労働者の破滅的な状況を、賃金よりも労働時間に見ていた。賃金に関しては、市場のメカニズムと時代を担う支配階級としての理性を信頼していたのかもしれない。しかし、労働時間に関しては工場法による規制に期待している。また、階級闘争にも期待している。結果的には経済システムではなく、工場法のような法的規制に期待していたと言える。もちろん工場法の抜け穴は、マルクスは見逃してはいない。

結論からすれば、マルクスは労働時間をめぐる問題は、原理的なアプローチから漏れる問題を含んでいると考えている。労働力の所有者である労働者は物ではなく人間である。労働力は労働者と一体となっており、労働力の支出である労働の時間や強度の幅は大きい。このため、資本主義の経済的な法則の枠外で取り扱わなければならない問題が多いのである。経済学だけでは分析できない問題と言える。

宇野弘蔵は、いわゆる『旧原論』において、労働時間は、「一般的社会的には結局、工場法等によって制限せざるを得ない」(宇野 [1970b]、114 頁)。それは、労働力と言う商品は「個々の資本家にとっては、その社会的結果を忘却せしめるに充分な利潤の源泉をなすもの」(同前)だからである。

賃金は、景気に影響されるが、労働時間は別である。『資本論』で紹介されている工場監督官は、「景気が悪い時に何らかの過度労働が行われているというのは矛盾していると思われるかもしれないが、しかしこの景気の悪さが無法な人々を違法に駆り立てる」(Marx[1962], S.255-256, 訳、410 頁)、と述べている。

現在、わが国では、長時間労働による過労死やブラック企業の劣悪な勤務体制が社会問題となっている。こうしたことが報じられる場合、超過勤務が月 100 時間、場合によって 200 時間を超える事例も見られる。ほとんど「工場法以前」の状態としか思えない。

わが国の経済は長期にわたって低迷しており、この間、不安定な雇用関係

に置かれている非正規雇用が急増し、正規雇用者の長時間労働も社会問題となっている。わが国の場合は、申告しない時間外労働、いわゆるサービス残業や自宅労働も多い。「名ばかり管理職」を増やすことで、残業手当なしの長時間労働が行われることもある。労働時間の真相は分からない。

　企業は、日本経済の長期低迷と激化する国際競争の中で、徹底したコスト削減や人員整理を行っている。『資本論』の資本家がより多くを儲けたいという欲望の虜であるとすると、今のわが国の企業は、これに加えて生き残りをかけて労働者への締め付けを強めている。少ない人数でより多く働かせるのも、企業の本性である。

　中途採用市場の成熟していないわが国では、労働者の転職は一般的には労働者にとって不利である。また、失業率が改善しても非正規雇用が増大する中では、簡単に転職を決意することはできない。劣悪な職場環境に耐えるしかない状況にある。

　『資本論』では、「労働日をめぐる闘争」が成果をもたらすのは、やや単純化して言えば、労働者の闘争と立法府の意志だと言える。そうであるとすると、わが国における労働問題の解決は難しい。

　マルクスの時代と今との最大の違いは、普通選挙制度が確立していることであるが、わが国にはヨーロッパのような明確な形で労働者を代表する政党はない。また労働組合の組織率も低く力も弱い。

　あるいはこうした状況下だからこそ、わが国の「工場法以前」的労働問題が醸成されたと言えるかもしれない。

〔補論２〕

# Value of Money and Money as Wealth :
# An extension of the Theory of Value-Form

## OKUYAMA, Tadanobu

**Abstract**

A key focus of my research has been Marx's theory of value-form and its development. I try to extend the theory of value-form on the following two points; the determination of money-value and the nature of money as wealth on the ground of the theory of value-form. To make these points clear, I consider the history of economic thoughts and the formation- process of Marx's theory of value-form, especially focusing on the relation between commodity and commodity-owner, and the relation between the labour theory of value and the theory of value-form.

In this paper, the formation-process of value and value-form theory of Marx is considered from *Manuscript 1857-58* to current edition of *Capital*. And the most discriminative method of Marx is that the analysis of commodity and the exchange process of commodities by commodity owners are divided methodologically. This method come from Marx's cognition, that is, commodity owner is the personification of commodity as economic substance.

In this method Marx deal with the relationship between relative value and absolute value, or value and cause of value as a problem of the relationship among value, value-form, and substance of value.

In this paper Marx's method is compared with Uno's one. Uno includes commodity owner and his desire in the analysis of commodity. Accordingly I adopt Uno's method for the theory of value-form. In conclusion of this paper is as below.

Firstly, value of money is supported by the pricing of commodity owners. Pricing by commodity owners transfers exchangeability of commodities to money. As a consequence, money occupies the purchasing power in the market.

Secondly, in the theoretical process of genesis of money, hoarding of value is the one of the most important motivations in exchange as well as desire for consumption.

Thirdly, gold is the most suitable commodity for hoarding of value. The material is immortal. And according to Uno's method of value-form theory, commodity owners select gold as money. So general value-form (Form Ⅲ) is not indispensable form for value-form theory. It is only a tool for explanation. Marx and Uno use linen for the position of general equivalent in Form Ⅲ, and change linen to gold as general equivalent in money-form (Form Ⅳ), that is, price. But if we include the motivation of hoarding, gold occupies directly general equivalent position.

Lastly, in this paper, the factors of commodity-owner and motivation of hoarding are introduced in the analysis of money. From this point of view, the relationship of quantity of money and the prices of commodities are not proportional, because the function of hoarding is the inner nature of money. Even in the case of increase of money, people don't have necessity of use of the additional money. They can hoard additional money as wealth or for their future. So increase of money is not proportional growth of demand. Such kind of consideration offer a criticism on the quantity theory of money. (JEL : B) keyword

Value, Value-form, Value of Money, Marx, Kozo Uno

## I. Introduction

Most current crises have their origins in the systems of money and credit. Money and credit are often cited as the most serious problems in the world economy, today.

A key focus of my research has been Marx's theory of value-form and its development. In Japan, after World War II, the theory of value-form was one of the most popular subjects for Marxian economists[1]. Today, the interest in Marxian economics on this subject is relatively low in Japan[2].

In this paper, I will clarify the value of money and the nature of money as wealth, on the base of the theory of value-form.

## II. Two Questions about Marx's Theory of Value-Form

As is well known, the theory of value-form originates in Marx. His theory of value-form explains the meaning of price, and essence of money.
In the theory of value-form, the value-expression of commodity and its development are shown logically. The point which must be recognised is that this theory is not a history of the genesis of money but rather a pure analysis of the genesis of money. Marx describes in 'Preface' of *Capital*, as follows:

> In the analysis of economic forms, moreover, neither microscopes nor chemical reagents are of use. The force of abstraction must replace both. ('Marx [1996], p.8)

And he also explains the purpose of his theory of value-form: 'Here, however, a task is set us, the performance of which has never yet even been attempted by bourgeois economy, the task of tracing the genesis of this money-form, of developing the expression of value implied in the value relation of commodities, from its simplest, almost imperceptible outline, to the dazzling money-form.'( Marx [1996], p.54)

In this quotation, 'money-form' means 'price', however, the existence of price of commodity premises that of money, therefore the subject of the theory of value-form

---

[1] Leading the controversy were Kozo Uno, and Samezo Kuruma.

[2] One of the orthodox economists, Katsuhito Iwai, also joined this argument (Iwai [1993]).

includes the investigation of the essence of both price and money.

I will also deal with two important problems from Marx's theory of value-form. Firstly, I will reflect on the relationship between the commodity and the commodity-owner of Marx. Through this consideration, we introduce another exchange-motivation of the commodityowner into the theory of value-form. Hereby we clarify one of the most important aspects of money in the theory of value-form, that is, money as a holder of general wealth. Secondly, I will consider the significance and characteristics of Marx's theory of value-form. With this, I will clarify the reasons why the labour theory of value is derived through the theory of valueform and the reason why Marx exclude the commodity-owner from his theory of value-form.

Considering such problems with the value-expression of commodity, it becomes clear that there is no direct relation between labour theory of value and the analysis of valueexpression of commodity. And reconstructing the theory of value-form without the assumption of labour theory of value, we can approach the determination of money-value on the ground of the theory of the value-form.

## III. The Doctrine of Commodity-Money

### A. Commodity and Exchange

Marx supported the doctrine of commodity-money, arguing that money is originally a special commodity which is accepted by all commodity-owners. At the time of his writing, many developed economies were progressing toward the gold standard. Peel's Act, a symbolically significant step towards a gold standard for the UK, was enacted in 1844. Around that time,

Marx had begun to study political economy, namely, the so called 'classical school': Adam Smith (1723-1790, Marx [1975a]), James Mill (1773-1836, Marx [1975b]), etc. And during his lifetime, the gold standard system of Great Britain was developing and turned into an international gold standard system.

The commodity-money doctrine was actually the mainstream faction of economics behind the gold standard system and this period was the golden age of the gold standard.

However, the deeper meaning is contained in his doctrine of commodity-money.

In his *Outline of the Critique of Political Economy* (*Rough Draft of 1857-58*), he states the following:

> Money does not originate by convention, any more than the State does. It arises from exchange, grows naturally out of exchange, is a product of exchange (Marx [1986], p.102).

From this quotation, we can find that Marx takes particular note of the spontaneous genesis of money. But the idea of the spontaneous genesis of money is opposite to the doctrine of money-law. Aristotle says in his *Nicomachean Ethics* (B.C.350), 'Money has become by convention a sort of representative of demand; and this is why I has the name "money" - because it exists not by nature but by law'

( Aristotle [1984a]).[3] Nicholus Barbon (1640-1698) also asserts the inevitability of money by law (cf.Barbon [1690]). These theories base the origin of money on convention or law.

Historically, the doctrine of money-law supported the exclusive privilege right of king and load on the issuing of money by lords and they often debased coin.

But the most influential evident was the excessive issue of credit-money by John Law (1671-1729), which had destructive influence on the economy of France. Anne Robert Jacques Turgot (1727-1781) criticizes John Law's Economic Policy. Turgot adopted the doctrine of commodity-money to refute Law's monetary policy.

Marx follows this philosophy on money from Turgot; that is the meaning of 'Money does not arise by convention' in the quotation.

Marx believes that money was inevitably produced out of exchange like as Aristotle's *Politics*, not Ethics. As is well known, this idea is the opposite of the doctrine of money-law, as mentioned above.

The difference is derived from how the relation between money and state is recognised. For the doctrine of commodity-money, state does not participate in the generation of money. In according to Marx's idea, however, the important point for essence of money is in the independency of money at its genesis from the state; he thinks money is generated spontaneously out of exchange-process.

## B. Methodology of Commodity and Exchange

In order to understand Marx's ideas, we must take into account the philosophy of historical materialism, and this philosophy is a key determinant of Marx's theoretical formation of political economy. He says about the relation between thing and person, 'It is not the consciousness of men that determines their existence, but their social existence that determines their consciousness'( Marx [1987], p.263), in his 'Preface' in *A Contribution to the Critique of Political Economy* 1859, (Marx [1987]).

This is one of the propositions of historical materialism, and such recognition in *Contribution* (1859) is inherited in *Capital* (1867), that is, 'the persons exist for one another merely as representatives of, and, therefore, as owners of, commodities. In the course of our investigation we shall find, in general, that the characters that appear on the economic stage are but the personifications of the economic relations that exist between them'( Marx [1996], p.95).

For Marx, a commodity-owner is a personification of commodity, equally a money-owner is a personification of money and a capitalist is a personification of capital. Such idea reflects in the different way of analysis commodity and commodity

---

3   Aristotle 1984a, p.1788. However, as well know, Aristotle has the opposite side opinion, namely he says 'In the first community, indeed, which is the family, this art obviously of no use'( Aristotle [1984b], p.1994), and 'When the inhabitants of one country became more dependent on those of another, …money necessarily came into use ('Aristotle [1984a, p.1995) in his Politics B.C.350. Marx appreciates this idea, and the idea which money generated between countries is not suitable for the doctrine of money-law theory.

exchange.

Marx separates 'Chapter 1 Commodity' and 'Chapter 2 Exchange' in the current edition of *Capital*. The reason why he divides these two fields, is shown in *Contribution* (1859) and first edition of *Capital* (1867) ( Marx [1959]).

In *Contribution* (1859), these two themes are discussed together in 'Chapter 1 Commodity'. Namely these two chapters were not divided yet, but the analysis in *Contribution* was similar to that in *Capital*. In *Contribution* (1859) , Marx explained the relation between the analysis of commodity and the consideration of exchange-process, that is, commodity-owner in exchange process is 'the conscious representatives of the exchangeprocess'. So, after analyzing commodity itself, the exchange-process of commodities is considered in *Contribution* (1859) .

Marx's explanation is as below:
> So far two aspects of the commodity − use-value and exchange-value − have been examined, but each separately. The commodity, however, is the direct unity of usevalue and exchange-value, and at the same time it is a commodity only in relation to other commodities. The exchange process of commodities is the real relation that exists between them. This is a social process which is carried on by individuals independently of one another, but they take part in it only as commodity-owners; they exist for one another only insofar as their commodities exist; they thus appear to be in fact the conscious representatives of the exchange process (Marx [1987], pp.282-283).

This idea was shaped in *Capital* clearly; he divided such different way of considerations into two independent sections, namely 'commodity' and 'exchange' in 'Chapter 1 Commodity and money' in the first edition (1867), and in the second edition (1872, Marx [1969]), these two sections became two chapters, as mentioned above.

Additionally, Marx's theory of value-form firstly appears in the first edition of *Capital, Book I* in 1867, and is corrected in second edition in 1872. The first edition included the same explanation of methodological differences in commodity and exchange-process as *Contribution*. But this explanation was eliminated from the second edition of *Capital* (1872)

The establishment of value form theory is the reason to eliminate such kind of explanation, because the relationship of value and use-value is indispensable in the theory of value-form included in the analysis of commodity; however, he had also considered dividing 'Chapter 1 Commodity' and 'Chapter 2 Exchange' from the second edition of *Capital* (1872) on the ground of same methodology as Contribution (1859) and the first edition of *Capital* (1869). Marx's belief that the analysis of commodity and consideration of exchange-process by commodity-owner should be divided methodologically was kept in the second edition.

In the current edition of *Capital*, the theory of value-form is included in 'Chapter 1 Commodity'. So Commodity-owner is basically excluded from the theory of value-form by Marx, consequently he analyzes commodity without commodity-owner.

## C. Money as wealth

In the Current edition elementary form of value (Form I) is shown 'x commodity A = y commodity B' or '20 yards of linen = 1 coat'. Expanded form of value (Form II) is shown as follows.

z commodity A = u commodity B or
     = v commodity C or
     = w commodity D or
     = x commodity E or
     = & c.

The general form of value (Form III) is introduced from the converse relation with the expanded form of value (Form II). All commodities express their value by the single commodity A. Therefore, commodity A becomes the general equivalent.

In the case of the current edition, the next or last form is the money-form. That is, all commodities express their value by gold instead of commodity A.

But in the theory of value-form of the body text in first edition, the last form is 'Form IV' in place of money-form. The reason is clear. Not only commodity A but also all commodities can have the expanded form of value, so a great number of converse relations are introduced. Therefore, money cannot be introduced in the theory of value-form, and it is produced in 'Chapter 2 - Exchange'. Therefore the purpose of theory of value-form in the body text of the first edition is limited to the clarification of the relation value and valueform.

On the other hand, the theory of value-form in the appendix of the first edition is inherited in second edition of *Capital*. And the thoery is basically same as that in the current edition. Marx says 'Chapter 1 Section 3 (the Form of Value), has been completely revised, a task which was made necessary by double exposition in the first edition' (Marx [1996], p.12) in the 'Afterword to the second German edition'. Japanese Marxian Economist Kozo Uno (1897-1977), changed the Marx's method considerably.

Uno didn't distinguish between method of commodity and exchange process. He includes the commodity-owner as an indispensable factor for the explanation of commodity 'Chapter 1 Commodity' in his *Principles of Political Economy* (1977) .[4] Therefore, his theory of value-form centres on commodity with a commodity-owner who has his own desires. Therefore his theory of value-form becomes the logical description about the behaviour of commodityowner. Within this paradigm, he developed an interesting theory of value-form.

By the way, Marx's deduction from 'total or expanded form of value (Form II)' to 'general form of value (Form III)' is unstable, because Marx suggests general-form is contained within the expanded-form. So general-form of value always returns to the expand-form of value in Marx's theory.

As I mentioned before, first edition of *Capital* has two types of different theories of value-form theory, in body text and appendix.

Theory of value-form in body text has distinctive Form IV. Form IV is not money-

---

4 Kuruma rejected the methodology of Uno's (Kuruma 1977).

form, but it includes many general equivalents, namely the form denies general-form of value (Form Ⅲ). The reason is that Marx introduce general form by reversing the total or expanded form (Form Ⅱ). But every commodities have total or expanded value form. Namely all commodities express their value by all other commodities. Accordingly reversing total or expanded form, many commodities produce many general equivalents. So in the theory of value-form of body text in first edition of *Capital*, money-form is not established.

Although money-form is established in theory of value form in appendix, and such theory inherited in second edition. But methodological problem remains in Marx's theory of value-form

On the other hand, if we consider commodities with commodity-owners in line with Uno's theory, the general-form of value cannot reverse to the expanded-form, because according to Uno's methodology the general equivalent in the general form of value are selected as general equivalent by commodity-owner. In this case, the desires of commodityowners participate in the process of money-genesis. Linen is selected as general equivalent by other commodity owners. So that is not return to total or expanded form.

However one important point is left unsolved in Uno's theory, that is, how the only one universal equivalent is produced in the commodity-world and why gold was selected as money.

Uno says 'When every commodity-owner adopts this so-called "extended value-form" of Marx, however, there necessarily emerges a commodity that is always found on the side of the *equivalent form of value*.' ( Uno [1977], p.7)

According to Uno's theory, one commodity 'necessarily emerges' as general equivalent, however the reason in not specified. Uno continues 'When all commodity-owners express the value of their commodity by various quantities of use-value of a *general equivalent*, the usevalue of the latter is no longer regarded as the object of direct consumption. ('Uno [1977])

Uno points out the nature of the general equivalent, namely it is not desired as the object of consumption by commodity-owners. In this quotation, Uno regards only consumption as the motivation of exchange. If so, the commodity, that ultimately selected as general equivalent, must be a commodity for daily use, such as tea, rice, butter or similar. And another question which results is why and how such commodity in the general equivalent form of value is made transferable to gold in the money-form of value. Gold is not a commodity for everyday use.

Therefore I think Uno's idea that the desires of commodity-owners are included into theory of value-form has to be appreciated, but Uno's idea of the desires of commodity-owner is too limited. I think the desire for hoarding must be added as the motivation of exchange in the theory of value-form.

A commodity-owner has the expanded form of value in the usual state. An elementary form of value is a factor of the expanded form of value. And Uno's assumption which commodity-owner exchanges his all commodity for consumption at a time is not usual. A commodity-owner wants to exchange one part of his commodity for the commodity suitable for hoarding. Almost all commodity-owners need a commodity suitable for hoarding for their expenses in the future or keep as wealth. Gold is the most suitable commodity for this role. Therefore gold becomes the general equivalent for all commodity-owners, namely all commodity-owners express their value of commodities holding with gold. Hereby gold becomes money.

If we regard the theory of value-form as the theory which resolves the riddle of money in essence, we have to include the motivation of hoarding in the theory of value-form, hereby, we can explain another aspect of money, namely hoarding of value, or money as wealth essentially.

Uno continues as follows:

> It is natural then that a commodity possessed of use-value that is most suitable for this function tends to monopolise the position of a general equivalent. Of all the precious metals gold in particular possesses this quality, and hence it becomes the general equivalent or money. (Uno [1977], p.7)

If we recognise the importance of hoarding as an inner nature of money, from this point of view, the relationship of quantity of money and the prices of commodities are not proportional. Even in the case of increase of money, people don't have necessity of use additional money at all. They can hoard additional money as wealth or for their future. So increase of money is not proportional growth of demand. Such kind of consideration offer a criticism on the quantity theory of money.

## IV. Value of Money

### A. Value and Expression of Value

In his *Capital*, Marx says, 'The first chief function of money is to supply commodities with the material for expression of their value' ( Marx [1996], p.104). The theory of value-form is the analysis of the expression of value from the view point of commodity-side, while the theory of the measure of value is the analysis of the function of money to supply the material (gold) for the expression of value of commodity from the view point of the money-side. These two subjects make a pair for Marx.

By the way, Sir James Steuart (1713-1780), focusing in detail on the role of money for accounting. Steuart describes the difference between money of account and coin, and call the money of account 'money' in his primary work, A*n Inquiry into Principles of Political Economy* (1767), as follows:

> Money of account therefore, is quite a different thing from money-coin, and might exist, although there was no such thing in the world as any substance, which could become an adequate and proportional equivalent for every commodity. (Steuart[1998], p.214)
>
> Money, strictly and philosophically speaking, is, as has been said, an ideal scale of equal parts (Steuart [1998], p.217).

Steuart's belief is that money does not need any kind of substance for the function of account or measure of value of commodity. Hence he points out the florin banco issued by the Bank of Amsterdam, and the symbolic money of Angola in African coast macut as the most useful money for ideal scale.

On the other hand, we can find in his *Principles* (1767) an explanation of value. He takes account of the time to produce commodity, the value of the workman's subsistence and necessary expense, and the value of the materials into the determination of value, which means cost of production is the main cause of value of commodity. This theory includes labour theory of value and cost theory of value, so it is very similar with value theory of classical school.

As an aside, I researched one of his manuscripts focusing on the concept of money, *Letter to my Lord Barrington* (1763 , Okuyama [2004]), during a visit to Edinburgh University. In this manuscript, Steuart says on the definition of value as follows:

> Value is a relative term; there is no such thing an absolute value; that is to say, there are not two Substances in the universe, different in themselves, which can be so proportioned in their parts, as to be permanently of the same value at all times. The fact is undoubted, and the reason is plain. Value is the estimation, mankind put upon things and that estimation, depending upon a combination of their own wants, fancies and even caprices, it is impossible it should be permanent. (Okuyama [2004], p.51)

In this manuscript, Steuart denies the existence of absolute value and this recognition serves as the backbone of Steuart's theory of ideal money. This definition of value in this manuscript (1763) is more suitable than that in *Principles* (1767) for his concept of the symbolic account money. And, we can also find the same definition of value in this manuscript (1763) in his *Dissertation upon the Doctrine and Principles of Money applied to the German Coin* (1761 Steuart [1995], p.175). However this treatise does not yet complete the theory of ideal money.

Steuart recognizes value is relative, so supply, demand and competition of both side determine the value of commodity. But he assumes the cost and labour are main causes of determinant of value.

He criticizes the quantity theory of money of Hume. Because the cause of rising price is not increase of money, but growth in demand. For Steuart, Money and demand must be separated.

And he recognizes the bank note of Bank of Amsterdam, as below.

> I have said, that the sum of credit, written in the books of the bank, is in proportion to the quantity of bank money necessary for circulating the trade of Amsterdam. Consequently, as this circulation increases, the demand for bank money must increase also. (Steuart [1998], p.319).

Namely, quantity of bank note of Amsterdam is adjusted by the commodity market. So his criticism against the quantity theory of money is very clear.

By the way, Samuel Bailey (1791-1870), in his *A Critical Dissertation on the Nature, Measure, and Causes of Value* (1825 , Bailey [1967]), thinks that value is an effect produced on the mind and he therefore criticises the labour theory of value by David Ricardo (1772-1823).

And Bailey denies the existence of absolute or intrinsic value, and defines value as the relation between two commodities, namely the proportion between the rate of exchange. He then establishes the pure concept of relative value. These points are very similar to those found in the Manuscript by Steuart.

As is well known, on the ground of his notion of relative value, Bailey demonstrates that the absolute measure of value cannot exist as measure of value. Bailey adopt relative value as the definition of value, but he distinct cause of vale from value. And he adopt cont theory of value for the free competitive commodity.

On the problem of vale and cause of value, or absolute value and relative value, Marx deal with the problem of value, substance of value, and value form as we see below.

## B. Theory of Value-Form and Labour Theory of Value

In Capital, Marx says 'in order to discover how the elementary expression of the value of a commodity lies hidden in the value-relation of two commodities, we must, in the first place, consider the latter entirely apart from its quantitative aspect. ('Marx [1996]. p.59).

Why does Marx neglect the quantity aspect of value in the consideration of expression of value? To understand this problem, we have to reflect on the process Marx went through to form the theory of value and value-form.

In his *Contribution* (1859), we can find the analysis of the expression of value. This theory looks similar to the theory of value-form; however Marx does not regard the expression of value as value-form of commodity.

By the way, Marx distinguishes the word 'value' from 'exchange value' in the current edition of *Capital*, and 'exchange value' is the same meaning as value-form. Namely, 'value' is the intrinsic and invisible existence in each commodity; on the other hand, exchange value is the visible form, or the appearance of value in relation between two commodities or a commodity and money.

*Contribution* (1859) does not distinct between value and exchange value, therefore the two factors of commodity are called use value and exchange value. As is well known, these are called use value and value in *Capital*. This usage is consolidated in first edition of *Capital*, and become to be used more strictly from the second edition to the current edition. Theory of value-form starts from the first edition of *Capital*.

Marx reaches the idea which regards expression of value as value-form of commodity in *Manuscript 1861-1863* (*Theories of Surplus Value* Marx, Karl [1989a, b]). Originally, the problem of quantitative aspects of relative value was brought up by Ricardo.[5] And Marx was faced with the difficult issues from the arguments of value between Ricardo and Bailey when writing *Manuscript 1861-1863*. That is the problem of the relation between absolute value and the relative value, and the two aspects of relative value.

That Marx also adopts the labour theory of value like Ricardo is widely known.[6] Therefore the criticism by Bailey against the value theory of Ricardo was

---

5 'Two commodities vary in relative value, and we wish to know in which the variation has really taken place' (Ricardo [1951], p.17).

6 The difference between Marx and Ricardo is the social condition which labour produce value, namely Marx needs the capitalistic production for this condition.

deterministically important for Marx

Bailey is famous as a most intensive critic against the value theory of Ricardo; that is to say, he denied absolute value and asserted relative value. However, it is not so easy to understand the relation between Bailey and Ricardo, because, Ricardo also supported one kind of relative value.

For Ricardo, the definition of relative value is 'The value of a commodity, or the quantity of any other commodity for which it will exchange, depends on the relative quantity of labour which is necessary for its production, and not on the greater or less compensation which is paid for that labour.' ( Ricardo [1951], p.12)

Ricardo's relative value is the relative quantity of labour which is necessary for its production. On the other hand, Bailey's definition of relative value completely differs from that of Ricardo. Bailey thinks that the concept of value belongs to the feeling of mind. In his *A Critical Dissertation on the Nature, Measure and Causes of Value* (1825), he writes 'It is only when objects are considered together as subjects of preference or exchange, that the specific feeling of value can arise' ( Bailey [1967], p.2), and 'Value denotes consequently nothing positive or intrinsic, but merely the relation in which two objects stand to each other as exchangeable commodities.' (Bailey [1967], pp.4-5).

Value for Bailey is in the people's mind, namely the evaluation by each person in an exchange. Since people are aware of the worth of goods when they compare goods in exchange, value cannot but turn into relative value. Therefore, value is a relational concept in exchange, namely the exchange rate of goods.

Now there are two definitions of relative value, and Marx considers this problem as follows:

> It would be the same if they were unequal ones or $A > 4B$, $A < 4B$. In all these cases they are, as far as they are values, only different or equal in quantity, but they are always quantities of the same quality. The difficulty is to find this quality. (Marx [1989b], p.346)

The phrase 'The difficulty is to find this quality' is important for Marx. He developed this aspect of relative value into the theory of value-form. He considers Ricardo's idea on relative value in his *Manuscript 1861-1863* and states:

'Relative value' here means nothing other than the exchangeable value as determined by labour time. But relative value can also have another meaning, namely, if I express the exchange value of a commodity in terms of the use value of another, for instance the exchange value of sugar in terms of the use value of commodity. (Marx [1989a], p.397).

He discusses two types of relative values in the *Manuscript 1861-1863*. On the other hand, he also criticises Ricardo's idea of relative value, that is, 'Ricardo is rather to be reproached for often losing sight of this "real" or "absolute value" and only retaining "relative or comparative value" ( Marx [1989a], p.399).

After all, Marx makes three concepts on value; absolute value and two relative values in *Manuscript 1861-1863*.

The notion of absolute value is developed in the first edition of *Capital*. But the famous phrase, which is called 'a kind of logical distillation' by Eugen Böhm-Bawerk, (BöhmBawerk [1975], p.11)' If then we leave out of consideration the use-value of commodities, they have only one common property left, that of being products of labour…('Marx [1996], p.48) is not found in his explanation on value in the first edition of *Capital*. Marx [1959], S.3.

In the first edition he analyses the relation: 1 quarter corn = x cwt. Iron, and he finds the equal quantity of value exists in something common to both. However, the distillation process which we mentioned above does not follow as in the current edition.

Marx's theory on value in the current edition says that according to the abstraction of use-value from a commodity, the useful labour is also is abstracted, and the residues are the human labour and its crystals in commodity. The former is the substance of value and the latter is the value. He says, 'If we abstract from their use vale, there remains their Value, as defined above' ( Marx,[1996], p.48), that is, so called distillation method. And value is defined the congregation of homogeneous human labour. Such way of proof on the labour theory of value firstly emerges in second edition of *Capital* (1872) .

The theory of value-form is advanced in collaboration with the labour theory of value in Marx from the *Manuscript 1861-1863* to the *Capital*, and like wise from the first edition to the second edition of *Capital*.

The theory of value-form is established in the first edition of *Capital*; however, this is different from that of the current edition. In the first edition the theory of value-form is treated as the qualitative aspect of relative value (Marx [1959], S.15). After the consideration of quantitative aspect of relative value, Marx explains the theory of valueform. The two aspects are treated as a pair problem of the same relative value in the first edition. Such idea is that which succeeded from the *Manuscript 1861-1863*. But on and after the second edition, the former is absorbed into a small section on the elementary value-form.

By the way, in the first edition, there are two value-form theories, which have different conclusion; the theory of value-form in body text, and that of appendix、as already noted.

The most important difference is the name of last value-form. In appendix that is 'The Money-Form' like the current edition, but in body text that is 'Form IV'. 'Form IV' is the value-form of converse relation with a great number of 'Form Ⅱ ' ( Marx, 1959, S.34).

In the first edition of Capital, value-form is treated as the qualitative aspect of relative value. Additionally, in the body text, Marx uses the words 'form of relative value' instead of 'form of value', for example, 'I First or elementary form of relative value' ( Marx [1959], S.15).

Theory of value form is the answer of Marx to the problem of absolute value and relative value, namely the relation between labour theory of value and appearance of intrinsic value. Labour theory and theory of value-form is advanced with close connection by Marx.

*337*

## C. The Extension of Theory of Value-Form

Marx criticises the value theory of Aristotle as follows:

> Aristotle therefore, himself, tells us, what barred the way to his further analysis; it was the absence of any concept of value. What is that equal something, that common substance, which admits of the value of the beds being expressed by a house? Such a thing, in truth, cannot exist, says Aristotle. And why not? Compared with the beds, the house does represent something equal to them, in so far as it represents what is really equal, both in the beds and the house. And that is – human labour. (Marx [1996], p.70).

However this explanation about Aristotle is not precise. Aristotle says the following:

> Money, then acting as a measure, makes goods commensurate and equates them....
>
> Now in truth it is impossible that things different so much should become commensurable but with reference to demand they may become so sufficient. (Aristotle [1984a], p.1789)

From this quotation, we can find that Aristotle points out that, things different become commensurable with reference to demand. With this idea he reaches the essence of money as measure of value without the assumption of theory of labour value. Bailey also deal with the expression of value and the money as measure of value irrelevant to labour theory of value. Turgot explains the expression of value and its development in detail like that Marx's theory of value-form, however, he takes into account not labour as single cause of value, but multiple causes of value, namely desire, labour, etc. (cf.Turgt,1766 and 1769, Turgot [1977])

Kozo Uno, drastically change the method of Marx. As mentioned above, by criticizing the dichotomous approach to commodity and exchange by commodity-owners, he considers the commodity with commodity-owner and his desire. Additionally, he transfers the explanation of labour theory of value from the theory of commodity to the theory of production process.

Hence, his theory of value-form is explained without the assumption of labour theory of value.

As mentioned above, Uno studies the subjective evaluation by commodity-owners to the value of commodity precisely. Even if we receive the objective value determined by labour, the evaluation of value by commodity-owners must be subjective and unilateral, because the individual in the market cannot know the labour required for production.

Now, in the expression of value of linen by coat, the coat stands on the position of the equivalent form, and linen expresses its value by the coat, hereby the coat has the direct exchangeability to the linen.

Marx explains the reason is that the coat becomes the equivalent on the ground of the social character of labour. Uno explains that the reason 'the coat is nothing more than a value-reflecting object in the mind of the linen-owner' ( Uno [1977], p.6). But his word is also not clear.

If we adopt the Uno's method, which includes the exchange-process by commodity-owner in theory of value-form and excludes the assumption of labour theory of value-from, we can reach different conclusion from Marx. That is, the direct exchangeability of equivalent commodity comes from the proposal of exchange of the commodity-owner standing on the relative form of value, in this case, the owner of linen.

Value-form is the form for proposal of exchange by the linen commodity-owner with the expression of the value of his commodity. The proposal of exchange is made by the commodity-owner of linen to the many commodity-owners of coat.

20 yards of linen =1 coat, or 20 yards of linen are worth 1 coat.

In this case linen owner is assumed to be one person while the number of commodityowners of coat is unspecified, because for the owner of linen the specification of the trading partner is insignificant. For the linen owner, the important point is to exchange to coat, he want to exchange his linen with any person who owns coats.

Therefore through the expression of value, we recognise the value-form as the subjective unilateral proposal of the bargaining point. Hence the equivalent commodity (coat) is given the direct exchangeability to the commodity (linen) by the owner, who proposes to exchange. That is the reason why the commodity-owner who is required to exchange obtains the right to determine the exchange.

At the same time, the owner of equivalent commodity is given the exchangeable power of the quantitative aspect, because the linen owner proposes the exchange to coat owner at the rate of 20 yards of linen = 1 coat. The coat owner can exchange or does not exchange with linen on the condition of 20 yards of linen = 1 coat. But if he wants to exchange, he always gets 20 yards of linen with his 1 coat.

As mentioned above, evaluation of value is done subjectively, and the unilateral proposal of linen owner gives the power of the exchange to the coat owner. Linen as a commodity originally has the exchangeability and the power of exchange as value. However through the purpose to exchange to the owner of coat by linen owner, the right of exchange transfer from the linen owner to coat owner.

In the same way, money acquires purchasing power through the expression of value by all commodity-owners. Commodity-owners legitimise the purchasing power to money. Money owner always can buy commodities whenever he wants, and commodity owners are waiting for the time to sell. In the case of gold money, the subjective evaluation of value by all commodity-owners, support the value of gold money. And in the case of fiat money, the illusion of commodity-owner in the market supports the value of money.

Marx says in *Capital*' The value form must therefore not only express value generally, but also value in definite quantity' ( Marx [1996], p.63). However, the theme is the 'Quantitative definition of Relative value' and its contents are influenced by the exchangerelation in the change of the labour requirement for production of the commodity. In this theory, he assumes the equivalent-labour in exchange. For Marx, the value of money is determined by the labour theory of value before the theory of value-form.

However the value of money is not the embodied by labour itself, but the purchasing power in general, so as mentioned above, the evaluation of commodity-owner plays an important role in determination of value of money.

## Conclusion

In this paper, the formation process of value and value-form theory of Marx is considered from *Manuscript 1857-58* to current edition of *Capital*. And the most important method of Marx becomes clear, that is, the analysis of commodity and the exchange process of commodities by commodity owners are divided methodologically. This method come from Marx's cognition, that is, commodity owner is the personification of commodity.

In this method Marx deal with the relationship between relative value and absolute value, or value and cause of value as the problem of relationship among value, value-form, and substance of value.

Marx's method analysed in comparison with Uno's one in this paper. Uno' method is different from Marx, and he includes commodity owner and his desire in the analysis of commodity. I adopt Uno's method.

In conclusion, as stated below.

Firstly value of money is supported the pricing by commodity owner. Pricing by commodity owners transfers exchangeability of commodities to money. As a consequence, money occupies the power to buy in the market.

Secondly in the theoretical process of genesis of money, hoarding of value is the one of the most important motivations in exchange as well as desire for consumption.

Thirdly, gold is the most suitable commodity for hoarding of value. The material is immortal. And according to Uno's method of value-form theory, commodity owners select gold as money. So general value-form of value (Form Ⅲ ) is not indispensable form for valueform theory. It is only a tool for explanation. Marx and Uno use linen for the position of general equivalent in Form Ⅲ , and change linen to gold as general equivalent in moneyform, that is, price. But if we include the motivation of hoarding, gold occupies directly general equivalent position.

Lastly, in this paper, the factors of commodity-owner and motivation of hoarding are introduced in the analysis of money. From this point of view, the relationship of quantity of money and the prices of commodities are not proportional, because the function of hoarding is the inner nature of money. Even in the case of increase of money, people don't have necessity of use additional money. They can hoard additional money as wealth or for their future. So increase of money is not proportional growth of demand. Such kind of consideration offer a criticism on the quantity theory of money.

# Bibliography

Aristotle [1984a], *Nicomachean Ethics*, B.C.350, *The Complete Works of Aristotle*. ed.by Jonathan Barnes, Volume 2, Princeton University Press.

Aristotle [1984b], *Politics*, B.C.350, The *Complete Works of Aristotle*. ed. by Jonathan Barnes, Volume 2, Princeton University Press.

Bailey, Samuel [1967], *A Critical Dissertation on the Nature, Measure and Causes of Value* 1825, rpt. Augustus M. Kelley, New York.

Barbon, Nicholas [1690], *A Discourse of Trade*, London, Milbourn, London.

Böhm-Bawerk, Eugen 1975[1896], ed. by Sweezy, Paul, *Karl Marx and the Close of His System* (*Zum Abschluss des Marxschen System*) Merlin Press, London.

Iwai, Katsuhito [1993], Theory of Money, Chikuma Shobo, Tokyo (in Japanese)

Kuruma, Samezo [1977], *Theory of Value-Form and Theory of Exchange Process*, Iwanami Shoten, Tokyo (in Japanese).

Lapavitsas, Costas and Ito, Makoto [1999], *Political Economy of Money and Finance*, Macmillan, London (Japanese translation, Iwanami Shoten 2001).

Lapavitsas, Costas [2003], *Social Foundations of Markets, Money and Credit*, Routledge, New York.

Marx, Karl [1975a], *Comments on James Mill Elémens dé'comie politique*, 1844, *Marx-Engeles Works*, Progress Publishers, Moscow, Vol.3, *Ausuge aus James Mills Buch Elémens dé' comie politique, Marx-Engels Werke*, Ergänzungsband, Erster Teil, Dietz Verlag, Berlin, 1968.

Marx, Karl [1975b], *Economic & Philosophical Manuscripts*, 1844, *Marx-Engeles Works*, Vol.3, *Ökonomisch-philosophische Manuskripte aus dem Jahre, Marx-Engels Werke*, Erganzungsband, Erster Teil.

Marx, Karl [1986], *Outline of the Critique of Political Economy* (*Rough Draft of 1857-58*) *Marx-Engels Works*, Vol.28. *Grundrisse der Kritik der politischen Ökonomie 1857-58. Ökonomishe Manuskripte 1857-58, MEGA*, Diets Verlag, Berlin, Band.1 Teil1, 1976, Teil 2, 1981.

Marx, Karl [1987], *A Contribution to the Critique of Political Economy,1869 Karl Marx-Frederick Engels Collected Works*, Progress Publishers, Moscow, Vol.28, *Zur Kritik der Politischen Ökonomie, Marx-Engels Werke*, Band 13, Dietz Verlag, Berlin,1961, 34, *Theorien über den Mehrwert, Marx-Engels Werke*, Band 26, 1965-1968. *Manuscript 1861-1863, MEGA*, Band 3 Teil 1-6, 1976-1982.

Marx, Karl [1989a], *Theories of Surplus Value, Economic Manuscript of 1861-1863. Marx-Engels Works*, Vol.31.

Marx, Karl [1989b], *Theories of Surplus Value, Economic Manuscript of 1861-1863. Marx-Engels Works*, Volume 32.

Marx, Karl [1996], *Capital: Critique of political oeonomy, Marx-Engels Works*, Vol.35, (35-37, 1996-1998), *Das Kapital*.
*Kritik der politischen Ökonomie* Band I, *Karl Marx-Friedrich Engels Werke*, Band 23-25, Dietz Verlag, Berlin, 1962-1964.

Marx, Karl [1959], *Das Kapital.Band I Kritik der politischen Ökonomie*, first edition, Verlag von Otto Meissner.
Hamburg,1867, rpt. Aoki Shoten Publishing.
Marx, Karl [1969], *Das Kapital.Band I Kritik der politischen Ökonomie* second editionVerlag von Otto Meissner Hamburg,1872, rpt. Far Eastern Book-Sellers · Publishers.
Nakano, Tadashi [1958], *Theory of Value-Form*, Nippon-Hyoron-Sha, Tokyo (in Japanese).
Okuyama, Tadanobu[2004], *A Manuscript on the Theory of Money by James Steuart*, Shakaihyoron-sha.
[2009], *Formation and Development on the Theory of Money* Shakaihyoron-sha. (in Japanese)
[2013], *Current Issues in the Theory of Money*, Shakaihyoron-sha. (in Japanese)
Ricardo, David [1951], *The works and correspondence of David Ricardo*,ed.by Sraffa, Cambridge University Press, Vol.1, *On the Principles of Political Economy and Taxation*, third ed.1821).
Steuart, Sir James [1998], *An Inquiry into the Principles of Political Economy* 1767, ed. by Andrew S. Skinner with Noboru Kobayashi and Hiroshi Mizuta Pickering & Chatto, 4Vols, Vol.2.
Steuart, Sir James [1995], *Dissertation upon the Doctrine and Principles of Money applied to the German Coin*, (in German),1761: translated into English 1805, rpt. *Collected Works of James Steuart*, 7vols, Routsledge/ Thoemmes Press,1995,Vol.5.
Turgot, Annne Robert Jacques [1977], *The Economics of A.R.J.Turgot*, ed.by P.D.Groenewegen, Martinus Nijhoff, The Hague.
*OEuvres de Turgot et documents le concernant* / [avec biographie et notes par] Gustave Schelle. - Glashutten im Taunus: D. Auvermann, 5Vols, 1972.
*Reflexions sur la formation et la distribution des rishesses*, 1766 (Oeuvres de Turgot, 1972, Vol.2).
*Valeurs et Monnaies*,1769 ? (Oeuvres de Turgot, 1972, Vol.3).
Uno, Kozo [1977], *Principles of Political Economy: theory of a purely capitalist society*, (in Japanese 1964).

## 【参考文献】

Aristotle [1969]、『政治学』（*Politica*）、『アリストテレス全集』、第 15 巻、岩波書店。
　[1973]、『ニコマコス倫理学』（*Ethica Nicomachea*）、『アリストテレス全集』、第 17 巻、岩波書店。
Bailey, Samuel [1967], *A Critical Dissertation on the Nature, Measure and Causes of Value*,1825, rpt. Augustus M. Kelley.『リカアド価値論の批判』、鈴木鴻一郎訳、日本評論社、1948。
　[1837], *Money and its Vicissitudes in Value*, Effingham Wilson, London.
Blaug, Mark[1985], Economic theory in retrospect, Cambridge University Press,
　（M・ブローグ著　久保芳和、真実一男訳 [1982]『経済理論の歴史Ⅰ』古典学派の展開、東洋経済新報社。）
Blaug, Mark[1995], 'Why is the quantity theory of money is the oldest surviving theory in economics', Quantity　Theory of Money, Blaug, Mark, et al., Edward Elgar, Cheltenham, UK.
Bordo, Michael D.[1999],　The Gold Standard &Related Regimes: Collected Essays, Camb r idge　University、Cambridge.
BAYOUMI, Tamim, EICHENGREEN, Barry, TAYLOR, Mark P.[1996]、*Mordern Perspective on the Gold Standard*, Cambridge University Press.
Chi.Hung.Kwan "Towards a Yen Bloc in Asia", *Nomura Research Institute Quarterly* 8 (2, Summer) 1999.
Chowdhury, Anis and ISLAM, Iyanatul ed. *Beyond the Asian Crisis*, Edward Elgar, 2001.
DADUSH, Uri, DASGUPTA, Dipak and UZAN, Marc ed. *Private Capital Flow in the Age of Globalization*, Edward Elgar, 2000.
Eichengreen, Barry and Flandreau, Mark, ed.　[1997], The Gold Standard in Theory and History,Second edition, New Fetter Lane, London,（First published,1985）．
Elitis, Walter[1995],*John Locke, the theory of money and the establishment of a sound currency*, Blaug,Mark,et al.[1995].
Fisher, Irving [1916], *The Purchasing Power of Money: Its Determination and Relation to Credit Interest and Crises*, The Macmillan Company, New York.『貨幣の購買力』、金原賢之助・高城仙次郎共訳、改造社、1936。
Fisher, Stanley[1982], Seigniorage and the Case for a Nation Money, Journal of Political Economy,1982,vol.90,no.21.
Foley, Duncan K[2006], Adam's Fallacy, The Belknap Press of Harvard University Press, Cambridge, Massachusetts/London（『アダム・スミスの誤謬』、亀崎澄夫他訳、ナ ka ニシヤ 2011）．
Friedman, Milton[1964],「貨幣理論の現状」、安井琢磨・熊谷尚夫・西山千明編『近代経済学講義』、創文社、1964、所収.
Friedman, Milton and Schwartz, Anna Jacobson[1963], A Monetary Historyof the United States, 1867-1960, Princeton University Press.
Glasner,David,[1985], A Reinterpritation of classical monetary　theory,Souththern Economic Journal, 51（1）:46-67.

Galbraith,James, et al.,[1994], *MACROECONOMICS*, Houghton Mifflin Company, Boston etc（『現代マクロ経済学』、塚原康博他訳、TBSブリタニカ 1998）

Harrod,Roy[1969], *Money*, Macmillan,（『貨幣』、塩野谷九十九訳、東洋経済新報社）

Hollander, Samuel[1973], *The Economics of Adam Smith*, University of Toronto Press.『アダム・スミスの経済学』、大野忠男訳、東洋経済新報社、1976。

[1979], The Economics of David Ricardo, University of Toronto Press.『リカードウの経済学』、上、下、菱山泉、山下博訳、日本経済評論社、1998。

[1987], *Classical Economics*, Basil Blackwell.『古典派経済学』、千賀重義、服部正

Hume, David [1955], *Political Discourses*, 1752, *Writings on Economics*, ed., By Eugene Rotwein, University of Wisconsin Press.『経済論集』、田中敏弘訳、東京大学出版会、1967。

Kaldor, Nicholas[2009], *The scourge of monetarism*, 2nd, ed. Oxford University Press.（『マネタリズム―その罪過』、原正彦他訳、日本経済評論社、1984年）

[1978], Furthe Essays of Applied Economics（『貨幣・経済発展そして国際問題』、笹原五郎他訳、日本経済評論社）

Keleher,R.E.,[1991], The Use of Market Prices in Implementing Monetary Polocy: The Bullionist Contribution, *Southern Economic Journal*, 58（1）I44-I54.

Keynes, John Maynard[1971a], *General Theory of Employment, Interest and Money*,1936, *The Collected Works of John Maynard Keynes*, Vol. 7. Palgrave Macmillan.（『ケインズ全集 第7巻 雇用・利子および貨幣の一般理論』、塩谷祐一訳、東洋経済新報社、1981。

A Tract on Monetary Reform[1971b], 1923,The Collected Works of John Maynard Keynes, Vol. 4. Palgrave Macmillan.『ケインズ全集 第4巻 貨幣改革論』、中内恒夫訳, 1978）

*A Treatise on Money, 2 volumes A Treatise on Money 1, The Pure Theory of Money* [1971c], 1930,*Collected works of Keynes*, Vol. 5. Palgrave Macmillan（『ケインズ全集 第5巻 貨幣論1 貨幣の純粋理論』小泉 明・長澤 惟恭、東洋経済新報社、1979） *A Treatise on Money*, 1930, *The applied Theory of Money*[1971d], *Collected works of Keynes*, Vol. 5. Palgrave Macmillan.

Laidler, David[1991], *The Golden Age of Quantity Theory of Money*, Harvester Wheatsheaf（『貨幣数量説の黄金時代』、嶋村紘輝他訳、同文館、1991）

Law John[2010], *Money and Trade*, Gale Ecco, Print Editions.（『貨幣と商業』吉田恵一訳、世界書院、吉田恵一訳、泉文堂）

Locke, John [1963], *Works of John Locke*, Vol. 5, 1823, rpt. Scientia Verlag Aalen.

Some Considerations of the Consequences of the Lowering of Interest, and Raising the Value of Money, 1692.『利子・貨幣論』、田中正司・竹本洋訳、東京大学出版会、1978。

Further Considerations concerning Raising the Value of Money, 1695.『利子・貨幣論』、田中正司・竹本洋訳、東京大学出版会、1978。

Two Treatises of Government, 1690, *Works of John Locke*, Vol. 5, 1823, rpt. Scientia Verlag Aalen.『統治二論』加藤節訳、岩波文庫、2010。

（Locke [1991], Locke on Money, W. Yolyon, ed., Oxford University Press.）

Malthus, Thomas Robert [2012], *Principles of Political Economy*, General Books.1st.

ed.1820.『経済学原理』、小林時三郎訳、岩波文庫、上、下、1968。

Marx, Karl, [1887], *Capital: A Critical Analysis of Capitalist Production*, Swan Sonnenschein, Lowrey,&C.O.London, reprint, edited and translated by Dona Torr, George Allen&Unwin LTD, 1938.

[1889] *Capital: A Critical Analysis of Capitalist Production*, Appleton & CO, New York, Swan Sonnenschein& CO, London.

[1954]*Capital: Critique of political oeonomy*, vol. 1, Progress Publishers, Moscow, Vol.35-37.

[1956a], 'Der leitende ArtikelinNr.179"Kölnis chen Zeitung"' *Marx-Engels Werke*, Dietz Verlag, Berlin, Bd. 1.「ケルン新聞第179号の社説」、『マルクス―エンゲルス全集』、第1巻、大月書店、1959。

[1956b] Zur Kritik der Hegelschen Rechtsphilosophie, *Marx-Engels Werke*, Dietz Verlag, Berlin, Bd. 1.「ヘーゲル法哲学批判」、『マルクス―エンゲルス全集』、第1巻、大月書店、1959。

[1959a], *Das Kapital, Band I, Kritik der politischen Ökonomie*, first edition, Verlag von Otto Meissner Hamburg,1867, rpt. 青木書店. 「『資本論』第1巻初版」、岡崎次郎訳、国民文庫、大月書店、1976。初版『資本論』、江夏美千穂訳、幻燈社書店、1982年。

[1959b], Das Elend der Philosophiíe, *Marx-Engels Werke*, Dietz Verlag, Berlin,Bd.4.『哲学の貧困』、『マルクス―エンゲルス全集』、第4巻、大月書店、1960。

[1961a], *Zur Kritik der Politischen Oconomie*, *Marx-Engels Werke*, Dietz Verlag, Berlin,Bd.13.『経済学批判』、杉本俊朗訳、大月書店、国民文庫、1966。

[1961b], 'Quid pro Quo' *Zur Kritik der Politischen Oconomie*, *Marx-Engels Werke*, Dietz Verlag, Berlin,Bd.13.「とりちがえ」[Quid pro Quo]『マルクス―エンゲルス全集』、第13巻、大月書店、1964。

[1961c] 'Chinesisches' *Marx-Engels Werke*, Dietz Verlag, Berlin, Bd. 15.「中国問題」、『マルクス―エンゲルス全集』、第15巻、大月書店、1962。

[1962], *Das Kapital, Marx-Engels Werke*, Dietz Verlag, Berlin, Bd. 23.『資本論』第Ⅰ部第1-4分冊、社会科学研究所監修、資本論翻訳委員会訳、新日本出版社、全13分冊、1982。

『資本論』第Ⅰ巻、向坂逸郎訳、全4分冊、岩波書店、1967年。

『資本論』第1巻、岡崎次郎訳、全5分冊、大月書店、1968年。

[1963], *Das Kapital, Marx-Engels Werke*, Dietz Verlag, Berlin, Bd. 24.『資本論』第Ⅱ部、社会科学研究所監修、資本論翻訳委員会訳、新日本出版社、第5-7分冊、1984-1985。

[1964], *Das Kapital, Marx-Engels Werke*, Dietz Verlag, Berlin, Bd. 25.『資本論』第Ⅲ部、社会科学研究所監修、資本論翻訳委員会訳、新日本出版社、第8-13分冊、1986‐89. 第13分冊、1989。

[1965], *Karl Marx-Friedrich Engels-Werke*, Dietz Verlag, Berlin,Bd.26, Ⅰ、Ⅱ、Ⅲ、『剰余価値学説史』、岡崎次郎、時永淑訳、大月書店、国民文庫、全9分冊、1970年。

[1968a], Ökonomisch-philosophische Manuskripte aus dem Jare 1844, *Marx-Engels Werke*, Dietz Verlag, Berlin, Bd. 40.「経済学哲学手稿」、『マルクス―エンゲルス全集』、第40巻、大月書店、1975。

[1968b], Auszüge aus James Mills Buch "Élémens d'économie politique" *Marx-*

*Engels Werke*, Dietz Verlag, Berlin, Bd. 40.「ジェームズ・ミル『政治経済学批判要綱』からの抜粋」、『マルクス―エンゲルス全集』、第 40 巻、大月書店、1975。

[1969], *Das Kapital.Band 1 Kritik der politischen Ökonomie* second editionVerlag von Otto Meissner Hamburg,1872, rpt. Far Eastern Book-Sellers・Publishers. 第二版『資本論』江夏美千穂訳、幻燈社、1985。

[1976], *Ökonomische Manuskripte 1857/58*, MEGA 2.Abteilung, Band 1, Teil 1, Dietz Verlag, Berlin, 『1857-58 年の経済学草稿』、資本論草稿翻訳委員会訳、第 1 分冊、大月書店、1981、第 2 分冊、1993.
（*Grundrisse der Kritik der Politischen Öconomie*, Dietz Verlag, 1953.）

[1978], *Zur Kritik der Politischen Oconomie*（*Manuskripte 1861-1863*）, Dietz Verlag, Berlin, 1976,『経済学批判（1861-1863 年草稿）』、『資本論草稿集』④ －⑨、資本論草稿⑤、1980、⑥、1981、⑦、1982、⑧、1984。

[1987], *A Contribution to the Critique of Political Economy, Karl Marx-Frederick Engels Collected Works*, Progress Publishers, Moscow, Vol. 28.

[1989], *Le capital*, Paris 1872-1875, Traduction de M. J. Roy, Dietz Verlag, Berlin.

[1990] *Capital: A Critical Analysis of Capitalist Production 1887*, Dietz Verlag, Berlin.

[1996], *Capital: Critique of political oeonomy, Marx-Engels Works*, Progress Publishers, Moscow, Vol. 35.

[1989], *Le capital*, Paris 1872-1875, Traduction de M. J. Roy, Dietz Verlag, Berlin.

[1990] *Capital: A Critical Analysis of Capitalist Production 1887*, Dietz Verlag, Berlin.
（[1990], *Capital: Critique of political oeonomy*, vol. 1, Translated by Ben Fowkes, Penguin Books. 1st ed. Pelican Books.）

[1993], *Le capital*, Qadridge PUF, Paris, Avant-propos, introduction et notes par Jean-Pierre Lefebvre.

[1996], *Capital: Critique of political oeonomy, Marx-Engels Works*, Progress Publishers, Moscow, Vol. 35.

Marshall, Alfred[2003], Money Credit and Commerce, Macmillian, 1923,（『貨幣信用貿易』、永沢越郎訳、岩波書店 ,1988）, rpt. Prometheus Books.

Mill, J. S. [1965], *Principles of Political Economy with Some of Their Applications to Social Philosophy*, 1st ed. 1848, 7th ed. 1871, *Collected Works*, Vol. 2, Vol. 3, University of Toronto Press.『経済学原理』、末永茂喜訳、岩波書店、全 5 分冊、1959-1963。

Misselden Edward[1970], *Free Trade and the Means to Make Trade Flourish*, 1622,Da Capo Press Theatrvm Orbis Terrarvm Ltd, Amsterdam .

Montesquieu, Charles Louis de Secondat [1900], *The Spirit of Laws*, rpt.Prometheus Books（*De l'Esprit des Lois*, 1748）.『法の精神』、野田良之他訳、岩波文庫、上、中、下、1989。

Mun,Thomas[1986],Englan's Treasure by Forreaign Trade, 1664,rpt. by Augustus M.Kelley.『外国貿易によるイングランドの財宝』渡辺源次郎訳、東京大学出版会、1965。

Mundell, Robert, A.[1997], *The International Monetary System in the 21th Century :Could Gold Make a Comeback*, Center for Economic Policy Studies, St. Vincent

College, 1997.
Niehans, Jürg [1987], 'Classical monetary theory, new and old', Jurnal of Money, Credit and Banking, 19（4）．
990], A History of Economic Theory – Classic Contributions 1720-1980, The Johns Hopkins University Press, Baltimore and London.
Peter L. Bernstein, *The Power of the Gold* John Willey &Sons, 2000. Cap1. 邦訳鈴木主税訳『ゴールド・・・金と人間の分明史』日本経済新聞社。
Piketty, Thomas [2013], Le Capital au XXⅠesiècle, Éditons du Souil,2013. トマ・ピケティ『21世紀の資本』、みすず書房、2014年。
Petty, William[1899], *Political Arithmetick*, 1690,*The Economic Writings of Sir William Petty, Vol. 1*, Cambridge University Press.『政治算術』、大内兵衛訳、岩波文庫、1955。
Ricardo, David[1951a], 'On the Principles of Political Economy and Taxation', *Works and Correspondence of David Ricardo*, ed., by Sraffer, Piero, Cambridge, University Press, vol.Ⅰ.『経済学および課税の原理』、『リカードウ全集』第Ⅰ巻、末永茂喜監訳、雄松堂、1970。
  [1951b] 'Price of Gold', *Works and Correspondence of David Ricardo*, 1951, vol.Ⅲ.「金の価格」、『リカードウ全集』第Ⅲ巻、末永茂喜監訳、雄松堂、1970。
  [1951c] 'High Price Bullion' ,1810, *Works and Correspondence of David Ricardo*, vol.Ⅲ.「地金の高い価格」、『リカードウ全集』第Ⅲ巻。
  [1951d] 'Reply to Mr. Bosanquet's Practical Observations on the Report of the Bullion Committee 1811, *Works and Correspondence of David Ricardo*, vol.Ⅲ.「ボウズンキト氏の『地金委員会報告書に対する実際的観察』への回答」、『リカードウ全集』第Ⅲ巻。
  [1951e],'Notes on Bentham's Sur les Prix',*Works and Correspondence of David Ricardo*, vol.Ⅲ.「ベンタム「物価論」評注、『リカード全集』第Ⅲ巻。
  [1951f],'Proposals for an Economical and Secure Currency 1816',Works and Correspondence of David Ricardo, vol.Ⅳ.「経済的でしかも安定的な通貨のための提案」、『リカードウ全集』第Ⅳ巻、1970。
  [1951g],'Plan for the Establishment of a National Bank', *Works and Correspondence of David Ricardo*, vol.Ⅳ.「国立銀行設立試案」、『リカードウ全集』第Ⅳ巻。
  [1951h], Absolute Value and Exchangerble Value, *Works and Correspondence of David Ricardo* , vol.Ⅳ.「絶対価値と交換価値」、『リカードウ全集』第Ⅳ巻。Schumpeter, Joseph A.[1954], *History of Economic Analysis*, George Allen & Unwin, London.『経済分析の歴史』全7巻、東畑精一訳、岩波書店、1955-1962。
Smith, Adam [1981], *An Inquiry into the Nature and Causes of the Wealth of Nations*, original edition, 1776, ed., by R.H.Campbell and A.S.Skinner, Liberty Fund, in Dianapolis『国富論』水田洋監訳、岩波文庫、全4分冊、2000-2001。
  [1978], *Lectures on Jurisprudence*, ed.by R.LO,.Meek, et al., Oxford University Press, reprint,ted Liberty Fund『法学講義』水田洋訳、岩波文庫、2005。
Steuart, James[1998], *An Inquiry into the Principles of Political Economy*, Ed. by A. S. Skinner, 4 vols. Pickering&Chatto, London,1998. Original published, 1767, Collected Works of James Steuart,1805, 7vols. Routsledge/ Press, 1995. 小林昇監

訳『経済の原理』、名古屋大学出版会、上巻（第1・2編）、1998、下巻（第3・4・5編、1993）。
Stiglitz, Joseph and Yusuf, Shahid ed. [2001],*Rethinking the East Asian Miracle*, Copublition of the world Bank and Oxford University Press.
Tooke, Thomas, Newmarch and William [1998], *A History of Prices and the State of the Circulation from 1792 to1856*, 6 vols, 1838-1857, rpt. General Books.
Tooke, Thomas[2008], *An Inquiry into the Currency Principles and the Connection of the Currency with Prices and the Expediency of Separation of Issue from Banking*, 1844，pp. 123-24, rpt. Biblio Bazaar.
Turgot, Anne Robert Jacques[1972a], *Reflèèsur la formation et la aistribution des richess* ,1766, Œuvres de Turgot, vol.2,rpt. Verlag Detlev Auverman.「富の分配と形成に関する省察」、『テュルゴー著作集』、津田内匠訳、岩波書店。
　　[1971b],Value et Minaies,1769?, Œuvres de Turgot, vol.3,「価値と貨幣」、『テュルゴー著作集』、同前。
Vanderlint, Jacob[1914],ed.,by Jacob H.Hollander, Money Answers all things 1734, Johns Hopkins Press.
Viner, Jacob [1965] *Studies in the Theory of International Trade*, original edition 1937, rpt.,Augustus M. Kelley. ジェイコブ・ヴァイナー『国際貿易の理論』、中澤進一訳、勁草書房、2010年、参照)。
Observations on certain verbal disputes in Pol. Econ.　particularly relating to value and to demand and supply, London, 1821.


●日本語文献

飯塚一郎 [1969]、『貨幣学説前史の研究』、未来社。
宇野弘蔵 [1970a]、『経済原論』、岩波全書、初出 1964、岩波文庫 2016。
　[1967]、宇野弘蔵編『資本論研究』、Ⅰ、筑摩書房。
　[1970b]『経済原論』、初出、上巻、1950、下巻 1952、岩波書店、合本改定版。
大森郁夫 [1996]、『ステュアートとスミス』、ミネルヴァ書房。
奥山忠信 [1990]、『貨幣理論の形成と展開』、社会評論社』。2009 再販。
　[1999]、『富としての貨幣』、名著出版。
　[2004]、『ジェームズ・ステュアートの貨幣論草稿』、社会評論社。
　[2009]、「ジェームズ・ステュアートの貨幣数量説批判」、『埼玉学園大学紀要経営学部編』、第 9 号。
　[2010a]、「金貨幣の合理性に関する考察」、『政策科学学会』、創刊号。
　[2010b]、「ロックの貨幣数量説」、『埼玉学園大学紀要経営学部編』、第 10 号。
　[2011a]、「市場における貨幣量の役割— David Hume の貨幣論」、奥山・張編『現代社会における企業と市場』、八千代出版、所収。
　[2011b]、「アダム・スミスと貨幣数量説」、『埼玉学園大学紀要経営学部編』、第 11 号。
　[2013a]、『貨幣理論の現代的課題—国際通貨の現状と展望』、社会評論社。
　[2013b]、「リカードウの貨幣数量説と国立銀行 設立試案」、『政策科学学会年報』、第 3 号。

[2013c]、「J.S.Mill の価値論に関する一考察」、『埼玉学園大学紀要経済経営学部編』、第 13 号。
[2014a]、「労働価値論の思想と倫理―アダム・スミスの遺産」、政策科学学会年報、2014 年 3 月、1-14 頁。
[2014b]、「交換過程の原理」、『埼玉学園大学紀要経済経営学部編』、第 14 号、2014 年 12 月。
[2015]、「労働力と労働時間」、『埼玉学園大学紀要経済経営学部編』、第 15 号・
[2016a]、「需要論の省察」、仙台経済学研究会編『経済学の座標軸―馬渡尚憲先生追悼記念論文集』、社会評論社。
[2016b]、*Value of Money and Money as Wealth : An extension of the Theory of Value-Form* 政策科学学会『研究年報』、第 6 号、2016 年 3 月、1-18 頁。
[2016c]「価値論の正統性」、経済理論学会『季刊経済理論』、第 53 巻第 2 号、6-18 頁、2016 年 7 月。
[2016d]、「貨幣から資本への転化の論理」、『埼玉学園大学紀要』、第 16 号、1-11 頁。
[2017a]、商品の『流通』（Zirkulation）と貨幣の『通流』（Umlauf） 政策科学学会年報、第 7 号、2017 年 3 月。1-12 頁。
[2017b]、「物神性論の形成」、『埼玉学園大学紀要・経済経営学部篇』、第 17 号、2017 年。
[2018a]「物神性論による古典派経済学批判」、『政策科学学会年報』、第 8 号、2018 年、3 月。
[2018b]「三位一体の定式に関する一考察」、『埼玉学園大学紀要』経済経営学部篇 18 号、2018 年 12 月、1-13 頁。

奥山忠信・古谷豊 [2006]、『ジェームズ・ステュアート「経済学原理」草稿―第 3 編 貨幣と信用』、御茶の水書房。
岡崎保 [1993]、『貨幣数量説の新系譜』、九州大学出版会。
オレーム、ニコラス [1937]、「貨幣の起源、性質、法律、並びに改変に関する論文」1355 ？ラウレス、ヨハンネス『スコラ学派の貨幣論』、有斐閣、1937、所収。
小池田冨男 [2009]、『貨幣と市場の経済思想―イギリス近代経済思想史の研究』、流通経済大学出版会。
川人博 [2014]、『過労死自殺』、岩波新書。
越智良二 [1998]、『アダム・スミスの貨幣論の研究』、青葉図書。
クリストバル・コロン [1977]、『コロンブス航海誌』、林屋永吉訳、岩波文庫。
久留間鮫造 [1957]、『価値形態論と交換過程論』、岩波書店。
島博保 [1980]、「スミス価値論の構造」、東北大学『研究年報経済学』、第 41 巻第 4 号。
清水敦 [ 1997]、『貨幣と経済』、昭和堂、1997 年。
鈴木鴻一郎 [1960]、鈴木鴻一郎編『経済学原理論』、全 2 巻、東京大学出版会。
千賀重義 [1989]、『リカードウ政治経済学研究』、三嶺書房。
竹本洋 [1995]、『経済学大系の創成』名古屋大学出版会。
堂目卓生 [2008]、『アダム・スミス―「道徳感情論」と「国富論」の世界』、中央公論新社。
時永淑 [1970]、『経済学史』、法政大学出版局。
中村廣治 [1996]、『リカードウ経済学研究』、九州大学出版会。
[2009]、『リカードウ評伝』、昭和堂。

芳賀健一「雇用形式と賃労働―『労働力商品』化論の再検討」、富山大学『富大経済論集』上、第 33 巻第 3 号、下、第 34 巻第 1 号、1988 年。
　「労働時間と賃労働」富山大学『富大経済論集』、第 37 巻、上、第 1 号、中、第 2 号、1991 年、下、第 37 巻、第 3 号、1992 年。
日高普 [1964]、『経済原論』、時潮社。
　[1983]、『経済原論』、有斐閣。
平山健次郎 [2004]、「16 世紀『価格革命』論の検証」、関西学院大学『経済学論究』第 28 巻第 3 号、2004 年 12 月 31 日、207-225 頁。
藤本正富 [1995]、「J.S. ミル相互需要説をめぐる諸問題― W. ソーントンと W. ヒューウェルの影響」、『経済学史学会年報』、第 33 号。
　[2001]、「J.S. ミル『経済学原理』第 3 版「国際価値論」新節の意味するもの」、大阪学院大学経済論集 第 15 巻、第 1 号。
古谷豊 [2003]、ジェイムズ・ステュアートの計算貨幣、東京大学『経済学研究』、第 45 号。
　[2004]、ジェイムズ・ステュアートの貨幣論の構造、埼玉大学『社会科学論集』、第 112 号。
堀塚文吉 [1988]、『貨幣数量説の研究』、東洋経済新報社。
星野彰男 [2005]、「『国富論』の基本命題：経済学史学会第 69 回大会報告（2005 年 5 月 28 日）
馬渡尚憲 [1989]、馬渡編『経済学の現在 ver3』昭和堂。
　[1997a]、『経済学史』、有斐閣。
　[1997b]、『J. S. ミルの経済学』、御茶の水書房。
山口重克 [1985]、『経済原論講義』。東京大学出版会。
吉野正和 [2009]、『フリードマンの貨幣数量説』、学文社。
渡辺恵一 [2010]、「スミス労働価値論の再読」、大阪経済大学『大阪経大論集』、第 61 巻第 1 号。

# あとがき

　本書は、約10年間の研究をまとめたものである。経済原論と経済学史は、私の基本的なアカデミック・フィールドである。私の研究に何がしかの個性があるとすれば、足場が2つあったことと言える。とはいえ、もともとは伝統的な経済学の研究スタイルでもある。

　本書のベースとなっているのは、埼玉学園大学紀要と政策科学学会年報に投稿していた論文である。しかし、ほとんどの論稿は原形をとどめていない。10年の論稿を整理する過程で新しい論点が生まれたり、考察の視点が変わったりして、書き直しを余儀なくされたものが少なくない。また、書下ろしの部分も多い。

　今回の本の執筆過程で、恩師である馬渡尚憲先生の影響を強く思い知らされた。特にアダム・スミスの支配労働の解釈に際し、馬渡先生は「省く労働」の概念を持ち出された。私が大学院生の頃であった。馬渡先生の古典の解釈も原論の論理も実に繊細であり、細かすぎて先生の問題関心についていけないことが多々あった。

　しかし、この本では、恩師の「省く労働」の概念が一本の線となって、スミスとリカードウの価値論、マルクスの『経済学批判』、そして経済学における相対的価値論と絶対的価値論への理解が、大きく進んだような気がする。もちろん、馬渡先生の理論を、私が正しく理解しているとは限らないし、「省く労働」の概念を、スミスを超えて使用したのは、私の責任である。しかし、この本が、亡き恩師との無言の対話に導かれたのは事実であり、感謝の念を禁じ得ない。

　この本は、埼玉学園大学の出版助成を得て刊行するものである。峯岸進学長には、研究環境を整えていただいた上に、出版助成のご配慮をいただき、心より感謝申し上げたい。学術書の出版が、ますます難しくなっている状況のもとで、本書の刊行がどれほど研究の助けになったか計り知れない。

　また、社会評論社の松田健二社長には、さまざまな助言をいただき、出版の運びとなったことを深く感謝申し上げたい。本書の出版に際しては、舩木恵子さん、五十嵐理恵さんに、多大な労をおかけしてしまった。また、ゼミ生の町田悦実さん、大牧亮子さんにもお手伝いいただいた。感謝申し上げたい。

2019年10月3日

奥山　忠信

◎著者紹介

奥山忠信（おくやま・ただのぶ）
　1950年生まれ。東北大学経済学部卒業。東北大学大学院博士前期課程修了。同後期課程単位取得。経済学博士（東北大学）。埼玉大学経済学部教授。上武大学学長を経て、現在、埼玉学園大学経済経営学部教授。
＊著書＊
『貨幣理論の形成と展開―価値形態論の理論史的考察』社会評論社、1990。『富としての貨幣』名著出版、2000。『ジェームズ・ステュアートの貨幣論草稿』、社会評論社、2006。『貨幣理論の現代的課題―国際通貨の現状と展望』社会評論社、2013。『貧困と格差―ピケティとマルクスの対話』社会評論社、2016。

埼玉学園大学研究叢書　第19巻
資本主義の原理的分析　――経済学史的アプローチ
2019年11月10日　初版第1刷発行

著　者―――奥山忠信
装　幀―――右澤康之
発行人―――松田健二
発行所―――株式会社 社会評論社
　　　　　　東京都文京区本郷2-3-10
　　　　　　電話：03-3814-3861　Fax：03-3818-2808
　　　　　　http://www.shahyo.com
組　版―――Lunaエディット.LLC
印刷・製本――株式会社ミツワ

Printed in Japan